Der Autor

Dr. Hermann Glaser, geb. 1928 in Nürnberg, studierte an den Universitäten Erlangen und Bristol Germanistik, Anglistik, Geschichte und Philosophie. Von 1964 bis 1990 war er Schul- und Kulturdezernent der Stadt Nürnberg. Honorarprofessor für Kulturvermittlung an der Technischen Universität Berlin. Mitglied des PEN. Autor zahlreicher Bücher, zuletzt: ›Spurensuche. Deutsche Familienprosa‹ (1987); ›Das Verschwinden der Arbeit. Die Chancen der neuen Tätigkeitsgesellschaft‹ (1988); ›Die Post in ihrer Zeit. Eine Kulturgeschichte menschlicher Kommunikation‹ 1990 (zus. mit Thomas Werner); ›Kulturgeschichte der Bundesrepublik Deutschland‹ (3 Bände 1990); ›Behagen und Unbehagen in der Kulturpolitik‹ (1992).

Deutsche Geschichte der neuesten Zeit
vom 19. Jahrhundert bis zur Gegenwart

Herausgegeben von Martin Broszat,
Wolfgang Benz und Hermann Graml,
in Verbindung mit dem Institut für Zeitgeschichte, München

Hermann Glaser:
Bildungsbürgertum und Nationalismus
Politik und Kultur im Wilhelminischen Deutschland

Deutscher
Taschenbuch
Verlag

Originalausgabe
Januar 1993
© Deutscher Taschenbuch Verlag GmbH & Co. KG,
München
Umschlagtypographie: Celestino Piatti
Umschlagbild: Eröffnung des Großherzoglichen Museums
für Kunst und Kunstgewerbe in Weimar durch den
Großherzog Wilhelm Ernst von Sachsen-Weimar und
seine Gemahlin, 1903 (Bilderdienst Süddeutscher Verlag)
Gesamtherstellung: C.H. Beck'sche Buchdruckerei,
Nördlingen
Printed in Germany · ISBN 3-423-04508-6

Inhalt

Die Thematik dieses Buches wird als eine bis heute aktuelle Kernfrage deutscher Identität begriffen. Auch wenn die Bezeichnung »Bildungsbürgertum« historisch anmutet, ist das dadurch erfaßte Mentalitätsmuster als Chance wie Gefahr gegenwärtig geblieben. Und der Nationalismus erhält in unserer Zeit neuen fatalen Auftrieb. Das »Wurzelgeflecht« der bildungsbürgerlichen Kultur ist weitverzweigt; dementsprechend ist das Vorgehen rhizomatisch: ein Versuch, in drei Annäherungen die »Vernetzungen« aufzuspüren.

– Anhand fiktiven und biographischen Materials werden Ansichten vom Bürgertum zum assoziativen Einfühlen in die Problematik angeboten.

– Die kulturellen Dimensionen des Bildungsbürgertums werden als geistesgeschichtliche Tour d'horizon verdeutlicht; herausgearbeitet wird, daß vor allem das 19. Jahrhundert als »Erbschaft« eines Kulturbewußtseins zu verstehen ist, das Welt zu träumen und zu erhellen, aufzuheben und zu begründen, schließlich freilich nur noch anzuschauen trachtete.

– Das Bildungsbürgertum verfällt unter Anleitung des Nationalismus schrecklicher Vereinfachung; affirmative Kultur, schließlich Spießer-Ideologie breiten sich aus; Kultur wird Fassade, hinter der sich die Barbarei formiert.

Ein Literaturbericht gibt Hinweise auf Werke, welche die Schwerpunkte der Darstellung ergänzen und zu weiterer Lektüre anregen können; Dokumente dienen der punktuellen Vertiefung in den Problemkreis. ›Bildungsbürgertum und Nationalismus‹ handelt vom Aufstieg und Niedergang des deutschen Geistes, von der Dialektik der Aufklärung (ihre Verkehrung ins Gegenteil) und von der Perversion des Romantischen wie Idyllischen. »Soviel Anfang war nie« – als große geschichtliche Hoffnung; Kahlschlag und geistig-seelische Ödnis am Ende eines chancenreichen Weges. Wird »Bildungsbürgertum« jenseits von Klasse und Kapital, aufs »Bürgerrecht Kultur« zielend, am Ende dieses Jahrtausends als wichtige Herausforderung begriffen?

I. Ansichten vom Bildungsbürgertum

Der Löwenwirt und die Seinen

Bildungsbürgertum als idealtypischer Kosmos tritt in Form historischer Erzählung bzw. literarischer Verdichtung besonders eindrucksvoll in Goethes ›Hermann und Dorothea‹ zutage. Die Charaktere des Epos, ihre Beziehungsmuster, die Topoi des Geschehens können auf narrative, damit auch naive, in ihrer »Sinnlichkeit« die Trennschärfe des Begriffs allerdings vernachlässigende Weise eine Vorstellung vom Sozio- und Psychogramm dieser für die deutsche Kulturgeschichte so wichtigen Klasse bzw. Schicht geben. Die während der Arbeit am Epos 1796 entstandene Elegie ›Hermann und Dorothea‹, quasi die Vorrede, nützt der Homeride Goethe (»Homeride zu sein, auch als letzter, ist schön«[1]), um – unter Bezug auf die Dichtung ›Luise‹ von Johann Heinrich Voß – den Stoff einer literarischen Gattung zuzuweisen, die für das Bildungsbürgertum von großer Bedeutung gewesen ist: der Idylle nämlich.

Die Stichworte für ihre Beschreibung sind damit gegeben: heitere Geselligkeit, Zuneigung und Liebe, häusliche Geborgenheit, naturverbundene Enkulturation[2]. Auch traurige Bilder werden vorgeführt, Tränen ins Auge gelockt, tragische Schicksale beschworen (von der Französischen Revolution und den in ihrem Gefolge auftretenden Kriegswirren) – »aber es siege der Mut in dem gesunden Geschlecht«; die Vergegenwärtigung des »Geschicks«, das Prüfungen bereithält, geht über in die Lobpreisung einer fröhlichen Standfestigkeit, die im persönlichen Glück (Hermann findet in Dorothea die Frau seines Herzens) und im deutschen Charakter (bei Goethe voller Offenheit und Toleranz) begründet ist.

Die bildungsbürgerlichen Eigenschaften und Eigenarten tre-

[1] Johann Wolfgang Goethe, Hermann und Dorothea. Elegie. In: Goethes ›Hermann und Dorothea‹. Mit ausführlichen Erläuterungen für den Schulgebrauch und das Privatstudium von Schulrat Dr. A. Funke, Seminardirektor in Warendorf. Vierzehnte Auflage. Paderborn 1907, S. 7.

[2] Im Kontext der in diesem Kapitel angesprochenen bildungsbürgerlichen Rezeption von Goethes ›Hermann und Dorothea‹ kann die Schulausgabe von A. Funke exemplarisch die Ideologisierung des deutschen Geistes (der deutschen Klassik) belegen; nach ihr wird im folgenden zitiert.

ten vor allem in den das Epos bestimmenden Personen zutage –
als Stärken und Schwächen, wobei dem Ganzen eine harmonische Partitur zugrunde liegt, bei leicht ironisch distanzierendem
Vorzeichen. Der Wirt zum ›Goldenen Löwen‹ personifiziert
die für die Solidität des Bildungsbürgertums entscheidende Geborgenheit im Materiellen, die, angesichts des Leides der anderen (der in der Nähe vorüberziehenden Flüchtlinge), mit Empathie verbunden ist.

Das Leid der anderen geht durchaus zu Herzen; doch irritiert
auch die Konkretheit des abgeforderten persönlichen »Op-
fers« – Bedenken, die von der »klugen, verständigen Hausfrau«
schlau vorweggenommen werden. Während Hermann die von
der Mutter zusammengestellte »Flüchtlingsspende« zu den
draußen vorüberziehenden Flüchtlingen transportiert, tritt der
Löwenwirt vor dem drohenden Chaos den Rückzug ins Hin-
terzimmer an; Sensibilität und Saturiertheit stehen in einem gewissen Widerspruch; unglückliches Bewußtsein bedrängt be-
wußtloses Glück. Die Enklave des hinteren Sälchens lokalisiert
Gemütlichkeit; die Mutter bringt klaren, herrlichen Wein, »in
geschliffener Flasche auf blankem, zinnernem Runde / mit den
grünlichen Römern, den echten Bechern des Rheinweins«. Löwenwirt, Pfarrer, Apotheker sitzen am »glänzend gebohnten
runden, braunen Tisch« mit seinen mächtigen Füßen. Die
Weinrunde regrediert nicht aufs Stammtisch-Niveau; der Diskurs zeigt, daß man die Weltlage zu analysieren vermag, wobei
der »treffliche Pfarrer« den metaphysischen Orientierungsrah-
men liefert:

> Haltet am Glauben fest und fest an dieser Gesinnung!
> Denn sie macht im Glücke verständig und sicher, im
>   Unglück
> Reicht sie den schönsten Trost und belebt die herrlichste
>   Hoffnung.

Die Ehegeschichte des Löwenwirts und seiner Frau belegt diese
Maxime. Nicht an fröhlichen Tagen haben sie sich erwählt; sie
führte die traurigste Stunde zusammen. Ein schrecklicher Brand
zerstörte das Städtchen vor zwanzig Jahren; die Obdachlose
freite der mutige Jüngling, der allerdings inzwischen die Spontaneität abgelegt und patriarchalische Würde entwickelt hat.
Und patriarchalischen Starrsinn; das zeigt der Konflikt mit dem
Sohn, der, nachdem er bei der Flüchtlingsaktion Dorothea mit

Liebe auf den ersten Blick kennengelernt hat, sich deshalb noch mehr als vorher den Plänen des Vaters, der ihn mit einer Tochter des wohlhabenden Kaufmanns verheiraten will, widersetzt. Undankbar sei er – »hätte mein Vater gesorgt für mich, sowie ich für dich tat, / mich zur Schule gesendet und mir die Lehrer gehalten, / ja! ich wäre was anders als Wirt Zum Goldenen Löwen«.

Der Sohn als Trotzkopf begreift nicht die höheren Ambitionen des auf Bildung erpichten Vaters. Das Schwiegertöchterchen nämlich würde ihn zu Höherem hinführen: »Spielen soll sie mir auch das Klavier! Es sollen die schönsten, / besten Leute der Stadt sich mit Vergnügen versammeln, / wie es Sonntags geschieht im Hause des Nachbars.« In dessen Haus freilich hat der bäurische Sohn den Spott überheblichen Bildungsbürgertums erlitten.

Herzensbildung in ihrer schönsten Ausprägung verkörpert dagegen die Mutter. Sie ist die eigentliche Hausherrin – ist diese wohl auf eine Weise geworden, wie es später Dorothea in stolzer Bescheidenheit als Schicksal und Chance der Frau beschreibt: »Dienen lerne beizeiten das Weib nach ihrer Bestimmung; / denn durch Dienen allein gelangt sie endlich zum Herrschen, / zu der verdienten Gewalt, die doch ihr im Hause gehöret.« Die Güte der Mutter tritt besonders dann hervor, als sie dem Sohn in den Garten, wohin er sich traurig-verstört zurückgezogen hat, nachfolgt – beunruhigt zwar, aber die hausfrauliche Beflissenheit deshalb nicht aufgebend (»Stellte die Stützen zurecht, auf denen beladen die Äste / ruhten des Apfelbaums wie des Birnbaums lastende Zweige, / nahm gleich einige Raupen vom kräftig strotzenden Kohl weg; / denn ein geschäftiges Weib tut keine Schritte vergebens«). Das Gespräch zwischen Mutter und Sohn spiegelt zwar den für die bürgerliche Familie charakteristischen Generationenkonflikt, der sich erst entwickeln konnte, als das Verhältnis von Eltern und Kindern nicht mehr durch sachliche Distanz, sondern durch Gefühlswerte bestimmt war; doch vermag verständnisvolle Aussprache den Ablösungsschmerz (die Trauerarbeit) zu sublimieren.

»Wo sich, nah der Natur, menschlich der Mensch noch erzieht«: die Wesensart der Mutter ist hier angesiedelt; im Sohn Hermann ist die Sehnsucht nach Selbstbestimmung ausgeprägt. Nachdem er Dorothea kennengelernt hat, verfolgt er zielstrebig die Absicht, sie als Gattin ins elterliche Haus heimzuführen. Daß dies gelingt, ist freilich weniger Ergebnis seines jugendlichmännlichen Willens; Dorothea, die ihrerseits Zuneigung zu Hermann gefaßt hat, trifft ihre Entscheidung als emanzipierte Frau. Dem Pfarrer und Apotheker, die Auskunft über Dorothea bei der Flüchtlingsgruppe einholen wollen, gibt Hermann eine Beschreibung ihres Äußeren; von ihrer schönen tapferen Seele hört man aus dem Munde des Richters, der die Flüchtlingsgruppe leitet.

Der Pfarrer, »mit Blicken die Sitzende prüfend«, zieht Bilanz (damit auch das bildungsbürgerliche Ideal der Kalokagathie beschreibend): »So ein vollkommener Körper gewiß verwahrt auch die Seele / rein, und die rüstige Jugend verspricht ein glückliches Alter.« Dorotheas Souveränität, aber auch die Beherrschtheit Hermanns, der sein jugendliches Draufgängertum bändigt und bezwingt, zeigen sich auf dem Weg ins elterliche Haus; (Dorothea hat das Werben Hermanns mißverstanden und fühlt sich zunächst als Magd verpflichtet). Die pastorale Szene erweist sich als panisches Idyll: Der Augen-Blick von Rast und Ruhe wird vom heraufziehenden Gewitter beendet: im Inneren der sich Liebenden ballen sich die Leidenschaften zusammen, doch die Wolken weichen und die Wogen der Sinnlichkeit werden durch Sittlichkeit, die gegenseitige Achtung einfordert, geglättet.

Verkörpert der Pfarrer den souveränen, im Weltlichen liberalen, im Religiösen durch gläubige Festigkeit bestimmten Bildungsbürger, der mit kluger Sympathie für die verwirrten Eltern wie das sich rasch findende Liebespaar schließlich alles zum glücklichen Ende lenkt – so tritt im Apotheker der Bildungsbürger als Spießbürger in Erscheinung, wobei freilich das Sauertöpfische mit seiner kritisch-skeptischen Komponente dem pfarrherrlichen »Universalharmonismus« gegenüber das Realitätsprinzip auf wohltuende Weise zur Geltung kommen läßt. Der bildungsbürgerliche Konservativismus ist im Gartenzwerg verdinglicht; dieser erweist sich schon damals als Symbol der guten alten Zeit, die nun von prätentiöser Modernität zur Seite geschoben werde.

Der bildungsbürgerliche Kosmos bildet sich im Wechselspiel von Schicksal und Wille, weltbürgerlicher Offenheit und beharrender Selbstbezogenheit. Kalliope, Terpsichore, Thalia, Euterpe, Polyhymnia, Klio, Erato, Melpomene und Urania beschirmen als verständige Musen die Geschehnisse, die, innerhalb des Geschichtlichen, heiter und ernst einen tiefen Blick in die »stillere Wohnung« der bürgerlichen Geborgenheit (»wo sich, nah der Natur, menschlich der Mensch noch erzieht«) ermöglichen – eine in den Personen und Charakteren sich durchaus auch gegensätzlich entfaltende, aber stets dialogisch aufeinander bezogene humane Vielfalt. Lokalisiert wird der bildungsbürgerliche Kosmos im Städtchen: Topos für bürgerliche Bewährung. Der Zustand des Gemeinwesens signalisiert, ob Bildung als Gestaltung des menschlichen Zusammenlebens gelingt oder mißlingt.

Goethe, getragen vom »herzlichen Verlangen, im Einvernehmen mit seiner Welt zu leben... geborgenes, reines Dasein zu finden« (E. Staiger), hat mit ›Hermann und Dorothea‹ dem Bürgertum gehuldigt. Schon 1836 sprach Wolfgang Menzel jedoch von einer »Huldigung aufs Spießbürgertum«; rezeptionsgeschichtlich hatte er damit recht: wie Schillers ›Lied von der Glocke‹ wurde im Laufe des 19. Jahrhunderts das Epos, ursprünglich bestimmt von der Intention, »unter dem modernen Kostüm die wahre, echte Menschenproportion« abzubilden, zu einem bevorzugten Lehrstück deutschtümelnder Germanistik. Als pädagogisches Exempel sollte es vornehmlich die Schülerschaft der Gymnasien in den Ideenhimmel versetzen, der immer weniger von alles versöhnender Menschlichkeit kündete, sondern zunehmend mit nationalen und nationalistischen Symbolen ausstaffiert wurde. Aus ›Hermann und Dorothea‹ spreche, meinte Heinrich Düntzer, der seine ›Erläuterungen zu den deutschen Klassikern‹ »dem deutschen Volk darbrachte«, »echt deutsche Tüchtigkeit und Innigkeit, ein schlichter, gerader, auf Recht und Billigkeit haltender Sinn, ruhige Verständlichkeit, reine Gemütlichkeit, behagliche Häuslichkeit«. Hermanns Eltern stünden für die »echt deutsche, auf Tüchtigkeit und Innigkeit beruhende Häuslichkeit«; dem Vater gehe als einem »echten Deutschen« das Herz beim Weine auf; er habe eine tüchtige, kernhafte Natur. Hermann sei aus dem »häuslichen deutschen Leben hervorgegangen«; er verkörpere »echt tüchtiges und redliches Wesen«; er beharre »fest auf dem Bestehenden, das er mit aller männlichen Kraft zu bewahren sich gerüstet fühlt; als echter ruhiger Deutscher will er nicht jener ungeheuren Bewegung, welche alles vernichtet hat, sich schwärmerisch anschließen, sondern fest auf deutschem Sinne und deutschem Boden jedem Feind zum Trotz beharren«. Der Pfarrer sei der Inbegriff der »reinen auf edler Bildung ruhenden deutschen Humanität, welche über alle Beschränkungen des Lebens erhaben, unverrückt dem Wahren und Guten zugewandt bleibt, die immer auf den

Kern dringt, sich nicht vom oberflächlichen Schein täuschen läßt«. Dorothea sei eine linksrheinische Deutsche mit einem »höheren, dem Leben mit entschiedenem Bewußtsein und freiem Mut zugewandten Sinn«[3]. In den ausführlichen Erläuterungen, die Schulrat Dr. A. Funke, Seminardirektor in Warendorf, dem für den Schulgebrauch und Privatstudium eingerichteten Epos zuteil werden läßt, wird sogar die Frage aufgeworfen, warum die Trinkszene des ersten Gesanges einen »echt deutschen Charakter an sich trage«[4].

»Hegel hat im ersten Teile seiner Ästhetik schon darauf aufmerksam gemacht, daß Goethes Gedicht eine viel stärkere deutsche Lokalfarbe habe als Voß ›Luise‹. In dieser z.B. werde viel Kaffee getrunken; der Kaffee aber samt dem Zucker gelangen zu uns weither, aus Arabien und Westindien. Selbst die Porzellantassen, aus denen getrunken wird, sind chinesischen Ursprungs. Ganz anders in unserem Epos, wo der Wirt seine lieben Freunde in die Kühle des hinteren Zimmers zu kommen bittet, um ein Glas Wein zu trinken, Rheinwein, den vorzugsweise deutschen Wein, der ihm auf eigenem Grund und Boden wächst, auf dem Berge hinter dem Hause. Sie trinken ihn aus echten Gläsern des Rheinweins, den grünen Römern. Die Flasche mit den Gläsern steht auf einem blanken zinnernen Teller – das ist wieder deutsch. Wenn andere dagegen meinen, die Gäste in ›Hermann und Dorothea‹ tränken eben Wein, weil sie beim Wirt Zum goldenen Löwen seien, und Rheinwein, weil sie im Rheinlande seien: so haben diese ganz den Umstand außeracht gelassen, daß der Dichter den Wirt und die Gäste Wein trinken läßt, obschon es 3 Uhr, die Zeit des Kaffees, ist, und daß ihn also ein besonderer Grund bewogen haben muß, den Kaffee zu umgehen.«[5]

Nach der Beantwortung der Frage, warum »in der Erwähnung des Mondes, dessen Klarheit und herrlichen Schein Dorothea preist, ein deutscher Zug« hervortrete, wird schließlich im patriotischen Rundumschlag ›Hermann und Dorothea‹ als echtdeutsches Epos definiert:

»1. Es spielt auf deutschem Boden, und zwar

a) in der Nähe des echt deutschen Rheinstromes,

b) in einem anmutigen deutschen Städtchen mit seinem ge-

---

[3] Heinrich Düntzer, Erläuterungen zu den deutschen Klassikern. Hermann und Dorothea. Jena 1855, S. 131, 25, 33, 37, 41, 56, 70, 103, 131.

[4] A. Funke, Schulausgabe von ›Hermann und Dorothea‹, S. 100.

[5] Ebenda, S. 100.

weißten Kirchturm, seinen reinlichen Straßen, geraden Kanälen, dem ›Goldenen Löwen‹, der Engelapotheke usw.

2. Es spielt in einer echt deutschen Familie

a) mit ihrer Sittlichkeit und strengen Ordnung, die sich zeigt in der Verteilung der Beschäftigung (Hermann: Feld und Stallung; Vater: Gastwirtschaft; Mutter: Hauswesen) und im Gegensatz zum welschen Nachbar (dem Sitte, Zucht und Achtung vor der Ehe abgehen),

b) überhaupt alle Hauptpersonen sind Deutsche: der Löwenwirt (sorgt hausväterlich für die Stadt und die Seinen), die Wirtin (fleißig, gemütvoll, liebevoll), Hermann (Anhänglichkeit an den deutschen Boden, Zartheit seines Benehmens gegen Dorothea), Dorothea (Reinheit bei der Verteidigung der Unschuld ihrer Gespielinnen; Zurückhaltung gegen Hermann, dem sie notgedrungen ihre Liebe verrät).

3. Deutsch sind auch einzelne kleine Züge, namentlich die Trinkszene.«[6]

Der Untertan und sein Staat

Begreift man Goethes ›Hermann und Dorothea‹ als eine die idealtypischen Komponenten herausarbeitende Momentaufnahme des Bildungsbürgertums in der Phase seines Entstehens, so kann Heinrich Manns Roman ›Der Untertan‹ den Umschlag bürgerlicher Humanität in bürgerlichen Nationalismus illustrieren. Das Mentalitätsmuster des Bildungsbürgers zeigt sich als Spießer-Ideologie; sie bestimmt Wesen und Lebenslauf Diederich Heßlings.

›Der Untertan‹ von Heinrich Mann erweist sich als geradezu apokalyptische Satire aufs Bildungsbürgertum: Die Abgründe der durch den Nationalismus pervertierten »öffentlichen Seele in Deutschland« werden ausgelotet. Kurt Tucholsky sprach von einem »Herbarium des deutschen Mannes« und einem »Anatomie-Atlas des Reichs«. Die Grundlagen des Staates – »eine einflußreiche Kirche, ein handfester Säbel, strikter Gehorsam und starre Sitten«, die schon in ›Professor Unrat‹ bloßgelegt wurden – werden aufgedeckt. In Heinrich Manns Aufsatz ›Reichstag‹ von 1911 wird der wilhelminische Bürger beschrieben als

6 Ebenda, S. 137.

»dieser widerwärtig interessante Typus des imperialistischen Untertanen, des Chauvinisten ohne Mitverantwortung, des in der Masse verschwindenden Machtanbeters, des Autoritätsgläubigen wider besseres Wissen und politischen Selbstkasteiers«[7].

Diederich Heßling, der unheldische Held des Romans, ist ein weiches Kind, »das am liebsten träumte, sich vor allem fürchtete und viel an den Ohren litt«[8]. Die Mutter scheint ihn fürs Leben zu verderben – kein Wunder, da sie Romane liest (der Roman »ist keine Kunst. Wenigstens Gott sei Dank keine deutsche: das sagt schon der Name«). In von Gemüt überfließenden Dämmerstunden und aus Festen pressen Mutter und Sohn »gemeinsam vermittels Gesang, Klavierstück und Märchenerzählen den letzten Tropfen Stimmung heraus«. Wahre Gefühle läßt diese oberflächliche Gefühlsseligkeit nicht zu. Diederich weint zwar viel und versucht sogar zu dichten, aber wenn es um Macht und Herrschaft geht, sind die Träumereien vergessen; sie sind eben nur etwas für Feierabend und Sonntag – dann ist die Stunde fürs deutsche Liedgut gekommen. Höhepunkt künstlerischer Offenbarung sind ihm die Wagner-Opern.

Der Roman schildert den unaufhaltsamen Aufstieg des getretenen Schwächlings zu kleinstädtischem Ansehen und provinzieller Macht. »Wer treten wollte, mußte sich treten lassen, das war das eherne Gesetz der Macht.« Kommt Diederich als Kind nach einer Abstrafung durch den autoritären Vater mit gedunsenem Gesicht und unter Geheul an der Werkstätte vorbei, dann lachen die Arbeiter. »Sofort aber streckte Diederich nach ihnen die Zunge aus und stampfte. Er war sich bewußt: ›Ich habe Prügel bekommen, aber von meinem Papa. Ihr wäret froh, wenn ihr auch Prügel von ihm bekommen könntet. Aber dafür seid ihr viel zu wenig.‹«

In Kompensation seiner Minderwertigkeitsgefühle dient sich Diederich Heßling nach oben: über die studentische Korporation in Berlin, mit dem Eintauchen in die national- konservative Volksstimmung, zum Fabrikherrn, Familienpatriarchen, Stadtverordneten. Seitdem er vermittels einer Bartbinde seinen Schnurrbart in zwei rechten Winkeln hinaufgeführt hat, ist er auch äußerlich zum Mann gereift. »Der von Haaren entblößte

[7] Zit. nach Wilfried F. Schoeller, Der Untertan. In: Kindlers Literatur Lexikon. Band VII. Zürich 1965, S. 191.

[8] Heinrich Mann, Der Untertan. München 1964, S. 5; daraus auch alle weiteren Zitate des Romans.

Mund hatte, besonders wenn man die Lippen herabzog, etwas katerhaft Drohendes und die Spitzen des Bartes starrten bis in die Augen, die Diederich selbst Furcht erregten, als blitzten sie aus dem Gesicht der Macht.« Als Unternehmer weiß er, wie man die Proleten anpackt – deutsche Zucht und Sitte verlangend.

Seinem Gott schuldet er immer Rechenschaft; aber solches »Wertbewußtsein« hindert ihn nicht, Profitmaximierung intensiv zu betreiben – wobei er mit Hochmut auf die Liberalen und die Juden herabschaut; der jüdische Liberalismus gilt ihm als die Vorfrucht der Sozialdemokratie, die Juden stehen für das Prinzip der Unordnung und Auflösung, des Durcheinanderwerfens, der Respektlosigkeit, das Prinzip des Bösen selbst. Als wahrhaft Deutscher ist er immer für das Gute, Schöne und Wahre zu haben; diese Trias gipfelt in der Nation. Als Popanz macht sie die Unterscheidung von Gut und Böse unwichtig. Als bei einer Demonstration ein Arbeiter erschossen wird, meint Heßling: »›Für mich‹, sagte er, schnaufend vor innerer Bewegung, ›hat der Vorgang etwas direkt Großartiges, sozusagen Majestätisches. Daß da einer, der frech wird, einfach abgeschossen werden kann, ohne Urteil, auf offener Straße! Bedenken Sie: mitten in unserem bürgerlichen Stumpfsinn kommt so was Heroisches vor! Da sieht man doch, was Macht heißt!‹«

Seine geradlinige Deutschheit kennt keine Kompromisse; in Berlin gibt er der Geliebten den Laufpaß, weil sein moralisches Empfinden es ihm verbietet, »ein Mädchen zu heiraten, das mir seine Reinheit nicht mit in die Ehe bringt... Kein Mensch kann von mir verlangen, daß ich so eine zur Mutter meiner Kinder mache, dafür habe ich zuviel soziales Gewissen«. Die Hochzeitsnacht mit einer geldschweren Bürgerstochter steht unter nationalem Vorzeichen; auf der Hochzeitsreise folgt er den Spuren des Kaisers, der in Rom Aufenthalt genommen hat; bei jeder Gelegenheit betätigt er sich als Hurra-Rufer. »Diederich schwenkte den Hut, er brüllte auf, daß die Herren im Wagen ihr Gespräch unterbrachen. Der rechts neigte sich vor – und sie sahen einander an, Diederich und sein Kaiser. Der Kaiser lächelte kalt prüfend mit den Augenfalten, und die Falten am Mund ließ er ein wenig herab. Diederich lief ein Stück mit, die Augen weit aufgerissen, immer schreiend und den Hut schwenkend, und einige Sekunden lang waren sie, indes ringsum dahinten eine fremde Menge ihnen Beifall klatschte, in der Mitte des leeren Platzes und unter einem knallblauen Himmel ganz miteinander allein, der Kaiser und sein Untertan.«

Bei der Einweihung eines Denkmals für Kaiser Wilhelm I., für das sich Heßling vehement eingesetzt hat, faßt er in einer Festrede zusammen, woran sein Herz und seine Seele überquellen – des deutschen Mannes Glücksgefühl offenbarend: »»Eine solche, nie dagewesene Blüte aber erreicht ein Herrnvolk nicht in einem schlaffen, faulen Frieden: nein, sondern unser alter Alliierter hat es für notwendig gehalten, das deutsche Gold im Feuer zu bewähren. Durch den Schmelzofen von Jena und Tilsit haben wir hindurchgemußt, und schließlich ist es uns doch gelungen, siegreich überall unsere Fahnen aufzupflanzen und auf dem Schlachtfelde die deutsche Kaiserkrone zu schmieden!‹« Ein Gewitter kommt auf; ein Unwetter beendet das Fest; es wirkt wie ein Strafgericht über den Wilhelminismus. Als er danach am Haus des sterbenden alten Wolfgang Buck vorbeikommt, ein unzeitgemäßer 48 er-Revolutionär, dessen Ansehen und Stellung in der Stadt von Heßling untergraben wurde, meint dieser, in ihm den Teufel zu erkennen. Jedenfalls ist der »Untertan« ein Sendbote aus dem Reich des zerstörten deutschen Idealismus, ein philiströser Luzifer, der am Sündenfall der deutschen Kultur eifrig mitgewirkt hat.

Lebensläufe

Die mit Goethes ›Hermann und Dorothea‹ und Heinrich Manns ›Der Untertan‹ fiktiv-narrativ markierten »Eckwerte« des bürgerlichen Mentalitätsspektrums erweisen sich, entwicklungsgeschichtlich gesehen, als Grenzen einer »Fließstruktur«. Das macht zum Beispiel die Familiengeschichte der Bassermanns[9] wie die Biographie Wilhelm Webers[10] deutlich.

Die Bassermanns sind nicht durch eine einzelne überragende Figur bekannt geworden (sieht man von dem späteren Schauspieler Albert Bassermann ab); ihre Individuen treten deutlich faßbar seit Mitte des 17. Jahrhunderts in Erscheinung. Der Dreißigjährige Krieg und seine Folgen bilden für das deutsche Bürgertum die entscheidende Ausgangskonstel-

---

[9] Lothar Gall, Bürgertum in Deutschland. Berlin 1989.
[10] Ingeborg Weber-Kellermann, Vom Handwerkersohn zum Millionär. Eine Berliner Karriere des 19. Jahrhunderts. München 1990.

lation, die seinen Charakter, seine Entwicklung und seine Zukunft sehr wesentlich bestimmen sollte.

Die Bassermanns waren zunächst im Hanauischen, dann im Heidelberger-Mannheimer Raum ansässig. Der Aufstieg der Familie erfolgte im 18. Jahrhundert; die Devise, die der Kaufmann und Bankier Friedrich Ludwig Bassermann (1782–1865) bald nach seiner Heirat als Wahlspruch für sich und seine Familie ausgesucht hatte: »Sei dein eigner Herr und Knecht / Das ist des Mittelstandes Recht«, spiegelt das erstarkende Selbstbewußtsein und den zunehmenden wirtschaftlichen Rückhalt des Bürgertums. Hand in Hand damit verstärkt sich der Sinn für Bildung, der bei Friedrich Ludwig vor allem als intensives Interesse an Literatur und Theater, das in Mannheim seit Begründung des Nationaltheaters 1776/77 eine zentrale Rolle spielte, zutage trat. »Jeder feierliche Anlaß, jeder Fürstenbesuch und besondere Jahrestag wurde mit einer Festaufführung begangen, und das Theater bildete das ganze 19. Jahrhundert hindurch den vielleicht wichtigsten Ort des gesellschaftlichen Lebens der Stadt.«[11] Auch der Musik und Malerei war Friedrich Ludwig zugetan. Er spielte Flöte und Geige, zeichnete, malte auch gelegentlich und versuchte sich, eine damals sehr beliebte Kunstübung, im Alabasterschneiden. Als Bauherr nahm er intensiv an den Planungen seines Hauses am Markt teil, das Jakob Friedrich Dyckerhoff für ihn entwarf. Charakteristisch für das Bildungsbürgertum dieser Zeit ist auch hier, daß der wirtschaftliche Erfolg nicht Selbstzweck war, sondern auf die Nutzung kultureller Möglichkeiten und Chancen zielte. Die Gründung eines Hausstandes – Friedrich Ludwig Bassermann heiratete Wilhelmine Reinhardt 1804 – war im besonderen Maße darauf ausgerichtet, eine kulturelle Familientradition zu begründen, für die ein »gepflegtes Gehäuse« (eben das »Bürgerhaus«) mit seiner gleichermaßen funktional durchdachten wie ästhetisch ansprechenden Form als notwendig erachtet wurde. Nachdem er 23 Jahre im Hause des Schwiegervaters gelebt hatte (was deutlich macht, daß auch erfolgreichen Geschäftsleuten der Reichtum nicht in den Schoß fiel), erstellte Bassermann ein Stadtpalais am Markt in Mannheim, das er 1830 bezog[12].

Die bürgerliche Gesellschaft verband den eigenen sozialen, wirtschaftlichen und politischen Aufstieg mit den idealisti-

[11] Gall, Bürgertum, S. 104.
[12] Vgl. die detaillierte Beschreibung bei Gall, S. 176 ff.

schen, an den Ideen von Aufklärung und Französischer Revolution orientierten Forderungen auf individuelle Freiheit und politische Mitbestimmung eines jeden. Der Prachtbau der Bassermanns mit seinem demonstrativen Dekor signalisiert jedoch schon die bereits in dieser Zeit aufbrechende Kluft zwischen dem neuen Bürgertum und den übrigen Schichten, die sich im Gefolge der Industrialisierung rasch vertiefte. Das Wirtschaftsbürgertum (so auch Bassermann) war maßgeblich an der Gründung und Entwicklung von Kulturvereinen beteiligt; in deren Mittelpunkt stand, neben der Möglichkeit zu geselligen Treffen, die Förderung überberuflicher, allgemeiner Information und Bildung. In dem Einladungsschreiben für das Mannheimer »Museum« vom Juli 1808 hieß es, daß es darum gehe, »für intellektuelle und ästhetische Kultur, für verfeinerte und erhöhte freie Geselligkeit einen Vereinigungspunkt zu gründen, der jeden liberal Gebildeten anzieht, jedem Lichtstrahl des Geistes und der Empfindung, der einzeln vielleicht wirkungslos wetterleuchtete, wo möglich zum eingeweihten Opferherd werden soll; ein Verein, der die Schranken und Bänne des gemeinen Lebens weghebt, um in dem weiten Reich der Freude verwandte Gemüter zu sammeln«[13].

Die das Bildungsbürgertum bewegenden humanistischen Ideen implizierten, daß vor der Kunst, vor der Kultur, vor den Anforderungen der ästhetischen und intellektuellen Bildung alle gleich waren; hier begegnete einer dem anderen als Mensch. Die Kultur, die Kunst, die Wissenschaft versöhne nicht nur mit den gesellschaftlichen Zwängen, sie sei auch in der Lage, diese Schritt für Schritt zu überwinden.

»Noch ging von der Idee der Gemeinschaft auch geistig selbständiger, gebildeter, übergreifenden Kulturwerten und Kulturvorstellungen verpflichteter Bürger eine egalisierende Wirkung aus. Sie drängte die wachsenden Unterschiede im Einkommen, in der beruflichen Position und in dem damit verknüpften Sozialprestige in den Hintergrund und betonte – wie einst beim Adel, doch ohne dessen exklusive Tendenzen – das Verbindende und Gemeinsame, das Überindividuelle, das die Zugehörigkeit zu der neuen, ständig wachsenden Schicht ausmache.«[14]

Hatte Friedrich Ludwig Bassermann auch für Freiräume innerhalb des bestehenden monarchisch-bürokratischen und halb

[13] Ebenda, S. 196.
[14] Ebenda, S. 197.

korporativen Systems gekämpft – Freiräume, von deren Existenz in Handel und Geldverkehr er wirtschaftlich so außerordentlich profitierte –, so fanden seine Kinder das Neue, das Veränderte bereits als Bestehendes vor; sie formulierten die eigenen Ansprüche unbekümmerter und selbstbewußter, was auch zu einem verstärkten politischen Engagement führte. Der Sohn Friedrich Daniel gelangte schon früh zu der Überzeugung, daß »derjenige, dem die Lebensumstände, seine wirtschaftliche und gesellschaftliche Stellung es erlaubten, zugleich die Pflicht habe, sich den öffentlichen Dingen zu widmen und hier jenen Geist heimisch zu machen, von dem das Bildungsideal und das Menschenbild des neuen Humanismus bestimmt war«. Friedrich Daniel Bassermann bewegte die Überzeugung, daß in Stadt und Staat das liberale Bürgertum die Verantwortung übernehmen müsse. Der liberale Verfassungsstaat, der Staat der politischen Selbstbestimmung seiner Bürger, rief nach dem nationalen Verfassungsstaat, dem Staat der nationalen Selbstbestimmung. So stellte er sich in den Dienst der nationalen Sache und war bereit, für sie zu kämpfen. In sozialpolitischer Hinsicht erkannte er, daß zwischen dem wohlhabend werdenden Wirtschaftsbürgertum, aber auch dem Beamtenwie dem Bildungsbürgertum, und den kleinbürgerlichen, vor allem unterbürgerlichen Schichten in wirtschaftlicher und zunehmend auch gesellschaftlicher Hinsicht ein immer größerer Abstand entstand. »Die Arbeiter werden immer mehr die Leibeigenen großer Unternehmen«, sagte er im Dezember 1843 im Badischen Landtag; »in den reichsten Ländern steigt die Armut der unteren Klassen bis zu einer schaudererregenden Höhe, und während die Gelehrten sich in dicken Büchern über die Mittel, den zunehmenden Pauperismus zu steuern, streiten, führt unversehends die Verzweiflung endlich zu der schreckens- und umwälzungsschwangeren Theorie des Kommunismus, die kein Eigentum mehr gelten läßt und die Schöpfung neu verteilen will«[15].

Die gesamtnationale Ordnung, der nationale Verfassungsstaat sollte den Rahmen abgeben für umfangreiche Reformbestrebungen, die auf das Gesamtwohl zielten. Friedrich Daniel Bassermann, der 1843 mit Karl Mathy einen Verlag gründete, der für die liberale und nationale Sache warb – umjubelter Volksmann der beginnenden vierziger Jahre –, wurde nach Ausbruch

[15] Ebenda, S. 252f.

der Revolution von 1848 von den entschiedenen Linken ein »Bourgeois« und »Pfeffersack« gescholten. In der Tat erklärte er die Entwicklung in Preußen, die drohende Reaktion, aus den Gefahren der Straße, die seine bildungsbürgerlichen Vorstellungen von Politik erschütterten. Der Hoffnung im Sinne der Aufklärung, daß die in der prinzipiellen Gleichheit des Gattungswesens Mensch begründete Idee der Rechtsgleichheit zu einer neuen, bisher unbekannten Solidargemeinschaft führen müßte, folgte die Enttäuschung über den klassenkämpferischen Ansturm der sich als Proletariat begreifenden Massen.

Friedrich Daniel Bassermann, tief verankert im Bürgertum der Stadt Mannheim, über ein Jahrzehnt auf vielen Ebenen einer seiner wichtigsten Sprecher und Repräsentanten, Sohn einer wohlhabenden Familie, als deren Oberhaupt Symbol des neuen Bürgertums, das fast alles der eigenen Kraft, der eigenen Leistung verdankte, Verfechter einer idealistischen Staatsidee, die den Nationalstaat als Garant liberaler Entfaltungsmöglichkeit für jeden begriff, setzte, 44 Jahre alt, seinem Leben am 29. Juli 1855 mit einem Pistolenschuß ein Ende.

Der Neffe Friedrich Daniels, Ernst Bassermann, Rechtsanwalt und Politiker (1854–1917), baute von früh an auf die nationale Idee – begeistert über die Erfolge der Einigungspolitik Bismarcks, die preußische Armee und ihr Offizierskorps bewundernd. Er war überzeugt, daß, wer politisch wirken wollte (durchaus in der Tradition des Liberalismus), ganz fest in der eigenen gesellschaftlichen Klasse verankert sein müsse; politisch war seine Heimat die nationalliberale Partei, die für ein enges Bündnis zwischen Staat und besitzendem Bürgertum, konkret für ein Zusammengehen mit der Regierung Bismarck und die Unterstützung seiner Eindämmungspolitik gegenüber der Linken eintrat. Zugleich war Ernst Bassermann von den Untergangsphantasien Richard Wagners beeindruckt.

»Er war geradezu der Prototyp des ›Wilhelminers‹, der von einer ganz neuen Epoche redete, in der man lebe, und der doch bei allem Selbstbewußtsein und aller Dynamik stets zugleich ahnte, daß die neuständische Welt seiner Gegenwart wohl kaum eine Zukunft haben werde. Wie viele seiner Zeitgenossen befiel ihn in dunklen Stunden der Gedanke, daß ein neues Ancien régime heraufzog, das unfähig sein würde, der Sintflut zu entgehen.

Sein Onkel Friedrich Daniel hatte sich vor einem halben Jahrhundert mancherlei Illusionen darüber hingegeben, was die wahren Interessen, die realen Ziele der Mehrheit des Bürgertums seiner Zeit waren, wohin die Entwicklung ging und daß viele, vielleicht schon die Mehrzahl der Angehörigen seiner sozialen Schicht, die Prioritäten in Wahrheit anders setzte. Ernst Bassermann hat, tief verankert in dieser Schicht und ständig um intensiven Kontakt mit ihr bemüht, derartige Illusionen niemals gehegt. Aber wenn er deswegen auch nicht zum Opfer individueller Illusionen wurde, so um so sicherer zu einem kollektiver Täuschungen, denen sich jene Schicht als ganze zunehmend hingab, die er so erfolgreich und stilbildend repräsentierte. Das galt in politischer, in gesellschaftlicher und in kultureller Hinsicht und in manchen Bereichen sogar in wirtschaftlicher Beziehung.

Im Zentrum solcher kollektiven Selbsttäuschungen stand die Vorstellung, das, was auf allen diesen Gebieten seit dem 18. Jahrhundert in immer schnellere Bewegung geraten war, lasse sich aufhalten oder auch nur für längere Zeit abbremsen, zumindest im Sinn der eigenen Interessen kanalisieren. Die Vergangenheit zu beschwören und zu glorifizieren, sich, im buchstäblichen und im übertragenen Sinne, feste Gehäuse zu errichten, planmäßig Dämme zu bauen und zur Verteidigung der nationalen Daseinsformen aufzurufen – all das nützte nichts. Veränderung, Wandel aller Verhältnisse, nicht zuletzt Egalität, das waren und blieben die entscheidenden Stichworte des 19. und auch des nun schon heraufziehenden nächsten Jahrhunderts. Die Nüchternheit, mit der seit der Jahrhundertmitte eine wachsende Zahl von Vertretern des besitzenden und gebildeten Bürgertums die ursprüngliche Leitidee in Frage gestellt hatte – den festen Glauben, dieses Bürgertum verkörpere die Gesellschaft der Zukunft schlechthin –, verband sich nun bei seinen klarsichtigsten Vertretern mit dem Zweifel, ob dieses Bürgertum selbst überhaupt noch eine Zukunft habe, nicht eine Epoche repräsentiere, die, kaum eröffnet, sich schon wieder ihrem Ende zuneige.«[16]

In diesem Sinne zog der Berliner Historiker Theodor Mommsen gegen Ende seines Lebens, Ausgang des 19. Jahrhunderts, eine bittere Bilanz: »Mit dem Besten, was in mir ist, bin ich stets ein animal politicum gewesen und wünschte, ein Bürger zu sein. Das ist nicht möglich in unserer Nation, bei der der einzelne, auch der Beste, über den Dienst im Gliede und den politischen Fetischismus nicht hinauskommt.«[17]

[16] Ebenda, S. 420 f.
[17] Zit. nach Gall, Bürgertum, S. 17.

Der Jurist Wilhelm Weber – »unter dunkelblond gelocktem Haar eine hohe Stirn, blaue Augen hinter einer goldumrandeten Brille, ein blonder krauser Bart, mittelgroß, mehr schmal als statiös gebaut« – hat wie viele Angehörige des Bildungsbürgertums eine erhebliche Menge schriftlicher Zeugnisse, Urkunden und Fotos, eine handgeschriebene Familienchronik und Hunderte von Briefen an seine Frau hinterlassen. Ingeborg Weber-Kellermann hat diese Berliner Karriere des 19. Jahrhunderts – vom Handwerkersohn zum Millionär – beschrieben; die Nacherzählung des Alltäglichen, auch Banalen, Schichtenspezifischen ergibt eine exemplarische Deutung von Zeit, Gesellschaft und bildungsbürgerlicher Identität.

Weber wurde 1832 als Sohn eines Sattlermeisterehepaars in Berlin geboren; er starb 1899 als Millionär in seinem 1885 erworbenen Hause auf dem Fichtenberg in Berlin-Steglitz; dazwischen liegt eine Karriere, die über die Position des Oberbürgermeisters von Gera zu der des Syndikus in der Bank Gerson von Bleichröders, also vom Handwerkersohn bis zum Millionär, führte. Im Jahr 1898 ließ sich Weber pensionieren.

»Das Haus hat mir mein bisheriges Gehalt von 15 000 Mark als lebenslängliche Pension bewilligt und mir die Aufsichtsratsstellen, in denen ich mich befinde, auch für die Zukunft belassen. Die Geschäftsantieme, etwa 30 000 Mark jährlich, ist natürlich fortgefallen. Ich darf jedoch hoffen, mit den verbleibenden Einnahmen gut auszukommen, da mein Vermögen doch auf jetzt eine Million Kapital ohne das Grundstück angesammelt ist.«[18]

Die Erwartung erfüllte sich zumindest für die Familie; er selbst starb kurz danach, mit 67 Jahren. Die Villa in Steglitz steht für die gleichbleibende Wohlhabenheit Webers, der seit 1868 mit Anna Meyer, einer Schnittwarenhändlerstochter aus Braunschweig, verheiratet und dessen Familie inzwischen auf fünf Kinder angewachsen war. Der stolze Besitzer ließ 1890 alle seine Räume photographieren, was damals ein aufwendiges und teures Unterfangen war. Man betrat die Zimmerflucht durch »ein Kamingemach mit großem Spiegel und Plüschsofa, an der Decke ein üppiger Kristall-Lüster und am Durchgang zum Speisezimmer eine vierfach geraffte Damastdraperie, die wie ein aufgezogener barocker Bühnenvorhang den Blick in den saal-

[18] Zit: nach Ingeborg Weber-Kellermann, Vom Handwerkersohn zum Millionär. Eine Berliner Karriere des 19. Jahrhunderts. München 1990, S. 68.

24

artigen Speiseraum lenkt. Die altdeutsche Täfelung, der riesige Kachelofen, das geschnitzte Buffet, die langgestreckte Tafel, umgeben von gedrechselten Stühlen mit gepreßten Ledersitzen und Rückenlehnen – das alles führt hin auf einen gemütlichen Erkerpodest mit Sitzmöbeln für die nachmittägliche Kaffeestunde. Der Fliesenboden ist mit einem großen echten Teppich bedeckt, und auf Buffet und Eckschränken prunken Majolikavasen und Silberschalen. In Annas Salon wiederholen sich die Vorhänge, dieses Mal aus Seidenplüsch; über dem Sofa mit Muschelaufsatz hängt Raffaels Madonna im gewaltigen erschlagenden Goldrahmen. Ein Damenschreibtisch am Fenster zeigt den Platz, an dem mancher der Briefe an den Gatten geschrieben wurde.«[19] Die vielen Räume wirken allesamt wie aus Carl Müllers Möbeldekoration – Carl Müller und Ernst Seeger, Hofdekorateure und Hoflieferanten, waren damals das vornehmste Möbelgeschäft Berlins.

Als Motto für dieses Leben wäre geeignet – es wurde vielfach im 19. Jahrhundert zur Selbstdeutung herangezogen: Per aspera ad astra (Auf rauhen Wegen zu den Sternen). Dementsprechend hatte der bürgerliche Aufsteiger Weber sein Ziel klar vor Augen. In einem Brief an die geliebte Braut von 1868 heißt es: »Nun, mein Ännchen, die Sache ist doch ziemlich einfach. Wer die Lebensreise angetreten hat, soll doch den Weg fortsetzen und muß den Berg erklimmen, um zum Ziele zu gelangen.« Und an anderer Stelle: »Die volle Liebe eines Weibes, mein Ännchen, ist, wonach ich strebe, was mich ganz glücklich machen soll. Doch kann sie mein Leben nicht erfüllen. Sie wendet sich an mein Gefühl. Aber mein Leben hat noch andere Aufgaben: es gilt zu wirken, solange es Tag ist, es gilt Arbeit.« Die stets zu ihrem Manne als Hüter und Heger, Leiter und Lenker aufblickende, treusorgend in Haus und Hof waltende Gattin meint: »Du bist ein Mann, der schaffen und arbeiten muß, ihm kann auch nicht die volle Liebe eines Weibes genügen, nicht für die Dauer, ich erkenne das jetzt klar.«[20] So nimmt sie auch, die ansonsten durchaus als Haus-Herrin sich erweist, von *ihm* jede Anweisung dankbar entgegen. Er sorgt sich dabei um alles: »Schicke mir die National-Zeitung mit Kreuzband. Die 2 Nummern jeden Tages legst Du zusammen und umschließt sie mit einem Streifen Papier. Zu diesem Zwecke kaufst Du Dir Kreuz-

---

[19] Ebenda, S. 191 f.
[20] Ebenda, S. 63 ff., 105 ff., 141 ff.

bandstreifen à 4 Pfennige, also vielleicht für 5 sgr. zugleich. Das Porto beträgt nur 4 Pf. für die Zeitungsblätter.«[21]

Das Familienleben erweist sich als Kern gesellschaftlicher Stabilität und Gediegenheit. Noch ist die im Biedermeier fundierte Solidität »ehrlich«; die später dominierende zwielichtige Doppelmoral des Mannes – zwischen »süßem Mädel« und »hehrer Gattin« oszillierend – fehlt. Freilich lernt Wilhelm Weber bei den Bleichröders die faszinierende Welt des Parvenüs kennen (»Himmel, in welchem Palast bewegt sich der Banquier... Und die Schleppen dieser jüdischen Weiber! Frau, Frau, nach diesem ›einfachen‹ diner können wir tagelang uns über alles Neue unterhalten...«). Auch ist er beruflich mit dem »Milieu« befaßt: Als Syndikus war er wohl im Verlauf eines Skandals wegen Ehebruchs und Erpressung, in den Bleichröder in den letzten 25 Jahren seines Lebens verwickelt war, vermittelnd tätig. Er selbst aber bleibt von solchen Anfechtungen unberührt und kümmert sich ums »anständige savoir vivre«. Er ist dabei frugal-großzügig, ermutigt sogar seine Frau zum Geldausgeben – zumal diese recht penibel das Hauswesen versieht: »... bitte Dich, mache mit den Damen einige Ausflüge zu Wagen. Das Portemonnaie steht ganz zur Verfügung. So hast Du auch die Freude, andere Dir zu verpflichten, und genießest doppelt.« Gespart wird vor allem bei den Dienstboten.

Anna Weber gehörte zu der Kategorie vornehmer (beziehungsweise vornehm sich dünkender) Bürgerfrauen, die kein besonders freundliches Verhältnis zum »Dienstpersonal« entwickelten; so »feilscht sie mit der Köchin Bertha um 3 Pfennig monatlich für den bescheidenen Luxus des bairischen Bieres – kaum zu fassen. Durch die Nachgiebigkeit des Hausherrn wird dann der Streit zunächst beigelegt, und Bertha bleibt«. Der »Hausherr« war immerhin politisch aufgeschlossen; er betätigte sich innerhalb der Deutschen Fortschrittspartei und dann bei den sich davon abspaltenden Nationalliberalen; Progressivität war hier freilich rückläufig; die sich zu 60 Prozent aus Intelligenzberufen, 20 Prozent aus Industriellen und Bankiers und 20 Prozent aus Gutsbesitzern rekrutierende Partei paßte sich mit ihren Kompromissen der Bismarckschen Politik an, deren Sozialverständnis sowieso nicht durch Einsicht oder innere Überzeugung, sondern durch pragmatische

[21] Ebenda, S. 59.

Klugheit bestimmt war. (Hervorzuheben ist, daß Wilhelm Weber sich eindeutig gegen den zunehmenden Antisemitismus wandte.)

Der Bildungsbürger Weber empfand seine kulturelle Bildung vorwiegend als Statussymbol. Damit wollte er sich auch vom wirtschaftlich orientierten Bourgeois abheben, doch vermischten sich diese beiden Bereiche immer mehr. Charakteristisch für affirmative Kultur ist, daß ihr idealistischer Anspruch nicht mehr als Aufforderung zur Veränderung von Realität, sondern als deren Bestätigung empfunden wird. Die Diskrepanz zwischen Utopie und Wirklichkeit wird verdrängt, Kunst als Apotheose des Daseins gefeiert. In einem Brief berichtet Anna ihrem Mann über ein Konzert auf Helgoland – die Stelle ist symptomatisch für das Schwärmerische der bürgerlichen Kunstrezeption:

»Um 8 Uhr fing dann auch das Conzert an, und wir saßen ganz allein und ungeniert in dem dunklen Garten, in dem die Leuchtkäfer schwirrten und der nur von Zeit zu Zeit durch die bengalischen Flammen des Nebengartens erleuchtet wurde. Vor uns breitete sich das schöne Tal, immer tiefer wurden die Schatten, der Himmel war schwer und düster umzogen, kaum ein Sternchen konnte durchdringen, schwaches Wetterleuchten zerriß zuweilen die dunklen Wolken über dem Heinberg. Dazu die Musik aus Verdis ›Traviata‹, ein Abend, ganz dazu angelegt, die Wehmut und Sehnsucht wachzurufen.«[22]

Wilhelm Weber ist Theater- und Opernfreund; seine Literaturbegeisterung findet Ausdruck in der Einrichtung einer eigenen Bibliothek, mit Goethe als Mittelpunkt. Generell, vor allem in Hinblick auf die bildende Kunst, ist er glücklich darüber, daß der Idealismus wieder hochkommt: »Das ist mir eine Freude. Von dem traurigen Realismus sind allerdings noch einige häßliche Spuren vorhanden, doch gehen sie in dem allgemeinen Zuge unter.« Die Selbsteinschätzung Wilhelm Webers als Bildungsbürger spricht aus einem Brief vom 21. Juni 1894 an seine Frau, in Beantwortung ihres Berichts über die eingeschränkte Lebenshaltung von Verwandten in Gera. Am Kontrastbild des Kleinbürgerlichen wird die eigene Identität definiert: Der materiell üppig fundierte Hedonismus ist legitimiert durch Bildung, die das Wohlbefinden, als Voraussetzung fürs Transzendieren auf ein Höheres, legitimiert. Die Selbstverständlichkeit des Lu-

---

[22] Ebenda, S. 171.

xus ist durch karitative Empathie gegenüber schlechtem Gewissen abgefedert. Die Selbstsicherheit des Besitzbürgers gründet in dem Bewußtsein, Bildungsbürger zu sein. Dieser veredelt Stofflichkeit, während die Ungebildeten sie nicht zu genießen vermögen.

»Was Du über Helenes und Weißflogs Badeaufenthalt und Leben schreibst, interessiert mich umso mehr, als Du es Dir nicht zum Vorbild nimmst. Wo diese Einschränkung und Zurückhaltung nicht schmutziger Geiz ist – wie doch bei keinem von ihnen –, ist es zurückgebliebene Kultur, oder kurz gesagt, mangelnde Bildung. Die Leute haben nicht das Bedürfnis größerer Bequemlichkeit und Annehmlichkeit, aber auch nicht den Genuß und die freudige Erhebung über das Gemeine. Ich bilde mir auf den Luxus nichts ein. Daß er, wie wir ihn genießen, nicht Unrecht ist, weiß ich. Ich bin glücklich, daß Du ihn mit mir teilen kannst, und ich bin stolz, daß Du ihn so wohl anwendest. Wir renommieren doch nicht und überheben uns nicht. Du hast eine ehrenvolle Pflicht in der Gastfreundschaft für Helene erfüllt.«[23]

[23] Ebenda, S. 179.

II. Die kulturellen Dimensionen des Bildungsbürgertums

Bürger, Citoyen und Bourgeois

»Wo kam die schönste Bildung her/ und wenn sie nicht vom Bürger wär?« Die von Goethe in den ›Zahmen Xenien‹ gestellte und zugleich beantwortete Frage verweist auf den deutschen Sonderweg, wobei dieser umstrittene Begriff, vor allem im Hinblick auf das individual- wie sozialpsychische Mentalitätsmuster, auf eine nicht sehr leicht einzugrenzende Gesellschaftsschicht bezogen sei[1]. Die These vom deutschen Sonderweg besagt, daß in Deutschland die wirtschaftliche, soziale und politische Entwicklung auseinanderliefen; der Kapitalismus habe sich durchgesetzt und das Bürgertum die ökonomisch entscheidende Stellung errungen; dem Bürgertum sei es aber, im Gegensatz etwa zu England, nicht gelungen, auch die politische Macht zu erringen. »Vor allem die erforderliche Demokratisierung habe es nicht vorangetrieben. Statt dessen konnten sich traditionelle Eliten behaupten, die angesichts wachsender innerer Spannungen schließlich – nach dem Vorbilde Bismarcks – in einem Krieg den letzten, verzweifelten Ausweg sahen.«[2]

Nach dem Scheitern der Revolution von 1848 blieb die aus Aufklärung und Französischer Revolution erwachsene Hoffnung auf eine bürgerliche, Freiheit, Gleichheit und Brüderlichkeit verwirklichende Gesellschaft unerfüllt – was schließlich in Umkehrung der Ideale dazu führte, daß der Bürger zum Untertan wurde; die bürgerlichen Vorstellungen von Kultur verwandelten sich ins »Kulturmilieu« des Kaiserreichs, das eine protestantische Prägung aufweist und durch die Verbindung von Bildungs- und Besitzbürgertum, die sich freilich spätestens seit der Mitte der achtziger Jahre zunehmend auflöst, geprägt bleibt.

---

[1] Zit. nach Reinhart Koselleck, Einleitung – Zur anthropologischen und semantischen Struktur der Bildung. In: Reinhart Koselleck (Hrsg.), Bildungsbürgertum im 19. Jahrhundert. Teil II: Bildungsgüter und Bildungswissen. Stuttgart 1990, S. 11. Vgl. zu der Thematik dieses Kapitels vor allem auch M. Rainer Lepsius (Hrsg.), Bildungsbürgertum im 19. Jahrhundert. Teil III: Lebensführung und ständische Vergesellschaftung. Stuttgart 1992, und Jürgen Kocka (Hrsg.), Bildungsbürgertum im 19. Jahrhundert. Teil IV: Politischer Einfluß und gesellschaftliche Formation. Stuttgart 1989.
[2] Franz-Josef Brüggemeier, Der deutsche Sonderweg. In: Lutz Niethammer u.a., Bürgerliche Gesellschaft in Deutschland. Historische Einblicke, Fragen, Perspektiven. Frankfurt am Main 1990, S. 244.

Die überkommene höfisch-aristokratische Kultur hatte bereits im 18. Jahrhundert den Höhepunkt ihrer Geltung überschritten; selbst in den aristokratischen Salons der Aufklärung stand in zunehmendem Maße bürgerliches Bildungsgut, orientiert an bürgerlichen Bildungsidealen, im Mittelpunkt. Die Aristokratie erstarrte in engen gesellschaftlichen Konventionen und im überholten Standesdünkel, was am Beispiel der preußischen Gesellschaft Theodor Fontane in seinen Romanen immer wieder thematisiert. Freilich übte aristokratische Lebensform mit ihren kulturellen Idealen auch eine große Anziehungskraft auf die aufsteigenden bürgerlichen Schichten aus, die sich in ihrer Lebensweise und in ihren Häusern feudal »einzurichten« trachteten.

Das Kompositum »Bildungsbürgertum« enthält mit »Bürger« einen Begriff, der soziologisch leichter zu deuten ist als der kulturphänomenologisch komplexe Begriff »Bildung« (der deshalb nachfolgend in mehreren deskriptiven Annäherungen, die auf Einzelpunkte wie Begriffsfelder zielen, erfaßt werden soll). Im ›Historischen Wörterbuch der Philosophie‹ konfrontiert Manfred Riedel[3] »Bürger« mit »Bourgeois« und »Citoyen«. Als klassisch-politischer Begriff ist »Bürger« abgeleitet aus dem Griechischen πολίτης, lateinisch »civis«; am Modell des antiken Stadtstaates (πόλις, civitas) hat er seine Prägung erfahren. Nach Aristoteles ist der Bewohner der »Polis« dann Bürger, wenn er an Ämtern und Ehren partizipiert. Eine Teilnahme an Herrschaft setzt Freiheit von ökonomischen Verrichtungen, also die Verfügung über Besitz und Haus voraus. So unterscheidet Aristoteles zwischen Arbeit und Handeln, wobei vor allem die Philosophen mit ihrem Denken ein aktives Leben (vita activa) führten.

Der Kern der römischen Bürgerschaft setzt sich aus den Freien, den über ein Haus gebietenden Geschlechtsgenossen, zusammen, die sich nach innen und außen abzuschließen trachten, wobei in spätantiker Zeit auch die Angehörigen unterworfener Völker und Länder ein Reichsbürgerrecht (civus Romanus) erhalten. Im Mittelalter entsteht ein neuer Typ der Bürgergemeinde; während der griechische und römische Bürger vor allem Grundherr war, der von der Arbeit der Nichtbürger

³ Manfred Riedel, Bürger, Staatsbürger, Bürgertum. In: Otto Brunner, Werner Conze, Reinhart Koselleck, Geschichtliche Grundbegriffe. Historisches Lexikon zur politisch-sozialen Sprache in Deutschland. Band 1: A–D. Stuttgart 1979, S. 672 ff.

(Sklaven, Metöken, Fremden) lebte, sind die Bürger der mittelalterlichen Städte vorwiegend Kaufleute und Handwerker. Die
Sphäre der Arbeit wird als berechtigt anerkannt und in den
Bürgerbegriff aufgenommen. Daraus entwickelt sich am Ausgang des Mittelalters ein eigener Status, der Bürgerstand (tiers-
état), der zunächst im absolutistischen Staatsgefüge integriert
bleibt, sich dann aber von diesem Hegemonialanspruch löst.
Der civus urbanus, dem Jean Bodin den Namen »Bourgeois«
gibt, wandelt sich zum Citoyen, der in der Begriffssprache der
Französischen Revolution als Bezeichnung für die freien und
gleichen Glieder der Nation Verwendung findet, die mit der
Erklärung ihrer Souveränität und der Menschen- wie Bürgerrechte (droits de l'homme et du citoyen) die Rechts- und Herr-
schaftsunterschiede der alten Gesellschaft aufhoben. Der revolutionär verwandelte Bürgerbegriff nimmt die Philosophie des
deutschen Idealismus in sich auf; unterstrichen wird damit, daß
der Bürger nicht Stadtbürger, sondern Staatsbürger sei, wobei
sich bei Kant die rechtliche wie ökonomische Selbständigkeit
als wichtigstes Kriterium erweist. Solche materielle Fundierung
des Bürgerbegriffs, die im Laufe des 19. Jahrhunderts immer
bedeutsamer wird, steht im Widerspruch zum »jakobinischen
Bürgerbegriff«, der auf volle Gleichheit und damit auf Beseitigung der Standesunterschiede zielt. Hätte es nie etwas anderes
als Staatsbürger gegeben, argumentiert Fichte, so würde weder
der Adelige noch der Bürger seinesgleichen vorziehen können,
weil alle seinesgleichen wären.

Für Karl Marx und Friedrich Engels war die moderne Epoche
die »Epoche der Bourgeoisie«, der »bürgerlichen« Daseinsformen der Gesellschaft, die sie einerseits den »feudalen« der mittelalterlichen Vergangenheit, andererseits den sozialistischen
bzw. kommunistischen der Zukunft entgegensetzten. »Daneben stand der Bourgeoisie noch eine ›Klasse‹ gegenüber, in der
die alten ständischen Beschränkungen und lokalen Gebunden-
heiten vorherrschten, die der ›Kleinbürger‹. Sie wurde von
Marx und Engels als retardierender Faktor der modernen gesellschaftlichen Bewegungen angesehen und im Verhältnis zur
Bourgeoisie mit lediglich negativen Wertmaßstäben gemessen:
›Der Kleinbürger repräsentiert lokale, der Bourgeois universelle
Interessen. Der Kleinbürger findet seine Stellung hinreichend
gesichert, wenn er bei indirektem Einfluß auf die Staatsgesetz-
gebung direkt an der Provinzialverwaltung beteiligt und Herr
seiner lokalen Munizipalverwaltung ist ... Die klassische

Schöpfung des Kleinbürgers waren die deutschen Reichsstädte, die klassische Schöpfung des Bourgeois ist der französische Repräsentativstaat.‹ Wie der Proletarier, so bekämpfte auch der Kleinbürger die Bourgeoisie; aber er war nicht revolutionär, sondern konservativ, auf die bloße Sicherung seiner partikularen Existenz bedacht. Insofern trug er auch den Namen des ›Spießbürgers‹ oder ›Philisters‹, dem, vor allem unter dem Eindruck der Schwäche des deutschen Bürgertums während der Jahre 1848/49, Marx' und Engels' ungeteilte Verachtung galt.«[4]

Wenn man den Begriff des Bourgeois, Kleinbürgers, Spießbürgers, Philisters beispielsweise von der marxistisch-materialistischen Deutung löst und ihn als Gegensatz zum bzw. als Perversion des originären Bildungsbürgers als Idealtypus eines aufgeklärten Universalhumanismus begreift – wobei natürlich jede Realität, also der Bildungsbürger als konkretes Wesen, bereits Ansätze der »Verkehrung« in sich trägt –, wenn man also nicht die »klassenspezifische«, sondern mentalitätsgeschichtliche Entwicklung ins Auge faßt, dann erweisen sich das 19. und 20. Jahrhundert – freilich keineswegs in chronologischer Abfolge, sondern mit zeitlichen Verwerfungen und voraus- wie zurückgreifenden Entwicklungen – als Gesamtzeitraum, in dem die Zerstörung des Bildungsbürgertums und seiner Werte durch den Nationalismus unter »Anleitung« zahlreicher Spitzen und Stützen der Gesellschaft erfolgte.

Der dadurch für die deutsche Kultur und den deutschen Geist eintretende Substanzverlust war so tiefgreifend und verheerend, daß eigentlich – sieht man von den Enklaven der inneren und äußeren Emigration ab – erst ab 1945 mit dem völligen Zusammenbruch Deutschlands als Staatsnation die Kulturnation wieder eine echte (und dann auch genützte) Chance bekam. Der Verlust kann in seinem Ausmaß erst so recht begriffen werden, wenn man sich die komplexen Dimensionen des deutschen Geistes, innerhalb derer bürgerliche, später dann auch proletarische Bildung sich ansiedelte, und die Errungenschaften deutscher Kultur (als Erschließung und Auslotung menschlicher »Totalität«) vergegenwärtigt. Dies soll nachfolgend dadurch geschehen, daß einige wichtige Hauptströmungen skizziert werden; diese können freilich nur strukturell (mit illustrierenden bzw. belegenden Beispielen) konturiert und nicht in ihrer ganzen phänomenologischen Fülle aufgefächert werden.

---

[4] Ebenda, S. 719.

»Wenn« – schreibt Hegel in der Vorrede zu den ›Grundlinien der Philosophie des Rechts‹ – »die Philosophie ihr Grau in Grau malt, dann ist eine Gestalt des Lebens alt geworden, und mit Grau in Grau läßt sie sich nicht verjüngen, sondern nur erkennen; die Eule der Minerva beginnt erst mit der einbrechenden Dämmerung ihren Flug‹[5]. Hegels Gedankengebäude steht am Ende einer Epoche – und leitet eine neue ein; seine ›Phänomenologie des Geistes‹ beendete er 1806 in der Mitternacht vor der Schlacht von Jena und Auerstedt, die Napoleons Triumph über Preußen brachte. Hegel vollendet die Aufklärung und hebt sie auf; er ist dem romantischen Weltgefühl verbunden, und er schafft ein System, auf das die Epoche des Realismus sich beziehen kann.

Alt geworden waren Rokoko und Aufklärung; mit der Romantik entstand eine Geistes- und Welthaltung, die der Kraft der Empfindung zum Durchbruch verhalf; die deutsche Klassik wiederum wollte das Reich der Gedanken sinnlich erschließen, den »Weltgeist« von seinen konkreten Ausprägungen, von den Phänomenen her begreifen. – Die politischen und ökonomischen Umwälzungen versetzten den einzelnen wie die Gesellschaft in Unruhe, man hoffte auf den »Fortschritt«; doch versuchte der Konservativismus, die Uhren anzuhalten. Das Biedermeier rettete sich in eine Flucht nach innen, die »Heiterkeit auf dem Grunde der Schwermut« verhieß. Um die Mitte des Jahrhunderts erfolgte der Aufstieg des Realismus; Theorie sollte durch Handeln abgelöst werden. Man muß, meinte Karl Marx in seiner ›Kritik der Hegelschen Rechtsphilosophie‹, jede Sphäre der deutschen Gesellschaft als die *partie honteuse*, den Schandfleck der deutschen Gesellschaft schildern, »man muß diese versteinerten Verhältnisse dadurch zum Tanzen zwingen, daß man ihnen ihre eigene Melodie vorsingt! Man muß das Volk vor sich selbst erschrecken lehren, um ihm Courage zu machen«[6]. Der Gang der Wirklichkeit ließ solche Dynamik nur in Ansätzen erkennen, aber vieles von dem, was in Gang gesetzt wurde, erwies sich zumindest »inwendig« als wichtige Erbschaft der Zeit: Fundus wie Fundament eines »anderen Deutschland«. Grau in Grau muß die Wirklichkeit Deutsch-

[5] Georg Wilhelm Friedrich Hegel, Grundlinien der Philosophie des Rechts. Hrsg. und eingeleitet von Helmut Reichelt. Frankfurt am Main, Berlin, Wien 1972, S. 14.
[6] Karl Marx, Zur Kritik der Hegelschen Rechtsphilosophie. Einleitung. In: Karl Marx, Friedrich Engels, Studienausgabe in 4 Bänden. Hrsg. von Iring Fetscher. Band I: Philosophie. Frankfurt am Main 1966, S. 20.

lands in der ersten Hälfte des 19. Jahrhunderts gemalt werden; Deutschland existierte nur noch in der Idee. Aber aus der Dämmerung, nicht zuletzt aus der über dem zerschlagenen Preußen, erstand die reale Utopie einer geeinten Nation, die mit den Freiheitskriegen dem Ziel ihrer Sehnsucht nahezukommen schien.

Grau in Grau bot sich das Bild des in Kleinstaaterei zerfallenen Deutschland, das ökonomisch, politisch und gesellschaftlich dahinvegetierte. Aber dann setzte, verspätet, die Industrialisierung mit Vehemenz ein; 1871 »war es erreicht« – das Zweite Deutsche Reich als europäische Großmacht.

Grau in Grau das Bild von Reaktion und Restauration. Aber die Errungenschaften der liberalen Revolutionen des 19. Jahrhunderts, vor allem des Jahres 1848, konnten nicht mehr aus dem Bewußtsein verdrängt werden; zusammen mit den Reformen im Gefolge der preußischen Erneuerung nach 1807 war der »Bürgerstaat« als Möglichkeit zum Vorschein gekommen.

Die dergestalt aus der Abenddämmerung aufsteigende Morgenröte hat insgesamt einen zwielichtigen, irisierenden, irritierenden Glanz: die Freiheitskriege und die sie tragende romantische Bewegung schlugen in Chauvinismus und epigonale Überheblichkeit um; aus Träumen wurden Alpträume. Die Mächtigen, nicht mit demokratischem Öl gesalbt, verstanden die Zeichen aufgeklärten Geistes nicht; republikanisches Bewußtsein blieb im Ansatz stecken. Das Zweite Deutsche Reich befriedigte zwar die Sehnsucht nach Einheit, aber nicht nach Freiheit; Friedrich Nietzsche sprach von der Exstirpation des deutschen Geistes zugunsten des deutschen Reiches.

Das deutsche 19. Jahrhundert war vom Standpunkt des »sich über das unmittelbare Wirken erhebenden Denkens« (Hegel) weitgehend unwirklich: das heißt unvernünftig. Das Negative des Volksgeistes kam zum Ausdruck und Ausbruch; Grillparzer sprach davon, daß der Weg der deutschen Humanität über die Nationalität zur Bestialität führe. Das Denken aber schwang sich über solche Malaise hinweg, über das »unmittelbare Wirken« hinaus; der deutsche Geist war vom deutschen Ungeist wenig angekränkelt; er entwarf eine Welt, die sich als utopische Gegenwelt erwies.

»Soviel Anfang war nie«[7] – dieses Wort charakterisiert den

[7] Vgl. für dieses Kapitel Hermann Glaser, Soviel Anfang war nie. Deutscher Geist im 19. Jahrhundert. Ein Lesebuch. München, Wien 1981.

deutschen Geist im 19. Jahrhundert. Es war ein Jahrhundert der Aufbrüche und Umbrüche, der Evolutionen und Revolutionen, aber auch ein Jahrhundert, in dem Abgründe sich auftaten, die immer schwindelerregender, gefährlicher, unheimlicher wurden. Der Universalismus des deutschen Denkens im 19. Jahrhundert ist jedoch eine unverlierbare und unverzichtbare Errungenschaft.

Friedrich Schiller inkorporierte und antizipierte in seinem Denken die tragische Antinomie deutscher Entwicklung im 19. Jahrhundert: daß nämlich der »ästhetische Staat« – und er meinte damit den »Ort« für die Ganzheit der Humaniora, für die Vermählung von Stofflichkeit und Formalität im »Spieltrieb«, für die Entfaltung der »schönen Seele« –, daß dieser ästhetische Staat nur dem Scheine nach, also nur als Vorbild würde existieren können: »Hier also, in dem Reiche des ästhetischen Scheins, wird das Ideal der Gleichheit erfüllt, welches der Schwärmer so gern auch dem Wesen nach realisiert sehen möchte.«[8]

Daß »dem Wesen nach« im Deutschland des 19. Jahrhunderts so wenig realisiert, so wenig vom Kopf auf die Füße gestellt, so wenig von der Idealität in die Realität umgesetzt wurde, rechtfertigt nicht, das, was dem »ästhetischen Scheine« nach bestand, geringzuachten; dem Idealitätsprinzip darf nicht angelastet werden, daß das Realitätsprinzip ihm nicht folgte. Daß Klassiker durchschlagend wirkungslos bleiben, spricht nicht gegen sie; um so schlimmer für die Wirklichkeit!

Die Erbschaft der Zeit – des deutschen 19. Jahrhunderts – bestand darin, daß für die Zukunft die »Vollziehung der Gedanken der Vergangenheit« möglich blieb – da eben solche vorgedacht worden waren und damit nach-gedacht werden konnten.

»Es wird sich dann zeigen, daß die Welt längst den Traum von einer Sache besitzt, von der sie nur das Bewußtsein besitzen muß, um sie wirklich zu besitzen. Es wird sich zeigen, daß es sich nicht um einen großen Gedankenstrich zwischen Vergangenheit und Zukunft handelt, sondern um die Vollziehung der Gedanken der Vergangenheit. Es wird sich endlich zeigen, daß die Menschheit keine neue Arbeit beginnt, sondern mit Be-

---

[8] Friedrich Schiller, Über die ästhetische Erziehung des Menschen. In: Schiller, Werke. Vollständige, historisch-kritische Ausgabe. Hrsg. von O. Güntter und G. Witkowski, Teil 18. Leipzig o.J. (1911), S. 115f.

wußtsein ihre alte Arbeit zustande bringt«, schrieb Karl Marx im September 1843 an Arnold Ruge[9]. Was für Hegel als »Weltgeist« das »Allgemeine im Existierenden« bedeutete und was sich dann in der Folge als Beitrag des deutschen Geistes zum Weltgeist erwies, variiert vier Leitmotive in vielfältigen Variationen:

– Enthebung. Welt erhellen und träumen
– Titanismus. Welt aufheben
– Vom Grauen und Grünen. Welt begründen
– Irrungen Wirrungen. Welt anschauen

Mit und seit der Romantik – in »Ergänzung« der Aufkärung – wurde »vorgespielt«, was Exorbitanz (ein Aus-der-Welt-Heraustreten) und Transzendenz (ein Die-Welt-Überschreiten) an Einblicken und Einsichten zu vermitteln vermag, die innere wie die äußere Welt betreffend. Die Fähigkeit zum Träumen – Entrückung als Tagtraum wie als Hinwendung zum »Himmel der Nacht«, als Sehnsuchtshoffnung wie Alptraum – charakterisiert als ein wichtiges Motiv den deutschen Geist im 19. Jahrhundert.

Die Kraft zum »Aufheben«, Titanismus, bedeutet ein weiteres Motiv: Weltgestaltung aus dem Geiste, im besonderen aus dem Geiste der Philosophie: Denken des Ganzen und Versuch, hinter der Erscheinung Flucht ein Ganzes zu begreifen (»Und keine Zeit und keine Macht zerstückelt / geprägte Form, die lebend sich entwickelt«, heißt es bei Goethe, in den ›Urworten. Orphisch‹). Welt als Wille und Vorstellung stellte auch der Titanismus der Musik dar, der eine Gegenwelt aus Tönen, Welt-Komposition, erklingen ließ.

Welt begründen – als drittes Motiv – bedeutete, dem Grauen ein Grünes, der Verzweiflung Hoffnung, der Abgründigkeit Lebensbejahung entgegenzustellen. Halt verhieß Immanenz: Aus der Welt kann man nicht herausfallen. Über alles wächst Gras. Heiterkeit auf dem Grunde der Schwermut. Im Augen-Blick, trotz Chaos, glücklich unter der Sonne zu sein.

Irrungen Wirrungen – als viertes Motiv – zielt auf die Rolle des Beobachtens, auf die Fähigkeit der »Enthebung«, des Sich-herausnehmen-könnens. Das Transitorische beschreiben und dabei selbst »hinübergehen«, als ob nichts geschehen wäre. Der romantische Traum, das titanische Denken, das realistische Verharren enden in distanzierender Resignation.

[9] Karl Marx, Brief an Arnold Ruge (September 1843). In: Karl Marx, Friedrich Engels, Werke. Band 1. Berlin-Ost 1970, S. 346.

Der Beitrag des bürgerlichen Geistes zum Weltgeist war beachtenswert und verdient Achtung. Der Weltgeist hob sich freilich vom Volksgeist ab; der Volksgeist bereitete sich selbst den Untergang. Das Negative – so Hegel – erscheine als Verderben von innen.

Enthebung. Welt erhellen und träumen

Die Geisteslandschaft der Aufklärung bietet sich dar als hellerleuchtetes Erdenrund. Die Sonne der Vernunft steht im Zenit, die Schattenseiten sind begrenzt, durchschaubar, klar konturiert. Was hinter dem Denkhorizont liegt, interessiert weniger. Zwiespältigkeit war die Grundsituation, aus der heraus der barocke Künstler schuf. Er fühlte sich den göttlichen und teuflischen Mächten, der Sinnenfreude wie der Lebensangst ausgeliefert. Im 18. Jahrhundert klingen diese Spannungen ab; der Mensch der Aufklärungszeit bemüht sich um eine harmonische, lebensfrohe Ausgeglichenheit, er sieht seine Aufgabe darin, im »Hier und Nun« zu planen, zu wirken und glücklich zu sein.

Der barocke Mensch hatte die Welt durch seine Sinne erlebt, triebhaft, instinktiv, intuitiv; die Welt blieb ihm Chaos, Fragment, zwielichtig und unergründbar. Der Mensch der Aufklärungszeit gebraucht die Ratio – er gewinnt Einblick und Überblick, er sieht Regeln und Gesetze wirksam, die Ordnung bedeuten.

Für Gottfried Wilhelm Leibniz (1646–1716) ist die Welt aus lauter Monaden (Urkörperchen) zusammengesetzt, die, in sich gestuft vom niedrigsten bis zur ultima ratio rerum, Gott selber, selbständig sind, zugleich aber als Spiegel des Universums sich erweisen. Eine von Gott geschaffene, von Gott bewegte und belebte, gegliederte, harmonische Welt konnte nur die beste aller Welten sein. »Denn kraft der vollkommenen im Universum eingerichteten Ordnung ist alles in der bestmöglichen Weise eingerichtet, und zwar sowohl für das allgemeine Gute, als auch insbesondere zum Besten derer, die davon überzeugt und mit der göttlichen Regierung zufrieden sind, was für alle die gelten muß, die die Quelle alles Guten zu lieben verstehen. Allerdings kann die höchste Glückseligkeit – von welcher seligen Vision oder Erkenntnis Gottes sie auch begleitet sein mag – niemals vollständig und abgeschlossen sein; denn da Gott unendlich ist, so kann er niemals ganz erkannt werden. Demnach wird und soll unser Glück niemals in einem vollkommenen Genießen bestehen, bei dem nichts mehr zu wünschen übrig bliebe, und das unsren Geist abstumpfen würde, sondern in einem immerwährenden Fortschritte zu neuen Freuden und neuen Vollkommenheiten.«[10]

Zusammen mit der Entdeckung der Vernunft wird der Eigenwert der Person und Individualität erkannt. Der Mensch als Geistwesen fühlt sich als Krone der Schöpfung. Aufklärung, schrieb Immanuel Kant, »ist der Ausgang des Menschen aus seiner selbstverschuldeten Unmündigkeit. Unmündigkeit ist das Unvermögen, sich seines Verstandes ohne Leitung eines anderen zu bedienen. Selbstverschuldet ist diese Unmündigkeit, wenn die Ursache derselben nicht am Mangel des Verstandes, sondern der Entschließung und des Mutes liegt, sich seiner ohne Leitung eines anderen zu bedienen. Sapere aude! Habe Mut, dich deines eigenen Verstandes zu bedienen! ist also der Wahlspruch der Aufklärung.«[11]

Die Geisteslandschaft der Aufklärung ist vielfältig gegliedert. Es gibt das Flachland, kultiviert durch ein Nützlichkeitsdenken von rührender Simplizität: die Popularaufklärung ist ganz dem »gemeinen« Menschen hingegeben, will diesen belehren und zum Guten führen, das Triviale im Einfachen aufhebend. »Man muß den Menschen nur vernünftig ansprechen, und man wird sich wundern, wie er's begreift«, meinte Matthias Claudius im ›Wandsbecker Boten‹, einer von 1771 bis 1775 von ihm herausgegebenen »moralischen Zeitung«, die mit Vernunft, Herz, Gemüt und Schalkhaftigkeit in den Widerwärtigkeiten des Lebens weiterzuhelfen versuchte.

Die Geisteslandschaft der Aufklärung kennt gleichermaßen die dramatische »Zuspitzung«, die Gipfel des Ringens, die Abgründe der Angst; doch wird solcher Spannungsbogen zwischen gestirntem Himmel und kategorischem Imperativ ausgehalten mit Hilfe eines bis zur Besessenheit reichenden Glaubens an die Vernunft als die Kraft, Wahrheit erkennen zu können. Der Mensch ist nur dort wahrhaft Mensch, wo er denkt, und

[10] Gottfried Wilhelm Leibniz, Die Vernunftprinzipien der Natur und der Gnade. In: Gottfried Wilhelm Leibniz. Auswahl und Einleitung von Friedrich Heer. Frankfurt am Main, Hamburg 1958, S. 127.
[11] Immanuel Kant, Was ist Aufklärung? Sämtliche Werke. Hrsg. von Karl Rosenkranz und Friedr. Wilh. Schubert. Siebenten Theils Erste Abteilung. Leipzig 1838, S. 145 f.

wo er denkt, ist er ganz Mensch. Sie wird gewiß kommen, meinte Gotthold Ephraim Lessing in seiner Schrift ›Erziehung des Menschengeschlechts‹ (1780), »sie wird gewiß kommen, die Zeit der Vollendung, da der Mensch, je überzeugter sein Verstand einer immer bessern Zukunft sich fühlet, von dieser Zukunft gleichwohl Bewegungsgründe zu seinen Handlungen zu erborgen, nicht nötig haben wird; da er das Gute tun wird, weil er das Gute ist, nicht weil willkürliche Belohnungen darauf gesetzt sind, die seinen flatterhaften Blick ehedem bloß heften und stärken sollten, die inneren besseren Belohnungen desselben zu erkennen. Sie wird gewiß kommen, die Zeit eines neuen ewigen Evangeliums, die uns selbst in den Elementarbüchern des Neuen Bundes versprochen wird.«[12]

Die von Kant und anderen beschriebene Emanzipation der menschlichen Vernunft ist zwar im Menschen angelegt, muß jedoch prozessual gefördert werden. Zum aufgeklärten Gebildetsein führt das Gebildetwerden, die Erziehung – und zwar die Erziehung zum Guten, Wahren und Schönen. Kalokagathie, die Schön-Gutheit als Folge des Vor-Scheins der Idee, kann nur erreicht werden, wenn Vorbilder gesetzt werden und die herabziehende Schwerkraft überwunden wird. Bürgerliche Bildung ist »horizontal« und »vertikal« ausgerichtet: einerseits geht es um die Erfahrung phänomenologischer Fülle, andererseits um den Aufbruch zum Höheren (per aspera ad astra!). Entscheidend für den Bildungsbegriff des am Idealismus orientierten Bürgertums war der »reine Mensch«, die *Idee* vom Menschen, und nicht seine Realität. Wird die Diskrepanz von Idee und Wirklichkeit erkannt, wirkt die Idee als »Ansporn«, Wirklichkeit zu verändern, ist die Gefahr, Idee und Wirklichkeit zu »verwechseln« bzw. gleichzusetzen bzw. Wirklichkeit zu verdrängen, gebannt. Der Verlust des »optativischen Bewußtseins« führte freilich das Bürgertum zunehmend in die fatale saturierte Gewißheit des moralisch-ästhetischen »Es-ist-erreicht«.

Im Laufe des 19. Jahrhunderts verstärkte sich also die »Vertikalität« des bürgerlichen Kulturbegriffs, wobei die produktive Spannung zwischen oben und unten – dem abstrakten und dem konkreten Menschen – zugunsten des Ideenhimmels verlorenging. Der utopische Charakter der Kunst als Anspruch wird zum »eigenen Reich« – eine Enthebung vermittelnd, »die nicht

[12] Gotthold Ephraim Lessing, Die Erziehung des Menschengeschlechts. Lessings Werke in sechs Bänden. Hrsg. von Theodor Matthias. Band 6. Leipzig o. J., S. 1029 f.

von dieser Welt ist« und damit indirekt auch die Gleichgültigkeit gegenüber dem »Irdischen« zu befördern vermag. Ein wesentliches Element bürgerlicher Gesinnung und Gesittung wird zurückgedrängt: Der aus utopischer Zielsetzung erwachsende Auftrag, Wirklichkeit zu verändern, weicht der Affirmation; das Idealische wird dazu verwendet, die beste aller (bürgerlichen) Welten zu bestätigen; es muß – isoliert von der Realität – nicht mehr an dieser und durch diese überprüft werden. Ist die Realität ganz anders, um so schlimmer für die Wirklichkeit.

Kultur wird zudem von Zivilisation unterschieden und vom Gesellschaftsprozeß soziologisch und wertmäßig entfernt. Affirmative Kultur ist nach Herbert Marcuse jene der bürgerlichen Epoche zugehörige Kultur, welche im Laufe ihrer eigenen Entwicklung dazu geführt hat, die geistig-seelische Welt als ein selbständiges Wertreich von der Zivilisation abzulösen und über sie zu erhöhen. Die affirmative Kultur ist in ihren Grundzügen idealistisch[13].

Die erhellte Welt hat zum Pendant die geträumte Welt. Gewißheit weicht der Ahnung, die Horizonte verfließen, die Schatten werden unermeßlich; man wendet sich lieber dem Geheimnisvollen als dem Geklärten (Aufgeklärten) zu. Bei allen Zweifeln, Kämpfen, Ängsten hatte die Aufklärung einen festen Ort im Diesseitigen bezogen. Transzendenz fundierte Immanenz, der Mensch als Vernunftwesen stand im Mittelpunkt der Welt. Entrückung, das bedeutet Positionswechsel: nirgends steht man ganz fest; Halt und Haltung gehen über in Bewegung und Ambivalenz. Entrückung, das bedeutet weniger die Welt sehen wie sie ist, sondern die Welt träumen, erahnen, vermuten. Enthebung in die Sphären der Vernunft wird zur Entrückung. Der Traum ein Leben, das Leben ein Traum. Entrückung, das ist das romantische Bewußtsein, daß in allen Dingen ein Zauberlied ruht, das zum Erklingen gebracht werden kann, auch wenn man es oft genug nicht zu verstehen vermag. Entrückung, wie sie romantisches Bewußtsein darstellt, vorstellt, auch vorspielt, macht aus Äußerem ein Inneres. Subjekt und Subjektivität, Introspektion und Introversion lösen aufklärerische objektivierende Weltzuwendung ab. In unserem Gemüt, meinte Novalis, sei alles auf die eigenste, gefälligste und lebendigste Weise verknüpft. Alle Wirklichkeit sei Zeichen, Chiffre, Hieroglyphe

[13] Vgl. Herbert Marcuse, Über den affirmativen Charakter der Kultur. In: Kultur und Gesellschaft I. Frankfurt am Main 1965, S. 63, 66.

des Geistes. Mit Hilfe des magischen Wortes sollte das universale Geheimnis wenn nicht gelöst, so doch beschworen werden. Das Denken sei nur ein Traum des Fühlens, ein erstorbenes Fühlen, die Poesie, die Inspiration, »eins und alles«.

Dieses zarte, ätherisch-übersinnliche poetische Einfühlungsvermögen, diese höchste Sensibilität, überwache Empfindsamkeit entfaltet sich nicht zu heller Tageszeit; die Magie der Phantasie bedarf der Nachtzeit. »Abwärts wend' ich mich zu der heiligen, unaussprechlichen, geheimnisvollen Nacht.«[14] Der Glaube an den »Himmel der Nacht« prägt den deutschen Geist zu Beginn des 19. Jahrhunderts. Entrückung, Welt träumen vollzieht sich in Nachtgedanken: es sind Gedanken und Gefühle der Leidenschaft, der Resignation, der Euphorie und des Grauens. Derjenige, der den hellen Tag flieht und in das visionär geschaute Wunderreich der Nacht eintaucht, erlebt diese als liebes- und todestrunkene überirdische Nacht, aber auch als lebensträchtiges Dunkel, Mutter des Lichts, Urgrund aller Dinge. In ihr sind Erlösung, Befreiung und Vereinigung mit der Geliebten, in ihr sind Liebe und Seligkeit präsent; zugleich nimmt sie die Apokalypse vorweg. Die Texte, welche die Zuwendung zum Mysterium der Nacht verdeutlichen, zeigen das Dunkel in vielfältigster kontrastreicher Schattierung. Die Nachtgedanken des Novalis sind »Hymnen an die Nacht«, Manifestationen des Liebes- wie des Todestriebes; die Nacht ist Brautnacht und Todesnacht. Das Griechentum, als ewiges Fest der Götter und Menschen, war noch ganz der irdischen Welt des Tages zugehörig; mit Christus wird die Nacht zum eigentlichen (ewigen) Leben. Die Nacht des Todes öffnet das Tor zum wirklichen Sein.

Die zwei Seelen in der Brust des Romantikers, die nachtsüchtig-verfließende, intuitiv-erfühlende und die kritisch-satirische, ironisch-sarkastische (die auch immer wieder zum Aufwachen ermuntert und ermutigt bzw. vor dem völligen Vergehen im Dunkeln zurückreißt) bringt Heinrich Heine auf eine dichterisch besonders vollkommene Weise zum Ausdruck. ›Der Tod das ist die kühle Nacht‹ ist ein Gedicht der Hingabe, der Euphorie (der Heiterkeit vor dem Ende); die Tagesmühseligkeit ist in der Todessehnsucht aufgegangen. Die Schwerkraft des Lebens, die Krankheit (das Gefangensein in der »Matratzengruft«), wird im Traumlied hinweggesungen.

---

[14] Novalis, Werke, Tagebücher und Briefe Friedrich von Hardenbergs. Hrsg. von Hans-Joachim Mähl und Richard Samuel. Band 1. München, Wien 1978, S. 149.

Der Tod das ist die kühle Nacht,
Das Leben ist der schwüle Tag.
Es dunkelt schon, mich schläfert,
Der Tag hat mich müd gemacht.

Über mein Bett erhebt sich ein Baum,
Drin singt die junge Nachtigall;
Sie singt von lauter Liebe,
Ich hör es sogar im Traum.[15]

Heines Nachtlied erweist sich als poetischer Höhepunkt romantischer Entrückung, träumerischen Weltverlangens – erlebt und niedergeschrieben in dem Bewußtsein von der Fragwürdigkeit romantischen Transzendierens. »Nachdem ich dem Sinne für romantische Poesie in Deutschland die tödlichsten Schläge beigebracht«, heißt es in Heines ›Geständnissen‹, »beschlich mich selbst wieder eine unendliche Sehnsucht nach der blauen Blume im Traumlande der Romantik, und ich ergriff die bezauberte Laute und sang ein Lied, worin ich mich allen holdseligen Übertreibungen, aller Mondscheintrunkenheit, allem blühenden Nachtigallenwahnsinn der einst so geliebten Weise hingab. Ich weiß, es war ›das letzte freie Waldlied der Romantik‹, und ich bin ihr letzter Dichter.«[16]

Eichendorff vertritt das Traumgefühl der deutschen Romantik auf besonders reine Weise. Die Seele spannt ihre Flügel aus und fliegt in ungeahnte Weite. Während sie sich bei Eichendorff im christlichen Kosmos geborgen fühlt, ist sie bei Heine heimatlos. Das Landschaftspanorama, das Eichendorff immer wieder als Teil einer lyrischen Kosmogonie zeichnet, ist das einer beruhigten Welt. Die Erde fängt selbst zu träumen an – obwohl Erde, im Seelenzustand der Exorbitanz.

Es war, als hätt der Himmel
Die Erde still geküßt,
Daß sie im Blütenschimmer
Von ihm nun träumen müßt.

15 Heinrich Heine, Sämtliche Schriften. Hrsg. von Klaus Briegleb. Band 1. München, Wien 1975, S. 149.
16 Heinrich Heine, Geständnisse. Werke und Briefe in zehn Bänden. Hrsg. von Hans Kaufmann. Band 7. Berlin-Ost 1962, S. 99.

Die Luft ging durch die Felder,
Die Ähren wogten sacht,
Es rauschten leis die Wälder,
So sternklar war die Nacht.

Und meine Seele spannte
Weit ihre Flügel aus,
Flog durch die stillen Lande,
Als flöge sie nach Haus.[17]

Nachtgedanken bedeuten bei Annette von Droste-Hülshoff nicht ein Verlorengehen an das Mysterium der Nacht; in den Nachtstunden entwickelt sie eine besondere Sensibilität für Beobachtungen, Geräusche. Der Tag hat wach gemacht, die Nacht bringt keine Beruhigung; die zarten Nerven registrieren eine dichte Folge von Eindrücken, welche die Schläge der Uhr mit Zäsuren versieht. Die in die Nachtszenerie versetzte realistische Weltzuwendung läßt sich nicht entrücken, die Welt wird nicht geträumt, sondern zur Kenntnis genommen; kein Glaube an den Himmel der Nacht mehr; Ambivalenz der Nacht: Angst vor dem Einschlafen wie vor dem Wachbleiben; Angst vor dem Nichtmehraufwachen wie vor dem Tagesermüden. Ambivalenz des Dämmerzustandes:

Und immer heller wird der süße Klang,
das liebe Lachen; es beginnt zu ziehen
gleich Bildern von Daguerre, die Deck' entlang
die aufwärts steigen mit des Pfeiles Fliehen...[18]

In der Metapher verschränkt die Dichterin ihre Nachtgedanken mit den »Produkten« der Tageshelle: den ersten photographischen Versuchen des französischen Kunstmalers J. M. Daguerre (1787–1851). In einem allgemeinen Sinne markieren diese Verse die Nahtstelle, da die Nachtgedanken in ein neues Tagesbewußtsein übergehen, Romantik vom Realismus abgelöst wird. Aus der Nacht, die nicht mehr im Schlaf, sondern in Wachheit erlebt wird, erwächst eine die Entrückung von der Welt in Zuwendung zur Welt verwandelnde Bewußtseinshaltung.

[17] Joseph von Eichendorff, Werke. Hrsg. von Wolfdietrich Rasch. München, Wien 1971, S. 271f.
[18] Annette von Droste-Hülshoff, Sämtliche Werke. Hrsg. von Clemens Heselhaus. München, Wien 1974, S. 272ff.

Der »photographische Blick« der neuen Epoche ist derjenige rationaler Neugier, aber nicht mehr des aufgeklärten Optimismus. Realistisches Lebensgefühl klammert den romantischen Traum nicht aus; die Traumwelt bevölkert sich jedoch mit den Abbildern der Realität; in der Nacht treten sie in Grenzsituationen hervor. Schon die ›Nachtwachen des Bonaventura‹ erweisen sich als Arsenal allgemeiner Gesellschaftskritik, als Spiel mit der Nacht, in der sich die Laster und Schwächen der »täglichen« Menschen verbergen; sie werden in der vom Nachtwächter angeblasenen, vorgetäuschten »letzten Nacht« (dem »jüngsten Tag«) dekuvriert. Kein Zauberlied durchzieht die Dunkelheit. Voller Verzweiflung und feuriger Angst laufen die Sünder umher; das letzte Stündlein scheint gekommen[19].

Bei Jean Paul wird solcher Alptraum, der in Bonaventuras Nachtwachen mit realistischen Details durchsetzt ist, zur existentiellen Vision. War bei Novalis die Nacht das eigentliche Sein, so offenbart sie sich bei ihm als Möglichkeit des Nichtseins. Die Nacht ist Weltennacht, Nacht der Leere, in der Christus den Tod Gottes verkündet[20].

Ganz Wunschtraum, ganz Sehnsuchtstraum dagegen ist Novalis' ›Traum von der blauen Blume‹[21]. Bei aller Entrückung wird aber auch hier Welt nicht ausgespart, nicht vergessen. Als Heinrich, der Held des Romans, »berauscht von Entzücken und doch jedes Eindrucks bewußt« auf die blaue Blume zuschwimmt, weckt ihn plötzlich die Stimme der Mutter, und er findet sich in der elterlichen Stube, »die schon die Morgensonne vergoldete«.

Der Vater, der emsig weiterarbeitet, stellt fest, daß Träume Schäume seien, respektiert aber die »Traumarbeit« des Sohnes. Beider Gespräch wird gewissermaßen zum Dialog zwischen Entrückungs- und Realitätsprinzip. Beiden Seiten wird im Diskurs Gerechtigkeit zuteil. Im Mittelpunkt eines romantischen Textes werden Traum- und Wirklichkeitswelt miteinander abgewogen, wird jeder Existenzform ihre Berechtigung zugesprochen. Die Nachtgedanken romantischen Bewußtseins sind auch dort, wo sie ganz romantisch sind, nie der Welt völlig entzogen. Wären sie dies, wären sie keine Entrückung. Wären sie ganz Traum, wären sie auch solcher nicht mehr. Aus der Spannung

[19] Die Nachtwachen von Bonaventura. Köln 1955.
[20] Vgl. Jean Paul, Sämtliche Werke. Hrsg. von Norbert Miller. Abt.I, Band 2. München, Wien 1971, S. 271 ff.
[21] Novalis, Werke, S. 241 ff.

von Realität und Irrealität erwächst die weiterwirkende Kraft der Dunkelheit.

Die Nachtgedanken, die den deutschen Geist, vor allem zu Beginn des 19. Jahrhunderts, bestimmen, bergen eine in der Entrückung von der Welt zutage tretende neue Weltsicht, stellen eine von der Realität sich entfernende, dadurch neue Wirklichkeiten erahnende und sie vorwegnehmende geistige Leistung dar. Die »Traumstücke« sind in ihren Inhalten oft vage, verfließend, nicht direkt begreifbar; indem sie sich aber einer Welt zuwenden, die nicht von dieser Welt ist, schaffen sie eine Bewußtseinsmöglichkeit, die sozusagen von einem »außertäglichen« (außergewöhnlichen) Standpunkt aus über den Nachttraum den Weg zum Tagtraum, zum »Traum nach vorwärts« weist. Man besaß den »Traum von einer Sache«, auch wenn es dann nicht, wie die deutsche Geschichte des 19. Jahrhunderts zeigt, zu dessen »Vollzug« kam. Zudem »heben« Tag und Nacht, Erhellung und Entrückung, Aufklärung und Romantik sich gegenseitig auf (sich gegenseitig bewahrend, überwindend, höherbringend); sie verbinden sich im »Mythos«, der beide Welt-Anschauungen »bewegt«.

Die Rebellion gegen die Regel ist in der Aufklärung selbst angelegt, vor allem als Gegensatz zur Trivial-Theodizee, die alle Welträtsel, einschließlich der Existenz des Bösen, als gelöst betrachtet. Der Irrationalismus, etwa des »Sturm und Drang«, der Romantik, ist nicht als Absage an die Vernunft zu verstehen; vielmehr geht es diesen Strömungen um die Rehabilitierung von Doppelwahrheit. Der Versuch wird unternommen, das kartesianische Modell analytischer Vernunft – gekennzeichnet durch die Selbstgewißheit des Bewußtseins, den Leib-Seele-Dualismus und den mathematischen Rationalismus – in synthetische Vernunft überzuleiten, also wieder ganzheitliches Bewußtsein zu ermöglichen: zusammengesetzt aus Geist und Gefühl, Logik und Intuition, Regel und Abweichung.

Deutlich tritt zutage, daß die Hoffnung auf die Vernunft nicht aus sich selbst, also aus der Vernunft, begründet werden kann, sondern auf Glauben (Vernunftglauben) beruht. Gegen Ende des 18. Jahrhunderts verstärkt sich das Bedürfnis, die Einseitigkeiten des Rationalismus mit Hilfe eines neu zu schaffenden Mythos zu überwinden – ein Phänomen, das von da an die Geschichte der Modernität begleitet und in unserer Zeit wieder besonders deutlich in Erscheinung tritt. Damals wie heute geht es darum, die Sinnkrise der Gesellschaft in Kategorien einzuklagen, die der religiösen Sprache entnommen sind, das heißt den Bestand und die Verfassung einer Gesellschaft von einem obersten Wert her zu »beglaubigen«. In seinen Vorlesungen über die Neue Mythologie, ›Der kommende Gott‹, ist Manfred Frank diesem Versuch, Ganzheitlichkeit zu restituieren, nachgegangen[22]. In einer luziden Beweisführung zeigt Frank, wie das »älteste Systemprogramm des deutschen Idealismus«, Schelling zugeschrieben, die Überwindung der in »Nachtgedanken« sich offenbarenden Rationalismuskrise (die Dialektik der Aufklärung, ihren Umschlag ins Gegenteil, einleitend) anstrebt[23]. Im Mittelpunkt dieser Schrift steht die sich als »kühn« vorstellende Idee, »die, so viel ich weiß, noch in keines Menschen Sinn gekommen ist – wir müssen eine neue Mythologie haben, diese Mythologie aber muß im Dienste der Ideen stehen, sie muß eine Mythologie der Vernunft werden«. Der Entartung von Staat und Gesellschaft zu Mechanismen bzw. Maschinen wird ein organisches Strukturmodell entgegengehalten – eine Ganzheitlichkeit, bei der jeder Teil mit dem Ganzen organisch verflochten ist.

Gerufen wird nach einem »Geist, vom Himmel gesandt«, nicht um die Vernunft durch Theologie zu verdrängen, sondern, im Gegenteil, um sie zu begründen. Das intendiert eine Selbstkritik des aufklärerischen Kritizismus; zielt auf die Selbstmodernisierung der Moderne. Der wahre Protestant, so Friedrich Schlegel, müsse auch gegen den Protestantismus selbst protestieren, sobald er sich nur in ein neues Papsttum und Buchstabenwesen verkehren will.

Die Romantiker nehmen angesichts der Krise des Logos Zuflucht zur Kraft der Poesie. Die Dichtung nämlich eigne sich dazu, das Legitimationsdefizit der analytischen Vernunft auszugleichen. Nietzsches von Gottfried Benn gern aufgegriffene Formulierung von der »ästhetischen Rechtfertigung des Lebens« sei – so Frank – nur ein später Ausdruck der romantischen Einsicht, daß Daseinsvollzüge aus sich selbst zwar erklärt, aber nicht begründet werden können. Indem der analytischen Vernunft ihr eigener Grund entgleite, avanciere die Poesie zur »ersten und höchsten aller Künste und Wissenschaften« (Fr. Schlegel), ja zum »einzig wahren und ewigen Organon

[22] Vgl. Manfred Frank, Der kommende Gott. Vorlesungen über die Neue Mythologie. 1. Teil. Frankfurt am Main 1982, S. 41.
[23] Ebenda, S. 188ff.

zugleich und Dokument der Philosophie« (Schelling), indem sie eine von keinem Begriff überbietbare (wenn auch grundsätzlich instabile und von zukünftigen Interpretationen überholbare) Ausgelegtheit des Seins erreiche. »Die Poesie«, notiert Novalis lakonisch, »ist das ächt absolut Reelle. Dies ist der Kern meiner Philosophie.« Für Schelling bedeutet die Wiedergeburt symbolischer Ansichten einen Schritt zur Wiederherstellung der alten Poesie; dann würden die getrennten Elemente des Lebens und der Wissenschaft in den »alten Ocean der Poesie« zurückfließen, von wo sie ausgingen; sie würden in ihm, bereichert mit dem Überflusse aller Religion, zurückkehren.

Besonders »ausmodelliert« erscheint der Antagonismus wie die Aussöhnung des Gegensatzes von Erhellung und Entrückung, Tag und Nacht, Aufklärung und Romantik im antikisch abgeleiteten Begriffspaar »apollinisch-dionysisch«, dessen Symbolkraft das bürgerliche Bewußtsein tief (und auch spaltend) prägte. In der deutschen Klassik erscheint der Mensch unter dem Anspruch von Freiheit und Humanität in seiner Gottähnlichkeit als höchstes der natürlichen Lebewesen, als »schöne Seele«. Vor allem Goethe und Schiller nehmen das, was vor ihnen gedacht und gefühlt worden war, in sich auf, bereichern, gestalten und vollenden es auf einmalige Weise: den Fortschrittsgedanken Lessings, den Schöpfungsglauben Klopstocks, das Harmoniestreben Wielands, den Irrationalismus Hamanns, das Schönheitsideal Winckelmanns, das Humanitätsbewußtsein Herders. Sie geben der Idee wie dem Ideal in ihrer Dichtung und Philosophie sinnliche Gestalt. Sie überwinden den bei Kant dominierenden ethischen Rigorismus, bringen den Dualismus von Pflicht und Neigung in der »schönen Seele« zur Versöhnung; der Zwiespalt wird nicht verdrängt, er wird in einem Höheren aufgehoben.

Idee und Leben, Hoffnung und Angst, Leben und Tod, Freiheit und Zwang, Glück und Leid, Frieden und Krieg, Form und Stoff, Kunst und Wirklichkeit sind Gegensätze, die Friedrich Schillers dualistisches Weltbild zutiefst bestimmen. Immer wieder beschäftigt er sich mit dem Auseinanderklaffen von Geist und Materie, von moralischer Selbstbestimmung und Versklavung durch die Sinnenwelt. Immer wieder fragt er, wie es möglich ist, daß der selbstherrliche, freie, »enthusiastische Geist« an das »starre, unwandelbare Uhrwerk eines sterblichen Körpers« geflochten sei. – Dialektisches Fortschreiten bestimmt Schillers Werk in seiner Gesamtheit: dem sphärischen Leuchten der Idee und der Ideale steht die herabziehende Schwerkraft des Irdischen gegenüber. Bald optimistisch der These, bald pessimistisch der Antithese zuneigend, bemüht er sich um eine Synthese und die Überwindung kreatürlicher Mangelhaftigkeit im Sinne einer Annäherung an die Welt der Ideen. »Freiheit« ist ihm dabei ein Schlüsselbegriff: Freiheit vom Zwang der Sinnlichkeit und Stofflichkeit; sie erscheint ihm in der Gestalt der Schönheit, Anmut, Grazie, Artikulationen des Spieltriebs. Die Schwerkraft ist dann aufgehoben, der Mensch empfindet das Joch der Materie nicht mehr.

Wir treten, schreibt Schiller in seiner Abhandlung ›Über die ästhetische Erziehung des Menschen‹, mit der Schönheit in die Welt der Ideen, ohne die sinnliche Welt zu verlassen. »Der sinnliche Trieb schließt aus seinem Subjekt alle Selbsttätigkeit und Freiheit, der Formtrieb schließt aus dem seinigen alle Abhängigkeit, alles Leiden aus. Ausschließung der Freiheit ist aber physische, Ausschließung des Leidens ist moralische Notwendigkeit. Beide Triebe nötigen also das Gemüt, jener durch Naturgesetze, dieser durch Gesetze der Vernunft. Der Spieltrieb also, als in welchem beide verbunden wirken, wird das Gemüt zugleich moralisch und physisch nötigen; er wird also, weil er alle Zufälligkeit aufhebt, auch alle Nötigung aufheben und den Menschen sowohl physisch als moralisch in Freiheit setzen.«[24]

Ganz dem einzelnen wie den Einzelheiten zugetan, sucht Goethe den Urtyp, den Archetyp, den Bezugspunkt in der Erscheinung Flucht. Typus und Metamorphose sind ihm Schlüsselbegriffe. Die Natur schafft ewig neue Gestalten; was da ist, war noch nie da; was war, kommt nicht wieder; alles ist neu und doch immer wieder das alte. Gesetz und Dämon stehen sich gegenüber. Aus der Spannung von Leidenschaft und Beherrschung, Willkür und Maß, Genialität und Begrenzung erwächst die moralische Aufgabe des Menschen, Vollkommenheit anzustreben. In den ›Urworten. Orphisch‹ von Goethe ist der Kosmos des klassischen Menschenbildes »versammelt«: Dämon. Das Zufällige. Liebe. Nötigung. Hoffnung.

Unter Rückgriff auf die Antike hat der deutsche Geist im 19. Jahrhundert die Gegensätze und die Widersprüche menschlicher Existenz unter dem Vorzeichen »apollinisch-dionysisch«

[24] Friedrich Schiller, Über die ästhetische Erziehung des Menschen. In: Schiller, Werke. Vollständige, historisch-kritische Ausgabe. Hrsg. von O. Güntter und G. Witkowski, Teil 18. Leipzig o.J. (1911), S. 54.

zu begreifen und zu bewältigen versucht. So wie Friedrich Schiller in seinem epischen Gedicht ›Der Spaziergang‹ den Weg des Menschengeschlechtes schildert von der Natur zur Kultur, aus der Anarchie zur Bändigung der Urtriebe durch Gebot und Gesetz, die willig und freudig übernommen und verinnerlicht werden, so war die Klassik insgesamt darum bemüht, ein »Behagen in der Kultur« zu vermitteln. In ihrem Gefolge, von Hölderlin, Joseph von Eichendorff über Conrad Ferdinand Meyer bis Friedrich Nietzsche und Thomas Mann, ist eine zur idealtypischen Erscheinungsform der Antike entrückte Welt immer wieder als Vorbild für Gegenwart und Zukunft ausgegeben worden. Diese Sehnsucht nach einer Menschheit, die den göttlichen Ursprüngen nahesteht, erstrebte gleichermaßen apollinische Erhabenheit, welche die Welt überblickt, wie dionysisches Hinabsinken, das mit der Welt in ihrer Tiefe eins wird.

Apollinisches Menschentum schildert Novalis in der fünften Hymne an die Nacht: fröhliche Menschen; des Meeres dunkle, grüne Tiefe war einer Göttin Schoß; in den kristallenen Grotten schwelgte ein üppiges Volk; Flüsse, Bäume, Blumen und Tiere hatten menschlichen Sinn; süßer schmeckte der Wein von sichtbarer Jugendfülle geschenkt. Ein Gott in den Trauben; eine liebende, mütterliche Göttin, emporwachsend in vollen goldenen Garben; als ewig buntes Fest der Himmelskinder und Erdbewohner rauschte das Leben wie ein Frühling durch die Jahrhunderte hin. Aber diese Welt war vergänglich, die Götter verschwanden mit ihrem Gefolge, einsam und leblos stand die Natur; mit eiserner Kette band sie die dürre Zahl und das strenge Maß. Wie in Staub und Lüfte zerfiel in dunkle Worte die unermeßliche Blüte des Lebens.

Der Tag wird zur Nacht, aber in der Nacht findet der Dichter einen neuen (jenseitigen) Lebenssinn. Das Apollinisch-Dionysische transzendiert hier ins Romantisch-Christliche, so wie bei anderen romantischen Dichtern immer wieder die »Klassizität«, die Sehnsucht nach Griechenland, verknüpft wird mit christlich-mittelalterlichen, nordisch-mystischen Elementen. – Die Darstellung des Apollinisch-Dionysischen, topographisch in der griechischen und römisch-italienischen Landschaft »festgemacht« (»Auch ich in Arkadien!«), ist kaum je indikativisch, fast immer nur konjunktivisch zu verstehen – als ob solche Schönheit einer entrückten Welt möglich wäre. Man träumt sich ins Apollinische hinauf und ins Dionysische hinab. Dieses »Als-ob« bestimmt im besonderen auch den Augenblick des

Idylls, der Stunde, da der Gott Pan schläft, da die Heiterkeit der Mittagsruhe über den Menschen kommt – bis »Panik« wieder ausbricht. Die Gefahr sei, meinte Friedrich Schiller, daß das wahre Idyll, dem Abgrund benachbart, zum falschen werde, was bedeute, daß der Mensch, ganz auf sich selbst bezogen, auf dem Polster der Platitüde erschlaffe, das Idyll zum egozentrischen Dauerschlaf degeneriere. Das 19. Jahrhundert sollte seine Sorge bestätigen.

Zwischen dem Apollinischen, Dionysischen und dem »wahren Idyll« bewegt sich Hölderlins Dichtung. Droben im Licht, auf weichem Boden selige Genien. Doch dem Menschen ist gegeben, auf keiner Stätte zu ruhn. Hölderlin unternimmt den leidenschaftlichen Versuch, inmitten einer »aorgischen«, durch den Dualismus von Dauer und Vergängnis, Leben und Sterben geprägten Welt dem Ich, in Form pantheistischer Selbstauflösung, eine neue Form von Geborgenheit zu vermitteln. Er ist ein Dichter des Panischen. Ein Orpheus, der die Klage über die Vergänglichkeit des Menschen anstimmt. Ein Sänger der Selbstaufgabe.

Entrückung ist das Leitmotiv des klassischen, auf die Humaniora bezogenen Erziehungsideals. Der Mensch, in die »pädagogische Provinz« versetzt, wird dort befähigt, aus sich selbst heraus zum vollkommenen Wesen zu reifen. Die dabei notwendige Arbeit an sich selbst, die aber letztlich nur die Hüllen befreien kann, welche die Stadien der Entfaltung umschließen, ist bestimmt von der Herrschaft des Willens. Ein solches Bildungsideal, wie es uns zum Beispiel aus den ›Bruchstücken einer Selbstbiographie‹ von Wilhelm von Humboldt entgegentritt, war der bürgerliche Traum von Erziehung, der freilich kaum je in der Realität des 19. und 20. Jahrhunderts, etwa im deutschen humanistischen Gymnasium, Wirklichkeit wurde. Die von Humboldt in der Substanz des Menschseins vermutete Fähigkeit, zur humanen Personalität sich wandeln zu können, verkümmerte angesichts rigoroser, durch Tabus und repressive Normen bestimmter Disziplinierungsmaßnahmen. Als Friedrich Nietzsche am Ende des 19. Jahrhunderts das Land der Bildung betritt, überfällt ihn ein Grauen. Die klassischen Bildungsgüter zeigen sich als »Vogelscheuchen«. »Alle Zeiten und Völker blicken bunt aus euren Schleiern; alle Sitten und Glauben reden bunt aus euren Gebärden. Wer von euch Schleier und Überwürfe und Farben und Gebärden abzöge: gerade genug würde er übrig behalten, um die Vögel damit zu erschrecken. –

Wahrlich, ich selber bin der erschreckte Vogel, der euch einmal nackt sah und ohne Farbe; und ich flog davon, als das Gerippe mir Liebe zuwinkte.«[25] Unglaubwürdig waren der »Zeiten Träume« geworden. Der Tagtraum der Humanität, wie ihn etwa Goethe in der ›Iphigenie auf Tauris‹ vorführt, hatte keine reale Nachfolge gefunden. Der äußere Faltenwurf war wichtiger als die innere Substanz. Das Land der Griechen mit der Seele suchend – Iphigenie erwies sich als »hohe Gestalt in antike Gewänder gehüllt«. Anselm von Feuerbachs Gemälde steht an der Grenze, an welcher der Traum von der Humanität in die mit Versatzstücken inszenierte Humanität übergeht.

Die handfeste Art, mit der Heinrich Schliemann dem Traum vom Griechentum konkret nachspürte, stellte sozusagen die deutsche Klassik vom Kopf idealistischen humanitären Höhenflugs auf den Boden der Archäologie. Aus der ganzheitlich poetischen Verlebendigung einer fernen apollinisch-dionysischen Welt wurde die mit Schaufel und Spitzhacke bewirkte Ausgrabung von Bruchstücken aus dem Schutt der Zeiten. Die Torsi wurden freilich Teil eines bildungsbürgerlichen Fetischismus, der die Nachbildungen antiker Kunstwerke mit Stolz auf die Konsole stellte – auch hier, im Bereich der Kalokagathie (der als Bildungsideal des antiken Griechenland postulierten körperlichen und geistigen Vollkommenheit, der »Schöngutheit«), ein »Es-ist-erreicht« demonstrierend. Leidenschaftliche, aber sublimierte Menschlichkeit schlug um in ein mit ästhetischer Fassade versehenes nationalistisches Spießertum.

Die Klarheit apollinischer »Formalität« wurde verwechselt mit einer Goldenen-Schnitt-Mentalität, die in Formalismus festlief. Die Kunst der Entrückung wurde zum Alibi, an der Welt nicht teilhaben zu müssen, aufs Mitleiden verzichten zu können.

Für den Romantiker Friedrich Schlegel (›Über das Studium der griechischen Poesie‹, 1797) waren die »Heiligkeit schöner Spiele und die Freiheit der darstellenden Kunst« die eigentlichen Kennzeichen echten Griechentums. Dem Barbaren dagegen sei die Schönheit an sich selbst nicht gut genug.

In diesem »nicht-griechischen« Sinne interpretierte der Romantiker Joseph von Eichendorff das Griechentum im ›Marmorbild‹. Spirituelles Christentum und heidnische Sinnlichkeit

---

[25] Friedrich Nietzsche, Also sprach Zarathustra. Vom Lande der Bildung. In: Werke in drei Bänden. Hrsg. von Karl Schlechta. Band 2. München 1977, S. 375f.

stehen einander gegenüber. Der junge Dichter Florio, hin- und hergerissen zwischen zwei Freunden, welche die erlösende und die dämonische Kraft der Poesie symbolisieren, verfällt eines Nachts, da er die Herberge (bei Lucca) für einen Spaziergang verläßt, dem Zauber eines marmornen Venusbildes, das er in einem Park antrifft. Die »erstarrte Antike«, der entrückte Garten der Venus, Emblem der sinnlichen Gefährdung des Menschen, übt eine verführerische Faszination aus. Florio vermag sich aus dem Bannkreis zu befreien; am hellen Morgen löst sich seine Verblendung; in Bianca, der Verkörperung reiner Liebe, erfährt er die Bestimmung seines Lebens. Das Paradigmatische dieser Novelle besteht darin, daß – wenn auch unter dem Vorzeichen der Bedrohung – die dionysische Seite des Griechentums, »Blendung, Wehmut und Entzücken«, gestaltet wird. Das Tannhäuser-Motiv klingt an, und das der Liebessehnsucht Tristans. Traum und Rausch, so Friedrich Nietzsche, führten zum Kern griechischer Kunst[26]. »Wahrsagung« sei Mysterium, auch Apollo in diesem Sinne dionysisch. Unter dem Zauber des Dionysischen schließe sich nicht nur der Bund zwischen Mensch und Mensch wieder zusammen; auch die entfremdete, feindliche oder unterjochte Natur feiere nun ihr Versöhnungsfest mit ihrem verlorenen Sohne, dem Menschen. Mit Blumen und Kränzen werde der Wagen des Dionysos überschüttet; unter seinem Joche schritten Panther und Tiger. Man verwandle das Beethovensche Jubellied der ›Freude‹ in ein Gemälde und bleibe mit seiner Einbildungskraft nicht zurück, wenn die Millionen schauervoll in den Staub sinken: so könne man sich dem Dionysischen nähern. Das Leiden am Realitätsprinzip, das Nietzsches Existenz und Werk so stark bestimmte, wird durch Ekstase, welche die tragische Individuation zu »überspielen« vermag, überwunden. Die Musik, im besonderen die Musik Richard Wagners, bedeutet für Nietzsche Entrückung vom Leiden am Dasein, höchste Wonne. Sie ist freilich Rausch; die Ernüchterung folgt (Wagner der Verführer!).

Die Schwerkraft des Lebens, Krankheit, physische Auflösung, verfliegen, wenn der »eleusinische Mysterienruf der Musik« ertönt. Jetzt ist der Sklave freier Mann, jetzt zerbrechen alle starren, feindlichen Abgrenzungen, die Not, Willkür oder »freche Mode« zwischen den Menschen festgesetzt haben. »Sin-

---

[26] Nietzsche, Die Geburt der Tragödie aus dem Geiste der Musik. Ebenda, Band 1, S. 24 f.

gend und tanzend äußert sich der Mensch als Mitglied einer höheren Gemeinsamkeit: er hat das Gehen und das Sprechen verlernt und ist auf dem Wege, tanzend in die Lüfte emporzu-fliegen.« Aber der Absturz steht jeweils unmittelbar bevor.

Thomas Mann hat den im Bürgertum sich vollziehenden Ver-lust des Apollinisch-Dionysischen, seine Verkehrung ins Sen-sualistisch-Verlogene immer wieder beschworen – freilich auch fasziniert vom Hautgôut eines verkommenen, jedoch verführe-rischen Ästhetizismus (wie er etwa in Wagners ›Tristan‹ vor-klingt), der »höher ist als alle Vernunft«.

Die Größe des deutschen Idealismus war zugleich seine Schwäche. Der ästhetische Staat, worin – nach Schiller – der Mensch in der Zeit mit dem Menschen in der Idee zusammen-träfe, blieb ein Staat des »Scheins«, ein Staat des Vorscheinens; nicht wirklich – wer ihn als Realität wünschte, erwies sich als Schwärmer. In den Biographien der Dichter und Philosophen ist die »Aktualität« des Schönen durchaus präsent. Aber in den Werken ihres Geistes ist »nur« der »Traum von einer Sache« vorhanden. Welt träumen – das bedeutete, Welt in ihrer Realität nicht zur Kenntnis nehmen. Hatte der Sturm und Drang kri-tisch der eigenen Zeit und Gesellschaft sich immer wieder zuge-wandt, so ist die idealistische »Entrückung« Zeichen eines poli-tischen und sozialen Abseits. Selbst ein Mann wie Friedrich Schiller, der in seinem Leben auf ganz besondere Weise unter feudaler Tyrannei litt, zeigt in seiner Dichtung und in seinen philosophischen Schriften kaum einen Zeitbezug. Das irdische Paradies ist ein ästhetisches, in idealischer Landschaft angesie-delt, geist- und seelenvoll, aber ohne Aktualität. Das starke Beharrungsvermögen der gesellschaftlichen Kräfte im Deutsch-land der ersten Hälfte des 19. Jahrhunderts (wo – anders als sonst in Westeuropa – der Adel als politische Führungsschicht eine besonders hohe Lebensfähigkeit bewies und das Bürger-tum als mögliche Elite zurückblieb, die Industrialisierung nur langsam in Gang kam, Restauration und Reaktion nach der Euphorie der Freiheitskriege voll wirksam wurden) trug we-sentlich dazu bei, daß das »geistige Reich« weitgehend reiner Überbau, ohne Bezug zum politischen, sozialen und ökonomi-schen Unterbau blieb. Die moralischen Kräfte entfalteten sich auf eine erstaunliche Weise völlig losgelöst von den realen Le-bensumständen. In dieser entrückten Welt sind weder Kriegs-nöte noch soziale Ängste, weder Krankheitsepidemien noch wirtschaftliche Zusammenbrüche präsent. Alles ruht und bewegt sich im Nirgendwo und Nirgendwann, trägt freilich die Utopie des Irgendwo und Irgendwann in sich. Heinrich Heine, der selbst Welt träumte, aber auch immer wieder ihre Realität ausmaß, sprach das höhnische Wort: »Und wenn man dir alles verböte, so gräme dich nicht zu sehr; / du hast ja Schiller und Goethe – schlafe. Was willst du mehr?«

Entrücktes Bewußtsein bestimmte das klassische wie romantische und auch noch weit in die Biedermeierzeit hineinreichende Grundthema vom verlorenen und wiederzufindenden Paradies. Zu Anfang des 19. Jahrhunderts waren es vor allem zwei Geschichtsepochen, das Altertum und das christliche Mittelalter, auf die man sich als paradiesische Zeitalter bezog. In beiden erblickte der historischer Sicherungen bedürfende Künstler den Idealzustand der Lebenseinheit, den Inbegriff einer wahrhaft künstlerischen Kultur, eben den ästhetischen Staat. Beide, das antike und das mittelalterliche Paradies, enthalten ein künstlerisches Glaubensbekenntnis zum Ursprünglichen.

Auch dort, wo die Bilder »irdischen Paradieses«[27] mit politischem Hintergrund versehen sind, dominieren utopische Züge. Man war kosmopolitisch gesonnen, doch wurde (etwa bei Novalis) Europa zur religiösen Vision überhöht. Die dabei zutage tretende »Katholizität« war freilich allem Dogmatischen fern.

Die eschatologisch-erwartungsvolle Hochstimmung ist symptomatisch für die Entrückung des ersehnten irdischen Paradieses – so wie auch die Bilder des Caspar David Friedrich, selbst in ihren dramatisch-gefährlichen Szenerien, auf eine eigenartige Weise abgeklärt-ätherisch erscheinen. Das Paradies bietet im Detail einen durchaus erdzugewandten Anblick, es ist jedoch in keiner realen Zeit und in keinem realen Raum »verortet«. Der Weg zum Paradies scheint lang, aber der Enthusiasmus trägt über die langen Strecken, ehe das letzte Kapitel der Geschichte der Welt geschrieben werden kann, hinweg. Die List der Idee wird einkalkuliert. »Das Paradies ist verriegelt und der Cherub hinter uns; wir müssen die Reise um die Welt machen, und sehen, ob es vielleicht von hinten irgendwo offen ist«, heißt es in Heinrich von Kleists Aufsatz ›Über das Marionettentheater‹. Das irdische Paradies besteht bei ihm in einer neuen Form innerer Selbstsicherheit; es ist identisch mit persönlicher Totalität, da Anmut und Grazie nicht mehr durch das reflektierende Be-

[27] Vgl. Werner Hofmann, Das irdische Paradies. Kunst im 19. Jahrhundert. München 1960, S. 332.

wußtsein gefährdet sind. Die Marionette ist nicht mehr Sinnbild des Mechanisch-Unmenschlichen, sondern Inbegriff eines unbewußt-natürlichen Verhaltens, mythische Chiffre für eine in sich selbst ruhende Existenz.

Und alles ist gut: Das bedeutet vor allem Geborgenheit in der Liebe. Seligkeit, Hingabe, Füreinanderdasein, eine in ekstatische Höhen sich hinweghebende Leidenschaft, ein zwischen Leiblichkeit und Geistigkeit oszillierender glühender Eros macht paradiesische Hoffnung aus. Und schließlich meint »Paradies« sinnvolle Ordnung, eine Gemeinschaft, die in ihren vorindustriellen handwerklichen und familiären Strukturen Harmonie widerspiegelt. »Ordnung« ist das Grundmuster von Adalbert Stifters Roman ›Nachsommer‹: nicht im Sinne starrer, vorgegebener Zustände, sondern als ein höchst sublimes und intelligibles Handlungsgefüge, als eine geradezu rituelle Tätigkeit des Zueinanderbringens, Zueinanderfügens, Darlegens, Darbietens. Ein Durchblick durch Türen, Zimmer, Fenster auf die Landschaft, gleicht einer geometrischen Komposition, deren einzelne Elemente in harmonischer Transparenz ineinander übergehen. Die kristalline Struktur kennt keine barocke Abweichung und die oftmals monotone Geradlinigkeit keine Schwankung. Doch der Glanz der Beruhigung ist Widerschein flackernder Unruhe: panischer Sommer geht in herbstliche Kühle über. Ausstrahlung von Leidenschaft wird herbstlich verklärt. Die Protuberanzen der Gefühle werden vom Prisma der Reflexion in ein heiteres Spektrum zerlegt, Leidenschaft »fängt sich«, indem sie sich ins Gitterwerk von Sitte und Sittlichkeit einordnet. Drängende Begierden kommen figurativ zur Ruhe; das Ungestüme festigt sich zur Haltung, wurzelt sich als Überwindung ein. Bewegung ist gebändigt[28].

Es sind Ordnungsmuster, in denen der Mensch seine Gefühle und Leidenschaft, seine Ansichten und Bemühungen, Enttäuschungen und Leiden »einbringt« und zur Gelassenheit umstilisiert. Die Figurationen spiegeln den Versuch des Menschen, sich einzugrenzen und damit abzugrenzen, vor dem Chaotischen Halt zu finden, heimisch zu werden im Bebauten, Eingeräumten, Parzellierten; Formelhaftigkeit enthält und transportiert Form, der äußerliche Vollzug der Höflichkeit etwa impliziert die Achtung vor der Eigenart des anderen. Vor allem an

---

[28] Vgl. Adalbert Stifter, Der Nachsommer. Eine Erzählung. Mit einem Nachwort von Emil Staiger. München 1964, S. 368f.

zwei Bereichen wird dieses Bemühen um Geborgenheit deutlich: am Gegenständlichen und an der Natur – beides Ausdruck einfachen Lebens, das sich an die Unschuld der Dinge und an die vegetative Wirklichkeit hält. Indem man die Dinge beim täglichen Gebrauch pfleglich und kultiviert handhabt, werden sie in ihrer Besonderheit und Eigenart erkannt, wird ihre dem oberflächlichen Verbrauch entgegengesetzte Essenz deutlich. Es handelt sich um ein erkennendes Besitzergreifen, das in den Dingen nach der Wesenheit und Wahrheit sucht. »Wenn wir nur in uns selbst in Ordnung wären, dann würden wir viel mehr Freude an den Dingen dieser Erde haben. Aber wenn ein Übermaß von Wünschen und Begehrungen in uns ist, so hören wir nur diese immer an und vermögen nicht die Unschuld der Dinge außer uns zu fassen. Leider halten wir sie wichtig, wenn es Gegenstände unserer Leidenschaft sind, und unwichtig, wenn sie zu diesen in keinen Beziehungen stehen, während es doch oft umgekehrt sein kann.«[29]

Was die Natur betrifft, so ist sie ein besonders wichtiger Bereich für paradiesische Projizierungen und Fixierungen: es ist eine Natur, die als Geometrie des Gartens und als Schachbrettmuster der Kulturlandschaft – vor dem Hintergrund von Randzonen elementarer und chaotischer Gewalt, etwa des Gebirges – sich darbietet. Felder, Wälder und Wiesen im Gemisch, Meierhöfe, weiße Kirchtürme, Straßen, die als lichte Streifen durch das Grün ziehen, Wolken, Berge, Landschaften in Tages- und Nachtstimmung, Morgen- und Abenddämmerung erscheinen unter dem Vorzeichen einer atmosphärischen Klarheit und Durchsichtigkeit, wie sie etwa der wolkenlose Himmel nach reinigendem Gewitter vermittelt. Der Garten ist der Raum, wo Vegetatives und Rationales, Kultur und Natur eine beruhigende Verbindung eingehen; die Figuration des Gartens ist als gestaltete Stofflichkeit Spiel des Menschen mit der Natur: Bäume, Sträucher, Pflanzen sind zum Muster der Wohlgefälligkeit geordnet. Der Blick von der höchsten Stelle des Gartens vermittelt den Blick in die Weite und Nähe, wobei die im Garten heimischen Vögel Sphärik wie Idyllik untermalen[30].

Ein solcher Punkt, der die Horizontale, die Heiterkeit des Daseins erschließt, ist vertikal im Grunde der Schwermut verankert. Denn alle Bemühungen, heimisch zu werden im Bebau-

[29] Ebenda, S. 156.
[30] Vgl. Ebenda, S. 44.

ten und Eingeräumten, mit dem letzten Ziel, die Zeit dadurch zu bewältigen, daß man mit Gleichförmigkeit und Wiederholungen den Zeitablauf verstellt, können nicht verhindern, daß die Figurationen, in denen Geborgenheit eingefangen ist, brüchig werden und in die Ordnungsmuster Vergänglichkeit einsickert. Dies macht den ›Nachsommer‹ als Beschreibung von realer wie Seelen-Landschaft zu einem heroischen Versuch des »Dennoch«. Der Resignation wird im dichterischen Bild der Rosen der Glanz später Blüte zugeordnet.

Es gibt für den in der Zeit stehenden Menschen immer nur eine Anwartschaft aufs Heimischsein. Die Bilder des irdischen Paradieses stellen solche Option konkret-sinnlich vor. Stifter fühlte sich in diesem Sinne mit Goethe verwandt; und in der Tat künden gerade ›Wilhelm Meisters Wanderjahre‹, das Spätwerk Goethes, von der Gartenlandschaft des Humanen, in der sich der Fortgang des Menschen zur Humanität vollzieht. Der Sohn Wilhelm Meisters, Felix, hat in der »pädagogischen Provinz« die Möglichkeit, sich in allen Künsten zu üben; dort wird er auch zu den drei Ehrfurchten erzogen, die gewissermaßen das ethische Fundament des irdischen Paradieses im Sinne Goethes abgeben: Ehrfurcht vor dem, was über uns ist; Ehrfurcht vor dem, was unter uns ist; Ehrfurcht vor denen, die mit uns sind (»nun steht er strack und kühn, nicht etwa selbstisch vereinzelt; nur in Verbindung mit seinesgleichen macht er Fronte gegen die Welt«[31]).

Wilhelm Meister beginnt als Schauspielschüler und endet als Arzt, er löst sich vom Bürgertum, um über seine Vaterschaft und die »Versammlung der Handwerker« zum Bürgertum zurückzukehren. Aber nun ist er durch seinen Weg, der viele Irrwege einschloß, vor jedem Philistertum bewahrt. »Bildung« bewirkt die Wandlung des Individuums zum Glied einer Gemeinschaft. Ein solches Sozietätsideal wird im besonderen auf Amerika projiziert, in das die »Gesellschaft der Handwerker« auswandern will. Wenn Goethe seinem Werk den Untertitel ›Die Entsagenden‹ gab, so ist dies der Ausdruck seines Wissens, daß eine neue Epoche der Weltgeschichte im Zeichen Amerikas heraufzog, in der die absolute Freiheit des Individuums ihre entscheidende Begrenzung im Recht der Gemeinschaft auf Leben, Glück und Wohlstand fand – Resignation des Individualis-

---

[31] Johann Wolfgang Goethe, Wilhelm Meisters Wanderjahre. Goethes Werke. Dreizehnter Teil. Hrsg. von Karl Alt. Berlin, Leipzig, Wien, Stuttgart o. J., S. 129.

mus, was den Aufbruch zu neuer Energie und Leistung einschloß, hin zu einem gewandelten Ziele.

Der Weg zum irdischen Paradies verlief dann ganz anders, als die Bilder »idealischer« Landschaft es verhießen. Er mußte mit dem Leid der Revolution, den Mühen der Evolution und mit der Dreckarbeit der Reform eröffnet werden. Aber ohne die Traumgesichte einer entrückten Welt hätten die Kräfte des realen Veränderungswillens wohl nicht ihre Richtung gefunden. Die sozialen Bewegungen des 19. Jahrhunderts waren überwölbt von der Hoffnung aufs irdische Paradies, da die Arbeitsteilung und damit der Widerspruch zwischen dem Interesse des einzelnen Individuums oder der einzelnen Familie und dem gemeinschaftlichen Interesse aller Individuen, die miteinander verkehren, überwunden sei. Die Teilung der Arbeit, so Karl Marx, böte das erste Beispiel davon dar, daß, solange die Menschen sich in der naturwüchsigen Gesellschaft befänden, solange also die Spaltung zwischen den besonderen und den gemeinsamen Interessen existiere, solange die Tätigkeit also nicht freiwillig, sondern naturwüchsig geteilt sei, die eigene Tat des Menschen ihm zu einer fremden, gegenüberstehenden Macht werde; sie unterjoche ihn, statt daß er sie beherrsche. Sowie nämlich die Arbeit verteilt zu werden anfange, habe jeder einen bestimmten ausschließlichen Kreis der Tätigkeit, der ihm aufgedrängt werde, aus dem er nicht herauskönne. Er sei Jäger, Fischer oder Hirt oder kritischer Kritiker und müsse es bleiben, wenn er nicht die Mittel zum Leben verlieren wolle. Im Kommunismus dagegen, wo jeder nicht einen ausschießlichen Kreis der Tätigkeit habe, sondern sich in jedem beliebigen Zweig ausbilden könne, regle die Gesellschaft die allgemeine Produktion und mache es so möglich, »heute dies, morgen jenes zu tun, morgens zu jagen, nachmittags zu fischen, abends Viehzucht zu treiben, nach dem Essen zu kritisieren, wie ich gerade Lust habe; ohne je Jäger, Fischer, Hirt oder Kritiker zu werden«[32]. So rekurriert selbst der Systematiker Karl Marx, der auszog, dem Idealismus das Fürchten zu lehren und den interpretierenden Philosophen das Handeln, auf dem Höhepunkt seiner Kritik an »deutscher Ideologie« auf ein »verträumtes« Bild vom irdischen Paradies, Entrückung signalisierend wie propagierend.

[32] Karl Marx, Deutsche Ideologie. In: Karl Marx. Auswahl und Einleitung Franz Borkenau. Frankfurt am Main, Hamburg o.J., S. 57.

Faust in Johann Wolfgang Goethes gleichnamiger Dichtung (1808) möchte, der Magie sich ergebend, erkennen, »was die Welt im Innersten zusammenhält«. Die »Magie« des deutschen 19. Jahrhunderts, mit deren Hilfe man die Gesamtheit der Phänomene deuten und die Chiffren des Seins entschlüsseln wollte, hieß Philosophie. War auch die Wirklichkeit undurchschaubar, im Geiste erbaute man sich eine Welt, die als systematisch konstruiertes, kunstvoll ineinander gefügtes, mächtiges Gebäude in Erscheinung trat. Die Welt als Wille und Vorstellung, das bedeutete inmitten einer Zeit äußerer Armut und Gefährdung: Reichtum des Geistes, Erkenntnis mit Hilfe einer alles durchdringenden Vernunft. Die vernünftige Natur, meinte Immanuel Kant in der ›Grundlegung der Metaphysik der Sitten‹, nehme sich dadurch vor der übrigen aus, daß sie sich selbst einen Zweck setze. Das Gesetz durchwalte das äußere wie das innere Geschehen. Der Mensch stehe unter der Verbindlichkeit des kategorischen Imperativs; der Mensch solle so handeln, als ob seine Maxime zugleich zum allgemeinen Gesetze aller vernünftigen Wesen diene.

Der Versuch, Pflicht und Neigung zur Identität zu bringen (Pflicht als Neigung, die Neigung als freudig erfüllte Pflicht), war getragen von der Überzeugung der Aufklärung, daß jede Vorstellung von Welt nur eine vernünftige sein könne; dort, wo die Theodizee abwegig schien, wurde sie mit der Stärke des philosophischen Willens auf den Pfad der Vernünftigkeit zurückgezwungen. Diese Anstrengung des Willens, die unter allen Umständen die Irrationalität der Welt rational verstehbar zu machen sucht, welche die Gefährdungen und Abgründe durch den »Brückenschlag« des letztlich vernünftigen Weltgeistes zu überwinden trachtet, tritt auch in der die Klassik vorbereitenden, an antikem Vorbild orientierten Ästhetik eines Johann Joachim Winckelmann zutage. Am Beispiel der griechischen Kunst pries er die idealische Natur, was weniger den »Besitz« von Harmonie als die Sehnsucht nach dem schönen Menschen widerspiegelte. Das letzte Produkt der sich immer steigernden Natur, meinte Goethe über Winckelmann, sei der schöne Mensch. Sie könne ihn freilich nur selten hervorbringen; selbst ihrer Allmacht sei es unmöglich, lange im Vollkommenen zu verweilen und dem hervorgebrachten Schönen eine Dauer zu geben; genau genommen könne man sagen, es sei nur ein Augenblick, in welchem der schöne Mensch schön sei.

Die Welt als Wille und Vorstellung: das war eine Welt jenseits aller Tatsächlichkeit. Die Kraft, der Realität solche Idealität abzuringen, kann man »titanisch« in einem doppelten Sinne nennen: zum einen, weil damit das Übermaß der um Ordnung und Gesetz ringenden Geistigkeit, die Selbst-Überhebung der Vernunft, zum anderen, weil damit eine sich titanenhaft (barbarisch) gebärdende Wirklichkeit, die »zur Vernunft« gebracht werden sollte, charakterisiert ist.

»›Titanenhaft‹ und ›barbarisch‹ dünkte dem apollinischen Griechen auch die Wirkung, die das Dionysische erregte; ohne dabei sich verhehlen zu können, daß er selbst doch zugleich auch innerlich mit jenen gestürzten Titanen und Heroen verwandt sei. Ja, er mußte noch mehr empfinden: sein ganzes Dasein, mit aller Schönheit und Mäßigung, ruhte auf einem verhüllten Untergrunde des Leidens und der Erkenntnis, der ihm wieder durch jenes Dionysische aufgedeckt wurde. Und siehe! Apollo konnte nicht ohne Dionysos leben! Das ›Titanische‹ und das ›Barbarische‹ war zuletzt eine eben solche Notwendigkeit, wie das Apollinische!«[33]

Die Welt als Wille und Vorstellung ist – als titanische Welt – auch eine tragische Welt. Das Gebäude, das sich weit über den Boden der Wirklichkeit erhebt, diese Wirklichkeit hinter sich zu lassen sucht, ist doch in dieser Wirklichkeit begründet – ein gewaltiger Bau auf schmalem Fundament. Die Stärke ist zerbrechlich, das Pathos seiner Konstruktion kann oft genug nur mühsam den Erschütterungen eines schwankenden Untergrunds standhalten. Nirgends wird dies deutlicher als im Titanismus der Musik, in den »heroischen« Kompositionen Beethovens, in denen gleichermaßen die Melodie der Erhabenheit, einer in sich geschlossenen Metawelt erklingt, wie die eines unfaßbaren, geheimnisvollen, unbewältigten wie unbewältigbaren Daseins durchschlägt. So ist der Optimismus von Wille und Vorstellung immer dem Pessimismus angesichts des Numinosen benachbart; das Transzendieren einer titanischen Philosophie mit dem Leiden an der Immanenz, die durch »Panik« geprägt ist, verbunden. Vor allem aber bedeutet »Wille und Vorstellung« Kultur-Revolution: Prometheus, der Bringer

[33] Friedrich Nietzsche, Die Geburt der Tragödie aus dem Geiste der Musik. In: Werke in drei Bänden. Hrsg. von Karl Schlechta. Band 1. München 1977, S. 34.

menschlicher Kultur, war Titan. Das Aufbegehren, der Sturm auf den Olymp, eröffnet das Reich des Geistes.

Carl Friedrich von Weizsäcker hat den deutschen Titanismus in die neuzeitliche Entwicklung hineingestellt[34]. Die westliche Zivilisation, das kapitalistische Weltsystem, die wissenschaftlich-technische Welt seien titanisch; sie wurden durch das Denken ermöglicht, durch technischen Verstand, kaufmännische Planung, politische Organisation. Der philosophischen Rückfrage zeige sich hinter den objektiv titanischen Leistungen des praktischen Verstandes die gedankliche Welteroberung durch die Theorie: Physik, Ökonomie, politische Philosophie, und als deren gemeinsame begriffliche Wurzel die Metaphysik. Seefahrer, Kaufleute, Ingenieure, Beamte, Parlamentarier, Regenten seien zwar meist nicht zugleich Theoretiker gewesen; die täglichen Anforderungen der Praxis beraubten sie eher des Bewußtseins ihres eigenen Titanismus; entschieden gedacht und gefühlt wurde der neuzeitliche Titanismus jedoch in der Theorie. Hier trat der deutsche Geist des 19. Jahrhunderts besonders markant in Erscheinung.

Die Deutschen hatten unter den großen Nationen des neuzeitlichen Europa den gebrochensten Zugang zur realen Macht. Die historischen Gründe dafür gehen bis ins Mittelalter zurück. Die frühmittelalterliche Übernahme des römischen Kaisererbes durch die deutschen Könige und der Verschleiß der Zentralmacht im Kampf um die Bewahrung dieses Erbes dürften dabei die Hauptrolle gespielt haben. In der frühen und mittleren Neuzeit sind die Deutschen dem neuzeitlichen Machtprozeß der Weltverwandlung zu nahe, um ihn nicht wie ihr eigenes Unternehmen wahrzunehmen, und doch zu fern, um ihn selbst zu vollziehen. Grundsätzlicher als ihre westlichen Nachbarn durchdenken sie ihn jedoch.

Titanismus als Erlebnisweise, so folgert Weizsäcker, sei zumal seit der Mitte des 18. Jahrhunderts ein deutsches Phänomen. Der Denker, der das Ganze denkt, habe ein Herrschaftserlebnis, das konzentrierter, freilich auch zweideutiger sein kann als das Erlebnis des ständig durch reale Verantwortung vom reinen System abgelenkten wirklichen Herrschers. Eben darum sei die Spannung zwischen Theorie und Praxis ein typisches Thema der deutschen Theorie.

---

[34] Carl Friedrich von Weizsäcker, Der deutsche Titanismus. In: Merkur, Heft 12/1978, S. 1207ff.

Die titanischen Denker des titanischen Geistes fühlten sich als Verwalter des Geheimnisses Gottes, als Denker Gottes. Die Wissenschaft wird als das wahre Gewebe des göttlichen Lebens erkannt, als das System des lebendigen Logos, als das entfaltete und verwirklichte System des wahren Seins Gottes. In dem Augenblick, als auf dem Weg von Schelling und Hegel zu Siemens und Halske, von der Geschlossenheit der Spekulation zur Vielfältigkeit des Daseins, von der Irrealität des Denkens zur Realität der Praxis, die Wirklichkeit nach den Gesichtspunkten eines allumfassenden Systems interpretiert und legitimiert werden sollte, in dem Augenblick also, als der Titanismus einer theoretischen Gedankenwelt in die Hybris praktischer Fraglosigkeit umschlug, der Grundwiderspruch von Theorie und Praxis durch »Weltanschauung« verdrängt wurde, begann »die Exstirpation des deutschen Geistes zugunsten des Deutschen Reiches« (Friedrich Nietzsche), wurde die titanische Leistung des deutschen Geistes, eben (reiner) Geist zu sein, in sich selbst verkehrt. Das Denken des Ganzen (des Seins) widerspricht keineswegs der Notwendigkeit, das Dasein in seiner unendlichen, »pluralen« Vielfalt zu realisieren und zu akzeptieren.

1818, als Georg Wilhelm Friedrich Hegel in seiner Rede zur Eröffnung seiner Vorlesungen in Berlin das Postulat aussprach, daß das geistige Leben das Grundelement der Existenz dieses (preußischen) Staates wie des Staates überhaupt ausmachen müsse, und er sich zur sittlichen Macht des Geistes bekannte, tat er dies an der Nahtstelle zweier Epochen. Das nationale Hochgefühl, das sich in Abwehr des napoleonischen Totalitätsanspruchs aus den Freiheitskriegen entwickelt hatte, blieb stecken in Restauration und Reaktion, die den Versuch unternahmen, die Mitwirkung bzw. Mitbestimmung des Volkes zu verhindern und statt dessen wieder feudale Strukturen zu etablieren. Der Wiener Kongreß 1814 hatte dergestalt die Landkarte, ohne Berücksichtigung der Wünsche der Völker, »neu«, d.h. in Form der Wiederherstellung alter Verhältnisse, geordnet; die Karlsbader Beschlüsse 1819 richteten sich gegen die politische und geistige Freiheit; sie waren bis 1848 gültig. Zudem mehrten sich die Anzeichen, daß der nationale Aufbruch, der 1817 im Wartburgfest der deutschen Studenten (Burschenschaften) einen besonderen Höhepunkt fand, immer mehr seine republikanisch-demokratischen Intentionen verlor, die Sehnsucht nach nationaler Einheit wichtiger wurde als die nach innerer Freiheit; schließlich erreichten die ersten Vorboten der durch die industrielle Revolution heraufbeschworenen wirtschaftlichen und sozialen Problematik den deutschen Lebensbereich. 1818, als Hegel feststellte, daß die Wissenschaft zu den Deutschen geflüchtet sei und in ihnen allein fortlebe, daß den Deutschen die Bewahrung dieses heiligen Lichtes anvertraut und es ihr Beruf sei, es zu pflegen und zu nähren und dafür zu sorgen, daß das Höchste, was der Mensch besitzen kann, das Selbstbewußtsein seines Wesens, nicht erlösche und untergehe, in diesem Jahr wurde Karl Marx, der Begründer des historischen Materialismus, geboren. Auch er war ein Titan wie Hegel, bereit und fähig, die Welt als ein Ganzes zu denken. Dieses Ganze war bei ihm zwar fundiert im »Unterbau« – die ökonomisch-politisch-sozialen Gegebenheiten bedingten den geistigen Überbau –, viel mehr jedoch dominierte der Gedanken-Entwurf, dem die Wirklichkeit »gehorsam« zu sein hatte. Selbst bürgerlicher Herkunft, hat Marx dem Bürgertum als Bourgeoisie den Untergang angekündigt; seine umfassende Kapitalismuskritik gab Handlungsanweisungen für die revolutionäre Umgestaltung der Gesellschaft; der Klassenkampf als dialektisches Prinzip wurde der Weltgeschichte übergestülpt.

Marx wollte die Verhältnisse zum Tanzen zwingen; man müsse ihnen nur ihre eigene Melodie vorspielen; es war die Melodie seines Denkens. Realität wurde im titanischen Geistesakt zum System umgebaut, was auf den Füßen stand, im Kopf »zurechtgebogen« – bei seinen politischen Nachfahren nicht mehr nur im Kopf (als Ideologie), sondern in der Praxis mit Gewaltsamkeit und Gewalt. Der Titanismus der Spekulation schlug um in totalitäre Unterdrückung.

Titanismus – Welt aufheben: durch das Chaos der Erscheinungen hindurch sollte der Kosmos des Systems zum Aufleuchten gebracht werden, unter weitgehender Mißachtung und Verachtung der dem System widerstrebenden, dieses widerlegenden oder irritierenden Phänomene. Aufheben – das bedeutete Negation der Erscheinungswelt, soweit sie dem System widersprach, bzw. ihre Umdeutung. Wurde das Vernünftige zum eigentlich Wirklichen erklärt, so mußte man das Unvernünftige als das eigentlich Unwirkliche begreifen. Wenn die Wirklichkeit dem System widersprach – um so schlimmer für die Wirklichkeit! Sie mußte dann aufgehoben, d. h. vernichtet oder, vom Standpunkt der Erhöhung aus, als unwichtig deklassiert werden. Aufgehoben im Sinne des Bewahrens waren im System vor allem die Phänomene, die zur Verifikation herangezogen werden konnten.

Es zeigte sich freilich, daß es keine letzte Synthese gibt, sondern jede nur immer wiederum eine These ist, dazu bestimmt, in ihren Gegensatz umzuschlagen. Hegel erzeugte eine Schule, die sich hegelisch nannte, aber sie war, was er selbst die »Nachahmung in der Umkehrung« genannt hatte. Die Generation, die am Ende der zwanziger Jahre des 19. Jahrhunderts führend wurde, »vollzog mit lange zurückgestauter, um so ungestümer hervorbrechender Energie die Antithese. Sie wandte sich gegen alle Romantik und Reaktion im Staat, im Glauben, in der Kunst, in der Lebensführung, gegen die Welt der ›Schattenküsse‹ und Schattenkönige, gegen das ganze Schattenfigurentheater, das im Schatten der Heiligen Allianz sein gespenstisches Leben führte, gegen die Schattenbegriffe der deutschen Ideenromantik, deren letzter und souveränster Meister Hegel gewesen war. Er wurde gestürzt, und zwar im Namen Hegels.«[35]

Arthur Schopenhauer bezeichnete sich mit Nachdruck als Kantianer, ja als den einzig echten und würdigen Nachfahren Kants. Die Fichte-Hegelschen Systeme lehnte er hohnvoll ab. Die Subjektivität tritt bei ihm in den Mittelpunkt. Die Welt – die Welt der Dinge, der Wahrnehmung, die Natur (von der die Naturwissenschaft spricht) – ist Erscheinung, Vorstellung, Objekt für das wahrnehmende und denkende Subjekt. Die Kategorien des Raumes, der Zeit und der Kausalität, untrennbar mit dem Subjekt verbunden, also »subjektiv«, sind die einzig möglichen Formen, die Objektwelt zu erfahren. Im Erlebnis des Willens freilich durchbricht man die Schranken der Individualität. Im Erlebnis des Willens (des Triebes nach Selbst- und Arterhaltung) transzendiert das Ich über die Grenzen seiner Subjektivität hinaus. Das Ich, der organisierte Ichkörper, ist selbst »Erscheinung« dieses Triebes, Darstellung desselben in materieller, raumzeitlicher Objektgestalt. »Kraft« an sich genommen ist »Wille«.

Schopenhauers »Weltwille« ist dem Fichteschen »Absoluten« und Hegels »absolutem Geist« verwandt. Dieser »absolute Geist« tritt etwa in der Musik zutage, den Menschen aller Allzumenschlichkeit enthebend; so wird Beethoven zur Verkörperung des Vor-scheins der Idee, zur bildungsbürgerlichen Leitfi-

[35] Egon Friedell, Kulturgeschichte der Neuzeit. Die Krisis der europäischen Seele von der Schwarzen Pest bis zum Weltkrieg. Dritter Band. München 1931, S. 85.

gur (später Gallionsfigur), die der Menschheit den Weg zur Humanität weist.

Von der Geschichte hatte sich die Aufklärung insofern gelöst, da sie in ihr die Ansammlung sinnloser Ereignisse, jenseits aller Vernunft, sah. Im Sinne Hegels bedeutete Geschichte die allgemeine Verkörperung des Weltgeistes, des Prinzips der Vernunft. Ganz hegelianisch dichtete Goethe (in ›Urworte. Orphisch‹): »Und aller Wille / ist nur ein Wollen, weil wir eben sollten / und vor dem Willen schweigt die Willkür stille.« Aufklärung wurde in Hegels Dialektik aufgehoben, ehe sie zur Dialektik der Aufklärung, zum Umschlag in ihr Gegenteil führte: nämlich ins System integriert. Auch das Gegensätzliche ist Teil des Ganzen, eines sich selbst verwirklichenden »guten Ganzen«. Geschichte erweist sich als der Gang Gottes durch die Welt.

Solches Bewußtsein einer geschichtlichen Theodizee bestimmte bereits Schiller: Historie ist Manifestation einer moralisch-sittlichen Idee[36].

In der Auseinandersetzung mit dem Geschichtsbegriff markiert Goethes Text aus der ›Kampagne in Frankreich‹ eine Position, die sich ganz der Beobachtung und Registrierung von Tatsächlichkeit überläßt, um daraus intuitive Folgerungen zu ziehen. Auch die Geschichtswissenschaft entfernte sich immer mehr von der Systematik, begriff sich als Phänomenologie. Die Epigonen können Sinn in geschichtlichen Abläufen nicht entdecken. »Wir sind, um in *einem* Worte das ganze Elend auszusprechen, Epigonen und tragen an der Last, die jeder Erb- und Nachgeborenschaft anzukleben pflegt. Die große Bewegung im Reiche des Geistes, welche unsre Väter von ihren Hütten und Hüttchen aus unternahmen, hat uns eine Menge von Schätzen zugeführt, welche nun auf allen Markttischen ausliegen. Ohne sonderliche Anstrengung vermag auch die geringe Fähigkeit wenigstens die Scheidemünze jeder Kunst und Wissenschaft zu erwerben. Aber es geht mit geborgten Ideen wie mit geborgtem Gelde: wer mit fremdem Gute leichtfertig wirtschaftet, wird immer ärmer.«[37]

Die weltgeschichtlichen Betrachtungen etwa eines Jacob

[36] Vgl. Friedrich Schiller, Was heißt und zu welchem Ende studiert man Universalgeschichte? In: Sämtliche Werke. Auf Grund der Originaldrucke hrsg. von Gerhard Fricke und Herbert G. Göpfert. Band 4. München, Wien 1976, S. 767.
[37] Karl Leberecht Immermann, Die Epigonen. In: Werke. Hrsg. von Harry Maync. Band 3. Leipzig, Wien o.J., S. 136.

Burckhardt versagen sich einer Sinndeutung von jenseits. Bei Ranke freilich ist der geschichtliche Realismus verbunden mit der hegelianischen Bereitschaft, in aller Erscheinungen Flucht Fortschritt wirksam zu sehen. Die bei Marx und Engels deutlich werdende Loslösung vom sowohl metaphysischen als auch fatalistischen Geschichtsbegriff läßt in der historischen Verwirklichung des Menschen die emanzipatorische Idee aufscheinen. Auch wenn der Mensch seine Geschichte selbst macht – erneut Bestätigung der Überbau-Unterbau-Einwirkung anstelle des Unterbau-Überbau-Determinismus –, so ist doch diese Freiheit des Menschen als denkendem und handelndem Subjekt in die Objektivität des Geschehens eingebunden, Ausdruck eines Wollens, das zugleich ein Sollen darstellt. Der Lauf der Geschichte bringt »zwangsläufig« die Befreiung des Menschen aus der Knechtschaft entfremdeter Arbeit; aber ohne das eigene revolutionäre Handeln kann der Weg ins Paradies nicht gefunden werden. Marx' geschichtlicher Idealismus ist realistisch fundiert; sein Realismus ist freilich »in den Kopf« zurückgenommen, mündet in eine säkularisierte Eschatologie. Der Historismus, wie er um die Mitte des 19. Jahrhunderts entstand und vor allem durch Ludwig Feuerbach geprägt war, interpretiert das Sein nicht als das Voraussetzungslose, Immergleiche, Zeitenthobene, sondern als ein durch die Tat Geschaffenes. Die Idee ist nicht als solche a priori vorhanden, sondern »wird« – konstituiert sich im Werdeprozeß. Die Wandelbarkeit aller Zustände erweist sich als regulatives Prinzip historischer Erkenntnis. Burckhardt betont die Reversibilität von allem und jedem, weshalb sich alle Ordnungen zu vorübergehenden und also änderbaren Setzungen »verflüssigten«. Die Permanenz der Veränderung ist ihm das große durchgehende Hauptphänomen.

Die populäre Umsetzung des Entwicklungsgedankens war freilich von solchem Relativismus weit entfernt. Man glaubte an die konsequente geschichtliche Verwirklichung liberaler Freiheit und nationaler Einheit. Im zunehmenden Maße trat allerdings die Einheit auf Kosten der Freiheit immer mehr in den Mittelpunkt. Der Historismus bestimmte die nationale Feiergemeinschaft des 19. Jahrhunderts, wie sie sich in ungezählten Sänger-, Turner- und anderen Festen niederschlug. In der ersten Phase sehnte man sich nach Macht, Kraft und Sicherheit; aus Festen, die traditionelle Ursprünge hatten (z.B. Volksfeste, Brauchtumsfeste), wurden Feiern, die betont das Verlangen nach nationaler Größe zum Ausdruck brachten. Hinweise auf das Mittelalter, auf große Herrscher und Heerführer der Vergangenheit, zeigten die Politisierung an. Die demokratischen Ideale, die das Volk als fortschrittliche Kraft priesen und etwa das Hambacher Fest 1832 gekennzeichnet hatten, traten zurück. Die zweite Phase der Feiergemeinschaft des 19. Jahrhunderts nach 1871 war nicht mehr durch patriotische Sehnsucht, sondern durch vaterländische Gewißheit geprägt. Nun galt der Grundsatz: »Es ist erreicht!«. Die staatliche Einheit wurde als nationale Identität gepriesen. Die nach Macht strebende Feierlichkeit war zur machtgeschützten Feierlichkeit geworden. Nun bestätigte das Fest, was früher nur ein festliches »Wähnen« gewesen war.

Die Aneignung des germanischen und mittelalterlichen Erbes in den nationalen Feiern und Festen (wobei neben der Germanen- vor allem die Hohenstauferzeit als Epoche religiöser Bindung, konfessioneller Einheit, opferbereiter Glaubenskraft, als Entfaltung christlich-germanischen Geistes, als Blütezeit deutscher Kunst und Dichtung und als Höhepunkt deutscher Kaiser- und Reichsherrlichkeit idealisiert wurde) spiegelt sich in den historischen Festzügen, die entweder selbständig oder als Teil von Festen im 19. Jahrhundert eine große Rolle spielten. Auch hier lassen sich – wie bei der Feier insgesamt – die erwähnten zwei Phasen erkennen:

– Vor 1871 sind diese Festzüge Ausdruck von Sehnsucht: vielfältige und kreative Einkleidung eines aufs Nationale, auf die Stiftung der Einheit aller Deutschen, manchmal auch aufs Demokratisch-Republikanische abhebenden Kulturbewußtseins;

– nach 1871 geben sich diese Festzüge eindimensionaler; dem positivistischen Fortschrittsglauben fehlt der Tagtraum; man glaubt endgültig erreicht zu haben, was man ersehnt hatte; der historische Festzug transzendiert nicht mehr, er demonstriert.

In seinem Roman ›Der grüne Heinrich‹ hat Gottfried Keller den Ablauf des Karnevalfestes der Münchner Künstlerschaft am 17. Februar 1840, das unter dem Thema »Kaiser Maximilian und Albrecht Dürer in Nürnberg« stand, beschrieben. Die »sich ordnenden Künstlerscharen wogen hundertfarbig und schimmernd durcheinander«. Jeder ist für sich eine inhaltvolle Erscheinung und Person; er schaut freudig auf den Nächsten, welcher in der schönen Tracht ebenfalls vorteilhaft und kräftig erscheint. Handwerkszweige und Innungen formieren sich; lebende Bildwerke bereiten ihren Auftritt vor. Die Türen werden geöffnet; die Trompeter und Pauker begrüßen den Zug. Die historische Sehnsucht nach der Einheit von Volk und Herrscher, von Handwerker und Künstler, von Bürger und Bauersmann erlebt eine glanzvolle Inszenierung. Der Erzähler ist zutiefst von solcher geschichtlichen Demonstration fasziniert, gibt sich ganz »allen nationalen Selbstzufriedenheiten« hin. Er bedenkt dabei freilich nicht, »wie unablässig die Eimer des Geschicks steigen und fallen«[38].

Nationale Selbstzufriedenheit ist symptomatisch für den Historismus überhaupt gewesen: Seine Absicht, durch prunkvollen Rückgriff auf Vergangenheit eine neue völkische und staatliche Identität herzustellen, verengte den Geschichtsbegriff, bis er aufs Nationalistische und Chauvinistische regredierte. Die Überheblichkeit des Stolzes bedachte nicht die Wechselfälle des Geschicks; man glaubte sich der Zukunft sicher; folgerichtig führe der Weg aus der Vergangenheit zur nationalen Weltgeltung. Es war jedoch ein Holzweg; er endete – erst in der Verwirrung, dann im Untergang. Geschichte war nicht nur nicht alles, sie endete im Nichts; die Vision des Historismus (bei Richard Wagner noch einmal glänzend als Gesamtkunstwerk in den ›Meistersingern von Nürnberg‹ inszeniert) wurde abgelöst von der »schwarzen Vision« expressionistischer Dichtung, die Burckhardts Einsicht in die Reversibilität von allem und jedem in eindrucksvollen Bildern verdeutlichte. Die Ordnungen verfielen; es folgte der Amoklauf des Krieges.

Im Gefolge der Aufklärung und der Französischen Revolution entwickelt sich auch in Deutschland eine liberale Bewegung. Die Forderung nach den naturrechtlich fundierten Grundfreiheiten steht im Mittelpunkt ihres Programms. Großer Wert wird gelegt auf die Gewaltentrennung als Schutz vor dem Mißbrauch der Staatsmacht; die konstitutionelle Monarchie wird als die günstigste Staatsform erachtet. Der liberale Individualismus richtet seine Angriffe gegen die Gängelung der Untertanen durch die Staatsverwaltung wie gegen das Fortbestehen von Standesschranken; der liberale Rationalismus kämpft gegen den Einfluß der Kirchen; der Wirtschaftsliberalismus erhebt den Ruf nach freiem Wettbewerb. Der Liberalismus verband sich mit dem nationalen Gedanken, wobei es für die

---

[38] Gottfried Keller, Gesammelte Werke. Zweiter Band. Stuttgart, Berlin 1915, S. 180ff.

Entwicklung in Deutschland von Bedeutung war, daß das Bürgertum nicht so sehr eine Besitz- als eine Bildungsschicht war und sich somit in ganz besonderem Maße für Ideen engagierte.

Nach dem Wiener Kongreß verstärkte sich die Unterdrükkung der liberalen und nationalen Bestrebungen; im besonderen alarmierte das Hervortreten der 1815 gegründeten Allgemeinen Deutschen Burschenschaft auf dem Wartburgfest 1817 die Regierenden. Die Ermordung des in russischen Diensten stehenden deutschen Schriftstellers Kotzebue durch den Studenten Sand nahm Metternich zum Anlaß, 1819 eine Konferenz in Karlsbad einzuberufen; unter dem Druck Österreichs und Preußens wurden deren Ergebnisse (Karlsbader Beschlüsse) zum Beschluß des Deutschen Bundes, einer 1815 gegründeten, aus 35 Fürsten und vier freien Städten bestehenden Staatenföderation, erhoben: strenge Aufsicht über die Universitäten, Auflösung der Burschenschaft, verschärfte Zensur, Einsetzung einer Zentraluntersuchungskommission gegen »Demagogen«.

Die Reformen der »Aufbruchszeit«, wie sie vor allem in Preußen durch den Freiherrn vom und zum Stein seit 1807 eingeleitet worden waren, hatten jedoch das demokratisch-republikanische Bewußtsein so gestärkt, daß das Rad der Geschichte nicht mehr völlig zurückzudrehen war. Freilich verstärkte sich auch die Resignation, Folge der Diskrepanz zwischen schwärmerisch ersehnter nationaler Freiheit und den Repressionen der Realität. Besonders deutlich spricht das Leiden an Deutschland aus Friedrich Hölderlins Dichtung, die geprägt ist durch einen gleichermaßen euphorischen wie enttäuschten Patriotismus. »Es ist ein hartes Wort und dennoch sag ich's, weil es Wahrheit ist: ich kann kein Volk mir denken, das zerrissener wäre, wie die Deutschen.«[39]

Wie sollte, formulierte es der romantische, vom englischen Parlamentarismus stark beeinflußte Staats- und Gesellschaftstheoretiker Adam Müller, wie sollte ein Volk, zersplittert in sich selbst, aus der kleinen Provinzialkrämerei des alltäglichen Lebens zur inneren und äußeren Souveränität finden?

Die Aussichten für einen Bürgerstaat schienen trist. »Denk ich an Deutschland in der Nacht, dann bin ich um den Schlaf gebracht.« Heinrich Heine, der dies schrieb und 1844 mit

[39] Friedrich Hölderlin, Hyperion oder der Eremit in Griechenland. In: Sämtliche Werke und Briefe. Hrsg. von Günther Mieth. Band 1. München, Wien 1978, S. 237.

›Deutschland. Ein Wintermärchen‹ eine satirisch-ironische Elegie auf die versäumten Gelegenheiten des Republikanismus verfaßte, stand dem Jungen Deutschland und seinen Schriftstellern, darunter Karl Gutzkow und Heinrich Laube, nahe. Die Werke des Jungen Deutschland waren 1835 vom Deutschen Bund verboten worden. Zwei Jahre später setzte das Auftreten der »Göttinger Sieben«, Professoren der dortigen Universität, ein unübersehbares Zeichen für den Bürgerstaat: sie wandten sich gegen den Bruch der Verfassung durch den König von Hannover; ihr Protest wurde mit der Entlassung aus dem Amt bestraft. Insgesamt war – im ersten Drittel des 19. Jahrhunderts – das Bewußtsein von der Notwendigkeit eines Bürgerstaates bestimmt durch

– hochfliegende Ideen, aus allgemeinen philosophischen und staatsrechtlichen Systemen abgeleitet;

– Erfahrungen mit Reformen, die, evolutionär in Gang gesetzt, nach einiger Zeit steckenblieben;

– resignative Enttäuschung angesichts des Erfolgs feudaler und konservativer Gegenkräfte, die Liberalismus, Demokratismus und Republikanismus unterdrückten.

Schließlich setzte sich revolutionäres Aufbegehren durch: unter dem Eindruck der Juli-Revolution in Paris 1830 erhielten einige mittlere und kleinere deutsche Staaten Verfassungen; es kam 1832 zum »Hambacher Fest« der süddeutschen Demokraten und 1833 zum Sturm auf die Frankfurter Hauptwache. Die Februar-Revolution 1848 in Frankreich bewirkte Aufstände in Österreich und Preußen. Nach Straßenkämpfen in Berlin wurden in den süddeutschen Staaten ohne schwerere Erschütterungen Vertreter des liberalen Bürgertums in die Landesregierungen berufen, Pressefreiheit, Schwurgerichte und Volksbewaffnung gewährt. Das aus den Wahlen zu einer Verfassunggebenden Nationalversammlung hervorgegangene Parlament, die Frankfurter Nationalversammlung, trat am 18. Mai 1848 zum erstenmal in der Frankfurter Paulskirche zusammen. Der Bürgerstaat, der sich damit konstituierte, war fast ausschließlich ein Staat der Bürger; Bauern, Handwerker, Arbeiter fehlten weitgehend; neben einigen Kaufleuten und Industriellen saßen im Parlament vorwiegend Journalisten, Rechtsanwälte, Richter, Beamte, Lehrer der höheren Schulen und Universitäten.

In der Rede, in welcher der deutsche Dichter Ludwig Uhland am 22. Januar 1849 für die gesamtdeutsche Lösung (die Einbeziehung Österreichs in den neuen Staat) eintrat und sich gegen das Erbkaisertum wandte, heißt es am Ende: ». . . retten Sie das Wahlrecht, dieses kostbare Volksrecht, dieses letzte fortwirkende Wahrzeichen des volksmäßigen Ursprungs der neuen Gewalt. Glauben Sie, es wird kein Haupt über Deutschland leuchten, das nicht mit einem vollen Tropfen demokratischen Öls gesalbt ist!«[40]

Die Prognose täuschte: auf »demokratisches Öl« legten die herrschaftlichen Häupter bald keinen besonderen Wert mehr; in der Habsburger- wie in der Hohenzollern-Monarchie kam es zum Sieg der Gegenrevolution: als die kaiserlichen Truppen in Wien die demokratische Revolution niedergeworfen hatten, wagte auch der preußische König in Berlin den Gegenschlag: Die neue Verfassung war nicht aus der Volkssouveränität abgeleitet, sondern wurde aus königlicher Machtvollkommenheit gegeben (»oktroyiert«); das Dreiklassenwahlrecht sicherte das Übergewicht der Besitzenden. Das Bürgertum paßte sich an; es trat, wie es Karl Marx formulierte, in einen Bund mit dem feudalen Königtum gegen das Volk. Die Frankfurter Nationalversammlung löste sich auf; der Versuch der radikalen Demokraten, das Volk zu mobilisieren, blieb erfolglos; das preußische Heer bezwang ein Widerstandsnest nach dem anderen. 1849 war die Ruhe allenthalben wiederhergestellt; Emigration, Erschießung oder Kerker waren das Los der Revolutionäre. Der Rest der Nationalversammlung, meist Abgeordnete der Linken, hatte seit dem 6. Juni in Stuttgart getagt, aber schon am 26. Juni dem Auflösungsbefehl der württembergischen Regierung weichen müssen. Der Versuch der liberalen und nationalen Bewegung, einen deutschen Bürgerstaat, einen bürgerlichen Nationalstaat in Form einer konstitutionellen Monarchie zu errichten, war gescheitert.

Nicht aufzuhalten war dagegen der Vormarsch der Industrialisierung; der Handelsgeist löste sich freilich vom republikanischen Bewußtsein; aus dem Staat des emanzipierten dritten Standes wurde der Staat der Bourgeoisie. Die Industrialisierung rief aber auch die sozialen Bewegungen hervor, die im Deutschland des 19. Jahrhunderts schrittweise, bis 1918 nur mit Teilerfolgen, den bourgeoisen Staat wieder in einen Bürgerstaat »zurück«- bzw. »vorwärts«-entwickelten.

Die von Karl Marx im ›Kommunistischen Manifest‹ 1848 beschriebene Dialektik der Geschichte nahm in Deutschland aller-

---

[40] Zit. nach Johannes Hohlfeld, Dokumente der Deutschen Politik und Geschichte von 1848 bis zur Gegenwart. Band 1. Berlin, München o.J., S. 42.

dings nicht einen revolutionären, sondern einen evolutionären Verlauf; außerdem verstellte das klassenkämpferische Dogma Marx den Blick auf die in der Industrialisierung selbst enthaltenen bzw. durch sie bewirkten antifeudalen, demokratisierenden Kräfte. Das Eisenbahnwesen macht dies besonders deutlich.

Als der dänische Dichter Hans Christian Andersen 1840 auf einer Reise nach Nürnberg kommt, ist er von der ersten Eisenbahn, die in Deutschland angelegt wurde, tief beeindruckt. »Das alte Nürnberg war die erste Stadt, die auf den gigantischen Gedanken der jungen Zeit einging, die Städte durch Dampf und eiserne Bänder aneinander zu ziehen.« Die Schienen waren ihm Zauberfäden, die der menschliche Scharfsinn gezogen hatte. In einem Triumphgefühl sondergleichen genießt der Dichter den Rausch der Geschwindigkeit; die Fahrt erscheint ihm als Wolkenflug. »Wir spannen unser magisches Pferd vor den Wagen, und der Raum verschwindet; wir fliegen wie die Wolken im Sturm. Schneller konnte Mephistopheles nicht mit Faust auf seinem Käppchen fliegen! Wir sind durch natürliche Mittel in unserer Zeit ebenso stark, als man im Mittelalter nur durch die Hilfe des Teufels sein konnte!«[41]

Konkreter, aber keineswegs weniger enthusiastisch sah Friedrich List den Nutzen der Eisenbahn. Sie sollte zur Vervollkommnung der deutschen Nationalzustände beitragen; diese waren für ihn, der als Tübinger Professor für Staatspraxis wegen liberaler Anschauungen nach Amerika hatte auswandern müssen und nach seiner Rückkehr dem »Vernetzungstraum« Eisenbahn bis zur Besessenheit anhing, demokratische Nationalzustände. Mit Hilfe der Eisenbahn sollte eine moderne Staatsform geschaffen und damit auch ein modernes Staatsbewußtsein »befördert« werden. Mit der Industrialisierung als Revolutionierung der Produktionsverhältnisse, mit technischer Neuerung und neuen Produktionsverfahren vollzog sich der »Übergang vom feudal-absolutistischen Agrarstaat zum bürgerlich-liberalen Industriestaat«.

Der Bürgerstaat als Ausdruck eines rationalen Zeitgeistes fand in der Rationalität der Industrialisierung eine neue Stütze. War auch die Profitmaximierung einer demokratischen Gesellschaft zunächst nicht förderlich, da sie die Menschen ausbeutete

[41] Hans Christian Andersen, Eines Dichters Basar. Weimar o.J., S. 33.

und die sozialen wie wirtschaftlichen Gegensätze verstärkte, so
hat die Industrialisierung doch insgesamt auch eine dynamisie-
rende, die gesellschaftlichen Verhältnisse auflockernde Funktion ausgeübt; zudem führte sie immer mehr Menschen ans
Sozialprodukt heran. Mit der größeren Mobilität entstand eine
geistige Beweglichkeit, die der von Immanuel Kant festgestell-
ten, dem Frieden dienenden Mischung von Handelsgeist und
Republikanismus in vielem entsprach.

Vom Grauen und Grünen. Welt begründen

Die Tiefendimension des Idylls besteht darin, daß die in ihm
»lokalisierte« Lebensfreude durch Todesbewußtsein evoziert
wird; das Idyll ist ein Augen-Blick der Freude am Dasein, bestimmt von der Gewißheit, daß die Augen bald geschlossen sein
werden, die Lust dem Leid rasch weichen muß. Das Idyll ist
panische Stunde; der Gott Pan schläft; aber bald wird mit ihm
das Grauen wieder erwachen und grünende Hoffnung erdrük-
ken. Aus der Konfrontation von Leben und Tod erwächst im
Idyll ein gleichermaßen trotziges wie wehmütiges Bekenntnis
zum Dasein. Als das Leben des vergnügten Schulmeisterleins
Maria Wutz in Auenthal (in Jean Pauls gleichnamiger Erzählung, die der Dichter »eine Art Idylle« nannte, 1793) zu Ende
gegangen ist (»Wie war dein Leben und Sterben so sanft und
meerstille, du vergnügtes Schulmeisterlein Wutz!«), da spricht
der Erzähler, der noch einmal auf das Trauerhaus und den Got-
tesacker, wo eben der Totengräber das Grab aushaut, zurück-
blickt, einen Satz, der menschliche Existenz im Zeichen des
Panischen auf besonders ergreifende Weise zu umreißen vermag: »... fühlt' ich unser aller Nichts und schwur, ein so unbe-
deutendes Leben zu verachten, zu verdienen und zu genießen.«[42]
   Jean Pauls apokalyptische Alpträume spiegeln die Ängste des
anbrechenden 19. Jahrhunderts vor dem Nichts, vor der dunklen Tiefe der Leere wider. Die Glaubensfesten waren erschüttert. Am Ende des Säkulums triumphiert Friedrich Nietzsche,
daß »Gott tot« sei. 1841 erschien Ludwig Feuerbachs Haupt-

[42] Jean Paul, Leben des vergnügten Schulmeisterlein Maria Wutz in Auenthal. Mit
einem Anhang hrsg. von Hermann Glaser. München 1964, S. 58.

werk ›Das Wesen des Christentums‹, wonach nicht Gott den Menschen, sondern der Mensch Gott nach seinem Bilde geschaffen habe. Feuerbach, so schreibt Gottfried Keller im ›Grünen Heinrich‹, sei ein Zaubervogel gewesen, der, im einsamen Busch sitzend, den Gott aus der Brust von Tausenden hinweg sang. Heinrich Heine meinte, daß man beim klingenden Glöckchen die Sakramente einem sterbenden Gotte bringe. Vermittelte auf der einen Seite der Titanismus der deutschen Philosophie die Vorstellung von einem Weltengebäude, das ganz von Gott durchwoben sei, so erweist sich der Realismus, wie er aus der Biedermeierzeit hervorgeht und diese dann ablöst, als agnostisch-atheistisch orientiert. Daß die Welt im Göttlichen ihren Grund habe, wird bezweifelt; man sucht Welt neu zu begründen: und zwar Halt zu finden im Hier und Nun, in der Immanenz. Eingespannt zwischen die Grenzsituationen des Nochnicht und Nicht-mehr, wendet man sich dem Dazwischen zu – dem Augenblick des Idylls. Das Idyllische des Panischen, das Panische des Idyllischen: das bedeutet Heiterkeit auf dem Grunde der Schwermut; aber auch Resignation, Wehmut, Mißmut.

Die Schwermut erweist sich nicht nur als eine Charaktereigenschaft einzelner Dichter; man findet sie mehr oder weniger in jedem Antlitz. Immermann beobachtet, daß viele gegenwärtig die Falte des Mißmuts noch vor der Runzel des Alters an der Stirne zeigten. Das Gefühl der Krise war für die meisten Angehörigen der Biedermeiergeneration unausweichlich, auch dann, wenn man die Überzeugung vertrat, daß die alte Ordnung nur vorübergehend gestört werden könne. Die Unruhe, die Zerrissenheit, die Hamlet-Stimmung des Restaurationsmenschen waren hervorgerufen durch nationale Enttäuschung, innere Unfreiheit, allgemeine Armut, verstärkten Kollektivismus und den Verlust religiöser Sicherheit. Das Rettende erwuchs aus gleichen Erfahrungen: Standhaftigkeit, Mut, ein Bestehen- und Überstehenwollen. Darin bewegte sich die Kultur des Biedermeier, eine Epoche, die inmitten schwerster Bedrängnis im Kleinen, im »sanften Gesetz«, Halt und Haltung fand. Die Cholera wütete; die Restauration verhinderte freies geistiges Leben; die Kleinstaaterei ließ ein erfolgreich organisiertes wirtschaftliches Leben nicht aufkommen. Da wird das Idyll zum Refugium vor den andrängenden Mächten innerer wie äußerer, religiöser wie politischer Gefährdung. Sich bescheiden und beschränken, von außen nach innen sich wenden, sein Selbst vervollkommnen, trotz dunkler Schicksalsmächte ein innerlich froher Mensch sein, solche Introvertiertheit erweist sich als Leitbild.

Ein Ringen ums stille Glück, ein Bemühen, der Schwerkraft des Daseins auf Zeit entfliehen zu können, ein oftmals verzweifelter Versuch, der eigenen dämonischen Kräfte Herr zu werden, die dunklen Triebe im eigenen Ich bändigen zu können, prägt das Gefühlsleben der Epoche. Der Sommer, als die eine Hälfte des Lebens, wird aufgewogen durch den Winter mit seinem Grauen; der Augenblick mit der Fiktion der Beständigkeit geht über in das »Weh-mir« der Vergängnis. Ehe die dunkle Nacht einbricht, erblüht in der Abendphantasie die Sehnsucht nach Geborgenheit.

Die Welt, die man in all ihrer Sinnlichkeit ergreifen und bejubeln will, die dabei vergeht und dann nur noch im Klagelied überdauert, die »Landschaft« der Erwartung und Entsagung bestimmt die Kunst Philipp Otto Runges und Caspar David Friedrichs. Ihre Malerei variiert das »Abwartende« des Idylls; Runge tut dies auf heiter-selbstbewußte, menschlich aufgeschlossene, vielseitig schöpferische, Friedrich auf schwermütige, introvertierte, menschenscheue und einseitige Weise.

Runge sieht sich an einem Nullpunkt der Geschichte, an einer Wende der Kunstwelt; von hier aus schafft er Bilder voller Sehnsucht nach Natur (deren Ursprünglichkeit man verloren hat), nach geschichtlicher Vergangenheit (von der man abgeschnitten ist), nach gesellschaftlicher Zukunft (die unerreichbar scheint), nach »Einheit« schlechthin.

Bei Friedrich dringt der Blick in die unendliche Ferne einer menschenleeren Landschaft. Das Idyll ist hier jeder lieblichen Genrehaftigkeit entkleidet; es verbleibt das blanke Panische, dem man – wie der ›Mönch am Meer‹ – in vorgerückter Position, als Vorposten, der bereits zum verlorenen Posten geworden ist, entgegensteht – verlassen, aber doch auch gelassen.

Vom Grauen und Grünen: bald ist die Angst größer, bald die Hoffnung. Im Panischen rücken beide ganz eng zusammen, sind sozusagen in der Immanenz des Augenblicks gegenseitig aufgewogen. »Der Tod, wenn wir jene Unwirklichkeit so nennen wollen, ist das Furchtbarste, und das Tote festzuhalten, das, was die größte Kraft erfordert. Die kraftlose Schönheit haßt den Verstand, weil er ihr dies zumutet, was sie nicht vermag. Aber nicht das Leben, das sich vor dem Tode scheut und von der Verwüstung rein bewahrt, sondern das ihn erträgt und in ihm sich erhält, ist das Leben des Geistes. Er gewinnt seine Wahrheit nur, indem er in der absoluten Zerrissenheit sich selbst findet.«[43]

Die Welt mit ihren Wolfsgruben und Beinhäusern und Gewitterableitern umgibt das Idyll – ein Schritt, und man steht am Abgrund; die gesättigte Stunde der Ruhe trägt die Verlorenheit in sich; das Vollglück zerbricht an der Vergängnis.

Im Augenblick der Idylle hält die Zeit den Atem an, ehe sie verrinnt. In Mörikes Novelle ›Mozart auf der Reise nach Prag‹[44] gelangt der Komponist in einen alten Schloßpark. Er verweilt vor einem Pomeranzenbaum, »der außerhalb der Reihe, einzeln, ganz dicht an seiner Seite, auf dem Boden stand und voll der schönsten Früchte hing«. Diese »Anschauung des Südens« evoziert »liebliche Erinnerung« aus der Knabenzeit: die Hand, welche die »herrliche Runde« und »saftige Kühle« der Frucht hält, erspürt ein Gefühl der Zeitlosigkeit. Im Blick auf die Orangenfülle erfährt Mozart das »Vollglück der Beschränkung«. Mit seinem kleinen Messer zerteilt er die gelbe kugelige Masse von oben nach unten. »Es mochte ihn dabei entfernt ein dunkles Durstgefühl geleitet haben, jedoch begnügten sich die angeregten Sinne mit der Einatmung des köstlichen Geruchs. Er starrt minutenlang die beiden inneren Flächen an, fügt sie sachte wieder zusammen, ganz sachte trennt und vereinigt er sie wieder.«

Dem Alltäglichen entrückt, hat die Seele dem Ungewöhnlichen sich geöffnet: im Anblick der Pomeranze geschieht Exorbitanz, ein Aus-der-Welt-Hinaustreten; aber kaum ist man in sie zurückgekehrt, geht sie abhanden; das Tännlein, aus dem dein Sarg gezimmert wird, ist bereits gewachsen. Der Keim des Todes liegt in allen Dingen. Aber im Idyll hält die Vergänglichkeit den Atem an.

Keiner hat so wie Ludwig Richter die Augen-Blicke bürgerlicher Biedermeier-Kultur im Bild festgehalten; zugleich hat er die Schwermut als Grund von Heiterkeit, die dem Abgrund entrissene »Verweilnische« als Topos bedrohter Geborgenheit beschworen.

Aus der Tiefe des komplex-dunklen Waldes schreitet bei Richter der Brautzug in den heiter-flachen Frühling. Das Transitorische, die Bewegung der vorausdrängenden Kinder auf ihrem

[43] Georg Wilhelm Friedrich Hegel, Phänomenologie des Geistes. Frankfurt am Main, Berlin, Wien 1980, S. 29.
[44] Eduard Mörike, Mozart auf der Reise nach Prag. Leipzig o. J., S. 23 f.

Weg in die offene Landschaft, läßt das Geheimnis hinter sich; etwa die Dunkelheit der Sinnfrage. Dem Brautpaar, das bald das Lichte erreicht haben wird, folgen diejenigen, die noch ganz im Schatten ihrer Herkunft stehen.

Richters »Zeichen« signalisieren meist: Der Lenz ist angekommen. Und er scheint zu bleiben; denn der Winter ändert daran nichts. Ihr »Auskommen« haben die Jungen und die Alten, die Frauen und die Männer; die Enten, Lämmer, Hunde. Im Hier ist es gut zu bleiben; ausruhen in enthobener Stunde; oft auch auf dem Polster der Platitüde. Der Weg derjenigen, die noch unterwegs sind, endet häufig im Umgrenzten. Über das nahe Ziel führt nichts hinaus. Ein-Bergung. Runde, überwölbte Enklaven. Das Liebespaar unter dem Busch. Das Mädchen auf dem Wiesenfleck. Die Wanderer, die Wallfahrer am Brunnen. Heckenumsäumte Waldeinsamkeit. Maria und Joseph am Abendfeuer in der Felsnische. Genoveva vor schützender Höhle: »Hier ist mit Fels- und Baumkulisse eine Barriere gegen die ›Welt‹ aufgerichtet, ein trauliches Klein- Arkadien nach Gessnerschem Zuschnitt mit Höhle, sonnigem Rasenplatz und kühlem, klarem Bächlein ausgegrenzt, das den Verfolgten Schutz und Lebensmöglichkeit bietet.«[45]

Statik aus Transitorischem hervorgehend: Das ruhende Wasser; Auge des Sees, Fließendes sammelnd. Von den hohen Gipfeln des Watzmanns stürmt der Gebirgsbach herab durch die Schluchten; aber die Hütte hält, vom gemächlichen Weg gehalten, stand. Abendfriede: fast bewegungslos vollzieht sich die Überfahrt (Elbe am Schreckenstein); der Strom wie ein See; voller Stille, in den verflossenen Himmel übergehend. Dann aber auch der Teich im Riesengebirge: Zwar ein dunkel-ruhiges Auge; doch die jagenden grauen Wolken dräuen über die Berge; verhüllt sind schon die Gipfel; vom Windstoß erfaßt eilt der Wanderer mit Kind und Hund am Ufer vorbei; ängstlich das Kind auf die dunkle Tiefe sehend; der Vater den Blick bereits abgewandt; wird man noch heimkommen?

»Hier ist das Konzept der biedermeierlich-idyllischen Landschaften überwunden, das Kompositionsmodell des ber-

[45] Hans Joachim Neidhardt, Ludwig Richters Werk und Wirkung. In: Staatliche Kunstsammlungen Dresden, Ludwig Richter und sein Kreis. Ausstellung zum 100. Todestag im Albertinum zu Dresden. Königstein im Taunus 1984, S. 17.

genden Nahraumes aufgebrochen. Nicht die Geborgenheit, sondern die Bedrohtheit des Menschen in rauher, unwohnlicher Natur wird zur Aussage des Bildes.«[46]

Aushalten oder fliehen? Ludwig Richter, der Bildermann, bannt das acherontische Frösteln im Oberflächenzauber, zaubert es durch Oberflächenreize hinweg. Zauberhaft die Kindlein und Vögelchen, die Mägdlein und Blümelein. Eiapopeia. Pausbäckigkeit wird zum Markenzeichen der Fluchtbewegung ins abseitige Gärtchen. Winterzucker der Kindertage. Die Abendphantasien dieses Künstlers scheinen frei von Angst. Seine Idyllik ist Alterskunst, voller Abendhimmel; erinnerte Frühlinge, Rosen, purpurne Wolken. Kein Stachel in der Brust. Glückskind mit Lamm grapscht nach dem Schmetterling; über dem Silberquell trillert die Lerche; Töchterlein, gefolgt vom Spitz, bringt Krug und Brot den Schnittern; im dunklen Grün blinken die roten Kirschen; über mildem Tau glitzern die Sterne; Regenbogenlandschaft; erster Schnee; die Kapelle auf der Höhe; der Eremit im Tal; Großvater liest in der alten Fibel; der Jüngling wagt den ersten zaghaften Kuß; um Mitternacht bläst der Nachtwächter die Stunde, aber alles liegt schon in tiefem Schlaf; nur ein Kater streicht im Mondenschein an einer alten Mauer dahin.

Die Unverwüstlichkeit Richters – sie ist zum einen Folge der Naivität, mit der er seine rückwärtsgewandte Utopie in Genre (in genrehaften Idealismus, in idealisiertes Genre) umsetzt; zum anderen ist sie Ergebnis der spießbürgerlichen Konstante im deutschen Sozio- und Psychogramm. Erbauliche Beschaulichkeit war der verspäteten Nation Ausdruck »natürlicher Ordnung« – einer Ordnung, die aus kleinster familiärer Zelle ins nachbarschaftliche Ganze hineinwächst. Was »jenseits« ist – Gesellschaft, Staat, insgesamt Modernität – es kümmert nicht den deutschen Spießer, der, Richters Wunderbuch in der Hand, gar nicht wissen will, was sich in der Ferne ereignet. Zumindest die Feierabendwelt soll abgeschirmt bleiben. Drunten im Psychodrom des Werktäglichen geht's anders zu.

So ist der sächsische Bildermann als »Sonntagsmaler« in den über hundert Jahren nach seinem Tod im Jahre 1884 stets populär geblieben. Dafür sorgten schon die unablässigen Neuausgaben der von ihm illustrierten Märchen und »Volksbücher«, die den Traum nach rückwärts visualisierten. Als die Welt im Gas-

---

[46] Ebenda.

licht häßlich wurde und Untertanengesinnung abgefordert wurde, als die hektischen Jahre der Weimarer Republik die Melodie der Großstadt intonierten, als im Nationalsozialismus die innere Emigration vereinsamte – Ludwig Richter war als Tröster zur Stelle: als Gewährsmann einer verklärt gesehenen Vergangenheit, die man, meist wider besseres Wissen, die gute alte Zeit nennt. Genauso aber diente er dazu, die Vakua der Humanität mit Gemütswerten auszustaffieren. Die autoritäre Persönlichkeit hat eine Sehnsucht nach dem heimelig-unheimlichen Idyll. Neben die Ästhetisierung der Barbarei tritt deren Idyllisierung.

Der Natur, meinte der Maler, fehle ohne Menschen der Schlußstein; eine Landschaft ohne menschliche Gestalt sei ein Rätsel ohne Auflösung. Dementsprechend wird die Natur als ein von Menschen zum Leben erweckter Organismus geschildert; Mensch und Natur sind wie Partner zueinander[47].

Richters naturhumaner Kosmos ist jedoch keineswegs frei von Anfechtung. Er ist ein Verdrängungskünstler. Doch manchmal läßt sich Wirklichkeit nicht überhören. Das schwere Sterben der geliebten Tochter bedeutete tiefe Erschütterung. »Der Arzt hatte mir und meiner Frau mitgeteilt, daß eine Rettung unserer lieben Marie nicht zu hoffen sei. Noch jetzt steht das Bild mir lebhaft vor der Seele, wie ich in der Laube sitzend die schlanke bleiche Gestalt langsam auf und ab gehen sehe und ihr Blick zuweilen wie fragend auf mich ruht, ›ob Vater wohl weiß, daß ich bald sterben werde?‹ während die Lippe schwieg. Zu ihren Füßen aber wiegte sich ein lachender Tulpenflor und an der grünen Gartenwand leuchteten die roten und weißen Rosen in Fülle.«[48] Da bricht das Aorgische ein: die unheilvolle Diskrepanz zwischen menschlichem Leid und unberührter Natur. Richters Kunst verschweigt dies meist, zaubert es hinweg. Bei der Wahl zwischen unglücklichem Bewußtsein und bewußtlosem Glück entscheidet sich Richter bildnerisch für Jean Pauls Rat: daß man kleine sinnliche Freuden höher achten müsse als große, den Schlafrock höher als den Bratenrock.

Doch der wandernde Maler, der immer angekommen scheint, der den Hausschatz des deutschen Gemüts so trefflich pflegt

[47] Vgl. Gottfried Knapp, Bilder, die einen an der Hand nehmen. Vom Handwerk des Idyllikers. Zu den Holzschnitten Ludwig Richters. In: Süddeutsche Zeitung, 24. 12. 1979.
[48] Lebenserinnerungen eines deutschen Malers. Selbstbiographie nebst Tagebuchniederschriften und Briefen von Ludwig Richter. Hrsg. und ergänzt von Heinrich Richter. Leipzig o. J., S. 390 f.

und behütet – er nimmt resignierend lebenslangen Abschied von Italien.

Am Tor des Südens wurde ihm der Schlüssel in die Hände gedrückt, mit dem er den Raum arkadischer Exorbitanz sich zu erschließen hoffte. Dann wurde er zurückgeworfen in die nördliche Enge, wo er, wie kaum ein anderer, die Kunst zu Hause zu bleiben, erlernte und sich mit ihr begnügte. Einer der zur Nacht auf Nachtgedanken verzichtet. Freilich sind sie aus Richters Nachtstücken nicht völlig verbannt. Denn das scheinbar lückenlos abtastbare, allseitig schützende Gehäuse, das Richter um seine Figuren herum aufbaut, bordet manchmal in schwindlig machende Abgründe über. Der Chor, der auf der Balustrade des Kirchturms »Ehre sei Gott in der Höhe« über die tief drunten liegende Stadt ertönen läßt, hat zwar festen Boden unter den Füßen; er wird zudem zusammengehalten durchs helle, umhüllende Laternenlicht; aber die Tiefe, die sich da auftut, über die das Podest hinausragt, übt Sogwirkung aus; die Katze, die sich auf dem Dachfirst vorwagt, probt den Sturz. Von tief unten blinken Fenster. Gottfried Knapp hat darauf hingewiesen, daß Fenster ein zentrales Motiv der Richterschen Idyllen-Ordnung sind; Fenster sind in dieser überschaubaren Welt die Vermittler intimer Offenbarungen, Garanten des Wohlbehagens; sie stellen die Verbindung her zwischen innen und außen, sie dienen als atmosphärische Membrane bei Wetter und Kälte, als Lichtschleusen: bei Nacht tragen sie den Hoffnungsschimmer ins Freie, bei Tag lassen sie die Helligkeit und die Freude ins Zimmer. Wenn ein Fenster nicht vorhanden ist, läßt sich die Einengung, die Domestizierung eines Landschaftsausschnittes, auch mit anderen Mitteln erreichen; fast alle Holzschnittentwürfe Richters, die nicht als flache Arabesken daherkommen, sind nach dem gleichen Raumschema aufgebaut – auch das »Weihnachtskonzert« vom Turm: zwei Drittel des Bildes gehören dem Vordergrund, dem Geschehen in der Nähe. Von dieser sicheren Warte aus kann der Blick hinausschweifen in die Ferne. Aber eben nicht ganz gefahrlos! Da drunten ist's zwar nicht fürchterlich; doch Wolfsgruben und Beinhäuser lassen sich im Bodenlosen erahnen. Der Turmblick macht schwindlig. Richter hat, trotz Abgründen, den Deutschen das »Vollglück in der Beschränkung« künstlerisch und kunstgeschichtlich ausstaffiert – mit seinem kaum auszuschöpfenden Reichtum an Beobachtung des Lebens der kleinen Leute.

Geborgenheit findet der biedermeierliche Mensch vor allem

im Wohnzimmer: Ort und Hort des Familienlebens. Die Introvertiertheit hat hier ihr Gehäuse; Schwermut findet Halt am Gegenständlichen; Ordnungsvorstellungen werden konkret. Sehnsucht nach Ruhe schlägt um in Gestaltung; Gemütskräfte werden zur Gemütlichkeit. – Der Rahmen der Häuslichkeit ist einfach und bescheiden: kahle Wände ohne Tapeten, allenfalls durch Leisten oder gemalte Simsornamente abgegrenzt; Fenster und Türen hell gestrichen, eine Rosette an der Decke; die Bilder an den Wänden sind meist Scherenschnitte, Lithographien, Stiche; besonders wichtig ist das Sofabild, das die Symmetrie der Anordnung bestimmt. Meist hat nur der obere Teil der Fenster eine Verkleidung in Form gefälteter weißer Gardinenschleier. Die Möbel sind durch Zweckmäßigkeit, die sich in geraden Linien und in der Schlichtheit des Aufbaus widerspiegelt, bestimmt. Der ästhetische Wert der Möbel liegt weniger im Zierat und im Detail (wobei der Sekretär eine Ausnahme macht) als in der Art, wie die Reize des Materials herausgearbeitet, Praktikabilität und Anmut miteinander verbunden werden. Die Möbel sind meist aus lichten Hölzern wie Kirsch, Birnbaum, Ahorn, Birke gefertigt, die Stühle dünn gepolstert mit Kattun und Plüsch, auch mit bestickter Seide bespannt. Wer sich kein Sofa leisten kann, der begnügt sich mit dem Kanapee, der eckigen Polsterbank. In den Schubladen der kleinen Schränkchen und Kommoden werden mancherlei reizende Details aufbewahrt: Spangen, Notizbücher, Uhren, Berlocken, Schlipsnadeln, Spitzentaschentücher, Hauben und Häubchen, Blumen, Federn, Schleifen, Tressen. Die Servante ist ein Schaustück des Wohnzimmers, ein Gehäuse der Andenken: Im offenen Spiegelschrank finden sich Porzellan, Kristall, die Hochzeits- und Patengeschenke, Andenken der Freundschaft und Liebe, Kannen und Tassen, Schnitzereien und Nippsachen. Besonders beliebt sind bemalte Tassen, Medaillons, gemütvolle Souvenirs, die man nicht ohne Rührung betrachtet. Am Fenster befindet sich das Nähtischchen, der Stammplatz der Hausfrau; daneben das Piano; Hyazinthen stehen am Fenster; ein Vogel flattert im Messingbauer. Auf dem Eichentisch wird meist einfache Speise aufgetragen; der bürgerliche Mittagstisch ist noch ohne Überfluß und Üppigkeit.

Wohnen im Biedermeier ist Topos für Geborgenheit, Ortsfindung für den Augenblick, ehe alles ins Nichtsein hinabstürzt. Das Wohnen ermöglicht ein Nicht-bange-sein auf Zeit; das gemüthafte und gemütliche Abseits ist ein Heraustreten aus dem

Zeit-Ablauf. »Hier und nun« kann man ein Stückchen Welt und sich genießen, hier wird der Tisch gedeckt, hier hat man's gut. Aber dann – »Einszweidrei, im Sauseschritt / läuft die Zeit; wir laufen mit«: das Abseits hat kein Jenseits, das Diesseits bleibt ohne Vorwärts, das Dasein löst sich auf.

Die große geistige Leistung der Idylle hat freilich auch ihre spießbürgerliche Kehrseite. Man überwindet dann nicht die Enge durch ein Geistiges; man nistet sich in der Furche ein und überantwortet sich der Schwerkraft – der Sphärenflug ist vergessen. Man wird der Beinhäuser und Wolfsgruben nicht mehr gewahr; man arrangiert sich mit dem Gewöhnlichen, mit dem Endlichen und genießt die Sattheit. Die Übergänge vom wahren zum falschen Idyll sind häufig sehr fließend. In der zweiten Hälfte des 19. Jahrhunderts überwog die harmlose Leere; Romantik- und Biedermeierepigonen usurpierten Zeitschriften, Taschenbücher, Kalender, Lesebücher, die »offizielle« Publizistik mit ihrer Massenwirkung. Aus der Versponnenheit wurden Spinnweben; die Dorf- und Kleinstadtwelt war idealisierte Stumpfheit, der Nachtwächter ein kostümierter Reaktionär, das Leitbild der borniert Philister, der die Nase nicht aus seinen vier Wänden herausstreckt, mit Gott und der Welt zufrieden ist, und vor allem »Ruhe bewahrt«, geschehe, was da wolle. Die beschränkte und häufig bereits sehr bösartige »Biedermannmoral« wie die Fassadenhaftigkeit der bürgerlichen Kulturidylle haben Gottfried Keller mit seinen Novellen über die ›Leute von Seldwyla‹, Wilhelm Busch und vor allem Heinrich Heine bloßgestellt. Der Spießbürger, der mit weißer Nachtmütze auf dem Kopfe und weißer Tonpfeife im Maule am lauen Sommerabend vor seiner Haustüre sitze und recht behaglich meine, es wäre doch hübsch, wenn er nun so immerfort, ohne daß sein Pfeifchen und Lebensatem ausginge, in die liebe Ewigkeit hineinvegetieren könne – ein solches Bild versetzte den feinnervigen Heine in zornige Angst.

Mit genialem publizistischen Spürsinn hatte Ernst Keil um die Mitte des 19. Jahrhunderts erkannt, daß nun der Zeitpunkt gekommen war, das Bedürfnis des deutschen Bürgers nach »Innerlichkeit« mit einer Zeitschrift zu befriedigen, die man den »Töchtern getrost überlassen konnte« und die die »gute Sitte«, den »Anstand« und die »Ehre« sowie das »Glück der Gesellschaft« zu fördern bereit war. Als Liberaler des Jahres 1848 und Gefangener der Restauration hielt er sein Blatt ›Die Gartenlaube‹ zwar zunächst inhaltlich von konservativen und sozial rückständigen Gedanken frei; die Konzeption der Zeitschrift jedoch und ihr Stil waren dem Wesen nach kleinbürgerlich-reaktionär. Idyll und Innerlichkeit wurden zur Kulturfassade; es war nur noch eine Frage der Zeit, bis der nationalistisch-chauvinistische Inhalt hinzukam; und in der Tat gehörte bald zu den Schutzheiligen der Zeitschrift die (vielfach abgebildete) Germania, ein Riesenweib, in einen Perserteppich mit Reichsornamentik eingehüllt, mit Gesundheitssandalen und allerlei Wehrgehängen, mit gußeisernem Lorbeer und einer Krone im hochgestreckten Arm, die sie sich aufs wallende Haar zu setzen im Begriffe war.

»Grüß Euch Gott, liebe Leute im deutschen Land!« heißt es in der ersten Nummer der ›Gartenlaube‹ (»an alle Freunde und Leser«): »Wenn Ihr im Kreise Eurer Lieben die langen Winterabende am traulichen Ofen sitzt oder im Frühlinge, wenn vom Apfelbaume die weißen und roten Blüten fallen, mit einigen Freunden in der schattigen Laube – dann leset unsere Schrift. Ein Blatt soll's werden fürs Haus und für die Familie, ein Buch für Groß und Klein, für jeden, dem ein warmes Herz an die Rippen pocht, der noch Lust hat am Guten und Edlen... Über das Ganze aber soll der Hauch der Poesie schweben, wie der Duft aus der blühenden Blume und es soll auch anheimeln in unserer Gartenlaube, in der Ihr gut-deutsche Gemütlichkeit findet, die zu Herzen spricht. So probiert's denn mit uns und damit Gott befohlen!«[49]

Das Blatt mit seiner Mischung »von Sennerinnen und aufgebahrten Großherzögen, trotzigen Herzen und feinsinnigen Nymphen, aus Kulturgeschichte und germanischem Mythos..., triefender Süße und milder Blödigkeit« traf den Massengeschmack der Zeit, vor allem den »offiziellen« Geist des Wilhelminismus. Das Idyll hatte seine ethisch-moralische Berechtigung verloren; es war nun nicht mehr Rückzug vor einer tief erlebten Gefährdung, sondern verbrämte Sattheit. Der Traum war keine Sehnsucht nach dem »Unwandelbaren«, sondern »Träumerei« – kein Emporstreben, sondern ein Eintauchen in die Lust trivialästhetischer Genüsse. Rührung und schöne Stimmung konnten unverbindlich mit allem und jedem verknüpft werden: mit der Natur, dem Vaterland, dem Krieg, mit Gott und der Religion, selbst mit dem Verbrechen – sie gingen letztlich den Menschen in seinem Kern nichts an; es

[49] Zit. nach Die Gartenlaube als Dokument ihrer Zeit. Zusammengestellt und mit Einführungen versehen von Magdalena Zimmermann. München o.J., S. 11.

waren unverbindliche Gefühle, die man anlegte oder ablegte, je nach Feierstunde oder Alltag.

Die Zeit brach an, da sich die heimeligen Deutschen als die unheimlichen Deutschen entpuppten, Gemütlichkeit und Gemüthaftigkeit die Fassade abgaben, hinter der die Kräfte der Barbarei sich formierten. Schon 1857 trauerte Wilhelm Raabe in seinem Erstlingswerk ›Chronik der Sperlingsgasse‹ einem Deutschland nach, das nur noch in Seitengassen und Dachkammern zu finden sei, dem Deutschland der Seele, voller Glaube, Güte, Bescheidenheit und Geduld.

Nicht mehr wurde im Grauen die existentielle Geworfenheit empfunden, die in der Immanenz einen humanen Grund finden hieß – mit Schrecken wollte man jetzt den anderen einschüchtern und das nachholen, was dem Biedermeier in seiner politischen, wirtschaftlichen und staatlichen Depravierung versagt geblieben, aber sublim kompensiert worden war. Imperialistisches Imponiergehabe zielte darauf ab, am deutschen Wesen die Welt genesen zu lassen. Die grüne Hoffnung des Idylls wurde dabei verbannt; die Banalität eines entleerten Pathos schob biedermeierliche Innerlichkeit zur Seite. Eine bramarbasierende Spießerideologie überlagerte das wahre Idyll, eine der größten und schönsten Leistungen des deutschen Geistes im 19. Jahrhundert, mit ideologischem Schutt.

Irrungen, Wirrungen. Welt anschauen

Romantik und Klassik bedeuten eine entrückte Welt. Der milde Schein der Humanität überglänzt alles. Schöne Seelen wandeln in der Ferne. Was vorne und unten geschieht, liegt weitgehend außerhalb des Blickwinkels. Biedermeier und ein Teil des Realismus sind nach innen gerichtet. Zeitgenössisches steht zurück gegenüber den »letzten Fragen« menschlicher Existenz; man fühlt sich mehr ins Sein denn ins Da-sein »geworfen«. Auch wenn das Junge Deutschland aktueller Wirklichkeit sich widmete – insgesamt glaubte man den Grund von Welt tief unterhalb der sozialen und gesellschaftlichen Verhältnisse aufspüren zu müssen. Welt anschauen – dies hieß nun: Hingabe an die ebenerdigen Phänomene, auch und vor allem an solche sozialer Wirklichkeit. Beachtet wird, was parterre geschieht. Eine verirrte, eine verwirrte Welt. Die Industrialisierung hatte die Trennung der Gesellschaft in Schichten verstärkt. Die Not war grenzenlos; man beginnt, sie wahrzunehmen.

Die soziale Frage des 19. Jahrhunderts taucht bereits vor Beginn des Maschinenzeitalters auf. Das Proletariat der ersten Stunde stellt eine ländliche Unterschicht dar, die, nachdem die Stein-Hardenbergsche Agrarreform die Fesseln der ständischen Bindungen gelöst hatte, zwar frei, aber bei fehlender herrschaftlicher Fürsorge und Schutzpflicht in große Armut geraten war. Ihrem kümmerlichen Dasein entkam die ländliche Unterschicht bis zur Mitte des Jahrhunderts kaum; denn die schwachen Ansätze einer Industrialisierung im Westen Deutschlands brachten kein ausreichendes Angebot an Arbeitsplätzen.

Bereits zu Ende des 18. Jahrhunderts war das alte Handwerk, das nach dem Dreißigjährigen Krieg einen Aufstieg erlebt hatte, in eine Depression geraten. In seiner ›Preisschrift über die Vorteile und Nachteile der Zünfte und Gilden, und über Verbesserungen oder gänzliche Aufhebung derselben‹ (Hamburg 1795) führte der Senator Johann Weiß zu Speyer für den Absatzmangel und den Verfall des Handwerks folgende Punkte an:

– Sättigung des Bedarfs an handwerklichen Erzeugnissen;
– Mangel an flüssigen Mitteln;
– übergroße Steuerlast, zumal auf dem Lande;
– Überbesetzung des Landhandwerks;
– Stockung der Ausfuhr nach Übersee;
– Verlust von Arbeitsplätzen durch Rationalisierung in Fabriken und Manufakturen;
– geringerer Ersatzbedarf infolge der Humanisierung der Kriegsführung;
– Vorliebe der Konsumenten für schlichte Gebrauchsgegenstände und für solche, die aus dem Ausland kamen.

Angesichts einer solchen schwierigen Situation mußte der Handwerker, um überhaupt bestehen zu können, besondere Tugenden entwickeln. Er war fleißig, sparsam, im Geschäftsgebaren redlich; vor allem aber hielt er sich streng an den bürgerlichen Moralkodex, der ihm Sicherheit innerhalb einer sich rasch verändernden und damit verwirrenden Welt bot. Die Werkstatt wollte Hort der Beständigkeit und Tradition sein; sie vermittelte inmitten entfremdeter Massenproduktion handwerkliche Solidität. Weil der Handwerker vom allgemeinen wirtschaftlichen Florieren ausgeschlossen war oder nur sehr begrenzt daran teilhatte, versuchte er mit Hilfe geistig-seelischer wie kultureller Werte das materielle Defizit zu kompensieren. In einem positiven Sinne hat so der Handwerkerstand viele Werte des Bürgertums tradiert, die nach dem Biedermeier unter der Sogkraft der Industrialisierung und des Großhandels verlorengegangen wären. Er hielt an den Werten fest, während die anderen oft genug nur noch an die Preise dachten.

Im Handwerkerhaus rutschten freilich mit der Zeit die bürgerlichen Tugenden immer mehr ins sekundäre Tugendsystem ab; ideelle Überzeugungskraft und Standfestigkeit verkehrten sich in machtorientierte Anpassung, in weltanschauliche Verkrampfung. – Industrie und Großhandel bewirkten weltweite Öffnung, Urbanität, Kosmopolitismus; der Handwerkerstand regredierte auf Provinzialismus, Engstirnigkeit, Spießertum. Mittelstandsideologie war vielfach in Seldwyla beheimatet. Tischlermeister Anton in Friedrich Hebbels Trauerspiel ›Maria Magdalena‹ (groß, knochig, aufrecht, fast steif in der Haltung, von schroffer Redeweise, herrisch, selbstgerecht, aber auch selbstquälerisch, grüblerisch, jede weichere Anwandlung kratzbürstig verbergend) sagt am Ende, da alles ins Verderben gerissen wurde: »Ich verstehe die Welt nicht mehr.« Die handwerklich-bürgerlichen Tugenden, im besonderen der Ehrbegriff, sind – wenn man das Drama als historisches Gesellschaftsspiel begreift (neben der in durchschnittlicher Alltäglichkeit aufleuchtenden menschlichen Grundproblematik) – erstarrt. Durch ihren Selbstmord entzieht sich die Tochter Klara der provinziellen Enge mit ihren Abhängigkeiten und Tabus. Friedrich Hebbel entstammte selbst ärmlichsten Verhältnissen. Sein Vater war Maurer gewesen. Mühevoll mußte er sich seine Bildung erwerben; auf die fronvolle Schreibertätigkeit im Hause eines Kirchspielvogts folgte nach kurzem Aufenthalt in Hamburg das Studium in Heidelberg und München, das ihm die Geliebte (Elise Lensing, eine Näherin aus Hamburg) mitfinanzierte. Er gibt jedoch sein Jurastudium auf, verliert dadurch ein Stipendium; als auch noch die Mutter gestorben ist, muß er – zu Fuß – nach Hamburg zurückkehren.

Der automatische Webstuhl, die »Spinnmaschine«, verhalf der Manufaktur zum Durchbruch, vor allem, als die Form des Antriebs geändert wurde: Das Wasserrad (typisch für die vorindustriellen Manufakturen wie etwa Papiermühlen, Drahtzieher- und Eisenhämmer) wurde durch die Dampfmaschine ersetzt. Ein immer rascher werdender Kreislauf setzte ein: Die Bedürfnisse der zunehmenden Bevölkerung führten zur Massenproduktion in Fabriken; deren Bau wurde meist von Kaufleuten finanziert; sie verfügten über mobiles Kapital, das, im Gegensatz zum naturwüchsig-ständischen Kapital, Kapital im modernen Sinne war. Hatte der Fabrikarbeiter in den dreißiger und vierziger Jahren des 19. Jahrhunderts in einem gewissen Sinne noch als begünstigte Schicht gegolten (etwa gegenüber dem Landproletariat), so wird er nun in zunehmendem Maße ausgebeutet und in die tiefste Not getrieben. Die herrschende Oberschicht, die sich früher feudal-aristokratisch oder patrizisch-patriarchalisch mit ihren »seigneuralen« Tugenden den Armen in einer gewissen Form verpflichtet sah, wird abgelöst durch den Kapitalisten, den homo oeconomicus, in dessen neuer Wertordnung an der Spitze die materiellen bzw. wirtschaftlichen Güter stehen. Die Leistungskapazität des Menschen soll jeweils voll und rücksichtslos ausgenutzt werden. Der Arbeiter erscheint nur noch als Kostenfaktor. Unmenschliche Arbeitsbedingungen, überlange Arbeitszeiten, unzureichende Arbeitsräume, überschwere Arbeit, gelten gewissermaßen als produktive Faktoren. Am Beispiel der Kinderarbeit wird dies besonders deutlich.

»Der wichtigste Grund der Unternehmer, Kinder zu beschäftigen, betraf zweifellos die Lohnfrage. Für Manufakturen allgemein galt die Auffassung, die Löhne der Arbeiter müßten möglichst niedrig gehalten werden, sonst würden sie nicht genug arbeiten. Kinder aber behandelten sie grundsätzlich als die billigsten Arbeitskräfte. Sie waren dem Unternehmen somit als kostensparender Faktor in der Produktion ›unentbehrlich‹. An der Kinderarbeit waren also gleichermaßen interessiert die Eltern aus materieller Not, die Unternehmer, die Staatssouveräne und die Volkserzieher – aus wirtschaftlichen, konkurrenz- und handelspolitischen wie aus sozialen, arbeitspädagogischen und -ethischen Zielsetzungen: als zeittypische Bemäntelung von Profitinteressen.«[50]

Wenn Bettina von Arnim ihre Schilderung der Armut dem König widmete, so war damit die herrschende Schicht, die um die Armen sich nicht kümmerte, sondern sie nur auszunutzen trachtete, insgesamt angesprochen. Die Schwester Clemens von Brentanos, neben Rahel Varnhagen die herausragendste Frauengestalt der Romantik, zeichnete sich durch einen klaren Blick für die soziale Wirklichkeit aus. Vor allem das Elend der Weber

---

[50] Erna M. Johannsen, Betrogene Kinder. Eine Sozialgeschichte der Kindheit. Frankfurt am Main o. J., S. 82.

in Schlesien rührte sie tief. Dieses führte dann auch zum ersten Arbeiteraufstand 1844; er wurde brutal niedergeschlagen. Ein Zeitgenosse berichtete:

»Infolge dreier Gewehrsalven blieben sofort elf Mann tot. Blut und Gehirn spritzte weit hin. Einem Manne trat das Gehirn über dem Auge heraus. Eine Frau, die zweihundert Schritte entfernt an der Tür ihres Hauses stand, sank regungslos nieder. Einem Manne war die eine Seite des Kopfes hinweggerissen. Die blutige Hirnschale lag entfernt von ihm. Eine Mutter von sechs Kindern starb denselben Abend an mehreren Schußwunden. Ein Mädchen, das in die Strickstunde ging, sank, von Kugeln getroffen, zu Boden.«[51]

Der Proletarier – persönlich frei, aber besitzlos, daher unselbständig und stets zur Arbeit in fremden Diensten gezwungen, ohne eine gesicherte Arbeitsstelle zu erlangen, mit einem Lohn, der im wesentlichen nur den Lebensunterhalt deckte, daher ohne Aussicht, aus dieser Lage herauszukommen, die sich dementsprechend auf die Nachkommen vererbte –, der dergestalt depravierte Proletarier konnte sich im wesentlichen nur auf sich selbst verlassen. Die karitativen und kirchlich-religiösen Bemühungen im ersten Drittel des 19. Jahrhunderts waren entweder »Almosen-Sozialismus« oder aber dem Irrtum anhängend, daß verstärkte Religiosität auch eine Verbesserung der Lebensverhältnisse bewirke. Georg Büchner gehörte zu den ersten, die mit Nachdruck als Ausweg aus der sozialen Not den offenen politischen Kampf der Armen gegen die Reichen propagierte[52]. Büchner nahm damit einen Standpunkt vorweg, von dem aus später Karl Marx und Friedrich Engels eine systematische Theorie der sozialen Umwälzung entwickelten. Philosophen hätten bislang die Welt nur interpretiert, nun gälte es, sie zu verändern. Das im Dezember 1847 verfaßte und im Februar 1848 in London erschienene ›Kommunistische Manifest‹ wies der sozialistischen Bewegung den Weg der Revolution[53].

Auf Deutschland richteten die Kommunisten ihr Augenmerk, weil es am Vorabend einer bürgerlichen Revolution stünde und weil es diese Umwälzung unter fortgeschritteneren Bedingungen der europäischen Zivilisation und mit einem viel weiter

[51] Zit. nach U. Schulz, Die deutsche Arbeiterbewegung 1848–1919 in Augenzeugenberichten. München 1976, S. 32.
[52] Vgl. Georg Büchner, Der Hessische Landbote. In: Werke und Briefe. Hrsg. von Karl Pörnbacher u. a. München 1988.
[53] Vgl. Dok. 4.

entwickelten Proletariat vollbringen werde als England im 17. und Frankreich im 18. Jahrhundert. Die deutsche bürgerliche Revolution sei nur das »unmittelbare Vorspiel einer proletarischen Revolution«. Die Entwicklung in Deutschland nahm jedoch einen anderen als den von Marx prognostizierten Gang. Der Emanzipationskampf der Arbeiterschaft wurde hier vornehmlich nicht auf Barrikaden, sondern in den Parlamenten gewonnen. Entscheidende Stationen auf diesem Weg waren die Gründung des »Allgemeinen Deutschen Arbeitervereins« durch Ferdinand Lassalle (1863), der »Sozialdemokratischen Arbeiterpartei« durch Wilhelm Liebknecht und August Bebel (1869 in Eisenach) sowie der Vereinigung der Lassalleaner und marxistisch orientierten Eisenacher zur »Sozialistischen Arbeiterpartei Deutschlands« (1875), die 1893 die stärkste Partei wurde.

Ferdinand Lassalle begnügte sich nicht wie Heine mit dem Fluch aufs »falsche Vaterland«; er forderte – beeinflußt von Karl Marx und unter dem Eindruck der Ereignisse der Märzrevolution von 1848 – die Entwicklung eines solidarischen sozialen Bewußtseins. In seiner langen Rede, die er am 12. April 1862 im Handwerkerverein der Oranienburger Vorstadt in Berlin vor Maschinenbauarbeitern hielt, als »Arbeiterprogramm« in die Geschichte eingegangen, führte Lassalle unter anderem aus, daß der bourgeoise Staat durch tiefe Unsittlichkeit geprägt, dazu geführt habe, daß der Stärkere, Gescheitere, Reichere den Schwächeren ausbeute und in seine Tasche stecke. Die sittliche Idee des Arbeiterstandes sei hingegen die, daß die ungehinderte und freie Betätigung der individuellen Kräfte durch das Individuum nicht ausreiche, sondern daß zu ihr in einem sittlich geordneten Gemeinwesen noch die Solidarität der Interessen, die Gemeinsamkeit und die Gegenseitigkeit der Entwicklung hinzutreten müsse. Der »Nachtwächterstaat der Bourgeoisie« (».. . eine Nachtwächteridee deshalb, weil sie sich den Staat selbst nur unter dem Bilde eines Nachtwächters denken kann, dessen ganze Funktion darin besteht, Raub und Einbruch zu verhüten...«) müsse durch einen Staat ersetzt werden, der dem Menschen ein Höchstmaß an humaner Verwirklichung ermögliche.

»Der Zweck des Staates ist somit der, das menschliche Wesen zur positiven Entfaltung und fortschreitenden Entwicklung zu bringen, mit anderen Worten, die menschliche Bestimmung, d.h. die Kultur, deren das Menschengeschlecht fähig ist, zum wirklichen Dasein zu gestalten; er ist die Erziehung und Entwicklung des Menschengeschlechts zur Freiheit.«[54]

Wie kaum eine andere Persönlichkeit des 19. Jahrhunderts hat Lassalle, der Sohn eines kleinen galizischen Juden, der sich nach dem preußischen Toleranzedikt von 1812 mit festem Familiennamen (nämlich als Heyman Lassal, nach seinem Geburtsort Loslau) in Breslau niederließ, hat dieser romantisch-schwärmerische, forensisch brillante, sozialrevolutionäre, in seiner Lebensweise »ausschweifende Jüngling« die Phantasie seiner Zeitgenossen wie der Nachgeborenen okkupiert. In einem Tagebucheintrag vom 1. April 1841 des damals sechzehnjährigen Lassall (die französische Schreibweise des Namens nahm er erst nach seinem Pariser Aufenthalt 1846 an) wird von einem Gespräch zwischen Sohn und Vater berichtet:

»Mein Vater fragte mich, warum ich nicht Medizin oder Jura studieren wollte. ›Der Arzt wie der Advokat‹, entgegnete ich, ›sind Kaufleute, die mit ihrem Wissen Handel treiben!‹... Ich wollte studieren der Sache, des Wirkens wegen. Mein Vater fragte, ob ich glaubte, daß ich ein Dichter sei. ›Nein‹, antwortete ich, ›aber ich will mich der publizistischen Sache widmen. Jetzt‹, sagte ich, ›jetzt ist die Zeit, in der man um die heiligsten Zwecke der Menschheit kämpft. Bis zum Ende des vorherigen Jahrhunderts war die Welt in Ketten dumpfen Aberglaubens gehalten. Da erhob sich, durch die Macht der Geister angeregt, eine materielle Gewalt, die blutig das Bestehende in Trümmer stürzt.‹«

Der Vater warnt den Sohn vor dem Märtyrertum: »Die Freiheit muß errungen werden, aber sie wird's auch ohne Dich. Bleib bei uns!« Doch der Sohn ist zum Aufbruch und Ausbruch entschlossen: »Warum? Weil Gott mir die Stimme in die Brust gelegt, die mich aufruft zum Kampfe, weil Gott mir die Kraft gegeben, ich fühle es, die mich befähigt zum Kampfe! Weil ich für einen edlen Zweck kämpfen und leiden kann! Weil ich Gott um die Kräfte, die er mir zu bestimmtem Zwecke gegeben, nicht betrügen will! Weil ich, mit einem Wort, nicht anders kann.«[55]

Die Selbstinszenierung ist hier bereits perfekt. In vielen Rollen, als Publizist, Dichter, Philosoph, Jurist, schließlich als Ar-

[54] Ferdinand Lassalle, Arbeiterprogramm. Stuttgart 1973, S. 44, 42.
[55] Zit. nach P. Bleuel, Ferdinand Lassalle oder der Kampf wider die verdammte Bedürfnislosigkeit. Eine Biographie. München 1979, S. 46f.

beiterführer, hat Lassalle den »Kampf für die edelsten Zwecke auf edelste Weise« geführt. Affären und Liebesabenteuer gaben dem Klatsch der Biedermeierzeit immer neue Nahrung – und seiner Person die Aura des »Menschlich-Allzumenschlichen«. Immer blieb er, der in Salons, Gefängnissen und auf (vorwiegend geistigen) Barrikaden »zuhause« war, im Gespräch: von der Reifeprüfung in Breslau, die man den aufsässigen Schüler zunächst nicht bestehen ließ, über das Studium in Breslau und Berlin bis hin zum Pariser Aufenthalt, von Prozessen und Verhaftungen in Düsseldorf, der Übersiedlung nach Berlin (dem Höhepunkt der schriftstellerischen Tätigkeit), der Gründung und Leitung des Allgemeinen Deutschen Arbeitervereins bis hin zum Duell im Gehölz von Carronge (Schweiz), wo er tödlich verwundet wurde (1864). Vom Ende her werden die Paradoxien dieses Lebens besonders deutlich: ein antibürgerlicher undogmatischer Sozialist, der selbst einen Bismarck zu beeindrucken vermochte, entflammt für ein launisches, verwöhntes und extravagantes Mädchen (Helene von Dönniges); er will, obwohl von ihrer »Flatterhaftigkeit« enttäuscht (»verworfene Dirne« nennt er sie sogar), ritterlich um sie werben. Für die Familie der Umworbenen ist Lassalle als Roter und Jude untragbar; er will solche Schmach rächen; der Vater des Mädchens fühlt sich fürs Duell zu alt; der blutjunge schwindsüchtige Student Janko von Racowitza, für die Ehe mit Helene vorgesehen, übernimmt die Verteidigung der Familienehre und schießt ihm in den Unterleib. Zu dieser Zeit war Lassalle bereits »verbraucht«: zermürbt vom Bemühen, die Solidarität der Arbeiterschaft herzustellen, enttäuscht über manchen publizistischen Fehlschlag; entfremdet von Sophie von Hatzfeld, der Freundin über zwei Jahrzehnte (als deren wirtschaftlicher und juristischer Berater hatte er ihre Scheidungs- und Abfindungsprozesse geführt; sein »Anteil« daran ermöglichte ihm wirtschaftliche Unabhängigkeit). Vor allem war seine Gesundheit zerrüttet, nicht zuletzt durch die Syphilis, die er sich 1848 zugezogen hatte. Mit Recht schrieb Heinrich Heine an Karl August Varnhagen von Ense, in und mit Lassalle wolle sich ein neues Geschlecht geltend machen.

»Dieses neue Geschlecht will genießen und sich geltend machen im Sichtbaren; wir, die Alten, beugten uns demütig vor dem Unsichtbaren, haschten nach Schattenküssen und blauen Blumengerüchen, entsagten und flennten und waren doch vielleicht glücklicher als jene harten Gladiatoren, die so stolz dem

Kampftode entgegengehen. Das tausendjährige Reich der Romantik hat ein Ende, und ich selbst war sein letzter und abgedankter Fabelkönig.«[56]

Im gleichen Jahr, da der »Komet Lassalle« unterging, wurde auf dem 2. Deutschen Arbeitervereinstag August Bebel in den »Ausschuß für die laufenden Geschäfte« berufen. Drei Männer bereiteten von 1864 bis 1870 den Weg des Aufstiegs der Deutschen Sozialdemokratie: Jean Baptist Schweitzer, Wilhelm Liebknecht und August Bebel. Schweitzer, ein süddeutscher Rechtsanwalt, der Lassalles Erbe antrat, versuchte mit Hilfe geschickter Taktik und kompromißbereiten Verhaltens die sozialistischen Strömungen zu vereinen, der öffentlichen Meinung und der Regierung gegenüber Konzessionen zu machen, praktische Fragen aufzugreifen und sie im Reichstag des Norddeutschen Bundes zu vertreten. Wilhelm Liebknechts Ziel war die Schaffung einer sozialistischen Partei im Sinne von Marx; er vertrat die Lehren des Klassenkampfes und hielt an diesen, ungeachtet der öffentlichen Meinung, starr fest. »Der dritte im Bunde, August Bebel, wird mit siebenundzwanzig Jahren Abgeordneter des Reichstags. Er erkennt seine große Chance schnell – festhalten an den Grundsätzen der von Liebknecht verkündeten marxistischen Lehre, aber dabei Schweitzers Art begreifend, taktisch zu verfahren. Als Sohn eines preußischen Unteroffiziers ist er nicht belastet von der grundsätzlichen Abneigung gegen Preußen und sein Heer, als Drechsler steht er den Arbeitern näher als Liebknecht und Schweitzer. Durch seine Rednergabe und Überzeugungstreue, sein ungewöhnlich starkes Bildungsstreben erringt er schon in jungen Jahren die Achtung seiner Gegner, die ihn bald als den gefährlichsten Feind bekämpfen und gerade dadurch sein Ansehen im Proletariat stärken.«[57]

Nachdem 1878 zwei Attentate auf Kaiser Wilhelm I. verübt worden waren, unterdrückte Bismarck mit Hilfe des »Gesetzes gegen die gemeingefährlichen Bestrebungen der Sozialdemokratie« die Arbeiterbewegung; der polizeiliche Druck ließ jedoch die Sozialdemokraten nur noch mehr erstarken; der Versuch, durch eine Sozialreform von oben die Arbeiterschaft von ihren Führern zu lösen, mißlang. Die Arbeiterschaft bildete

[56] Heinrich Heine, Werke und Briefe. Hrsg. von Hans Kaufmann. Band 7. Berlin-Ost 1962, S. 216.
[57] Schulz, Die deutsche Arbeiterbewegung, S. 139.

zunehmend einen Staat im Staate. Auch die Gewerkschaften, die seit 1868 entstanden, waren von zunehmendem Einfluß; der Streik wurde zum wichtigen Instrument im Kampf um die Verbesserung der materiellen und politischen Verhältnisse. Es bewahrheitete sich, was Georg Herwegh im ›Bundeslied für den Allgemeinen Deutschen Arbeiterverein‹ 1864 ausgedrückt hatte:

> Mann der Arbeit, aufgewacht!
> Und erkenne deine Macht!
> Alle Räder stehen still,
> wenn dein starker Arm es will.[58]

Als August Bebel am 13. August 1913 starb, ging eine Epoche zu Ende, die weiten Teilen des Volkes einen entscheidenden sozialen Fortschritt gebracht hatte. Bebels Leben, hieß es im ›Vorwärts‹, der sozialdemokratischen Parteizeitung, sei überreich an Wirken und Schaffen im Dienste einer großen Idee gewesen: »Und wenn er im Kampfe für diese hohen Kulturideen des Sozialismus auch manches Schwere hat ertragen müssen, so hat er andererseits doch im Wirken für sie als Bahnbrecher einer besseren Zukunft seine höchste Befriedigung, das Glück seines Lebens gefunden. Für immer gehört sein Name der Geschichte an, und die, für die er gekämpft und gelitten, sie werden ihn nicht vergessen. Er lebt in ihren treuen Herzen fort, denn für sie, die Leidenden und Enterbten, setzte er sein Leben ein.«[59]

Die sozialistische Bewegung entwickelte aus dem Blick von unten auf die Gesellschaft einen engagierten Glauben an die Notwendigkeit eines »Vorwärts« und »Aufwärts«. Sie war bewegt von der Überzeugung, daß das Menschengeschlecht zur Freiheit und Humanität gelangen werde – war also bei allem Realismus idealistisch orientiert. Die Dichtung des deutschen Idealismus galt als Leitgestirn auf dem Weg der sozialen Verbesserung; und auch die sozialistische Literatur ist durchzogen von dem Gefühl der Menschenliebe und der Bruderschaftsgesinnung. Während spätbürgerliche Sensibilität mit feinnervigem Ästhetizismus »von droben« auf »die da drunten« blickte

---

[58] Zit. nach K. O. Conrady (Hrsg.), Das große deutsche Gedichtbuch. Kronberg/Taunus 1977, S. 509.
[59] In: Vorwärts, 14. August 1913, S. 1.

und mit schönheitssüchtiger, aber hilfloser Melancholie das Menschenelend, das man direkt nicht zu ertragen vermochte, durch dichterische Chiffren zu sublimieren suchte, war der expressionistische Sozialismus, der sozial-engagierte Expressionismus von einem vierfachen Schrei durchzogen: Sturz und Schrei! Erweckung des Herzens! Aufruf und Empörung! Liebe den Menschen! Die politische Kunst dieser Zeit, so schreibt Kurt Pinthus in seiner Lyrikanthologie ›Menschheitsdämmerung, ein Dokument des Expressionismus‹ 1919, als Sammlung der Erschütterungen und Leidenschaften, der Sehnsüchte und Qualen der Epoche gedacht, dürfe nicht versifizierter Leitartikel sein; sie wolle der Menschheit helfen, die Idee ihrer selbst zur Vervollkommnung, zur Verwirklichung zu bringen: »Daß die Dichtung zugleich damit mitwirke, gegen realpolitischen Irrsinn und eine entartete Gesellschaftsordnung anzurennen, war nur ein selbstverständliches und kleines Verdienst. Ihre größere und überpolitische Bedeutung ist, daß sie mit glühendem Finger, mit weckender Stimme immer wieder auf den Menschen selbst wies, daß sie die verlorengegangene Bindung der Menschen untereinander, miteinander, das Verknüpftsein des einzelnen mit dem Unendlichen – zur Verwirklichung anfeuernd – in der Sphäre des Geistes wiederschuf.«[60] Aus den Irrungen und Wirrungen, Niederungen und Verelendungen der Zeit sollte der Mensch, der reine, strahlende Mensch, wie Phönix aus der Asche neu erstehen.

Die Hektik anhebender Modernität – vorwiegend geprägt durch einen rapide sich ausbreitenden Materialismus und ellenbogenbewußte Fortschrittsgläubigkeit – versetzt die Menschen des ausgehenden 19. Jahrhunderts in neurasthenische Verwirrung. Die Seelenentwicklung hält mit industrieller und wirtschaftlicher Entfaltung nicht Schritt; die »gute alte Zeit« durchzieht als regressive Sehnsucht die »Amerikanisierung des Lebens«. Hineingestellt in die Anforderungen einer überholten, aber gerade deshalb vom herrschenden Geschmack (als dem Geschmack der Herrschenden) mit Nachdruck oktroyierten affirmativen Kultur, angetrieben vom profitmaximierenden Akkumulationstrieb des Kapitalismus, bedeutet »moderne Nervosität« einen Zustand kulturpubertärer Unruhe. Man wendet sich gegen den fassadenhaft abgestützten Moralkodex,

[60] Kurt Pinthus, Menschheitsdämmerung. Ein Dokument des Expressionismus. Hamburg 1959, S. 29.

der, epigonal idealisiert und romantisiert, nur ungenügenden Schutz vor seelischer Zerrissenheit bietet. Man will sich loslösen, kommt aber nicht frei; man will aufbrechen, ist aber gefesselt an das Alte. Weltflucht und Weltsucht halten sich die Waage. Das moderne Leben bewirke eine neurotische Sensibilisierung, die den ungelösten Widersprüchen der vorangetriebenen Zivilisation entspränge – so Sigmund Freud. Freud prägte seine Epoche, indem er sie analysierte. Auf der Couch der Psychoanalyse wurde nicht nur die Seele des einzelnen entschleiert und der Blick in die Tiefen des individuellen Unterbewußtseins getan; Freud durchforschte auch die Seelenlandschaft seines Jahrhunderts, von der er freilich meinte, sie sei Ausdruck kollektiver Seelenstruktur schlechthin. Was er entdeckte, war ihm jedoch in vielem eingegeben. Sein Bewußtsein durchdrang das geschichtliche Sein; dieses Sein bestimmte aber auch sein Bewußtsein. Er war ein Bürger seiner Zeit, und er deutete seine Zeit als Bürger.

Der Blick von unten auf die Gesellschaft, vom Standpunkt der Psychologie, Psychoanalyse und psychologischen Dichtung der Jahrhundertwende aus, ist weniger ein Blick auf soziale Zustände als in die Tiefen der Seele und des individuellen wie kollektiven Unterbewußtseins. Die Irrungen und Wirrungen, Triebe und Strebungen werden dabei auch im Abwegigen und in den Perversionen aufgespürt. Die Zeit war von sexueller Obsession geprägt. Man wähnte die Menschen sexuell besessen, was sie hinter der Fassade der Wohlanständigkeit verbergen müßten und würden. Dies zu dekuvrieren, wurde als Lösungsprozeß von solcher Verfallenheit verstanden; das Zwielichtige der Gesellschaft wurde entsprechend erhellt oder impressionistisch ausgeleuchtet. »Ich habe mich oft verwundert gefragt, woher Sie diese oder jene geheime Kenntnis nehmen konnten, die ich mir durch mühselige Erforschung des Objekts erworben, und endlich kam ich dazu, den Dichter zu beneiden, den ich sonst bewundert«, heißt es in einem Brief Freuds an Arthur Schnitzler aus dem Jahre 1906[61]. Schnitzler bot auf melancholisch-mokante Weise, getragen vom Flair der alten Stadt Wien (ihren Cafés und Kasinos, Parks und Theatern, Boudoirs und Ladengeschäften, Promenaden und Dachstuben) erotische Vignetten zu dem, was Freud in Theoreme faßte: das Profil einer luxuriösen Halbwelt, die sich Familien-

[61] Sigmund Freud, Briefe 1873–1939. Frankfurt am Main 1960, S. 266f.

idyll wie Liebelei, kulturelle Verfeinerung wie Hysterie, Ehrenkodex wie Seitensprung gleichermaßen »leistete«.

Der größte Neurastheniker dieser Zeit war Friedrich Nietzsche. Wie in einem Brennpunkt liefen die vielfältigen Strömungen der Zeitseele in ihm zusammen[62]. Nietzsche war ein Deutscher, der Deutschland haßte; ein Mann, der, in bürgerlicher Prüderie erzogen, von Frauen in Überzärtlichkeit neurotisiert, in Angst sich verzehrte; der aus Schwäche zur Kraft des »Übermenschen« sich bekannte, der aber auch Leiden durch Erkenntnis zu sublimieren wußte. Ecce homo! Seine übersteigerte Sensibilität befähigte ihn zur Vision, die den Heraufzug sowohl des neuen Menschen als auch des Barbaren beschrieb. »Große Dinge verlangen, daß man von ihnen schweigt oder großredet; groß d. h. zynisch und mit Unschuld.«[63] Nietzsche, der dem dionysischen Rausch sich hingab, nach apollinischer Klarheit sich sehnte, sah den Sturz in die Tiefe, in die Leere der Tiefe voraus. Der Nihilismus sei nicht mehr aufzuhalten. »Unsere ganze europäische Kultur bewegt sich seit langem schon mit einer Tortur der Spannung, die von Jahrzehnt zu Jahrzehnt wächst, wie auf eine Katastrophe los: unruhig, gewaltsam, überstürzt: einem Strome ähnlich, der ans Ende will, der sich nicht mehr besinnt, der Furcht davor hat, sich zu besinnen.«[64]

Nietzsche befürchtete – die kulturpessimistische Interpretation des ›Aufstandes der Massen‹ antizipierend – die Herrschaft des »Gesindels«; er war erschüttert vom tiefen Niveau der Masse, aber auch vom Tiefstand dessen, was sich bürgerliche Kultur nannte. Die demokratische Bewegung sei Erbschaft der christlichen Sklavenmoral so oder so; dazu gehörten »Weibs-Emanzipation«, Anarchismus, Sozialismus – Phänomene der »Gesamt-Entartung der Menschheit«. Indem Nietzsche aber Religion und Kunst seinem Glauben an Wissenschaft »opferte«, wurde er zum Fürsprecher einer wissenschaftlich-emanzipatorischen Massenkultur, die Transzendenz durch Immanenz zu ersetzen suchte. Der *décadence* stellte er das gesunde Leben entgegen, und das bedeutete Überwindung der Neurasthenie als individuelle wie kollektive Erscheinung. Zu-

---

[62] Vgl. Walter Jens, Friedrich Nietzsche. Pastor ohne Kanzel. In: Frankfurter Allgemeine Zeitung, 9. 3. 1974.

[63] Friedrich Nietzsche, Der Wille zur Macht. Versuch einer Umwertung aller Werte. In: Werke. Hrsg. vom Nietzsche Archiv. Band 5. Erster Teil. Leipzig 1928, S. 3.

[64] Nietzsche, Wille zur Macht, S. 3.

gleich war ihm *décadence* notwendige Konsequenz des Lebens, des Wachstums an Leben; er bejahte damit indirekt die Antinomien der Zeit, in der er lebte und an der er litt: das kulturpubertäre Oszillieren zwischen Jenseitsstimmung und Aufbruchssehnsucht, Todesverdrängung und Leidenswollust, nervöser Sensibilität und gefühlsfeindlichem Materialismus.

Die Dekadenz war ihm, dem Dekadenten, nicht etwas, das es zu bekämpfen galt; sie war Schicksal, das man, indem man es annahm, überwand. *Décadence*: das sei Skepsis; Libertinage des Geistes; Korruption der Sitten; Schwäche des Willens; das Bedürfnis starker Reizmittel. Mit Kurmethoden könne man freilich den Gang der *décadence* nicht aufhalten. Die Krankheiten, vor allem die Nerven- und Kopfkrankheiten, seien Anzeichen, daß die Defensivkraft der starken Natur fehle. Doch inmitten der Schwäche erfolge der gewissenlose Durchbruch zu einer neuen Stärke. Trotzig erklingt bei Nietzsche der Schwanengesang des heraufkommenden Nihilismus; aber seine schwächliche Konstitution war solchem Abgrundblick nicht gewachsen.

Anämisch-neurasthenisch auch Rainer Maria Rilke: Daseinsangst und das Gefühl der Ungeborgenheit durchziehen sein Werk; und immer wieder der Versuch, Halt zu finden auf der verzweifelten Suche nach dem »Göttlichen«: durch Sichtbarmachung des Jenseitigen. Das Faszinierende an ihm, diesem »Orpheus in der Massenwelt«, war seine Schwäche, die stilisierte Sensibilität, die bei all denjenigen, die im Aushalten der Angst einen besonderen Mut sahen, zu einer ungemein großen Verehrung des Dichters führte. Der Kult des Schönen war Gegenposition zu einer immer häßlicher werdenden Welt.

In den ›Aufzeichnungen des Malte Laurids Brigge‹ (1904) registriert der Dichter assoziativ und impressionistisch die Eindrücke der Großstadtwirklichkeit, vor allem ihre grausamen und entsetzlichen Seiten: Krankheit, Not, Tod, Armut. Das nervöse Geflimmer des Films wird mit Sprache vorweggenommen; vor allem im ersten Teil, in dem Malte »sehen lernt«; und das bedeutet für ihn die simultane Aufnahme von Umweltreizen, die allenthalben die Unbehaustheit und Verlorenheit des Menschen signalisieren. Während das bürgerliche Bewußtsein das Wohnen (auch das Wohnzimmer) als Refugium vor den Stürmen der Zeit idolisierte und moderne Nervosität in altfränkischen Interieurs zu heilen trachtete – auf der Flucht vor dem »Blick nach unten« neurotischer Illusion sich hingebend –, erweist sich Rilke als Anatom einer sich auflösenden Gesellschaft. Die Dinge werden zum Sinnbild der Vergängnisse von Mensch und Geschichte; das wohlbehütete Haus des Bürgers zerfällt in den Visionen eines »Schwierigen«, des von Todesangst und Todessucht gleichermaßen getriebenen Malte, zur Ruine. Der Anblick einer abgerissenen Häuserzeile etwa ist Chiffre solcher modernen Gefährdung.

Vordergründiger, impressionistisch an den Phänomenen haftend, hat Detlev von Liliencron die Gefährdung der Zeit durch technische Katastrophen eingefangen. Aber auch der »Blitzzug« hat eine surreale Dimension: Die sich überstürzende technische Entwicklung mit ihrem »Fortfortfortfort« rast dem Abgrund zu; die Haltesignale werden übersehen, der Blick auf die Gesellschaft von unten zeigt sie in ihrer Hybris, dem Verderben anheimgegeben. – »Tand, Tand / ist das Gebilde von Menschenhand!« heißt es in Theodor Fontanes Ballade ›Die Brücke am Tay‹, die ein furchtbares Unglück (am 28. Dezember 1879 war bei einem Orkan der Mittelteil der Brücke über den Firth of Tay in Schottland gebrochen und hatte einen Zug mit zweihundert Personen in die Tiefe gerissen) zum gleichnishaften Menetekel gestaltet.

So wie einst das Erdbeben von Lissabon für weite Kreise der Menschheit den aufgeklärten Glauben an die Theodizee, an unsere Welt als die beste aller Welten, zum Einsturz gebracht hatte, so zerschellte der industriekulturelle Glaube an die Unverwüstlichkeit des Fortschritts an jenem Eisberg, mit dem der Luxusdampfer ›Titanic‹ 1912 kollidierte. Ein technisches Spektakulum endete mit einer Katastrophe, die von vielen Zeitgenossen mit Recht als Ankündigung kommenden viel größeren Unheils empfunden wurde. Der Dampfer ›Titanic‹, 46 329 Bruttoregistertonnen, 1911 vom Stapel gelaufen, war das damals größte Schiff der Welt. Er hatte 900 Mann Besatzung und konnte 2 203 Passagiere, 505 in der I. Klasse, 564 in der II. Klasse, 1134 in der III. Klasse, aufnehmen. Er glich einer schwimmenden Stadt mit vielen Palästen und Mietskasernen (wie Hinterhöfen). Einen Geschwindigkeitsrekord wollte die ›Titanic‹ aufstellen, das »Blaue Band«, die Trophäe für die schnellste Atlantiküberquerung, gewinnen. In ihrer Zeit-Not, vibrierend im Geschwindigkeitsrausch, mißachtete die ›Titanic‹ fünf Eiswarnungen. Mit der vollen Geschwindigkeit von 21 Knoten stieß sie am 14. April 1912, um 23.40 Uhr, bei den Neufundlandbänken gegen einen Eisberg, der das Schiff in fast neunzig Meter Länge, von der Vorpiek bis zum vorderen Kesselraum, aufschlitzte. Um 2.18 Uhr gingen die Lichter aus, kurz darauf versank das Schiff im Ozean. Die mit äußerster Kesselkraft herbeigeeilte ›Carpathia‹ der Cunard Linie konnte 703 Überlebende an Bord nehmen; für 1503 Menschen gab es keine Rettung mehr[65].

Theodor Fontane stand der nervösen Zeit, ihren Irrungen, Wirrungen und Katastrophen mit Gelassenheit gegenüber. Er beschreibt – *sub specie aeternitatis* – in nüchterner, klarsehender realistischer Weise, mit impressionistischen und naturalistischen Anklängen, die Spannung zwischen Altem und Neuem, die unmenschliche Korrektheit und den fassadenhaften Ehrbegriff der oberen Stände. Er blickt auf die Gesellschaft »von gleicher Ebene aus«: sie nehmend und hinnehmend, wie sie ist. Ohne Pathos. Großer Stil heiße soviel wie Vorbeigehen an allem, was die Menschen eigentlich interessiere. Den Trug und Schein einer abgestorbenen Welt, einer Welt, die auf Stelzen ging, hat er feinkörnig in Momentaufnahmen wie im epischen Duktus als Gesamtpanorama eingefangen. Fontane schaut die Welt an ohne Weltanschauung. Er »registriert« sensibel das Dasein in der Zeit, und er zeigt die Herzen der Menschen, die in dieser Zeit leben. Seine ganze Produktion sei Psychologie und Kritik, meinte er zu seinem Schaffen. Er kennt keine Transzendenz, nicht einmal Sonderfälle und Grenzsituationen. Es komme im Leben nur darauf an, daß man die einem zugewiesene Spanne Zeit und Örtlichkeit ausfülle und darin seine Rolle spiele. Da ist kein Platz für metaphysische Spekulation, nicht einmal fürs Erziehen- oder Bessern-Wollen. An die Stelle des Absoluten und Idealen treten Relativismus und Resignation, das Gefühl, irgendwie am Ende zu stehen. Weise Menschlichkeit gebietet dem Dichter, Abstand zu halten und die Dinge aus der Distanz zu betrachten, Milde und Güte walten zu lassen, wo die Fragwürdigkeit der Gesellschaft eigentlich ein hartes Verdammungsurteil verdiente. Da gibt es keinen programmatischen Aufbruch zum neuen Menschen, sondern nur ein Sich-Fügen ins Unabänderliche. »Halte dich still, halte dich stumm – / nur nicht fragen: warum?, warum?« Das Leben bietet keine Illusionen; jeder ist mit

---

[65] Vgl. den Bericht über die persönliche Erschütterung und Massentrauer in den Jugenderinnerungen von Elias Canetti, Die gerettete Zunge. Geschichte einer Jugend. München 1977, S. 70f.

sich ganz allein. »Viel Freud, viel Leid. Irrungen, Wirrungen. Das alte Lied.«

Die Deutschen seien – so Hölderlin – tatenarm und gedankenvoll; am Ende des Jahrhunderts sprach Nietzsche von der Exstirpation des deutschen Geistes zugunsten des Deutschen Reiches; nun waren die Deutschen offensichtlich tatenvoll und gedankenleer geworden. Die titanische Leistung des deutschen Geistes, vor allem des Idealismus, bestand darin, mit Hilfe umfassender Systeme, geprägt durch Wille und Vorstellung, die Sinnfrage zu beantworten – wobei man freilich der Realität sich enthob; die Welt der Ideen war das eigentlich Wahre und Wirkliche; der Mensch als Geistwesen war den Nötigungen des Daseins entrückt. Solche »Kopfgeburt« erwies sich als ein heroisches Unterfangen: in schlimmer Not und Pein, inmitten der Kargheit der Zeit, von Anfechtungen und Gefährdungen bedrängt, wurde Idealität hervorgebracht; beispielhaft sei an Beethovens Titanismus erinnert.

Der Zerfall des Idealismus vor den andrängenden Mächten der Zeit charakterisiert die innere Entwicklung des deutschen Geistes im letzten Drittel des 19. Jahrhunderts. Statt in Ganzheit einzudringen, verbleibt nur noch, trotz Auflösung, standzuhalten; oft freilich wurde der Zerfall auch als notwendige Voraussetzung für die Überwindung eines verbürgerlichten, epigonalen Idealismus empfunden. Der Naturalismus etwa vollzog im Sinne materialistischer Weltdeutung und Milieuauffassung die »Gesamtabrechnung« mit den »großen Gehalten«; man wollte sich dem Augenblick widmen, ein Abbild des Momentanen und Aktuellen geben; im besonderen schloß dies ein die Darstellung der »naturhaften« Existenz des Menschen; man suchte ihn dort auf, wo die Tünche der Kultur und Zivilisation fehlte oder abgefallen war. Die Elendsquartiere der Großstadt, die in ihnen dahinsiechenden Menschen enthüllten den Naturalisten die entscheidende Wahrheit über die menschliche Seele und ihre Bedürfnisse.

Naturalismus bedeutete Weltsicht von unten, soziales Engagement und Mitleid mit der geschundenen Kreatur. Naturalismus war zudem eine Methode der Wirklichkeitsannäherung; analog zum Impressionismus und zur photographischen Technik war etwa der »Sekundenstil« darauf aus, jedes Detail eines Vorgangs, auch das scheinbar Unwichtigste und Banalste, objektiv festzuhalten, jede Zeitphase eines Geschehnisses, die kleinste Bewegung und den nebensächlichsten Gedanken einzufangen und das Ästhetisch-Sprachliche diesem Wollen gänzlich unterzuordnen – als »protokollarische« Feststellung, als Fixierung von Realität. Naturalismus als düstere Vision war getragen von der Ahnung des Untergangs. »Bin ick denn hier von Jespenster umjeben?« fragte der verzweifelte John in Gerhart Hauptmanns 1911 uraufgeführter Tragikomödie ›Die Ratten‹. »Horchen Se ma, wie det knackt, wie Putz hinter de Tapete runterjeschoddert kommt! Allens is hier morsch! Allens faulet Holz! Allens unterminiert von Unjeziefer, von Ratten und Mäuse zerfressen. – *Er wippt auf der Diele.* – Allens schwankt! Allens kann jeden Ojenblick bis in Keller durchbrechen. – *Er öffnet die Tür...* Hier mach ick mir fort, eh' det allens een Schutthaufen drunter und drieber zusammenbricht.«[66] Der vordergründig-reale Vorgang des Dramas (das Dienstmädchen Piperkarcka kämpft vergebens um die Liebe ihres Verführers und um den Besitz ihres heimlich geborenen Kindes, das sie der Mutter John, der Frau eines Maurers, anvertraut hat), die realistisch-naturalistische Schilderung der sozialen Verhältnisse im Arme-Leute- und Mietskasernen-Milieu mit Ratten und anderem Ungeziefer hat eine zweite sinnbildliche Ebene: die Ratten sind Chiffren einer unterminierten und verfallenden Gesellschaft, die dem Untergang zutreibt.

In expressiver Sprachmelodie hat Gottfried Benn den Zerfall des menschlichen Körpers in einer naturalistische Direktheit noch übersteigernden Weise dargestellt.

Der Mann:
Hier diese Reihe sind zerfallene Schöße
und diese Reihe ist zerfallene Brust.
Bett stinkt bei Bett. Die Schwestern wechseln stündlich.

Komm, hebe ruhig diese Decke auf.
Sieh, dieser Klumpen Fett und faule Säfte,
das war einst irgendeinem Mann groß
und hieß auch Rausch und Heimat...[67]

Die eschatologische Grundstimmung von Benns Dichtung, häufig mit tragischem Snobismus und elegisch-melancholi-

[66] Gerhart Hauptmann, Gesammelte Werke in sechs Bänden. Vierter Band. Berlin o.J., S. 530.
[67] Gottfried Benn, Gesammelte Werke in vier Bänden. Hrsg. von Dieter Wellershoff. Band 3. Wiesbaden 1968, S. 14.

schem Sentiment vorgetragen, zeigt eine Ahnung des Chthonischen (»Erde ruft«); sie ist durch Skeptizismus, Zynismus, Glaubenslosigkeit überlagert. Nur das Gedicht vermag Halt zu geben – »nichts, aber darüber Glasur«. Realitätszerfall (»Der Mensch – ein Konglomerat, das Ganze – Zähne raus, Mandeln raus, Blinddarm raus, Gebärmutter raus, geprägte Form, die prophylaktisch sich zerstückelt«) wird allein durch Artistik aufgefangen. »Unsere Ordnung ist der Geist, sein Gesetz heißt Ausdruck, Prägung, Stil.« Solcher »Formalismus«, der nicht mehr wie in Schillers Ästhetik Stofflichkeit und Form miteinander versöhnt, sondern nur noch eine Position des »Aushaltens« markiert, brachte es auch mit sich, daß Benn verehrend zu Rilke blickte: »Diese dürftige Gestalt und Born großer Lyrik, verschieden an Weißblütigkeit, gebettet zwischen die bronzenen Hügel des Rhonetals unter eine Erde, über die französische Laute wehn, schrieb den Vers, den meine Generation nie vergessen wird: ›Wer spricht von Siegen – Überstehn ist alles!‹«[68]

Definiert man mit Baudelaire Dandyismus als die letzte Verwirklichung des Heroismus in Zeiten des Verfalls, so zeigte Hugo von Hofmannsthal »dandyistische« Züge; er war ein ästhetischer Spättypus, der in Ablehnung der häßlichen Umwelt eine neue innere Aristokratie zu begründen suchte. Bei aller »determinierten Vornehmheit« des Dichters, wie sie dessen Biographie (vom rätselhaft-lyrischen Wunderknaben bis zum konservativ-bewahrenden *poeta doctus*) bestimmte, zeigte er ein besonderes Einfühlungsvermögen in Phänomene, die seiner Existenz fremd waren. Der Anblick eines »Fetzen Welt«, etwa einer Industriesiedlung, die »elenden Chiffren der Wirklichkeit«, riefen in ihm ein Grauen hervor. Das Menschenelend konnte er zwar »direkt« nicht ertragen; er umkreise es jedoch immer wieder in Stoffen, Bildern und Gleichnissen, die er oft von weit herholte, um sich so dem Unmittelbar-Ausgeliefertsein zu entziehen.

Die Welt als Wille und Vorstellung war eine durch Sprache erfaßte und in Sprache begriffene Welt. Idealismus erwies sich als Emanation aus dem Tiefengrund der Sprache heraus. Selbstfindung vollzog sich in ihrer Essenz als Ausübung von Sprach-Gewalt, nicht im Banne der Gewalt des Handelns. Sprachzerfall bedeutet für Hofmannsthal dementsprechend Krise des Be-

[68] Gottfried Benn, Gesammelte Werke in acht Bänden. Hrsg. von Dieter Wellershoff. Band 7. Wiesbaden 1968, S. 1735.

wußtseins, Verlust von Identität. »Die einzelnen Worte schwammen um mich; sie gerannen zu Augen, die mich anstarrten und in die ich wieder hineinstarren muß: Wirbel sind sie, in die hinabzusehen mich schwindelt, die sich unaufhaltsam drehen und durch die hindurch man ins Leere kommt.«[69]

Während Nietzsche die Wogen des heranbrandenden Nihilismus als einen Naturprozeß begrüßte, der das Alte, Abgelebte, Morsche hinwegfege, während er den Selbstreinigungsprozeß der Kultur masochistisch-ekstatisch begrüßte, war Hofmannsthal von einem feinnervigen und resignativen Trauergefühl bestimmt: Er erkannte die Fragwürdigkeit der alten Werte, erstrebte aber keine Tabula rasa fürs neue Menschentum; er wollte die Wandlung auf eine Weise, welche die Werte (deutschen Geistes und deutscher Sprache) in verinnerlichter Aneignung erhielt und weitergab. »Einverleibung« in einem ganz anderen, revolutionären Sinne bestimmte die »Aktion Vatermord« des Expressionismus – so, wie sie Sigmund Freud in ›Totem und Tabu‹ beschreibt: »Eines Tages taten sich die ausgetriebenen Brüder zusammen, erschlugen und verzehrten den Vater und machten so der Vaterhorde ein Ende. Vereint wagten sie und brachten zustande, was dem Einzelnen unmöglich geblieben wäre.«[70]

Die Übermächtigkeit des »Vaters« war ein Jahrhundertproblem; das Patriarchat gipfelte in den »Ideen von 1914«; Tugenden des Gehorsams, der Unterwerfung und der Pflichterfüllung erreichten einen makabren Höhepunkt. Die »Todesverachtung« der Zeit hatte darin ihre Wurzel: auf der einen Seite die Bereitschaft derjenigen, die mit rigoroser Befehlsgewalt ausgestattet waren, ihre Mitmenschen zu opfern; auf der anderen Seite die Willigkeit der Geopferten, ihren Untergang voll anzunehmen. Das Aufbegehren gegen das Tabu des Herrschers, gegen seine Macht und Herrlichkeit, konnte erst stattfinden, als die repressiven Verhältnisse von selbst zerfielen und so der magische Bannkreis um die Spitzen und Stützen der Gesellschaft aufgehoben war. In Erscheinung tritt nun eine Generation, die leidenschaftlich Vaterbilder abzureißen versucht und die Vision vom neuen Menschen durch »Bruderschaftsgesinnung« zu verwirklichen trachtet. Die »Söhne« stellen die patriarchalische

[69] Hugo von Hoffmannsthal, Gesammelte Werke in Einzelausgaben. Hrsg. von Herbert Steiner. Prosa II. Frankfurt am Main 1951, S. 12.

[70] Sigmund Freud, Studienausgabe. Hrsg. von A. Mitscherlich, A. Richards und J. Strachey. Band 9. Frankfurt am Main 1969 ff., S. 426 f.

Gesellschaftsordnung, die ihnen jede Mündigkeit vorenthielt, radikal in Frage; sie tun dies bald enthusiastisch-verschwommen, bald zynisch-aggressiv. Im Umfeld dieses neuen Bewußtseins – als der Generation der Opfer das Bewußtsein vom Geopfertwerden aufdämmerte und ihre Befehlsgläubigkeit die Anfechtungen des Zweifels erfuhr, die Stimmen der aufbegehrenden Wenigen stärker und die der akklamierenden Unwissenden und Verführten schwächer geworden waren – findet sich ein eigenartiges, weitgehend autobiographisch bestimmtes literarisches Zeugnis, das im Kontext des kollektiven Unterbewußtseins durchaus als Symptom für die allgemeine Situation herangezogen werden kann: Franz Kafkas ›Brief an den Vater‹. Kafka hat den Brief im Alter von sechsunddreißig Jahren, fünf Jahre vor seinem Tode, 1919 geschrieben. Der Vater, das war der an Stärke, Gesundheit, Appetit, Stimmkraft, Redebegabung, Selbstzufriedenheit, Weltkenntnis, Ausdauer, Geistesgegenwart, Menschenkenntnis überlegene Lenker des familiären Geschicks. Demgegenüber der ängstliche Sohn, der vom Vater so behandelt wird, wie es eben dessen Mentalität entspricht: mit Kraft, Lärm und Jähzorn. Kafka zerbricht am übermächtigen Vater. »Der Sohn aber opfert sich selbst in maßlos verblendetem Schuld- und Unschuldbewußtsein, in Demut und Hochmut, in Liebe, die Haß ist, und in Haß, die Liebe ist. Die Ordnung der Welt ist restlos pervertiert. Das ist die tödliche Wahrheit dieses in sich selbst verblendeten Briefes.«[71]

Der Text scheint familiär zentriert; von dem apokalyptischen Geschehen des Krieges wird keine Notiz genommen. Gesellschaftliche Realität bleibt ausgeklammert. Die religiöse Dimension jedoch ist unverkennbar. Der Brief an den leiblichen Vater ist zugleich Anfrage an den göttlichen Vater. Bei Kafka entspringt die Verstörung der irdischen Welt, in der man nicht mehr atmen könne, einer Zerstörung der unmittelbarsten zwischenmenschlichen Beziehungen; die Lügen, in die alle menschlichen Lebens- und Denkformen sowie alle Rechtsordnungen verstrickt sind, gehen letztlich aus den Lügen und Verblendungen hervor, die sich in den elementaren seelischen Beziehungen zwischen Vätern und Söhnen, Müttern und Töchtern, Männern und Frauen eingenistet haben. Darüber

[71] Franz Kafka, Brief an den Vater. Mit einem Nachwort von W. Emrich. Frankfurt am Main 1975, S. 84 f.

hinaus aber wird die metaphysische Sinnfrage gestellt. Brief an den Vater – ohne Antwort!

Die schwarze Vision, die den Zerfall von Struktur und Existenz, Wesen und Sinn, Leib und Seele, Sprache und Geist, Bindung und Ordnung, Form und Tradition, Gesellschaft und Staat beschwört, diese Weltendzeitstimmung, mit der die innere Geschichte des deutschen Geistes im 19. Jahrhundert zu Ende geht, hat vielerlei Topoi; oft erscheint die Großstadt als Ort besinnungslosen, untergangssüchtigen Taumels. ›Der Sturm ist da‹, Jakob van Hoddis schrieb dieses Gedicht zwei Jahre vor dem Ausbruch des Ersten Weltkriegs.

> Dem Bürger fliegt vom spitzen Kopf der Hut,
> In allen Lüften hallt es wie Geschrei,
> Dachdecker stürzen ab und gehn entzwei
> Und an den Küsten – liest man – steigt die Flut.
>
> Der Sturm ist da, die wilden Meere hupfen
> An Land, um dicke Dämme zu zerdrücken.
> Die meisten Menschen haben einen Schnupfen.
> Die Eisenbahnen fallen von den Brücken.[72]

Im Rückblick wurde die Sonnenglut der Augusttage 1914 von vielen als gleichnishaft empfunden: Der talmihaften Glückseligkeit des unheimlichen Idylls dieser Epoche schlug eine späte Stunde; es war eine panische Stunde; jahrzehntelanger Aggressionsstau brach, einem Gewitter gleich, in die sommerliche Heiterkeit ein. Die pubertären Übersteigerungen jugendlicher Gläubigkeit wie jugendlicher Zerrissenheit wurden den Mühlen der Demagogen zu- und damit irregeleitet. Endzeitstimmung, die sich als Aufbruchsstimmung mißverstand, ohne gewahr zu werden, daß der Enthusiasmus ein Morgenrot zum Tode war! Nur einige Sozialisten und Künstler erahnten, welch furchtbares Unheil auf die Welt zukam. »Sterbende Krieger, die wilde Klage ihrer zerbrochenen Münder...«[73]

[72] Jakob van Hoddis, Weltende. Gesammelte Dichtungen. Zürich 1958, S. 28.
[73] Georg Trakl, Grodek, 2. Fassung. In: Dichtungen und Briefe. Hrsg. von Walther Killy und Hans Szklenar. Salzburg o. J., S. 94.

III. Spätbürgerlicher Bildungsbegriff und Nationalismus

Der Nationalmythos

Bildung steht im Mittelpunkt des bürgerlichen Welt- und Selbstverständnisses. Der Bürger hat ein enges Verhältnis zur ästhetischen Kultur (Kunst, Literatur, Musik) und Respekt vor der Wissenschaft. Individualismus und Universalismus prägen ihn.

Zur anthropologischen und semantischen Struktur der Bildung, wie sie vom Bürgertum verstanden und tradiert wurde, stellt Reinhart Koselleck[1] fest, daß dieses die im 18. Jahrhundert noch dominante, von außen angetragene Erziehung in den Autonomieanspruch, die Welt sich selbst anzuverwandeln, umgieße. Ferner kennzeichne es den deutschen Bildungsbegriff, daß er den gesellschaftlichen Kommunikationskreis nicht mehr zurückbeziehe auf die politisch begriffene *societas civilis*, sondern auf eine Gesellschaft, die sich viel mehr durch ihre mannigfaltige Eigenbildung begreife.

Die Erlösungshoffnung, die in den Bildungsbegriff hineinprojiziert werde, sei auch eine der Selbsterlösung. So wie der Mensch sich seines eigenen Verstandes bedienen könne, so vermöge er auch mit Hilfe der Bildung (Ausbildung) eigener Geistes- und Seelenstärke Identitätsgewißheit wie Identitätssicherheit zu erlangen. Das individuelle Glücksgefühl war freilich in einer späteren geschichtlichen Phase weniger Problembewältigung als Folge der Verdrängung von Anfechtungen; der Konfrontation mit unglücklichem Bewußtsein entzog man sich durch die Suggestion bewußtlosen Glücks. Doch erhielt sich der Bildungsbegriff auch lange Zeit einen starken Impetus, Welt zu verändern; der revolutionäre Wunsch, das Reich Gottes zu realisieren, sei der elastische Punkt der progressiven Bildung und der Anfang der modernen Geschichte, meinte Friedrich Schlegel. Religiosität sei dementsprechend, so Koselleck, ein wichtiger semantischer Grundzug der auf personale Selbstbestimmung zielenden und den ganzen Menschen einschließenden

---

[1] Reinhart Koselleck, Zur anthropologischen und semantischen Struktur der Bildung. In: Reinhart Koselleck, Bildungsbürgertum im 19. Jahrhundert. Teil II: Bildungsgüter und Bildungswissen. Stuttgart 1990, S. 11 ff.

Lebensführung; sie könne auf Kirche und Dogmatik verzichten, ohne deshalb eine christliche Selbstdeutung oder karitative bzw. sozialreformerische Praxis aufgeben zu müssen.

Als zweiter Grundzug von Bildung erweise sich ihre politische und soziale Offenheit. Alle Parteiungen konnten sich auf Bildung berufen, die revolutionären wie die konservativen Romantiker, die Burschenschaftler so gut wie die sie verfolgenden Beamten, die Liberalen aller Dekaden und Schattierungen so gut wie Konservative und die Führer der Sozialdemokratie bis hin zur Arbeiterschaft selber mit ihrem unstillbaren Bildungsdurst. Das »Bildungsfieber« des 19. Jahrhunderts, das vom Bürgertum später auf die Arbeiterbewegung übersprang, hielt freilich die Schichten nicht nur zusammen; es verstärkte im Gegenzug die Kluft zwischen den gesellschaftlich Privilegierten und den gesellschaftlich Deklassierten – zumal nach dem Niedergang der demokratisch-liberalen Bewegungen Bildung in den Dienst affirmativer Kultur genommen wurde und der Besitz der Bildungsgüter elitäres Sozialprestige stabilisieren half. Das Bildungswissen, über Bildungseinrichtungen wie Gymnasium und Universität einseitig vermittelt, blieb denjenigen vorenthalten, die zur Masse des Volkes gehörten und die Volksschule besuchten. Eine »schwarze Pädagogik«[2], die Gehorsam gegenüber Ausgrenzung einübte, waltete freilich nicht nur dort. Bürgerliche Kritiker der bürgerlichen Bildung, wie Friedrich Nietzsche, dekuvrierten die kulturelle Aushöhlung von Erziehung, wobei das dadurch entstehende Vakuum vor allem durch Surrogate gefüllt wurde.

Ein dritter Grundzug des Bildungsbegriffs – den affirmativen Charakter der bürgerlichen Kultur auf fatale Weise befördernd – war seine Kontamination mit Arbeit. Die Feststellung Hegels, daß Arbeit bilde und befreie, die aristotelische Opposition zwischen einer Tätigkeit der Freien in Muße und der nutzbringenden Arbeit der Banausen und Unfreien unterlaufend, wirkte prägend.

Im Gegensatz zu dieser Feststellung Kosellecks führte in der zweiten Hälfte des 19. Jahrhunderts der durch Industrialisierung und Kapitalismus bewirkte Einsturz der bürgerlich-handwerklichen Werthierarchie dazu, daß man den in den Arbeitsprozessen waltenden und von den Bildungsvorstellungen sich weit entfernenden Sozialdarwinismus mit einem ästhetizistischen Dekor

---

[2] Katharina Rutschky (Hrsg.), Schwarze Pädagogik. Quellen zur Naturgeschichte der bürgerlichen Erziehung. Frankfurt am Main, Berlin, Wien 1977.

versah. So wie im politisch-gesellschaftlichen Bereich der Untertan, pries auch die tonangebende Schicht die ewigen Werte, damit sie beim gewinnmaximierenden Kampf um die täglichen Preise ihre Skrupel vergessen konnte. Denn in der nicht-ästhetischen Welt regierte die Härte und Unerbittlichkeit der Machtstärkeren über die Machtschwächeren. In einer Notiz zum ›Ethos des wilhelminischen Bürgertums‹[3] zitiert dazu Norbert Elias eine Stelle aus dem Roman ›Hanseaten‹ (1909) von Rudolf Herzog, einem geachteten Vertreter der gehobenen bürgerlichen Unterhaltungsliteratur. Die Hauptfigur ist Karl Twersten, Besitzer und Leiter einer von seinem Großvater ererbten Hamburger Werft. Als die Arbeiter einmal durch Sturm und schlechtes Wetter verhindert werden, zu ihrem Arbeitsplatz im Hafen zu kommen und dem Chef eine Deputation schicken, weil ihnen der verlorene Tag vom Lohn abgezogen wurde, kommt es zu folgender Unterredung:

»›Sagt mal‹, begann er und musterte sie scharf, ›ihr seid doch wohl alle Soldat gewesen. Matrosen. Um so besser. Dann werdet ihr also wohl wissen, was Disziplin bedeutet. Und das wißt ihr alten Kerls so gut wie ich, daß auf einer Werft Disziplin zu herrschen hat wie an Bord. Denn hier treffen geschäftliche und politische Angelegenheiten zusammen. Also ich brauche nur euren Forderungen nachzugeben, und ich öffne der Disziplinlosigkeit alle Lucken. Weshalb? Nun, von euch dreien sprech' ich nicht. Ihr habt Ehre im Leib, und ich kenn' euch lang genug. Aber es könnte tagtäglich Hunderten von Drückebergern einfallen, sich mit Wind und Wetter zu entschuldigen, wenn sie ein paar Stunden später zur Werft kommen möchten. Es brauchte nur heute bekannt zu werden: das zieht; wir kriegen's doch bezahlt! Und ihr Fleißigen und Anständigen, ihr wäret die Dummen... Nein, Leute, ich brauche euch nichts mehr zu sagen. Ihr seid keine grünen Jungens und wißt: Disziplin muß sein. Ob's weh tut oder nicht. Muß sein!‹

›Stimmt!‹ sagte der Schmied und setzte mit einem Ruck seine Mütze auf.

›Also ihr holt's aus den Überstunden wieder heraus. Das ist abgemacht.‹

›Abgemacht, Herr Twersten. Und entschuldigen Sie man bloß die Störung.‹«

[3] Norbert Elias, Studien über die Deutschen. Machtkämpfe und Habitusentwicklung im 19. und 20. Jahrhundert. Frankfurt am Main 1990, S. 271 ff.

»Weich« in der Kunst, »eisern« im Leben – so lautet die bürgerliche Devise. Von seinem Sohn, der das Blut seiner Mutter, einer leichtlebigen Kubanerin geerbt habe, meint Twersten: »Ich habe ihn von ganzem Herzen lieb. Aber erst muß er werden, wie ich es will. Davon kann ich nicht abgehen. Sein Charakter muß nach einer Seite hin Farbe bekennen, und das ist die meine. Ich kenne keinen furchtbareren Gedanken als den: der Besitzer von K. H. Twerstens Werft könnte einmal ein Schwächling sein, oder doch ein Mensch, der das eiserne Zupacken, wenn es gilt, einer weichmütigen Regung wegen unterlassen könnte.« Humane Bildung, wie sie sich in den Dimensionen von Aufklärung, Idealismus, Romantik, Biedermeier, Realismus, Naturalismus, Symbolismus und Expressionismus entwickelt hatte, verschwand hinter einer kleinbürgerlichen Kulturfassade und ging verloren. Das Bildungsbürgertum als große gesellschaftliche Hoffnung (Kosmos der Menschlichkeit, wie er zum Beispiel in Goethes ›Hermann und Dorothea‹ aufscheint) zerbricht am nationalen Mythos. Dessen Urprung sieht Otto W. Johnston[4] in der napoleonischen Zeit, vor allem nach dem Wiener Kongreß. Aus mehreren Gründen sei nach den Befreiungskriegen beschlossen worden, die Heranbildung eines politisch bewußten Bürgertums zu unterbinden, und die soeben ins Leben gerufene Einigungsidee wieder fallen zu lassen; diese stellte einen Gegenmythos zu der aus Frankreich über das Rheinufer hereindrängenden, die französische Nationalität idealisierenden Propagandawelle dar. Der Nationalmythos mußte sich durchsetzen gegenüber einer in der Aufklärung vertretenen deutschen Identität, die sich in der »Gelehrtenrepublik« (Klopstock) wiederfand. Nach Ansicht Herders war die Schaffung einer Nation keineswegs Endzweck, sondern Mittel, um die höchste Entfaltung humanistischer Ideale zu ermöglichen. In seiner Einleitung zu Schillers ›Geschichte des dreißigjährigen Krieges‹ (Ende des 18. Jahrhunderts) bemerkte Wieland mit »gutem Grunde«, daß die Vorteile, die sich aus der deutschen Zerteilung ergäben, »das Nachteilige bei weitem überwiegen; oder vielmehr, daß sie es gerade ist, der wir diese Vorteile zu verdanken haben«. In ihrem ›Xenienalmanach‹ auf das Jahr 1797 fragten Goethe und Schiller: »Deutschland? Aber wo liegt es? Ich weiß das Land nicht zu finden. / Wo das gelehrte beginnt, hört das politische auf.«

[4] Otto W. Johnston, Der deutsche Nationalmythos. Ursprung eines politischen Programms. Stuttgart 1990, S. 1f.

Im Rückblick schrieb Joseph von Eichendorff: »Das deutsche Leben sollte aus seinen verschütteten geheimnisvollen Wurzeln wieder frisch ausschlagen, das ewig Alte und Neue zu Bewußtsein und Ehre kommen. – Da jedoch beide Parteien einander keineswegs hinreichend gewachsen waren, so nahm bei solchem Stoß und Gegenstoß späterhin die ganze Sache eine diagonale Richtung. Es entstand die aus beiden widerstrebenden Elementen wunderlich komponierte moderne Vaterländerei; ein imaginäres Deutschland, das weder recht vernünftig noch recht historisch war.«

Otto W. Johnston konstatiert, daß demgegenüber zu Beginn des 19. Jahrhunderts die intellektuellen Mythenproduzenten erfolgreich ans Werk gegangen seien, die deutsche Nationalität zu kreieren. Bei aller interessenbedingten Verzerrung von geschichtlich-gesellschaftlichen Wahrheiten hätten sie jedoch ein schlechtes Bestehendes nicht ideologisch legitimiert, sondern ein besseres Neues zu schaffen versucht.

»Selbst unter den Bedingungen napoleonischer Herrschaft ging es ihnen nicht um die Wiederherstellung der preußischen Monarchie quo ante, sondern um eine durchgreifende Reform des noch bestehenden Staates und seiner Gesellschaft. Die Geschichte der Entstehung und Verbreitung des deutschen Nationalismus zu schreiben und die Gesinnungen und Ziele seiner Produzenten zu würdigen, heißt nicht, ihre unglücklichen Lebensschicksale idealisieren zu wollen. Tatsache ist allerdings, daß die Früchte ihrer Initiative schließlich andere ernten; nach der Niederlage Napoleons, dessen unerbittliche Gegner alle Mythosproduzenten waren, mußten sie massive Verfolgungen erdulden, soweit sie überlebten. Der eklatante Widerspruch zwischen den Verdiensten, die sich die Mythosproduzenten bei der Befreiung Deutschlands von napoleonischer Herrschaft erwarben, und der entehrenden Behandlung, die sie von denen erfuhren, denen sie wieder zur Macht verholfen hatten, macht es dem Chronisten nicht leicht, ein von Sympathien ungetrübtes Bild ihrer Handlungen und Haltungen zu geben, zumal er immer vor Augen hat, welchen Mißbrauch spätere Generationen mit ihren Ideen trieben.«

Als eklatantes Beispiel für die nationale Mythenproduktion kann Heinrich von Kleists ›Katechismus der Deutschen‹ gelten, wobei in diesem Fall von einer Ideologisierung des schlechten Bestehenden zu sprechen ist – auch wenn die (traumatisierte) Sehnsucht nach Freiheit angesichts napoleonischer Fremdherrschaft die aggressive Übersteigerung verständlich erscheinen läßt.

Wenn man mit Norbert Elias[5] das Mentalitätsmuster des deutschen Bürgertums in der zweiten Hälfte des 18. mit dem des deutschen Bürgertums in der zweiten Hälfte des 19. Jahrhunderts vergleicht, dann erkennt man einen großen Gestaltwandel. Im 18. Jahrhundert hatten kulturelle Leistungen, vor allem auf den Gebieten der Literatur, der Philosophie und der Wissenschaft, einen sehr hohen Stellenwert in der Skala der Werthaltungen eingenommen. Die wirtschaftliche Macht und das Weltbewußtsein städtisch-bürgerlicher Kreise ist in dieser Zeit wieder gewachsen; freilich, von wenigen Ausnahmen abgesehen, wurde den Bürgerlichen der Zugang zu denjenigen staatlichen Stellen, an denen die Entscheidungen über politische, wirtschaftliche und viele andere Angelegenheiten eines Staates fielen, versagt.

»Diese lagen so gut wie ausschließlich in der Hand der Fürsten und ihrer höfisch-zivilisierten Staatsdiener. In den höfischen Kreisen hatten Adelige den Vorrang. Bürgerliche, die Eingang in die höheren Ränge einer Landes- oder Gerichtsverwaltung fanden, glichen sich in ihrem Verhalten weitgehend an die höfisch-aristokratische Tradition an... Die vom Zugang zu den höfischen Gesellschaften und ihren Machtchancen weitgehend ausgeschlossenen gehobenen bürgerlichen Kreise entwickelten einen Verhaltens- und Empfindenskanon eigener Art. In diesem Kanon spielten Fragen der Moral die gleiche Rolle, die in dem anderen Fragen der Höflichkeit, der guten Manieren und des Anstands im gesellschaftlich-geselligen Verkehr spielten. Wie im Kanon anderer aufsteigender Gruppen, so standen auch in dem des aufsteigenden deutschen Bürgertums Ideale der Gleichheit und Humanität im Mittelpunkt – ›Seid umschlungen Millionen‹, dichtete Schiller, und Beethoven nahm es auf –, während in dem höfisch-aristokratischen Kanon zumindest implizit die Vorstellung von der Ungleichheit der Menschen verankert lag. Entsprechend hatte auch der Kulturbegriff, der in dieser Zeit gleichsam zum Symbol des bürgerlichen Selbstbewußtseins und Eigenwertes wurde, einen stark humanitären und sittlichen Einschlag, wobei das Muster der Sittlichkeit, das er verkörperte, obgleich es von seinen Trägern als das für Menschen aller Zeiten und Räume gültige Muster verstanden wurde,

[5] Elias, Studien, S. 151 ff.

de facto die begrenzte, schichtspezifische Moralität dieser bürgerlichen Kreise widerspiegelte.«

Zwar hatte es bis, auch nach 1871 Teile des deutschen Bürgertums gegeben, die sich weiterhin durch den Kulturbegriff legitimiert sahen, und für die in ihrem Verhaltens- wie Empfindungskanon nach wie vor humanitäre Ideale und Probleme der Moral einen zentralen Platz einnahmen. Aber die Mehrheit des Bürgertums in der zweiten Hälfte des 19. Jahrhunderts, eben jene, die in die satisfaktionsfähige Gesellschaft integriert worden war oder Anschluß an sie suchte, machte sich den Ehrenkanon der Oberschichten zu eigen. »Und in der Rangordnung der Werte, die dieser Kanon besonders in seiner preußisch-deutschen Fassung repräsentierte, wurden kulturelle Leistungen und alles das, was die Vertreter des deutschen Bürgertums in der zweiten Hälfte des 18. Jahrhunderts hochgehalten hatten, also auch Humanität und eine generalisierte Moral, niedriger eingestuft, wenn nicht geradezu negativ bewertet. Die musischen Interessen der höfisch-aristokratischen Gesellschaft selbst waren gering, und das gleiche gilt von den modellsetzenden Offizierskreisen des kaiserlichen Deutschland.«

Der geschichtliche Umzug

Der Auszug aus dem universalhumanistischen und der Einzug ins nationalistische Denkgehäuse vollzog sich wie die in der zweiten Hälfte des 19. Jahrhunderts zunehmend beliebten historischen Umzüge: farbig, zunehmend gehaltlos – die Inszenierung als Botschaft. Das Bürgertum demonstriert, welchen reichen Schatz an Tradition es zu besitzen glaubt; es transportiert ihn hinüber ins große Gehäuse des deutschen Nationalstaates, ihn dergestalt kostbar und prunkvoll ausstaffierend. Festzug und Festlichkeit verleihen dem neuen Staat die historische Aura. Wie die Privatwohnungen und Paläste der Herrschenden ist dabei das monumentale Staatsgebäude vollgestopft mit stilisierten Erbstücken, die im Sinnvakuum einer gleichermaßen verängstigt wie euphorisch erlebten Modernität den Halt stabiler Dinglichkeit anbieten. Der Stolz auf Erbe und Tradition geht allerdings einher mit dem Gefühl, daß dieses Erbe gefährdet sei. Im »ruhelosen Reich« versucht man deshalb zunehmend, auf ideologische Weise und mit Hilfe historischer

Mythen über die Bedrohung hinwegzutäuschen. Die Krise des geschichtlichen Bewußtseins ist dabei Resultat der Veränderungen im gesellschaftlichen Bewußtsein während der letzten Jahrzehnte vor dem Ersten Weltkrieg. Der Rücktritt Bismarcks im Jahre 1890 und die politische wie wirtschaftliche Stärkung Frankreichs, Englands und Rußlands erschütterten den Anspruch der deutschen Vormachtstellung in Europa; mit der Entwicklung von der agrarischen Wirtschaftsform zur Industriegesellschaft, der Expansion und Verstädterung der Bevölkerung, der fortschreitenden Zersplitterung des Bürgertums und der wachsenden politischen Macht der Arbeiterschaft wie Arbeiterbewegung, wurden neue, die Geschlossenheit des patriarchalisch-feudalen Weltbildes gefährdende Kräfte und soziale Probleme wirksam. Mit dem Ende der Ära Bismarcks ging in dem kraftgeladenen Deutschen Reich »ein großer Wandel vor sich, als es in das Zeitalter des Imperialismus eintrat. Das Nationalbewußtsein vergröberte und verengte sich, bald fiel es mit der Idee des imperialen Machtstaates zusammen«[6].

Positivistisches Geschichtsverständnis und die Wendung zu deutscher Weltmacht- und Kolonialpolitik fielen mit einem wachsenden Kulturpessimismus, der Aufdeckung des irrationalen Wesens der Geschichte und der Leugnung progressiver Entwicklungsmöglichkeiten zusammen. Julius Langbehns programmatische Schrift ›Rembrandt als Erzieher‹ (1890) verbindet mit ihrer Anklage von Intellektualismus und moderner Kultur die Forderung nach einer sittlichen Erneuerung Deutschlands durch Geschichte, Kunst und Politik. Im folgenden Jahr wird der Alldeutsche Verband gegründet, dessen nationalistische Ideologie mit offener Kriegsverherrlichung und Feindschaft gegen den Erbfeind Frankreich und die »slawische Gefahr« die extreme Position des militanten Preußentums einnahm. Die hier angedeutete Entwicklung, vor allem der neunziger Jahre, »umreißt auch die Krise des historischen Festzuges und bildet die Grundlage seiner Entwicklung seit dem ausgehenden Jahrhundert. So entzogen sich dem historischen Festzug die Voraussetzungen der repräsentativen Öffentlichkeit, zugleich mußte sich das bestehende fortschrittsgläubige und selbstbewußte Verständnis von Geschichte und Gegenwart und damit das

[6] Hans Joachim Schoeps, Das Wilhelminische Zeitalter in geistesgeschichtlicher Sicht. In: Hans Joachim Schoeps (Hrsg.), Zeitgeist im Wandel. I.: Das Wilhelminische Zeitalter. Stuttgart 1967, S. 16. Ferner ausführlich zur Thematik dieses Kapitels: Hermann Glaser, Die Kultur der Wilhelminischen Zeit. Frankfurt am Main 1984.

Selbstverständnis des Bürgertums und seine Rolle im Reich zunehmend in Frage stellen. Als Reaktion auf die veränderten politischen und kulturhistorischen Werte begannen sich eine Verengung der Festzugsprogramme und ein Verharren in der bloßen Verherrlichung des Errungenen abzuzeichnen.«[7] Die Entwicklung von patriotischen zu nationalistischen Programmen enthüllte den autoritären Anspruch der Veranstalter.

Das dominante Geschichtsbewußtsein bekannte sich zum optimistischen Fortschrittsglauben und zum feudalen Industriestaat mit seiner auf wirtschaftlichem Reichtum basierenden imperialistischen Großmachtpolitik. Als die Firma Krupp 1912 in Essen ihr hundertjähriges Jubiläum feierte, fand in Anwesenheit des Kaisers ein Ritterspiel mit Turnierszenen und ein Aufzug in Kostümen des 16. Jahrhunderts statt. Das Festspiel erschien in einer auf Pergament gedruckten und heraldisch illustrierten Buchausgabe, die von der Chronik der Familie Krupp eingeleitet wurde. Der Epochenvergleich sollte deutlich machen: Die Krupps fühlten sich den Fugger und Tucher ebenbürtig; der Wilhelminismus war die Fortführung der wirtschaftlichen und handelspolitischen Blütezeit der Renaissance.

Der Bildungsbürger zieht um – in eine Welt im Gaslicht. Aber das historische Erbe überwölbt die Fabrikanlagen und Werkhallen; es suggeriert, architektonisch umgesetzt, auf optisch eindrucksvolle Weise ein aus dem Mittelalter extrapoliertes Wunschbild gesellschaftlicher wie staatlicher Harmonie. Anstelle eines klassenkämpferischen Antagonismus marschieren im Festzug einträchtig Herren und Knechte daher, von vorne nach hinten durchgegliedert: Fürsten, Industrieherren, Kaufleute, Beamte, Handwerker, Bauern, Arbeiter. Zumeist handelte es sich freilich um bürgerliche und kleinbürgerliche »Festzugsdarsteller«, denn der wirkliche (gefährliche) Proletarier war von Organisation und Mitwirkung ausgeschlossen; er durfte lediglich Zuschauer sein. So betrachteten die Sozialisten mit zunehmendem Unmut die Demonstrationen affirmativer Feierlichkeit. Die Vergänglichkeit des Erbes war *ihnen* ein Lichtblick. Will man, heißt es in einer sozialdemokratischen Flugschrift 1913, das Zeitalter Wilhelm II., der demnächst 25 Jahre deutscher Kaiser und König von Preußen sein werde, nach einem äußeren Kennzeichen benennen, so könne man es

[7] Wolfgang Hartmann, Der historische Festzug. Seine Entstehung und Entwicklung im 19. und 20. Jahrhundert. München 1976, S. 163.

als das »Zeitalter der Feste« bezeichnen. Schier zahllos sei die Menge der offiziellen Feiern, die in diesen fünfundzwanzig Jahren das Deutsche Reich habe über sich ergehen lassen müssen; so ununterbrochen folgten sie einander wie die Filmmeter im Kinematographentheater. Nach einer gründlichen Aufzählung all der Anlässe zu Feiern, Festen, Gedenkveranstaltungen und Festzügen, fordert der zornige Verfasser dazu auf, die feudalgeschichtlichen »Merksteine« wegzuräumen: »Allmählich hat sich das deutsche Volk und hat sich vor allem die deutsche Arbeiterklasse daran gewöhnt, alle diese Feste gänzlich unbeachtet zu lassen. Mögen die Toten ihre Toten feiern.«[8] Das Geschichtsbewußtsein wird dadurch keineswegs suspendiert – im Gegenteil: Gegenüber den falschen und verlogenen Festen werden neue, nun republikanische, sozialdemokratische Gedenk- und Feiertage gefordert: »Andere Feste sind es, die aus ihrem Geist, ihren Idealen, ihrer Kulturmission heraus die Arbeiterklasse sich geschaffen hat: den 18. März, der Tag des Gedenkens an die großen Freiheitskämpfe der Vergangenheit; der 1. Mai, der Tag des zukunftsfrohen Hoffens auf den Tag des letzten Sieges. Daneben unsere Feste des Kampfes – die Gewerkschaftsfeste, an denen der Gedanke der Organisation im Mittelpunkt unseres Denkens und Fühlens steht; unsere Sängerfeste, in denen das Werden und Wachsen einer vom proletarischen Geiste getragenen Kunst kraftvoll sich ankündigt.«

Die Festwiese im dritten Aufzug von Richard Wagners Oper ›Die Meistersinger von Nürnberg‹ (1868) bringt auf die Bühne, was in der zweiten Hälfte des 19. Jahrhunderts bürgerliche sonntägliche Sehnsucht ausmachte: sich über alle gesellschaftlichen Klüfte und Abgründe hinweg zu der Feierlichkeit und Festlichkeit zu erheben, die »Gemeinschaft« (statt dissonanter Gesellschaft) demonstrierten. Diejenigen, die sich auf der Festwiese versammeln, etwa die Zünfte, die im feierlichen Zug heranziehen und mit Jubel begrüßt werden, sind eigentlich kostümierte Bürgerinnen und Bürger des Maschinenzeitalters, die Realitätsangst mit Hilfe magisch beschworener Vergangenheitsbilder zu überwinden suchen. Buntbeflaggte Kähne setzen die Ankommenden, festlich geschmückte Bürger mit ihren Frauen, an das Ufer der Festwiese über. Eine erhöhte Bühne mit Bänken und Sitzen ist mit den Fahnen der ankommenden Zünfte ge-

---

[8] Zit. nach Klaus Sauer, German Werth, Lorbeer und Palme. Patriotismus in deutschen Festspielen. München 1971, S. 138 ff.

schmückt. Die Fahnenträger der noch ankommenden Zünfte stecken ihre Fahnen ebenfalls um die Sängerbühne auf, so daß diese schließlich nach drei Seiten hin ganz eingefaßt ist. Vor den aufgestellten Zelten geht es lustig her:

»Bürger mit Frauen, Kindern und Gesellen sitzen und lagern daselbst. Die Lehrbuben der Meistersinger, festlich gekleidet, mit Blumen und Bändern reich und anmutig geschmückt, üben mit schlanken Stäben, die ebenfalls mit Blumen und Bändern geziert sind, in lustiger Weise das Amt von Herolden und Marschällen aus. Sie empfangen die am Ufer Aussteigenden, ordnen die Züge der Zünfte und geleiten diese nach der Singerbühne, von wo aus, nachdem der Bannerträger die Fahne aufgepflanzt, die Zunftbürger und Gesellen sich unter den Zelten zerstreuen.«[9]

Es kommen die Stadtwächter und Heerhornbläser mit Trompeten und Trommeln sowie die Stadtpfeifer, Lautenmacher, auf ihren Instrumenten spielend; ihnen folgen Gesellen mit Kinderinstrumenten. Und dann marschieren die Schneider und die Bäcker heran. Die Lehrbuben reihen sich zum Empfang der Meistersinger; diese ordnen sich am Landungsplatz zum festlichen Aufzug. Sachs stimmt dann das Hohelied der handwerklichen Kunst, der deutschen Meister an. »Was deutsch und echt, wüßt' keiner mehr,/ lebt's nicht in deutscher Meister Ehr'.«

Der deutsche Rebell Wagner, so Ludwig Marcuse[10], der seit dreißig Jahren mit Ekel ein unförmiges, turbulentes, von grausigen Fratzen bevölkertes Land habe groß werden sehen, malt das Einst in einem leuchtenden Gemälde, Vor-Bild einer schöneren Zukunft. Nürnberg muß es sein; dort schimmert noch ein letzter Abglanz dieses Einst. Das sechzehnte Jahrhundert muß es sein; da lebte das Einst in kräftigster Fülle. Da durfte nicht jeder Windhund dichten und singen und ein ahnungsloses Volk beschwatzen. Ehrbare Handwerker, vereinigt zur Pflege von Poesie und Sang, führten auch im Bezirk der Kunst die heiligschöne Rangordnung ein: Lehrbube, Geselle, Meister. Und wie die Gesetze der Zunft des Lehrlings Aufstieg lenkten, so entschieden die leges tabulaturae, von vier Merkern streng bewacht, was an dem Kunstjünger war. Blick hin auf die großen Zeiten des deutschen Geistes! Seht Meister Sachs: Das war ein-

[9] Richard Wagner, Die Meistersinger von Nürnberg. Stuttgart 1976, S. 96, 109.
[10] Zit. nach Programmheft der Städtischen Bühnen Nürnberg- Fürth, Die Meistersinger von Nürnberg. Nürnberg 1967.

mal ein wahrer Deutscher. Der unsichtbare Hintergrund, vor dem der deutsche Geist gute Figur machte, ist die teuflische Dreieinigkeit: die Börse, der Jude, die französische Kokotte.

Die deutschen Großstädte hatten nun ihr Vorbild. Die deutsche Kunst hatte nun ihr Vorbild. Die deutschen Fabrikanten und Bankiers hatten nun ihr Vorbild. Wird der Kanzler, der sich stolz als Anhänger einer unpopulären Richtung bekannte, den Weg zurückgehen? Wird Moltke imstande sein, an der Spitze seiner Armee aus dem Berlin des 19. Jahrhunderts das Nürnberg des 16. zu machen? Aus der deutschen Bank den Sparkassenstrumpf? Aus der modernen Schuhfabrik die trauliche Werkstatt des Hans Sachs? Und aus den Wagnerischen Kunstgiganten, den mächtigen Kindern aus der Ehe entwickeltster kompositorischer Technik und mystischer Sehnsucht nach dem Einst, die schmalen und schlichten Weisen der alten Nürnberger Meistersinger?

Die Feierlichkeit der Wilhelminischen Epoche orientiert sich inmitten rationalisierter Umwelt an Vergangenem; zugleich transportiert solche Regression die Hoffnung auf Zukünftiges; außerhalb der Werktäglichkeit erahnt man die Defizite der Zeit. In der Fiktion des Festes wird das Fehlende ersetzt, wird das zu leuchtendem Glanz gebracht, was in der Wirklichkeit verdunkelt ist: Der Kosmos einer organisch gewachsenen und einsichtig gegliederten Sozietät, in der jeder und jedes seinen richtigen Platz hat, und die damit Sicherheit verheißt. Die ›Meistersinger‹ desillusionieren freilich dieses Weltbild selbst, bezweifeln die Tragfähigkeit des Erbes, antizipieren sein Vergehen. Ein Humor waltet vor, »dem nicht zu trauen ist«. Die ›Meistersinger‹ sind nach Hans Mayer ein tief zwiespältiges, am Rande der Umdüsterung entlangschreitendes Werk. List und Intrige sind darin; Terror und böse Aggression; Traurigkeit und Trost der Entsagung. In der nächtlichen Schlägerei etwa brechen Energien hervor, die lediglich bei Tage gebändigt sind; wilde Aggressionen von Gruppe zu Gruppe wie innerhalb der Gruppe; alles schlägt blind um sich; verdrängte Rivalitäten, kollektiver Haß prügeln aufeinander ein; die Weber auf die Gerber, diese auf die Schneider, die Gürtler, die Spengler, die Zinngießer; freilich ist das Chaos hierarchisch gegliedert: Erst prügeln nur die Lehrbuben, dann mischen sich die Gesellen ein, schließlich machen die Meister mit. Das friedenstiftende Element sind die Frauen. Die totale Entfesselung der Materie wird durch den ordnungsstiftenden Geist gebändigt.

Der geschichtliche Umzug vom Einst ins Morgen wird, nach Friedrich Nietzsche, von Wagner in den ›Meistersingern‹ vor allem durch die Ouvertüre intoniert. Das sei prachtvolle, überladene, schwere und späte Kunst, welche den Stolz habe, zu ihrem Verständnisse zwei Jahrhunderte Musik als noch lebendig vorauszusetzen; das mute bald altertümlich, bald fremd, bald herb und bald überjung an; das sei ebenso willkürlich als pomphaft-herkömmlich, sei nicht selten schelmisch, noch öfter derb und grob – das habe Feuer und Mut und zugleich die schlaffe falbe Haut von Früchten, welche zu spät reif geworden. Das ströme breit und voll; und plötzlich ein Augenblick unerklärlichen Zögerns, gleichsam eine Lücke, die zwischen Ursache und Wirkung aufspringe, ein Druck, der uns träumen mache, beinahe ein Alpdruck – aber schon breite und weite sich wieder der alte Strom von Behagen aus, von vielfältigstem Behagen, von altem und neuem Glück. Alles in allem keine Schönheit, kein Süden, nichts von südlicher feiner Helligkeit des Himmels, nichts von Grazie, kein Tanz, kaum ein Wille zur Logik; eine gewisse Plumpheit sogar; eine schwerfällige Gewandung, etwas Willkürlich-Barbarisches und Feierliches, ein Geflirr von gelehrten und ehrwürdigen Kostbarkeiten und Spitzen; etwas Deutsches, im besten und schlimmsten Sinne des Wortes, etwas auf deutsche Art Vielfaches, Unförmiges und Unausschöpfliches; eine gewisse deutsche Mächtigkeit und Überfülle der Seele, welche keine Furcht habe, sich unter den Raffinements des Verfalls zu verstecken – die sich dort vielleicht erst am wohlsten fühle: »Ein rechtes echtes Wahrzeichen der deutschen Seele, die zugleich jung und veraltet, übermürbe und überreich noch an Zukunft ist. Diese Art Musik drückt am besten aus, was ich von den Deutschen halte: sie sind von vorgestern und von übermorgen – sie haben noch kein Heute.«[11]

Dem geschichtlichen Arsenal entnahm das Bildungsbürgertum die Heroen von gestern und vorgestern und stellte sie auf das Piedestal nationaler Verherrlichung – als Zeichen für gegenwärtige und zukünftige Orientierung. Bei der Auswahl war man weitherzig; zudem fanden sich viele, die in den Schulen, Akademien, Universitäten, Kirchen die jeweils notwendige ideologische Uminterpretation ex cathedra vornahmen. Wie die Festzüge genügen die Feste und Feierlichkeiten der Epoche voll

[11] Friedrich Nietzsche, Werke. Hrsg. von Karl Schlechta. Band 3. Frankfurt am Main, Berlin, Wien 1977, S. 152.

dem nationalen, nationalistischen Anspruch, wobei das Wilhelminische Barock für eine schwelgerisch-raffinierte Ausstattung, die alle Sinne befriedigte, sorgte und so mit herrschaftlicher Indienstnahme versöhnte. Heitere, fröhliche Nationalfeste befestigten die deutsche Einheit und Zusammengehörigkeit. In diesem Sinne hatte man auch die Feier zum 400. Geburtstag Albrecht Dürers in Nürnberg 1871 vorbereitet. Der Krieg schien einen Strich durch die Rechnung zu machen; aber dann brach – wie der zweite Bürgermeister in seiner Festrede am Standbild Albrecht Dürers am Vorabend des Geburtstages, dem 20. Mai 1871, ausführte – eine neue wunderbare Wirklichkeit an. »Zu Boden liegt vernichtet der vorher höhnende Feind. Die geraubten Brüder im Elsaß und Lothringen sind wieder unser und Deutschland ist groß, Deutschland ist ein mächtiges – ein einiges geworden.« Trotz solcher teutonischen Triumphgefühle traten »Jubel und Mummenschanz« zurück. »Es ist das neue Kunsterwachen des deutschen Volkes, das in der Erinnerung an den großen deutschen Mann sich auf's Neue zu seiner künstlerischen Mission zusammenschaart.«[12]

Der Ablauf des Festes zeigt in exemplarischer Weise das gängige Muster machtgeschützter Erbaulichkeit. Am Vorabend des Geburtstages fand ein großes Konzert im Rathaussaal, eingeleitet durch einen Festprolog, statt. Im Programm: ›Festgesang an die Künstler‹ von Friedrich Schiller, in der Vertonung von Mendelssohn-Bartholdy; ›Das Lied vom deutschen Kaiser‹ (Emanuel Geibel) als Komposition von Max Bruch; Beethovens 7. Symphonie; am Ende das ›Halleluja‹ aus Händels Oratorium ›Messias‹. Nach dem Konzert bewegte sich ein Fackelzug, geleitet von den Turnern, zum Albrecht-Dürer-Denkmal, wo der zweite Bürgermeister die Festrede hielt. Am Morgen des 21. Mai, einem Sonntag, führte ein Festzug der Vereine von der Burgfreiung durch die Stadt zum Johannisfriedhof, wo am Grabe des Künstlers eine feierliche Kranzniederlegung stattfand. Anschließend wurde im Germanischen Nationalmuseum eine Dürer-Ausstellung eröffnet; zum Schluß seiner Ansprache brachte der erste Direktor ein dreifaches Hoch auf König Ludwig II. und auf Kaiser Wilhelm aus. Unter stürmischem Jubel wurden »beide Ovationen zur Stelle nach München und Berlin telegraphiert«. Der Tag klang aus mit einer Aufführung des

[12] Zit. nach Ausstellungskatalog der Museen der Stadt Nürnberg und des Stadtarchivs Nürnberg, Nürnberger Dürerfeiern 1828–1928. Nürnberg 1971, S. 111.

einaktigen Lustspiels ›Albrecht Dürer in Venedig‹ von Eduard von Schenk und mit einem Festbankett im geschmückten Großen Saal des Hauses der Gesellschaft »Museum«; dort wurden von den Honoratioren der Stadt nochmals mehrere Reden gehalten und verschiedene Toasts ausgebracht[13].

Das Dürer-Bild des Zweiten Reiches war eine Mischung aus dem christologischen Dürer der romantischen Ära, der noch immer als persönliches Vorbild galt, dem militaristischen Dürer der siegreichen preußischen Armee, deren Offizierskorps zwischen 1867 und 1889 vier neue Studien zur »Befestigungslehre« herausbrachte, und einem neuen Wohnzimmer-Dürer, dessen Aquarelle und Gemälde durch das Wunder der photographischen Reproduktion und dessen Stiche und Holzschnitte durch die billigen Faksimilewiedergaben der Reichsdruckerei zum erstenmal einem großen Publikum zugänglich gemacht wurden. »Während Julius Langbehns ›Dürer als Führer‹ (1904) als einsamer nietzscheanischer Held wie ein ›Einsiedler in seiner Klause‹ lebt, aber seltsamerweise eine Kunst predigt, mit der man wie mit einem ›Bihänder‹ den Zwillingsdrachen des französischen Impressionismus und der L'art-pour-l'art-Kunst erlegen kann, wurde der verhäuslichte Dürer durch die vielseitigen Aktivitäten des von Ferdinand Avenarius 1902 ins Leben gerufenen ›Dürerbundes‹ ungewollt zum Lehrmeister der Geschmacksbildung des deutschen Mittelstandes.«[14]

Pompöse historische Umzüge, Denkmalsenthüllungen, Festspiele, Bankette und Festreden charakterisierten auch die Feier zum 400. Geburtstag Luthers im Jahre 1883. Das Reich schien konsolidiert, der Kulturkampf mit der katholischen Kirche war beendet, der Sozialismus gebändigt. Mit seiner extensiven Teilnahme an den historischen Festzügen bekundete und bekräftigte das Bürgertum sein Treueverhältnis zu Luther. Die im Mittelpunkt der Feste und Festzüge stehenden historischen Darstellungen waren von berühmten Historienmalern und Künstlern sorgsam vorbereitet worden. Im Wittenberger Zug[15] ritten Herolde und Söldner, gefolgt von Sängern, Spielleuten, Fürstenpaar, Geistlichen, Militärs, Studenten, Handwerksständen und Kaufleuten; zum Abschluß fuhr ein Wagen der Tabaksfa-

[13] Ebenda, S. 106.
[14] Jane Campbell Hutchison, Der vielgefeierte Dürer. In: Reinhold Grimm, Jost Hermand (Hrsg.), Deutsche Feiern. Wiesbaden 1977, S. 37f.
[15] Vgl. Max L. Baeumer, Lutherfeiern und ihre politische Manipulation. In: Grimm, Hermand, Deutsche Feiern, S. 54.

brikanten mit einem leibhaften Mohren, ein Bild, das den »Übergang aus der Vergangenheit in die Gegenwart« vermitteln sollte. Die Feier, die als »ein Schatz dauernden Segens und dauernder Erhebung« gedacht war, schloß mit einer Festpredigt, der Hymne ›Ein feste Burg ist unser Gott‹, einem vierfachen Hoch auf den »deutschen und evangelischen Kaiser Wilhelm« und dem Lied ›Heil Dir im Siegerkranz‹.

Anton von Werners Wandgemälde ›Luther vor dem Reichstag in Worms‹ wie das Lutherdenkmal zu Worms (1868) und die Lutherbüste in der Regensburger Walhalla (beide von Ernst Rietschel) versinnbildlichen die Interpretation, der Luther in der Wilhelminischen Epoche anheimfiel. Der Reformer war offensichtlich in die Welt gekommen, damit endlich Gott deutsch zu den Deutschen rede – so formulierte es Heinrich von Treitschke: »Wie die Einheit des deutschen Staates erst möglich ward, seit die letzten Staatsgebilde der römischen Kirche von unserem Boden verschwanden, so verdanken wir auch den Kämpfen der Reformation das köstliche geistige Band, das uns in den Tagen deutscher Zerrissenheit lange fast allein zusammenhielt, unsere neue Sprache. Was selbst dem Zauber unserer ritterlichen Dichtung nicht gelungen war, den deutschen Norden unter die Herrschaft der hochdeutschen Sprache zu beugen, das gelang erst, als die schöne Lieblingsstätte des Minnesanges, die Wartburg, zum zweiten Male unserem Volke teuer ward und von dort die ersten Bücher der deutschen Bibel ausgingen – die Heilige Schrift, übertragen mit strenger Treue durch einen wahlverwandten religiösen Genius und doch so ganz verdeutscht, so ganz beseelt von dem Hauche deutschen Gemütes, daß wir uns heute das Bibelwort in anderer Fassung kaum noch denken können. Gleich den Italienern empfinden wir unsere Schriftsprache mit einem Male durch die Tat eines Mannes. Es liegt aber im Wesen des Genius, das Notwendige, das einfach Nützliche zu wollen. Wie Dante nicht willkürlich neuerte, sondern nur die Volkssprache seiner toskanischen Heimat adelte und durchgeistigte, so hegte auch Luther nur schlicht und recht die Absicht, von seinem ganzen Volke verstanden zu werden, damit Gott deutsch zu den Deutschen rede.«[16]

Julius Langbehn stellte in ›Rembrandt als Erzieher‹ fest, daß das Wissen Pygmäen, der Glaube aber Heroen erzeuge;

[16] Heinrich von Treitschke, Luther und die deutsche Nation. In: Deutsche Lebensbilder. Leipzig 1927, S. 24.

Kunst sei Subjektivität und so gleichzusetzen mit Glaube. »Darum ist der deutsche Glaubensheld Luther, auch abgesehen von seiner religiösen Bedeutung, der hervorragendste deutsche Held überhaupt; in ihm erkannte Deutschland zuerst sich selbst. Er hat das deutsche Volk, geistig genommen, auf seine eignen Füße gestellt; und er konnte dies nur darum, weil er so überaus subjektiv war.«[17] Es sei nicht zufällig, daß dasselbe deutsche Fürstengeschlecht Luther wie Bach und Goethe beschützt habe; diese drei Männer seien, jeder in seiner Art, Helden des Glaubens und der Persönlichkeit; darum hätten sie auch Glauben bei Leuten gefunden, die Individualität, geistige Freiheit und deutschen Charakter zu schätzen wüßten. Auf solche Bahn heiße es zurückzukehren; je individueller die Wissenschaft sich gestalte, desto gläubiger, religiöser, künstlerischer, philosophischer werde sie sein. Der Zeitgeist wollte in Luther den konservativen Revolutionär oder revolutionären Reaktionär sehen, einen Mann, der Religiöses streng vom Politischen getrennt und mit seiner Zwei-Reiche-Lehre dafür gesorgt hatte, daß den Regierenden nicht ins Handwerk gepfuscht werde.

Das deutsche Pfarrhaus[18] erwies sich als Bastion solchen apolitischen, staatstreuen Luthertums; die Staatsmacht wurde kritiklos bejaht; ihr diente man mit devotem Enthusiasmus; Gewissen und Innerlichkeit blieben auf die private und familiäre Sphäre begrenzt. Im Zeichen Luthers entstand eine agrarisch orientierte protestantische Innerlichkeitstheologie und -ideologie, die zusammen mit Teilen der Heimatkunst den Bauernaufstand der Kirche gegen Modernität, Urbanität und wissenschaftliche Aufklärung organisierte. Geschichte als Umzug erwies sich als Rückzug: als ein Zurückschrecken vor den Herausforderungen der neuen Zeit. Um einen Luther von innen bittend, vertraute man sich lyrischem Pietismus, bigotter Orthodoxie und hohlem Hofpredigerpathos an. Aus dem Pfarrhaus als einem Ort kernig-biedermeierlicher christlicher Bescheidenheit, Gemüthaftigkeit und Heiterkeit (beschrieben etwa von Eduard Mörike in ›Der alte Turmhahn‹) wird ein Pfarrhaus, das sich als ein Ort sentimentalen Gefühlsüberschwangs und schwelgerischer Frömmelei erweist.

[17] (Julius Langbehn), Rembrandt als Erzieher. Leipzig 1890, S. 193.
[18] Vgl. hierzu Robert Minder, Das Bild des Pfarrhauses in der deutschen Literatur von Jean Paul bis Gottfried Benn. In: Kultur und Literatur in Deutschland und Frankreich. Frankfurt am Main 1972, S. 44 ff., und Martin Greiffenhagen (Hrsg.), Das evangelische Pfarrhaus. Eine Kultur- und Sozialgeschichte. Stuttgart 1984.

Der Boden des »Pfarrhausidylls« war freilich bereits erschüttert; »echt-deutschen« Pfarrersfamilien entstammten viele Söhne, die die »Aktion Vatermord« betrieben. Friedrich Nietzsche kam aus einem Pfarrhaus... Hermann Hesse, dessen Eltern strenge Pietisten waren, floh als Fünfzehnjähriger aus dem evangelisch-theologischen Seminar im Kloster Maulbronn... Georg Heym hatte viele Pastoren als Vorfahren... Der Pfarrerssohn Gottfried Benn schrieb als »verlorener Sohn« in Berlin das Hohnlied ›Pastorensohn‹, den radikalsten Abgesang auf das Pfarrhausidyll der Wilhelminischen Epoche.

Beim bildungsbürgerlichen Umzug ist die Straße vom Gestern ins Morgen von Kulturtrümmern übersät. Götzendämmerung. Friedrich Schiller, meinte Friedrich Nietzsche, sei zu einem »Moraltrompeter von Säckingen« geworden. »Räumt endlich auf mit Eurem Goethe – / das ewige Papperlapapp!«, forderte Oskar Panizza[19]. Das Erbe: in den Orkus hinab! Doch stemmte sich bürgerliches Bewußtsein gegen solche Denkmalsschändungen, indem es einen exzessiven Denkmalskult betrieb. In einem Zeitalter, in dem Wechsel und Wandel immer rascher vor sich gingen, versuchte man geradezu manisch, »Bleibendes« zu schaffen. Überichs, auf hohen Sockeln postiert, stabilisierten gefährdete Identität. Der Anblick von Standbildern großer Persönlichkeiten vermittelte das kontinuierliche Gefühl der Erhebung und Erhabenheit, das über die transitorische Werktagswelt, mit ihren sozialen und ökonomischen Krisen, hinweghalf. Denkmäler und Denkmalskomplexe wie die Regensburger Walhalla (1842), die Bavaria in München (1850), die Befreiungshalle in Kelheim (1863), die Siegessäule in Berlin (1873), das Hermannsdenkmal im Teutoburger Wald (1875), das Niederwalddenkmal bei Rüdesheim (1883), das Denkmal Wilhelms I. an der Porta Westfalica (1896), das »Deutsche Eck« bei Koblenz (1897), das Völkerschlachtdenkmal in Leipzig (1913) waren Ausdruck gleichermaßen des nationalen Pathos wie des Stolzes auf technisch-monumentale Leistungen.

Das Niederwalddenkmal[20], »zur Erinnerung an die sieg- und

---

[19] Zit. nach Otto F. Best, Hans-Jürgen Schmitt, Die deutsche Literatur. Ein Abriß in Text und Darstellung. Band 12: Naturalismus. Hrsg. von Walter Schmähling. Stuttgart 1977, S. 207.
[20] Lothar Baier, Das Fehlen des Flügels des Adlers. Das Niederwalddenkmal bei Rüdesheim. In: Hans Jürgen Koch (Hrsg.), Wallfahrtsstätten der Nation. Vom Völkerschlachtdenkmal zur Bavaria. Frankfurt am Main 1971, S. 104f.

erfolgreiche Erhebung des Deutschen Volkes und an die Wiedererrichtung des deutschen Reiches 1870/71«, krönt eine rund 12 Meter hohe Germania (32 Tonnen schwer); ihre linke Hand ist auf ein sieben Meter langes Reichsschwert gestützt; mit der Rechten hält sie die 12 Zentner schwere Krone; sie blickt mit wehendem Haar über das Rheintal. Als »Symbol der Einigung und Verschmelzung« wurden Steinquader aus dem Teutoburger Wald, vom Kyffhäuser, aus Harz und Riesengebirge für den 25 Meter hohen Sockel der Germania verwendet. Etwa 200 Figuren zieren das Relief; neben dem Kaiser (hoch zu Roß), Fürst Bismarck und den Generälen ist auch einfaches Kriegsvolk in preußischen, badischen, bayerischen und anderen Uniformen vertreten. 75 Tonnen Metall wurden verarbeitet, um die Germania samt Thronsessel mit Adlerköpfen und die sie flankierenden Figuren »Krieg« und »Frieden« zu fertigen. Für den Bau des Denkmals, das 1,2 Millionen Goldmark kostete, spendete »das deutsche Volk« eine Million. Vom Lied ›Die Wacht am Rhein‹ des 1849 verstorbenen Dichters Max Schneckenburger (»Es braust ein Ruf wie Donnerhall...«) wurden fünf der sechs Strophen eingemeißelt. Am Tag der Einweihung, am 28. September 1883, wurde ein Attentatsversuch auf den Kaiser und die Festgesellschaft unternommen; er mißglückte, die regenfeuchte Zündschnur der deponierten Bombe war ausgegangen; am Abend wurde diese dann im Festzelt gezündet; der Sachschaden belief sich auf knapp vierhundert Mark. Von den drei Attentätern wurden zwei zum Tode durch den Strang und einer zu lebenslänglich Zuchthaus verurteilt. Vor Gericht sagte Reinhold Küchler, der Attentatsplaner: »Als nach dem sogenannten glorreichen Krieg die neue Ära begann, da sollte eine bessere Zeit anbrechen. Für die Arbeiter hat jedoch die neue Ära nicht das mindeste gebracht. Die Arbeiter darben nach wie vor, sie sind und bleiben nach wie vor die verachtete Klasse, sie arbeiten bloß für die oberen Zehntausend. Sie bauen die schönsten Paläste und wohnen in den armseligsten Hütten.«

Geschichte im Staatsgehäuse, mit großem Aplomb eingezogen, bedurfte ihrer eigenen Prunkräume. Das Museum erwies sich als Fluchtburg affirmativer Kultur: Es gewährleistete, daß das Erbe nicht verweste, sondern, über alle Krisen und Zufälle hinweg, aufbewahrt und aufgebahrt blieb – ein Mausoleum der Vergangenheit, der Verehrung jederzeit zugänglich, dem Alltagsgetriebe aber entzogen. Kunst habe, so Herbert Marcuse, für den Bürger seit mindestens einem Jahrhundert nur noch in der musealen Form existiert. Das Museum war die geeignetste Stätte, um die Entfernung von der Faktizität, die trostreiche Erhebung in eine würdigere Welt zugleich mit der zeitlichen Beschränkung auf das Feiertägliche im Individuum zu reproduzieren. Museal war auch die weihevolle Behandlung der Klassiker: Hier brachte die Würde allein schon eine Stillegung aller sprengenden Motive mit sich. »Was ein Klassiker gesagt und getan hatte, brauchte man nie so ganz ernst zu nehmen: Es gehörte eben einer anderen Welt an und konnte mit der gegenwärtigen nicht in Konflikt kommen.«[21]

Nach 1870/71 wurde das Museumsgut vielfach aktualisiert und politisiert. Aus nationaler Begeisterung und Überzeugung begann man zum Beispiel im Germanischen Nationalmuseum[22] Nürnberg Erinnerungsstücke aus dem gewonnenen Krieg zu sammeln; man dachte dabei an Proklamationen, Flugschriften, Gedichte, Karikaturen, Erlasse, Siegesnachrichten usw. Das Direktorium machte den Vorschlag, »in einem Album die eigenhändigen Unterschriften und Denksprüche aller deutschen Fürsten, Feldherrn und Diplomaten zu vereinigen, welche an den großen Ereignissen der Jahre 1870 und 1871 direkt beteiligt waren«. Im Jahre 1874 erhielt das Museum Manuskripte des Komponisten Karl Wilhelm, »darunter das Becker'sche Rheinlied, die Wacht am Rhein, Deutschlands Siegesfeier..., und so erfreut sich nun unsere Anstalt eines Schatzes, der mehr und mehr der Nation theuer werden wird«. Vom bayerischen Kriegsminister waren bereits früher Beutestücke zur Verfügung gestellt worden. Quantitativ gesehen erwiesen sich solche Sammlungsbemühungen als Randerscheinungen; sie akzentuierten jedoch die nationale Aufgabe, die sich insgesamt für das Museum stellte. Wie schwierig es für die Zeitgenossen war, Wesen und Aufgabe des Germanischen *National*museums zu bestimmen, zeigte sich bei den Feiern zu seinem 50jährigen Bestehen. Auf der einen Seite hielt es Prinzregent Luitpold, als Protektor des Museums Gastgeber der Fürstlichkeiten, für selbstverständlich, Kaiser Franz Joseph zur Teilnahme an diesem Jubiläum einzuladen: »Diese der deutschen Kultur und Geschichte geweihte Anstalt ist nach ihrer hohen, umfassenden

[21] Herbert Marcuse, Über den affirmativen Charakter der Kultur. In: Kultur und Gesellschaft I. Frankfurt am Main 1965, S. 99.
[22] Zitate nach Peter Burian, Das Germanische Nationalmuseum und die deutsche Nation. In: Bernward Deneke, Rainer Kahsnitz (Hrsg.), Das Germanische Nationalmuseum Nürnberg 1852–1977. München, Berlin 1978, S. 199, 217ff.

Aufgabe ein allen deutschen Staaten und Stämmen gemeinsames Institut.« Auf der anderen Seite aber bedienten sich sowohl die Museumsleitung als auch die gratulierenden Gäste begrifflicher Verdeutlichungen und Umschreibungen, um die gemeinte nationale Totalität auszudrücken: So wurde zwischen »deutschen und deutschsprachigen Universitäten« unterschieden; dann war wieder die Rede vom »gesamten Gebiet des deutschen Volkstums« und vom »gemeinsamen deutschen Vaterland«; ebenso wurde auch »die ganze deutsche Sprachgenossenschaft und Kulturgemeinschaft« zum Eigentümer des Museums erklärt.

Das neue Geschichtsbewußtsein um 1800 setzte an die Stelle gleichsam blind fortwirkender Traditionszusammenhänge »begriffene Geschichte«; man eignete sich Vergangenes aus der Distanz eines geschärften Zeitbewußtseins an. In diesem Sinne heißt es in Friedrich Schlegels Schrift ›Grundzüge der gotischen Baukunst‹ (1806): »Es bleibt uns daher für die Kunst nur die Erinnerung der großen alten Zeit übrig und die Hoffnung einer reicheren Zukunft.«[23] Geschichtliche Denkmäler übernehmen eine »Statthalteraufgabe«; sie wirken als beständige, durch Tradition dem Streit entzogene Maßstäbe und vermitteln auf diese Weise Sicherheit auf dem Weg von Gestern übers Heute ins Morgen. Anders, zumindest bei Berücksichtigung des kollektiven Unterbewußtseins, der Historismus der Wilhelminischen Epoche. Geblieben ist die Erinnerung an »große alte Zeiten«; aber der Zweifel grassiert, ob diese in eine reichere Zukunft hineinzuführen vermögen. Das Unbehagen in moderner Kultur führt dazu, daß man das Vergangene selbst zum Gegenwärtigen zu machen trachtet. Die Tradition wird zur beherrschenden Kraft; die materielle Progression glaubt sich »sicherer«, wenn sie ins Gewand historischer Regression schlüpft.

Man war in eine rationalisierte Welt umgezogen; deren Funktionalismus aber fürchtete man – wegen seiner Nacktheit und Direktheit. So umhüllte man diese Welt, in der sich Materialismus und Pragmatismus tummelten, mit Geschichte. Die Wiederholung vergangener Stile sollte den Eindruck stilloser Gegenwart verhindern. Die Angst, es mit dem Neuen falsch zu machen, aber auch die Angst vor den neuen Gewalten und Gefahren ließen einen Stil des Eklektizismus reifen, in den man

---

[23] Zit. nach Michael Brix, Monika Steinhauser, Romantischer Kult und Mißbrauch. Historismus und Denkmalspflege. Der Hintergrund des 19. Jahrhunderts. In: Franfurter Allgemeine Zeitung, 1. 11. 1978.

sich seelisch verkriechen konnte (während die »Körper« am Fortschritt arbeiteten). Das historische Stilkleid, das den Bauten des 19. Jahrhunderts, den Börsen, Banken, Bahnhöfen, Schulen, Kirchen, Fabriken, Schlachthöfen, Wasserwerken, den Kunst- wie Profanbauten, übergeworfen wurde, war beliebig aus dem Stilarsenal der Vergangenheit abrufbar.

Unter Historismus »versteht man die fast unheimliche Anstrengung jener Epoche, alles über alle Zeiten zu wissen und sie zu verstehen, bis der eigene Ort der Existenz sich aufzuweichen drohte in einem unaufhaltsamen Relativismus. Der Musée imaginaire im weiten Denkraum der Geschichte ist ein geistiger und drückender Besitz gewesen, lange ehe der Franzose André Malraux dieses Wort für die gleichzeitige Verfügung aller Kunst in unserer Vorstellung benutzte. Was Ranke noch als Glück, Nietzsche dann aber als einen Fluch ansah, diese Mitgift des Historischen, bedeutete in Wahrheit nichts anderes als die Aneignung der Welt nach rückwärts – parallel zu der imperialen Eroberung der Welt draußen, der sich die fremden Völker unterwerfen mußten.«[24]

In seiner Beschreibung des Nihilismus als psychologischem Zustand spricht Nietzsche davon, daß dieser dann eintrete, wenn nach Ganzheit dürstende Seelen erkennten, daß es ein »Allgemeines« gar nicht gäbe. Der Mensch verlöre den Glauben an seinen Wert, wenn durch ihn nicht ein unendlich wertvolles Ganzes wirke. Als Ausflucht bleibe übrig, die ganze Welt des Werdens als Täuschung zu verurteilen und eine Welt zu erfinden, welche jenseits derselben liege – als »wahre Welt«. Sobald jedoch der Mensch dahinterkomme, daß diese Welt nur aus psychologischen Bedürfnissen gezimmert sei, entstünde die letzte Form des Nihilismus, welche den totalen Unglauben an eine metaphysische Welt beinhalte, sich also den Glauben an eine »wahre Welt« endgültig verbiete. »Auf diesem Standpunkt gibt man die Realität des Werdens als einzige Realität zu, verbietet sich jede Art Schleichweg zu Hinterwelten und falschen Göttlichkeiten – aber erträgt diese Welt nicht, die man schon nicht leugnen will.«[25] Der Historismus macht den Schleichweg zu den Hinterwelten und falschen Göttlichkeiten zur Hauptbahn; er erträgt die Welt

[24] Eberhard Schulz, Das Kleid der Geschichte. Denkmodelle des Historismus und Funktionalismus. In: Frankfurter Allgemeine Zeitung, 3. 6. 1967.
[25] Zit. nach Walther Killy, 20. Jahrhundert. Texte und Zeugnisse. 1880–1933. München 1967, S. 6.

nicht wie sie ist; er leugnet oder kaschiert zumindest, daß sie so ist wie sie ist.

Der Verhüllungstrieb der Zeit, der Drang nach Verkleidung, Maske, Verschleierung ist unehrlich, aber verständlich – ist doch Identifizierungsmöglichkeit gefährdet, wenn Entbergung aufs »Gerippe« blicken läßt. Dem Nihilismus entgegentretend, erweist sich dabei der Historismus als ein Versuch, die Lebenswirklichkeit als ein Ganzes zu interpretieren, die widerstreitenden und auseinanderfallenden Teilsysteme von Politik, Ökonomie und Ethik zu reintegrieren, mit Hilfe eines affirmativen Geschichtsverständnisses durch traditional abgeleiteten »Sinn« zu überwölben. Solche Ganzheit war gegenüber einer Epoche, die, nach einem Wort Rankes, die »Physiognomie der Entzweiungen« zeigte, nur im Rückgriff auf die vorrevolutionäre alteuropäische Ordnung, durch ihre Mimesis im Kunstwerk hindurch möglich. »Historismus erscheint als der Versuch, aus der Krisenerfahrung des Revolutionszeitalters heraus das vorrevolutionäre, alteuropäische Modell von Weltauslegung bewußt in die Gegenwart zu bringen. Die Geschichte des Historismus hat den aporetischen Charakter dieses Versuchs an den Tag gebracht.«[26]

Die Anforderungen der Zukunft machten eine Abkehr von Tradition und Erbe notwendig. Die so entstehende »Leerstrekke« fürchtend, trägt man auf dem Weg von Gestern ins Morgen »Erbstücke« in geradezu fetischistischer Verbundenheit weiter mit sich. Erkennend, daß Tradition und Erbe vergänglich sind, versucht man, diese aufs Bleibende hin zu »befestigen«. Die Architektur ist somit die ureigenste Form des Historismus, da hier Vergangenheit (im Nach-Bau, der zum Überbau wird) konsistent erhalten werden kann. Bert Brechts nihilistische Vision: »Von diesen Städten wird bleiben: der durch sie hindurchging, der Wind!« war auch die Angst der Wilhelminischen Kultur, als sie daranging, immer größere, modernere und luxuriösere Städte zu schaffen. Die am »geschichtlich Bewährten« orientierte Bauweise suggerierte, daß sie, die Städte und Bauten, »blieben«, in ihrer geschichtlichen Verläßlichkeit zersetzender Modernität gegenüber sich halten oder erhalten könnten. Von symbolischer Bedeutung war es, daß der Kölner Dom in dieser Epoche seiner

[26] Wolfgang Hardtwig, Traditionsbruch und Erinnerung. Zur Entstehung des Historismusbegriffs. In: Michael Brix, Monika Steinhauser (Hrsg.), »Geschichte allein ist zeitgemäß«. Historismus in Deutschland. Lahn-Gießen 1978, S. 25.

Vollendung entgegenging. Am 15. Oktober 1880 wurde in Anwesenheit von Kaiser Wilhelm I. in einem Staatsakt der letzte Stein in die Kreuzblume des Südturms eingefügt. Ein Jahrtausendwerk war in einer Zeit glorreich beendet worden, die wie kaum eine andere vor ihr unter »Abbruchsangst« (dem Bruch mit der Tradition) und an den Qualen der Vergänglichkeit litt. Ein Jahrhundert nach Friedrich Schillers enthusiastischer Antrittsvorlesung in Jena (1789) war der universalgeschichtliche Denkansatz nicht mehr gefragt, die Metamorphose und Auflösung des idealistischen, am Theodizeebegriff der Aufklärung trotz aller Anfechtungen festhaltenden Geschichtsverständnisses vollzogen.

Helmuth Plessner hat den Umzug aus den Bereichen geschichtlicher Sinnhaftigkeit in diejenigen geschichtlicher Orientierungslosigkeit, die durch ein positivistisches und nationalistisches Geschichtsbild kaschiert wurden, in seinen einzelnen Stadien aufgezeigt. Aus Gründen seiner religiösen, politischen Geschichte habe Deutschland, das Deutschland des Reiches, kein Verhältnis zu den Jahrhunderten gehabt, welche für die Bildung und Festigung der modernen Welt entscheidend waren. Gleichwohl seien die schicksalsschweren Jahrhunderte der Entwicklung des Nationalbewußtseins, der religiösen und staatsbürgerlichen Verselbständigung des Individuums, der kapitalistischen Wirtschaftsweise und einer, alles in allem, gegen Gott und Gottesgnadentum indifferenten weltbürgerlichen Zivilisation an ihm nicht spurlos vorübergegangen; sie hätten sich tief in deutsches Wesen eingegraben. Kein Land habe dann im 19. Jahrhundert Männer hervorgebracht, die einem Kant, Hegel, Marx oder Nietzsche an Größe und revolutionärer Gefährlichkeit an die Seite zu stellen seien. »Die Epoche des Traditionszerfalls brachte das Land der Traditionslosigkeit, um sich in seinem Geiste erst ganz zu finden.« Demokratisch-republikanische Traditionslosigkeit entspringe dem Mangel eines eindeutigen Verhältnisses zu den Werten des politischen Humanismus und der Aufklärung, welcher Mangel selber auf das Luthertum und territoriale Zerrissenheit zurückgehe. Wie sich von dorther im Zuge der Verweltlichung die Weltfrömmigkeit des deutschen Geistes bilden konnte, mit ihrem Zug ins Romantische und Philosophische, so beförderte die Traditionslosigkeit, die Selbstunsicherheit und Individualisiertheit des deutschen Lebens seinen Zug ins Problematische und Innerliche. »Der Deutsche brauchte ja nicht die scharfe Disziplin im Militärberuf, Fachberuf, in öffentlicher Organisation, wenn er nicht in seiner Substanz allzusehr das Gegenteil davon hätte. Warum nimmt sie so leicht Schärfe und Verbissenheit an, warum wird sie in allem gewaltsam, wenn nicht um etwas anderes, das gefährlich werden kann, weil es das tiefere Wesen ist, niederzuhalten?«[27]

In Fortführung der Gedanken Plessners kann man sagen: Das Sekundärtugendsystem, als Gegensteuerung zum dominanten romantischen Irrationalismus entwickelt, nahm, unterstützt vom preußisch-lutherischen Rigorismus, ein derartiges Ausmaß an, daß das »deutsche Wesen« in ganz besonderem Maße geeignet war, die Anforderungen der Industrialisierung zu erfüllen. Zugleich freilich bestimmte das Gefühl tiefgreifender Ambivalenz das kollektive Bewußtsein: daß nämlich solche gigantische »Fortschrittsfähigkeit« deutscher »Eigentlichkeit« widerspräche. Am deutschen Wesen sollte die Welt genesen: Faktisch lief das auf ein »Made in Germany« hinaus; idealistisch meinte man jedoch damit die Verbreitung jener irrationalen Werte, die man realiter bekämpfte, um den Herausforderungen der Modernität zu entsprechen.

Universalgeschichte, wie sie Schiller mehr poetisch denn systematisch begründete, eine a priori (also vor dem Studium der Geschichte) bereits befestigte Vorstellung vom Weltenlauf variierend –, eine solche Geschichtsauffassung, die jede Epoche als ein Stadium humanen Fortschritts auf ein Reich der Humanität zu begreift, findet in dem gigantischen Entwurf der Hegelschen Geschichtsphilosophie ihren Höhepunkt; kurz darauf ihr Ende. Die Geschichtswissenschaft der wilhelminischen Epoche hatte keinen Sinn für Hegels universalgeschichtlich fundiertes Diktum: Was wirklich ist, das ist vernünftig, und was vernünftig ist, das ist wirklich. Eine Geschichtswissenschaft, die positivistisch vorging, mußte entweder den Glauben an den Gang Gottes durch die Weltgeschichte verlieren, was zu einem geschichtlichen Pessimismus führte, oder aber neue Ersatzgötter sich schaffen, die die Sinngebung des nun Sinnlosen bewirkten. Erschienen (wie bei Leopold Ranke) alle Generationen der Menschheit vor Gott gleichberechtigt, so konnte man auch zu dem Ergebnis kommen, daß die eigene Epoche einen ganz besonderen geschichtlichen Eigenwert habe; waren auch alle Epo-

[27] Helmuth Plessner, Die verspätete Nation. Über die Verführbarkeit bürgerlichen Geistes. Stuttgart 1959, S. 73.

chen Gott gleich nah, vielleicht gehörte man einer Zeit an, die durch »gewichtigste Nähe« charakterisiert war. Zumindest war man nicht mehr Durchgangsphase.

»Wollte man aber im Widerspruch mit der hier geäußerten Ansicht annehmen, dieser Fortschritt bestehe darin, daß in jeder Epoche das Leben der Menschheit sich höher potenziert, daß also jede Generation die vorhergehende vollkommen übertreffe, mithin die letzte allemal die bevorzugte, die vorhergehenden aber nur die Träger der nachfolgenden wären, so würde das eine Ungerechtigkeit der Gottheit sein. Eine solche gleichsam mediatisierte Generation würde an und für sich eine Bedeutung nicht haben; sie würde nur insofern etwas bedeuten, als sie die Stufe der nachfolgenden Generationen wäre, und würde nicht in unmittelbarem Bezug zum Göttlichen stehen. Ich aber behaupte: Jede Epoche ist unmittelbar zu Gott, und ihr Wert beruht gar nicht auf dem, was aus ihr hervorgeht, sondern in ihrer Existenz selbst, in ihrem eignen Selbst. Dadurch bekommt die Betrachtung der Historie, und zwar des individuellen Lebens in der Historie einen ganz eigentümlichen Reiz, indem nun jede Epoche als etwas für sich Gültiges angesehen werden muß und der Betrachtung höchst würdig erscheint.«[28]

Der Zerfall des universalgeschichtlichen, idealistischen Geschichtsverständnisses war auch Ergebnis des rasanten wissenschaftlichen Fortschrittes, der, als erste Phase der Dialektik der Aufklärung, ein einheitliches Weltbild nicht mehr zuließ und die Erschütterungen, die durch die Renaissance bewirkt worden waren, weit in den Schatten stellte. Um wieder mit Helmuth Plessner zu sprechen: Die Dinge verloren ihren festen Bezugspunkt in der Vernunft und gerieten in den beweglichen, trügerischen, gefährlichen, der Erde stärker angenäherten Aspekt des Lebens. An die Stelle der göttlichen Schöpfungsgarantie trat die Erkenntnis des natürlichen Entstandenseins der Vorzugsstellung des Menschen. War diese aber einmal als natürlich geworden erkannt, so begann sie sich auch schon fragwürdig zu werden. Binnen weniger Jahrzehnte mußten zwei, drei Generationen an sich selbst einen Vorgang erleben, der schlechthin ohne jedes Beispiel in der Geschichte war. Entdeckungen und Erfindungen verbanden sich in ständig steigender Intensität und Geschwindigkeit mit der Wirtschaft, wuchsen im zunehmenden

[28] Leopold Ranke, Geschichte und Politik. Ausgewählte Aufsätze und Meisterschriften. Hrsg. von Hans Hofmann. Stuttgart 1942, S. 141.

Prozeß der Industrialisierung zu einer neuen Einheit zusammen und wurden dadurch zu einem die Existenz der Menschen von der materiellen Seite her umgestaltenden Faktor. Die Verkettung von Wissenschaft, Arbeitsprozeß und Wirtschaft wurde einerseits als Heilsbotschaft für ein besseres Leben, andererseits als Bedrohung bislang erfahrener und akzeptierter Ordnung empfunden. Zwei einander so wesensfremde Funktionen wie Ökonomie und Technik verbanden sich in wenigen Jahrzehnten zu einer neuen Lebensmacht, die ihre eigene Logik hervorbrachte, den Händen ihrer Urheber entglitt und die menschliche Existenz von ihrer materiellen Seite her, in der man seit den ältesten Zeiten ihre »natürlichen« Wurzeln sah, aus dem Gleichgewicht brachte. Auch hier hat die Steigerung der Masse ein qualitatives Novum geschaffen. Das Bündnis zwischen Erfindung und praktischer Verwertung kannte der Mensch seit den Anfängen seiner Geschichte. Nie hatte es eine Ökonomie ohne Technik gegeben, nie eine Verbesserung ohne Fortschritt im Erkennen der zugrundeliegenden Zusammenhänge. Was sich aber seit der Erfindung des mechanischen Webstuhls, der Dampfmaschine, des Blitzableiters begab, führte durch die Schnelligkeit und Richtung, in der Entdeckung auf Entdeckung folgte, und schließlich durch den Geist und Zwang grundsätzlicher Überbietung jedes erreichten technischen Standes zu einem Bruch mit aller bisherigen Geschichte. Der einbrechenden und auflösenden Gewalt des Neuen trat ein starkes Sekuritätsstreben entgegen. Das in den religiösen Überbau einbezogene technische Gerät, etwa der Blitzableiter, wird zum (mit der Aura metaphysischer Schutzwirkung ausgestatteten) Garanten allumfassender Geborgenheit – so wie auch der mit allen Stilarten aufgeladene Historismus vor dem »Blitzschlag« der Traditionslosigkeit und des Kulturverlusts zu beschirmen trachtet. Auf dem Weg in die Industrialisierung scheint das geschichtliche Erbe voll präsent; es ist jedoch nur Staffage eines rigiden Sozialdarwinismus; das ethische Vakuum wird mit Hilfe eines herbeizitierten Geschichtsbewußtseins kaschiert. »Wie jeder Neureichtum sich mit Tradition zu verdecken sucht, entsteht hier ein Verlegenheitshistorismus, der in dem Verwandtschaftsgefühl zum 16. Jahrhundert insofern nicht einmal fehl greift, als es in der deutschen Vergangenheit die letzte Epoche einer blühenden bürgerlichen Städtekultur bedeutet. Man merkt der Kraftlosigkeit und Unsicherheit des Butzenscheibenstils seine Ersatzfunktion nur allzu deutlich an. Dieser bürgerliche Renaissancismus verdeckte die geschichtliche Ratlosigkeit einer Schicht, deren zunehmend ökonomische Macht in keinem vorgezeichneten Verhältnis zum neuen Reich stand. Ja, dieser Verlegenheitshistorismus war in einem noch tieferen Sinne wurmstichig, weil er zugleich mit der politischen Funktionslosigkeit des neuen Bürgertums die völlig neuartige, im eminenten Sinne traditionslose Erwerbsart des Kapitalismus und des Industrialismus zu verdecken hatte. Er konnte darum auch gar nicht auf Baukunst und Inneneinrichtung beschränkt sein, sondern war eine Antwort auf das ganze Leben, die das Selbstbewußtsein des Bürgers in romantischen Kategorien festhalten wollte. Weil niemand wußte, wohin er gehörte, suchte er im Bild einer vergangenen Epoche Halt zu gewinnen.«[29]

Die wachsende Hemmungslosigkeit des Fortschritts (seine »Amerikanisierung«) maskiert sich historisch und ordnet sich so einem organischen Entwicklungsprozeß ein, der in gegenwärtiger Zeit kulminiert. Der Tag des modernen Deutschen brachte die Ernte der Vergangenheit ein. »Es war erreicht!«

Nach einem Ausspruch Benedetto Croces haben vor allem die deutschen Professoren dazu beigetragen, daß das deutsche Philistertum nach 1871 das sogenannte Sedanlächeln auf den Lippen spielen ließ, dieses Gefühl der Überlegenheit über andere Völker, diese Verachtung für die dekadent oder bereits degenerierten lateinischen Rassen, für deren moralische Korruption und die elenden parlamentarischen Kämpfe. Der deutsche Gelehrtenstand sei nach dem Scheitern der aus der Aufklärung hervorgegangenen deutschen Revolution von 1848 zunächst ins »stille Gelehrtendasein« emigriert. Deutschland hatte Überfluß an Professoren, die zumeist recht beschränkt, naiv und kindlich leichtgläubig im Beurteilen praktischer und öffentlicher Angelegenheiten waren, was ihrer Mentalität und Lebensweise entsprach. Sie bemühten sich eifrig, in der gesellschaftlichen Hierarchie, an deren Spitze der Offizier stand, nach oben zu kommen. Dieses Streben nach Aufwertung äußerte sich als Servilität, Eitelkeit, Intrigenwirtschaft, vor allem in einem teilweise sehr rüden Militarismus und Chauvinismus der Feder, einem intensiven Haß auf westliche Demokratie und westlichen Parlamentarismus und in einer aus der eigenen Anämie, aus verdrängten Minderwertigkeitsgefühlen, aufstei-

[29] Plessner, Verspätete Nation, S. 84 f.

genden Hybris: Wir Deutschen fürchten Gott und sonst nichts auf der Welt! Es war erstaunlich, welche Aggressionstriebe bei sonst brav-biederen Universitäts- und Gymnasialprofessoren sowie »Oberlehrern« angesichts offizieller Billigung und Ermunterung ausbrachen. Wer außerhalb dieses Furor teutonicus stand, wurde bekämpft und verleumdet. Unter den deutschen Gelehrten, schrieb Julius Langbehn, gebe es einen, der eine ganz überraschende Ähnlichkeit mit Erasmus zeige: Theodor Mommsen. Wie dieser Luther, stehe jener Bismarck feindselig gegenüber; eine gewisse halbironische Teilnahme an geistigen und sittlichen Bestrebungen, welche dem Kern des deutschen Volkstums fremd wären, charakterisiere beide. Aber wie einst, so werde auch heute das deutsche Volk, soweit es echt empfinde, sich an die wahren Vertreter seines Wesens halten[30].

Vor allem am Ende seines Lebens (er starb 86 jährig im Jahre 1903) war Theodor Mommsen von tiefer Verbitterung über die gesellschaftlichen und politischen Zustände des Reichs erfüllt. Das halbe Jahrhundert deutscher Geschichte, das er selbst miterlebt hatte, verglich er mit den revolutionären Hoffnungen des Jahres 1848 und kam zu dem Ergebnis, daß das Volk nichtswürdig und rückgratlos geworden sei, die Nation versagt habe, ein erbärmliches Bild abgebe. In der letzten Fassung seines Testaments heißt es, daß innere Entzweiung mit dem eigenen Volke ihn bestimmt hätte, nicht vor das deutsche Publikum zu treten, vor dem ihm die Achtung fehle[31].

Solche Resignation mag auch mitverantwortlich gewesen sein, daß Mommsen seine ›Römische Geschichte‹, für die er 1902 den Literatur-Nobelpreis erhielt, nicht mehr zu Ende schrieb – nicht ins Augusteische Zeitalter fortsetzte, sondern mit dem Tod Cäsars abbrach. In einem Brief an den Münchner Ökonomen Lujo Brentano spricht Mommsen bitter von dem pseudokonstitutionellen Absolutismus, unter dem die Deutschen lebten und den sie innerlich akzeptiert hätten. In einem der Demokratie zustrebenden Europa blieb Deutschland in der Tat ein Staat, »in dem Entscheidungen über Lebensart und Freiheiten der Bürger weiterhin von Personen und Organen getroffen wurden, die nicht der Kontrolle des Parlaments oder des

---

[30] (Langbehn), Rembrandt als Erzieher, S. 181.
[31] Vgl. Melvin J. Lasky, Warum schrieb Mommsen nicht weiter? In: Der Monat, Heft 19/1950, S. 63 f.

Volkes unterlagen. Und die große Mehrheit des Volkes lehnte sich gegen diesen Zustand nicht auf«[32].

An einem derartig fatalen politischen Bewußtsein trugen die Universitätsprofessoren, unter ihnen vor allem die Historiker, ein gerüttelt Maß Schuld. Mit der Reichsgründung ging die republikanisch-demokratische Tradition des deutschen Gelehrtenstandes, die etwa 1848 die deutsche Nationalversammlung in der Frankfurter Paulskirche geprägt hatte (weshalb diese »Professoren-Parlament« genannt wurde), zurück. Der politische Konformitätsdruck wirkte sich voll in den Universitäten aus. Liberale Gelehrte wie Theodor Mommsen oder Rudolf Virchow waren da eine Ausnahme. »Ein materieller Selektionsmechanismus, der fast ausschließlich Begüterte den langen einkommenslosen Weg zum Ordinariat aushalten ließ, und ein Berufungsverfahren, das ›stets den konservativen Geist und die Exklusivität des Professorenstandes‹ wahrte und die Loyalität des Bewerbers gegenüber der Hohenzollerndynastie in Rechnung setzte, führten zu einer starken Obödienzhaltung innerhalb des Lehrkörpers. Die Universität als Ganzes spiegelte die Mentalität der sozialen Gruppen wider, für deren Nachwuchs sie lehrte und aus dem sie sich rekrutierte. Sie hatte die Aufgabe – um mit dem Historiker der Berliner Universität Max Lenz zu sprechen –, ›den Staat an seine allgemeine und sittliche Natur‹ zu erinnern und ihm ›Wege zu weisen‹.«[33]

Die machtstaatlichen Zielprojektionen des Wilhelminismus versetzten die Geschichtswissenschaft in die Euphorie, einer Ära anzugehören, die den endgültigen Aufstieg der Deutschen zur Weltnation erbringe. Der geschichtliche Umbruch bewirkte jedoch auch eine Dynamisierung des historischen Denkens, die sich vor allem dahingehend auswirkte, daß soziologische, sozialpsychologische, wirtschaftsgeschichtliche und strukturanalytische Fragestellungen wie Methoden entwickelt und mit der Geschichtswissenschaft verzahnt wurden. Während die meisten Historiker die deutsche Identität zwischen Machtstaat und Industriegesellschaft auf der Seite des Machtstaates suchten und fanden, forderten andere, die deshalb in die Rolle des Außenseiters gedrängt wurden, die Entwicklung der Geschichtswissenschaft in Richtung Sozialwissenschaft. Dahinter stand die rich-

[32] Gordon A. Craig, Geschichte Europas 1815–1980. Vom Wiener Kongreß bis zur Gegenwart. München 1983, S. 282.
[33] Klaus Böhme (Hrsg.), Aufrufe und Reden deutscher Professoren im Ersten Weltkrieg. Stuttgart 1975, S. 5f.

tige Erkenntnis, daß im besonderen die Soziologie wie die unter dem Begriff der Kulturwissenschaft subsumierten interdisziplinären Bemühungen einen besseren Einblick in die Probleme der Industriegesellschaft und der sozialen Bewegungen zu geben vermöchten.

Bezeichnend für die Feindschaft der beiden Lager war der für die Wissenschaftsgeschichte wichtige »Lamprecht-Streit«[34]. Die »offizielles« Geschichtsbewußtsein verkörpernden Neo-Rankeaner (darunter die Historiker Hermann Oncken und Hans Delbrück sowie der Rechts- und Wirtschaftshistoriker Georg von Below) »zermalmten in einer orthodoxen Phalanx« die Kulturgeschichte, mit der der Historiker Karl Lamprecht auf die Entfremdung des modernen Menschen eine andere als die »alleinigseligmachende politische Antwort« suchte. Lamprechts neue Gesellschaftsgeschichte wurde durch eine Detail- und Methodenkritik von bissiger Schärfe innerhalb der Zunft abqualifiziert und in der Öffentlichkeit als vorwissenschaftliches Unternehmen desavouiert. Lamprecht wurden zudem liberal-demokratische Anschauungen zugeschrieben, die Bereitschaft zu der Kapitulation vor den Massen. Das widersprach der dominanten Geschichtswissenschaft, die im Sinne des Bismarckschen Regierungskonzepts, im Gegensatz zur Lebenswirklichkeit der Industriegesellschaft, Politik für eine von der Spitze des Staates her verhältnismäßig leicht steuerbare Angelegenheit hielt und damit die im Gefolge der Industrialisierung aufkommende Problematik, daß es sich bei politischen Vorgängen um komplexe, schwerlich von oben bestimmbare Prozesse handle, negierte. Trotz der Notwendigkeit des Umzugs der Geschichtswissenschaft von den Gipfeln universalgeschichtlicher Systematik in die Niederungen massengesellschaftlicher Phänomene tat die überwiegende Mehrheit der Historiker nach wie vor so, als ob die andrängenden Fragen auf Gipfeln und von Gipfeln herab gelöst werden könnten. Als Bannerträger eines machtstaatlichen Optimismus besetzten die Rankeaner und Treitschkeaner die Lehrstühle, schrieben die Erfolgsbücher und prägten als gesellschaftliche Leitfiguren das allgemeine Bewußtsein. »Angesichts einer drohenden Überwältigung der Politik durch die Interessen, einer Vulgarisierung der Kultur und der Demokratisierung der Institutionen, entschied sich die Historie in ihrer

[34] Vgl. Michael Stürmer, Das ruhelose Reich. Deutschland 1866–1918. Berlin 1983, S. 263f.

Mehrheit, die gefährdeten oberen Etagen des Staatsbauwerks zu verteidigen. Die Soziale Frage ist von den Historikern, wenn überhaupt, nur beiläufig formuliert worden, die Gefährdung des Konsens nur abwehrend bewältigt worden. Sie dachten an den Staat und fanden in ihm die beherrschende Kategorie ihrer Wissenschaft. Sie begriffen die Gefährdung der Politischen Kultur als Angriff von unten, vor allem aber als Einkreisung von außen. Am stärksten von allen Wissenschaften wurde die Fachhistorie ein Opfer der neuen deutschen Festungsmentalität.«

Die im Gelehrtenstreit immerhin, wenn auch mit höchst unterschiedlicher Stärke, erkennbare Polarisierung historischen Denkens wirkte sich im Schulunterricht kaum aus. Komplexität und Ambivalenz waren hier genauso verschrien wie kritische Reflexion und Selbständigkeit des Denkens. Von seinen Lehrern stellt Stefan Zweig fest, daß sie weder gut noch böse, keine Tyrannen, aber auch keine hilfreichen Kameraden, sondern arme Teufel gewesen seien, die, sklavisch an das Schema, an den behördlich vorgeschriebenen Lehrplan gebunden, ihr Pensum zu erledigen trachteten. »Sie saßen oben auf dem Katheder und wir unten, sie fragten und wir mußten antworten, sonst gab es zwischen uns keinen Zusammenhang. Denn zwischen Lehrer und Schüler, zwischen Katheder und Schulbank, dem sichtbaren Oben und sichtbaren Unten, stand die unsichtbare Barriere der ›Autorität‹, die jeden Kontakt verhinderte.«[35]

Aus Berliner Sicht kommt Ludwig Marcuse in seiner Autobiographie zum gleichen Ergebnis: Es gab viele Erzieher, aber keine Erziehung; die abstrakte bürgerliche Moral, die zum Beispiel mit Hilfe des deutschen Aufsatzes einexerziert wurde, diente allein einer Vorstellung vom Staate, die jede liberale und individuelle Regung zu unterbinden suchte; zu Hause herrschte die mehr oder weniger effektvolle Diktatur der Eltern, in der Schule regierte der Direktor als unumschränkter Polizeipräsident; wurde das Ziel der Klasse nicht erreicht, so war dies ein kleiner Weltuntergang[36]. Thomas Mann stellt in den ›Betrachtungen eines Unpolitischen‹ fest: »Als Knabe personifizierte ich mir den Staat gern in meiner Einbildung, stellte ihn mir als eine strenge, hölzerne Frackfigur mit schwarzem Vollbart vor, einen Stern auf der Brust und ausgestattet mit einem militärisch-aka-

[35] Stefan Zweig, Die Welt von Gestern. Frankfurt am Main 1970, S. 48.
[36] Ludwig Marcuse, Mein Zwanzigstes Jahrhundert. Auf dem Weg zu einer Autobiographie. München 1963.

demischen Titelgemisch, das seine Macht und Regelmäßigkeit auszudrücken geeignet war: als General Dr. von Staat.«[37]

Die vorherrschende »Schulmeinung« wandte sich vor allem gegen den Sozialismus, in dem man den Urheber für die Störung, ja Zerstörung gesellschaftlicher Harmonie bekämpfte. Das affirmative Geschichts- und Kulturbewußtsein, welches das Klima der Schulen bestimmte, wird besonders dann deutlich, wenn man es an jenen Pädagogen mißt, die standhaft dagegen opponierten. Exemplarisch sei dies an Oskar Jäger (geboren 1830) aufgezeigt, der, Absolvent des Tübinger Stifts, von der Theologie dem Lehrberuf sich zuwandte und nach verschiedenen Studienreisen in den preußischen Schuldienst eintrat. Jäger wirkte politisch bei den Nationalliberalen; 1883 übernahm er den Vorsitz des Nationalliberalen Zentralkomitees der Rheinprovinz. In seiner umfassenden Studie über den Geist des Geschichtsunterrichts der höheren Schulen im 19. Jahrhundert bezeichnet Ernst Weymar[38] Jäger als den ersten Homo politicus unter den deutschen Geschichtslehrern mit Zivilcourage, einer Eigenschaft, die der gepriesene »deutsche Mut« damals noch nicht als Bedeutungsgehalt in sich begriff und auch für Untertanen nicht in sich begreifen konnte. Angesichts der Geschichtspädagogik seiner Zeit, die für ihn vor allem durch »Phrasen« und »Windworte« bestimmt war, wandte sich Jäger gegen jede »Marktschreierei«. Der Lehrer müsse sich hüten, »vor den hochdaherfahrenden Worten des Reglements, der Direktorenkonferenzen, der Lehrerversammlungen. Und wenn er irgendwo liest oder auf Versammlungen oder bei Festessen hört, was alles durch unseren Geschichts- und andern Unterricht Großes auf der Welt hervorgebracht werde, und daß der Schulmeister bei Sadowa gesiegt habe, so schlage er an seine Brust und spreche: ›Gott sei mir Sünder gnädig!‹«

Der Zweck des Geschichtsunterrichts, überhaupt des Gymnasialunterrichts, war für ihn historische Bildung; das hieß: eine auf intensive Erkenntnis vergangener Zeiten und Zustände gegründete intellektuelle Befähigung für die Arbeit in der Gegenwart. Historische Bildung, ja Bildung überhaupt, erwachse aus der dauernden Begegnung des Menschen mit der Wahrheit, die

---

[37] Thomas Mann, Betrachtungen eines Unpolitischen. In: Gesammelte Werke (Frankfurter Ausgabe). Frankfurt am Main 1983, S. 247.
[38] Ernst Weymar, Das Selbstverständnis der Deutschen. Ein Bericht über den Geist des Geschichtsunterrichts der höheren Schulen im 19. Jahrhundert. Stuttgart 1961, S. 207 ff.

ihm in verschiedenen Formen entgegentrete: als begreifbare Wahrheit in Form historischer Erkenntnis; als erlebte Wahrheit in Form des Glaubens; als Erkenntniswahrheit und Glaubenswahrheit in ihrem Träger, der freien Persönlichkeit. Historische Bildung oder die Entwicklung des Sinnes für Geschichte bedeuteten daher in erster Linie die Pflege des Wahrheitssinnes und des »Willens im Dienste der Wahrheit«. Wissenschaft – und diese habe auch den Schulunterricht zu bestimmen – dürfe nicht von vorgefaßter Absicht ausgehen. »Patriotische, religiöse usw. Gesinnung zu fördern, ist alles nichts, ist bloße Phrase, ja schlimmer, wird zum schlimmen Keime der Unwahrheit und Unwahrhaftigkeit, wenn dies oberste Gesetz, daß Geschichte erzählt, nicht gemacht werden darf, vernachlässigt wird. Ein Teil der schrecklichen, gar nicht zu durchbrechenden Schicht von Unwahrhaftigkeit, welche in Sachen der Kirche und des Christentums die Köpfe verfinstert und die Herzen verhärtet, ist auf solchem falschen Geschichtsunterricht gelagert, und wie zu geschehen pflegt, wird Wirkung wieder zur Ursache.«

Ein solches Diktum verurteilt die verderblichen Folgen einer seit Jahrzehnten fehlgeleiteten und vielfach unwahren Geschichtspädagogik, die Jäger mit Hilfe empirischer Erkenntnis und im Geiste eines demokratisch-republikanischen Engagements zu revidieren suchte.

Mit den »Ideen von 1914« triumphierte dann freilich eine Geschichtswissenschaft, die vom Pfad der Humanität endgültig abgekommen war. Hatte Lamprecht die Politisierung der Gesellschaft in einem differenzierten Sinne gefordert, so setzte man nun Politisierung mit Chauvinismus gleich; hatte Lamprecht die Teilnahme der Denkenden am politischen Leben und die Vertiefung der politischen Bildung der Tätigen als Befreiung des öffentlichen Lebens aus dem beengenden Alpdruck unüberlegter Dogmen gefordert, so gipfelte nun die Entwicklung in der kritiklosen Verherrlichung fraglosen Gehorsams, die aus der Geschichte nur das akzeptierte, was die Untertanengesinnung zu fördern vermochte.

»Die ›Ideen von 1914‹, unmittelbar nach Kriegsausbruch formuliert, stehen am Anfang der professoralen Kriegspublizistik. Sie sind ein Bündel von Aussagen, das die ersten Reflektionen über die gegnerischen Nationen, ihre Kriegsziele, den besonderen Charakter des deutschen Staates, sein Wesen und die Vorstellung von einer spezifisch deutschen Form von Freiheit darstellt. Im Zentrum dieser Ideen stand das Erlebnis der nationalen Integration, des ›Einschmelzungsprozesses‹, der die inneren Spannungen aufhob und alle gesellschaftlichen Kräfte zusammenfaßte. ›Da ereignete sich das Wunder, der Krieg kam‹, so kommentierte der Ökonom Werner Sombart die Zeitereignisse, und das ›Wunder des August 1914‹ wirkte wie ein entspannendes Gewitter. Das Erhabene des Augustwunders war für die Gelehrten die Erfüllung eines lange gehegten Wunsches: die Integration der Arbeiterschaft in den nationalen Staat, die sie mit der Bewilligung der Kriegskredite durch die Sozialdemokratie als vollzogen erachteten. Dieses umfassende Identifikationserlebnis, übrigens ein gesamteuropäisches Phänomen, das neue Gemeinschaftsgefühl der Nation, war der tiefere Inhalt der ›Ideen von 1914‹.«[39]

Die dominanten Züge des wilhelminischen Geschichtsbildes sind im Untertan »leibhaftig« geworden; er verkörperte in unterschiedlicher Mischung und Nuancierung die preußisch-konservative, heroische, christlich-traditionelle, kaisertreue, nationalistische, dynastische Geschichtsauffassung. Im einzelnen bedeutete dies, wie Horst Schallenberger in seiner Untersuchung zum Geschichtsbild der Wilhelminischen Ära mit einer Schulbuchanalyse aufzeigt[40]:

– Preußen ist die Vollendung der bisherigen deutschen Geschichte. Im Herzen Europas gelegen, ist es die Bürgschaft der europäischen Ordnung. Unter Kaiser Wilhelm II. steht das neugeschaffene Reich einig, mächtig und frei da; es erblüht in Frieden und Wohlfahrt, oder, wenn nötig, in siegreichem Kampfe zu dauernder Herrlichkeit. Der Staat basiert auf Fürstenrecht; Autorität, nicht Majorität, soll ihn bestimmen; Revolution bedeutet Auflehnung gegen die Legitimität. Die Krone gewährt, was z. B. in Frankreich nur im Aufruhr erkämpft wurde. Die Ordnung, wie sie besteht, ist von Gott gewollt; der Staat ist Verkörperung der sittlichen Idee.

– Heroische Persönlichkeiten werden als Herolde des Machtstaates verehrt; dazu gehören auch Geisteshelden, die, wie etwa Friedrich Schiller, ins Monumentale stilisiert werden. Ganz oben auf den Denkmälern, die Bewunderung oktroyieren, stehen die Herrscher, die von Staatsmännern, Militärs, Denkern und Dichtern umringt sind. Sie strahlen im Glanze

[39] Böhme, Aufrufe und Reden, S. 11 f.
[40] Vgl. Horst Schallenberger, Untersuchungen zum Geschichtsbild der Wilhelminischen Ära und der Weimarer Zeit. Eine vergleichende Schulbuchanalyse deutscher Schulgeschichtsbücher aus der Zeit von 1888 bis 1933. Ratingen bei Düsseldorf 1964.

ihrer Tugenden, zu denen vor allem Tapferkeit, Opfermut, Selbstlosigkeit und Treue gehören.

– Thron und Altar sind eng miteinander verbunden; Staat und Kirche wirken zusammen. Luther, der Erzdeutsche, der dem Kaiser gibt, was des Kaisers ist, wird in entsprechender Uminterpretation zur Leitfigur. Wahres Christentum und echtes Deutschtum sind Trutzburgen gegenüber dem welschen Geist der Aufklärung, der die natürliche Ordnung der Stände und Schichten zerstört.

– Der große Kaiser ist endlich gekommen. Lange lebte er schlafend im Kyffhäuser; er erwachte aus seinem Schlummer und brachte die alte Macht und Herrlichkeit dem deutschen Reiche zurück. Mögen die Bärte sich unterscheiden – Kaiser Wilhelm II. erweist sich als wiedererstandener Barbarossa.

– Die anderen Völker und Staaten sollen den Deutschen huldigen, denn diese verkörpern idealtypisch, was sonst nur annäherungsweise erreicht wird: Vollendung schönster Menschlichkeit. Die Deutschen: ein Volk, das großer Dinge fähig ist.

– In der Monarchie spiegelt sich die gottgewollte Gesellschaftsordnung. Gedenktage, Feiern, Festansprachen glorifizieren den dynastischen Mythos. Kaisers Geburtstag steht im Zentrum patriotischer Festlichkeit.

Für Friedrich Nietzsche in den ›Unzeitgemäßen Betrachtungen‹ (1873) ist der Bildungsphilister vor allem durch seinen Aberglauben charakterisiert; dieser wähnt, selber Musensohn und Kulturmensch zu sein; er verwaltet die öffentliche Kultur mit priesterlichem Ernst, ohne sich seines Kulturdünkels gewahr zu werden; es fehlt ihm jede zukunftsoffene Gesinnung. Er entwickelt Stolz auf die Klassiker, haust aber in den Werken der großen Dichter und Musiker wie ein Gewürm, »welches lebt, indem es zerstört, bewundert, indem es auffrißt, anbetet, indem es verdaut«. Nietzsche spricht von der großen Gefahr eines großen Sieges; von allen schlimmen Folgen, »die der letzte mit Frankreich geführte Krieg hinter sich dreinzieht, ist vielleicht die schlimmste ein weitverbreiteter, ja allgemeiner Irrtum: der Irrtum der öffentlichen Meinung und aller öffentlich Meinenden, daß auch die deutsche Kultur in jenem Kampfe gesiegt habe und deshalb jetzt mit den Kränzen geschmückt werden müsse, die so außerordentlichen Begebnissen und Erfolgen gemäß seien. Dieser Wahn ist höchst verderblich: nicht etwa weil er ein Wahn ist – denn es gibt die heilsamsten und segensreichsten Irrtümer – sondern weil er imstande ist, unseren Sieg in eine völlige Niederlage zu verwandeln: in die Niederlage, ja Exstirpation des deutschen Geistes zugunsten des ›deutschen Reiches‹.«[41]

Der im »deutschen Reich« aufgehende Bildungsphilister gab seine bildungsbürgerliche Identität lustvoll (masochistisch) auf; er wollte der Zivilisation nicht entfliehen, aber die Bürde der Freiheit und Selbstgestaltung nicht tragen. Der Bildungsbürger genoß es, unpolitisch zu sein. Thomas Manns ›Betrachtungen eines Unpolitischen‹[42] entstanden in ihren frühen Teilen am Anfang des Krieges; die letzten Abschnitte wurden um die Jahreswende 1917/18 geschrieben. Der Dichter nannte seine kulturpolitische Streitschrift eine Art Tagebuch, einen Erguß, ein Memorandum, ein Inventar, ein Diarium oder eine Chronik. Aufgewühlt durch die Kriegsereignisse, glaubte er, in der Auseinandersetzung mit Zeit und Gesellschaft, vor allem aber mit der westlich-demokratischen Zivilisation, »Zeitdienst« zu leisten, wobei er seine Schreibtischarbeit selbst heldisch stilisierte: »Nicht Staat und Wehrmacht waren es, die mich ›einzogen‹, sondern die Zeit selbst: zu mehr als zweijährigem Gedankendienst mit der Waffe, – für welchen ich am Ende meiner geistigen Verfassung nach so wenig geschickt und geboren war, wie mancher Schicksalsgenosse nach seiner physischen für den wirklichen Front- oder Heimatdienst, und von welchem ich heute nicht gerade im besten Wohlsein, ein Kriegsbeschädigter, wie ich wohl sagen muß, an den verwaisten Werktisch zurückkehre.«

Da alles aufgeregt und aufgewühlt sei und die Probleme »ineinanderbrausten«, glaubt Mann, der Zeit am Scheideweg klare Wegweisung geben zu können. Zu überwinden wäre die Welt ästhetischer Verfeinerung, artistischer Betätigung, »deutscher Meisterlichkeit«; dem futurischen Anspruch erweise sich die spätbürgerliche Wirklichkeit als nicht mehr gewachsen. Nietzsche habe zwar die Selbstverneinung des Geistes zugunsten des Lebens betrieben, des starken und namentlich schönen Lebens, aber der unter seinem Einfluß stehende hysterische Macht-, Schönheits- und Lebenskult wäre die Kehrseite derselben Medaille. Thomas Mann kann die Selbstverneinung, den Selbstverrat des Geistes zugunsten des Lebens nur mit Ironie zur Kenntnis nehmen. In dem Begriff des Ästhetizismus rechnet Thomas Mann mit der »modernen Nervosität« ab, die für ihn sowohl

[41] Nietzsche, Werke. Band 1, S. 137.
[42] Mann, Betrachtungen eines Unpolitischen, S. 545, 587, 31, 464.

künstlerische Sensibilität im Sinne von l'art pour l'art als auch ekstatischen Lebenskult und humanitäres Engagement umfaßte: »Ästhetizismus, ob er nun als Kampf-Kultus des ruchlos-schönen Lebens oder als rhetorisch entschlossene ›Menschenliebe‹ sich äußere, Ästhetizismus ist die gestenreich-hochbegabte Ohnmacht zum Leben und zur Liebe. Nichts anderes. Man müßte weniger gut Bescheid wissen über das Wesen dieser gepriesenen ›allgemeinen Menschenliebe‹. Sie ist periphere Erotik. Wo sie verkündet wird, wo man sich mit ihr brüstet, da pflegt es im Zentrum zu hapern.«

Im Bereich der politischen Auseinandersetzung wendet sich Thomas Mann gegen die demokratisch genannten Länder, in denen das besitzende Bürgertum unrechtmäßige Macht ausübe und den Versuch unternehme, jedes individuelle Handeln, im besonderen das künstlerische Werk, dem politischen Interesse und sozialen Zweck unterzuordnen. Der westliche Zivilisationsliterat – und hier hatte er vor allem seinen Bruder Heinrich Mann im Auge – zerstöre die meta-physische Dimension des Menschen und das, was es gegenüber solcher westlichen Politisierung zu verteidigen bzw. auszuweiten gelte und letztlich als identisch mit Deutschtum sich erweise: »Was haben wir heute? Das Niveau. Die Demokratie. Wir haben sie ja schon! Die ›Veredelung‹, ›Vermenschlichung‹, Literarisierung, Demokratisierung Deutschlands ist ja seit annähernd 20 Jahren im rapidesten Gang! Was schreit und hetzt man dennoch? Wäre nicht etwas Konservativismus zeitgemäß?«

Zur Demokratie (»einer Staats- und Gesellschaftsform also, zu welcher Paraguay und Portugal schon des längeren heranwachsen«) sollte Deutschland nicht »heranreifen«. Das Ich und die Welt seien die wesentlichen Gegenstände des Denkens und Dichtens, nicht die Rolle, welche ein Ich sich in der Gesellschaft spielen sehe, und nicht die mathematisch-rationalistische Gesellschaftswelt, die den Gegenstand des französischen Romans und Theaters bilde oder bis vorgestern bildete. Verhindert müsse werden die Politisierung des Geistes, die Umfälschung des Geistbegriffs in den der besserischen Aufklärung der revolutionären Philanthropie. »Der Unterschied von Geist und Politik enthält den von Kultur und Zivilisation, von Seele und Gesellschaft, von Freiheit und Stimmrecht, von Kunst und Literatur; und Deutschtum, das ist Kultur, Seele, Freiheit, Kunst und nicht Zivilisation, Gesellschaft, Stimmrecht, Literatur.«

Der politische Geist als demokratische Aufklärung und

menschliche Zivilisation ist nicht nur psychisch widerdeutsch, er ist mit Notwendigkeit auch politisch deutschfeindlich, wo immer er walte. Gerade weil Thomas Mann sich so stark der Dekadenz der Jahrhundertwende mit ihrer Mentalität verbunden fühlt, zeigt er eine rabiate Entschlossenheit zur Absage an den »unanständigen Psychologismus« der abgelaufenen Epoche und an ihr »laxes« wie formwidriges »tout comprendre«. Differenzierend und nuancenreich im Detail, sind die ›Betrachtungen eines Unpolitischen‹ in ihrer kompakten Tendenz typisches Produkt der wahnhaften Aufbruchsstimmung der Zeit, die im Krieg die Erneuerung (das regenerierende Stahlbad) pries. Der Krieg war der enthusiastisch begrüßte große Umwerter der Werte. Während es den westlichen Nationen, der Bourgeoisie, um Macht und Geschäfte gehe, bedeute er für den Deutschen die Wiederherstellung metaphysischer Erkenntnis.

»Die schiedlich-friedliche Völkergesellschaft ist Chimäre. Der Ewige Friede wäre nur möglich bei völliger Vermengung und Verschmelzung der Rassen und Völker, – womit es, sage man leider oder gottlob dazu, gute Weile hat. Wer aber den Krieg für unsterblich hielte, der beschimpfte damit die Menschheit nicht, – er täte eher das Gegenteil. Es ist nur eine Oberflächenwahrheit, wenn man erklärt, daß die Völker ›in Frieden‹ hätten leben wollen‹ und daß sie wie Lämmer zur Schlachtbank geführt worden seien. Im mythischen Sinne möge man von ›Schuld‹ sprechen, die tiefere Wahrheit ist, daß alle den Krieg gewollt und nach ihm verlangt haben, es ohne ihn nicht mehr aushielten. Sonst wäre er nicht gekommen ... Der Mensch empfindet Zivilisation, Fortschritt und Sicherheit nicht als unbedingtes Ideal; es lebt ohne Zweifel unsterblich in ihm ein primitiv-heroisches Element, ein tiefes Verlangen nach dem Furchtbaren, wofür alle gewollten und aufgesuchten Strapazen und Abenteuer Einzelner im Frieden: Hochgebirgstaten, Polarexpeditionen, Raubtierjagden, Fliegerwagnisse nur Auskunftsmittel sind. Auf Menschlichkeit dringt der ›Geist‹, aber was wäre eine Menschlichkeit, der die männliche Komponente abhandengekommen wäre?«

Die Stelle markiert in eindrucksvoller Weise den Ekel der Zeit am süßen, befriedeten, glückhaften Leben und dem damit verbundenen Aggressionsstau (als Folge einer repressiven zwielichtigen und doppelbödigen Moral). Daran gehindert, den eigenen Intentionen gemäß zu leben, findet man Befriedigung darin, andere zu bekämpfen und sich den von der Gesellschaft oktroyierten Normen, die man mit verdrängendem Kraftaufwand (die Ich-Strebungen negierend) verinnerlicht hat, zu unterwerfen. Aus kulturpubertärer Wirrnis hofft man in die Eindeutigkeit des Freund-Feind-Denkens ausbrechen zu können. Der Wille zur Kraft wird hochgeputscht, um auf diese Weise die latenten Todesgedanken wie die Anfechtungen von Melancholie und Pessimismus übertrumpfen zu können: Lebensgläubigkeit, die dem Opfergang sich rhapsodisch überantwortet. Anders als Ernst Jünger, der die konkrete Lebensgefährdung suchte, verherrlichte Thomas Mann den »Opfergang« freilich nur literarisch, vom Schreibtisch aus.

Insbesondere im Verhältnis zum Tode wird die »Ungleichzeitigkeit« des Denkens von Sigmund Freud und Thomas Mann evident. Freud weiß, in welche Todesferne seine Zeit gerückt ist; gerade weil sie den Keim des Todes in sich trug, ist ihr Verdrängungsmechanismus wie der Wille zur Vernichtung von Leben so stark geworden. Der Krieg war kompensatorisches Stützkorsett für die individuelle wie kollektive Identitätskrise. Unfähig, die Abgründigkeit des Todes in die eigene Existenz hereinzunehmen, »verlor« sich der Mensch in einer Orgie der Massenvernichtung. Der Todestrieb, zunächst nach innen gewandt und nach Selbstdestruktion strebend, wurde sekundär nach außen gerichtet und äußerte sich in allgemeiner Zerstörungswut. Die aus der besonderen Verfeinerung von Lust erwachsende Lustlosigkeit, der Überdruß am Überfluß, ging einher mit dem Verlust von Lebensfreude; materialistische Gier, die kein Bewußtsein menschlicher Tragik kannte, projizierte sich in nationale Brutalität als ein »Höheres« hinein (»metaphysisch« nannte Thomas Mann solchen Furor).

Die antiästhetischen, antibürgerlichen, antikapitalistischen, patriotischen Ekstasen Manns sind, individualpsychologisch wie sozialpathologisch gesehen, redundante Symptome der Verdrängung, der mangelnden Bereitschaft und Fähigkeit, die eigene Ambivalenz zu erkennen. Denn: In Selbstanalyse das wahrzuhaben und anzunehmen, was man glaubte, abstoßen und überwinden zu müssen, also der Sprung über den eigenen Schatten, glückte nur wenigen. Die Phantasmagorien der Selbsttäuschung hielten lange bzw. viel zu lange stand – wenn man sich dabei auch auf verlorenem Posten befand. Thomas Mann gehörte freilich mit zu den ersten, welche die »Unhaltbarkeit« ihres »unpolitischen« Standpunktes erkannten. Sein

Rückzug fiel zusammen mit dem Ende eines Amoklaufs, der unerhörte Menschenopfer gekostet hatte.

Politisch betrachtet, stellte Max Weber fest, sei der Deutsche Untertan im innerlichsten Sinne des Wortes. Er meint damit auch, daß der Untertan ein charakteristischer Teil, wenn nicht Produkt des Patrimonialfürstentums gewesen sei; und da das Patrimonialfürstentum innerhalb Europas in Deutschland sich am besten gehalten habe, könne der Deutsche als »spezifischer Untertan« gelten. Peter Blickle hat jedoch deutlich gemacht, daß der Untertan als »gemeiner Mann« auch eine ganz andere Geschichte vorzuweisen hat. Vom 14. bis zum 18. Jahrhundert stand der Untertan vielfach im Widerspruch zur Obrigkeit; durch gemeindliche Organisation (Kommunalismus) leistete er Widerstand gegen den Feudalismus. In diesen fünfhundert Jahren spielte sich eine faszinierende Auseinandersetzung um die sachliche Festlegung, funktionale Verteilung und ethische Begründung staatlicher Aufgaben ab. »Sie vollzieht sich in Form einer ›positiven Integration‹ in den politischen Gesamtverband auf der lokalen Ebene der Gemeinde und der territorialen Ebene der Landschaft; sie vollzieht sich in der Form einer ›negativen Integration‹ in Form einer Revolte. Das ist ›die Geschichte‹ der deutschen Untertanen, und sie ist eine Geschichte des Widerspruchs.«[43]

Es gehört zur Tragik des Wilhelminismus, daß in dieser Epoche solche gesellschaftspolitische Dialektik immer mehr dahinschwand; auch Stadtluft machte nicht frei; urbaner Geist schlug in Servilitätsdenken um. Die Haupttugend des »gemeinen Mannes«, sich nicht »vereinnahmen« zu lassen, war allerdings nicht auszurotten; sie wurde freilich entpolitisiert, vorwiegend auf den privaten Bereich eingegrenzt. Das »Bildungsbürgertum«, geprägt von biedermeierlicher und nachmärzlicher Sublimierung, verkörpert »Heimat« – eine Heimat, die tief in der Kindheit wurzelt. Autoritäre, patriarchalische Familienstruktur verschwimmt in rückerinnerungsseliger Erinnerung. Walter Benjamins Prosaskizzen ›Berliner Kindheit um 1900‹[44] sind genrehafte Beiträge zur »Urgeschichte der Moderne«; in der Umbruchszeit der Jahrhundertwende leuchtet die Archetypik bürgerlicher Geborgenheit auf; diese ist überlagert von den Schatten panischen Schreckens, der durch Nostalgie gemildert wird. Längst

[43] Peter Blickle, Deutsche Untertanen. Ein Widerspruch. München 1981, S. 22.
[44] Walter Benjamin, Berliner Kindheit um 1900. Frankfurt am Main 1962, S. 165f.

Gewesenes: Es kommt nicht wieder! Berliner Kindheit: »O braungebackene Siegessäule mit Winterzucker aus den Kindertagen.«

Das Bildungsbürgertum, aus Klassik und Romantik aufsteigend und sich immer mehr verbreitend, endete in kultureller Erstarrung. Bildungsbesitz statt Bildungsstreben war für Nietzsche Merkmal des Bildungsphilisters. Die Oberflächenphänomene waren in ihrer Ambivalenz Zeichen für Substanzverlust wie Substanzerhaltung. Der Idealismus blieb im Epigonentum stecken. Das Vorbild wurde zum Abglanz; aber auch im Abglanz konnte man die ursprüngliche Kraft der idealistischen Utopie noch erkennen.

Die weiterwirkende Kraft des kulturellen Erbes wird besonders deutlich, wenn man sich die bildungsbürgerlichen Vorstellungen innerhalb der deutschen Arbeiterbewegung dieser Zeit vergegenwärtigt. Zum sozialdemokratischen Parteiprogramm gehörte es, dem Arbeiter »deutsches Bildungsgut« zugänglich zu machen. Arbeiterbildungsvereine, Volksbühnen, Arbeiterbibliotheken, Wandervereine, Lehrkurse dienten dem Ziel, alles, was bisher an Kultur geschaffen worden war, den Massen zur Verfügung zu stellen. Das Proletariat sollte sich die gesamte Kultur »erobern«. August Bebel spricht vom »Vervollkommnungstrieb jedes Menschen«; er zitiert Wagners Wort »Jeder soll ein Künstler sein!« Die Gesellschaft von morgen werde Künstler und Gelehrte jeder Art in unzähliger Menge besitzen. Kulturpessimismus war die eine Seite der Medaille; die andere zeigte einen unerschütterten und unerschütterlichen Glauben an die Chance, das »Bürgerrecht Kultur« im Staat der Zukunft verwirklichen zu können[45].

In der Novelle ›Des Reiches Krone‹ projiziert Wilhelm Raabe[46] die Botschaft von der Notwendigkeit innerer Besinnung (die bildungsbürgerliche Innerlichkeitsbotschaft) auf ein »historisches« Geschehen. In archaisierendem Stil wird ein Ereignis aus der Zeit der Hussitenkriege (1419–1436) erzählt: Die auf die Burg Karlstein bei Prag entführten Insignien Kaiser Karls des Großen, deren eigentlicher Aufbewahrungsort Nürnberg ist, sollen zurückgebracht werden. Der Junker Michel Groland von Laufenholz kämpft mit anderen Gleichgesinnten für »des Rei-

---

[45] Vgl. Erhard van den Bergh, Die Chance des Bürgers. Plädoyer für ein neues Bildungsbürgertum. Düsseldorf, Wien 1983.
[46] Wilhelm Raabe, Sämtliche Werke. Zweite Serie. Band 3. Berlin-Grunewald o. J., S. 371 f.

ches Krone«; er wird von der Lepra befallen und kehrt unerkannt in die Heimatstadt Nürnberg zurück. Seine Geliebte Mechthilde erfährt von seinem schweren Schicksal; den Ehrendienst des Bräutigams vergilt sie mit ihrer Liebe. Nach dem Tod Michels erweist sich Mechthilde als »Mater Leprosorum«. »Sie hat den Namen wie einen Kranz mitten im Elend von Sankt Johann vom Boden aufgehoben und hat ihn wie eine Krone getragen bis an ihren Tod, und es sind viele gewesen, die haben sie selber des Reiches Krone genannt, doch zu ihren Ohren ist das Wort wohl nicht gekommen, es hätte auch keinen Sinn für ihr schönes Herz gehabt.« Inmitten einer Zeit hoch gepriesenen vaterländischen Kriegsdienstes (die Novelle erschien 1870) plädiert der Dichter für zeitlose Humanität. In einem Augenblick nationalen Höhenflugs stellt er, an die innere Entwicklung denkend, die bange Frage: »Des deutschen Reiches Krone lieget noch in Nürnberg; – wer wird sie wieder zu Ehren bringen in der Welt?«

Die bildungsbürgerlichen »Sieger«, die sich auf der zukunftsträchtigen, vom Dampf brodelnden Unternehmungsgeistes überlagerten Heerstraße des Fortschritts wähnten – sie waren die eigentlichen Verlierer. Unvergänglichkeit des Erbes: Sie, die sich auf ihrem eingeebneten Weg von historischen Überlegenheitsgefühlen beflügelt wähnten, trieb in Wirklichkeit die Angst der Unterworfenen an.

Magie des Traumes: Sie hätte dazu inspirieren können, das aus den Fernen des Idealismus hereinwirkende abstrakte Humane vor nationalistischer Usurpation zu bewahren und das Prinzip Hoffnung inmitten einer Realität wieder wirksam werden zu lassen, die Idealismus nur als ästhetische Fluchtbewegung bzw. bildungsbürgerliche Abkapselung begriff. Da der Zwiespalt zwischen Anspruch und Wirklichkeit (dem »Optativischen« und dem »Indikativischen«), zwischen einem Geschichtsbewußtsein, das Erlösung vorgaukelte und dabei auf Mythen regredierte, und einem Realitätsprinzip, das sich der Wachstumseuphorie überantwortete – da die Kluft zwischen Innerlichkeitskult und Expansionssucht immer unüberbrückbarer wurde, schlug schließlich dem objektlosen Innern (als der in sich gedrängten, leeren Subjektivität) das Außen in unverminderter Wucht entgegen. Undurchsichtig und übermächtig gewann es Züge des Dämonischen. Wie einem Delinquenten, der mit dem Kopf nach unten aufgehängt ist, bot sich die Welt dar. Panischer Blick, dem sich die Identifikation mit dem Getriebe versagt, in das er verdammt ist. Georg Lütter beschreibt in diesem Sinne Franz Kafkas Geschichtsbild in seiner Trostlosigkeit und Unerlöstheit als »Totalität der Hölle«[47]. Für den Historismus sind alle Epochen gleich gültig, und damit auch, existentiell gesehen, gleichgültig. Für Kafka sind sie »ungültig«, gleich sinnlos. Er sah Fortschritt stets am gleichen toten Punkt endend. Das Ziel wird weder erreicht noch gelingt Annäherung. Die Überwindung eines Hindernisses führt nur zum nächsten. Die Grenze ist stets die eigene, also unüberwindbar. Von allen Dingen ist man durch einen hohlen Raum getrennt. Hoffnung gäbe es genug, unendlich viel Hoffnung, aber nicht für uns. – Geschichte ein Standrecht: Sie tagt in Permanenz; kennt nur Urteil, keine Berufung. Kafkas Weltalter: Extrapolation versteinter Gegenwart (Th. W. Adorno).

Dem Galerie-Blick der Nachgeborenen erscheint der bildungsbürgerliche Umzug vom bewegten universalgeschichtlichen ins nationalistisch erstarrte Gehäuse als ein hektisches Umhergetriebensein im Psychodrom eines ruhelosen Reiches. Daß dem Irrlauf kein Halt geboten wurde, hing nicht zuletzt mit der faszinierenden Künstlichkeit dieser Kultur zusammen, die Selbsttäuschung um Selbsttäuschung produzierte. Die Getriebenen und die Antreiber, die Vorläufer und die Mitläufer fühlten sich als Akteure einer glanzvollen Inszenierung; aufgeführt wurde das Vorspiel zur Menschheitsdämmerung. Der historische Versuch der Sinngebung von Geschichte durch Geschichte scheiterte. Der Glaube an die Kraft der Geschichte trug den Abschied an die Geschichte in sich. Die Wogen des Nihilismus sah Nietzsche steigen. Er sollte recht behalten.

Spießer-Ideologie

Der Umzug des Bildungsbürgers aus idealisch-utopischen Landschaften in muffig-dumpfen Provinzialismus stellt sich als ein Weg dar, der viele Verzweigungen und Kehren enthält, letztlich aber, den Wegweisern Nation und Nationalismus folgend, in den ideologischen Abgrund führt. Der Erste Weltkrieg wird als Befreiung empfunden, in Wirklichkeit erreicht

[47] Vgl. Georg Lütter, Totalität der Hölle: Kafkas Geschichtsbild. In: Merkur, Heft 5/1983, S. 565 ff.

die Regression ihren Tiefpunkt. Der Zerstörung der deutschen Politik entspricht die Zerstörung des deutschen Geistes; die Ideen des Guten, Schönen und Wahren enden in den Ideen von 1914, der Verherrlichung von Gewalt und Grausamkeit. Die Zerstörung des deutschen Geistes im 19. und 20. Jahrhundert durch den Nationalismus, der die Voraussetzungen für den Aufstieg des Nationalsozialismus schafft, endet in einem Mentalitätsmuster, das als »Spießerideologie« bezeichnet werden kann: Kultur wird zur Fassade, der Mythos zerstört den Logos, Verdrängung und Komplex ersetzen Emanzipation und Autonomie[48].

Kultur als Fassade

Der Kleinbürger hat kein Kulturbewußtsein – aber er fühlt sich als der eigentliche »Kulturträger« der Nation. Kultur ist Fassade – und dennoch nicht Vortäuschung; hinter der Fassade ist nichts; die Fassade ist er selbst. Die Barbarei ist in die Kunstsinnigkeit eingesprenkelt; Krieg und Kunst, Gemeinheit und Schönheit werden zu auswechselbaren Begriffen; die Schizophrenie wird nicht als solche empfunden; das gespaltene Wesen ist das Wesen des Kleinbürgers schlechthin. Man verehrt Goethe, aber er ähnelt dem Soldatenkönig; man bewundert das Schöne, aber es ist nur die muskulöse Nacktheit; man ist für Sauberkeit, aber sie ist steril; man spricht hohe Worte, aber es sind hohle Worte; man strebt nach Idealen, aber es sind Spießeridole; man pflegt Innerlichkeit – in der Gartenlaube; die Lieder, die man singt, sind Kitsch; der Mythos, den man verehrt, ist Kolportage; das Gemüt im Heim liegt auf Plüsch.

»Wir haben ja unsere Kultur, heißt es dann, denn wir haben ja unsere ›Klassiker‹; das Fundament ist nicht nur da, nein, auch der Bau steht schon auf ihm gegründet – wir selbst sind dieser Bau... Es darf nicht mehr gesucht werden; das ist die Philisterlosung,«[49] so Friedrich Nietzsche. Man »besaß« die Klassik, und sie verbürgte, daß man innerhalb der Kulturhierarchie ganz oben stand, daß man sich allen – und dies besonders nach dem

---

[48] Hierzu ausführlich und mit umfangreicher Bibliographie Hermann Glaser, Spießer-Ideologie. Von der Zerstörung des deutschen Geistes im 19. und 20. Jahrhundert und dem Aufstieg des Nationalsozialismus. Freiburg 1964 und Frankfurt am Main 1985.
[49] Friedrich Nietzsche, Unzeitgemäße Betrachtungen. Stuttgart o. J., S. 12 ff.

Sieg über Frankreich 1870/71 (dessen Kultur man zwar als »Zivilisation« verachtete, aber doch insgeheim als Rivalin fürchtete) – als überlegen erwiesen hatte.

»Klassiker Goethe« war einer der »hohlen Gipsköpfe«, die (um einen Ausspruch von Egon Friedell zu gebrauchen) der deutsche Bürger voll Andacht auf seine Konsole stellte; man blickte zu ihm auf, denn er war »vorbildlich«; so gehörte er zum Inventar eines vorbildlichen Haus- und Ehestandes. Darüber hinaus wurde er zum nationalen Götzen, in dessen Namen man sich stolz ein Volk der »Dichter und Denker« nennen konnte. Hermann Hesse hat ein solches Goethebild im ›Steppenwolf‹ beschrieben: »Einen charaktervollen, genial frisierten Greis mit schön modelliertem Gesicht, in welchem weder das berühmte Feuerauge fehlte noch der Zug von leicht hofmännisch übertünchter Einsamkeit und Tragik...«[50]

Das 19. Jahrhundert hat sich »redlich« bemüht, aus Goethe den »edlen Altmeister« oder »titanischen Geistesheroen« herauszumodellieren. Im Zuge des Ideologisierungsprozesses wurden die wichtigsten Züge des Goethischen Werkes – das Humanitätsstreben, das Primat der Idee bei allem Wirklichkeitsbezug, die Betonung des Sozietätsgedankens, vor allem auch sein Kosmopolitismus – ins Kraftvoll-Brutale, Rassisch-Körperhafte, Völkisch-Nationale pervertiert. Was klassisches Menschentum beinhaltete, welche sittlichen und idealen Ziele es sich setzte, war der offiziellen Interpretation des 19. Jahrhunderts kaum zugänglich. Der Goethe eines echt-deutschen Deutschlands war äquivalent »erzdeutsch« und »faustisch«; an den Faust klammerte man sich denn besonders, weil man hier das höchste Symbol seiner selbst – »stets strebend bemüht«, wissenschaftsgläubig, tatkräftig und landrodend (das »faustische« Zweiflertum und Schuldbewußtsein wurden im Zeichen nationalen Aufbruchs wegretuschiert!) – zu erkennen glaubte: bis hin zu Oswald Spenglers Gleichsetzung des Faustischen mit dem Nordisch-Deutschen schlechthin.

Angesichts der anderen Werke war die Fehlinterpretation schwerer vorzunehmen, die Iphigenie kaum in eine germanisch-wagnerianische Speerjungfrau umzuformen, wenn sie auch in der bildenden Kunst – durch Feuerbach etwa – in sentimentalen Kitsch überführt wurde. Zwar hatte die ›Gartenlaube‹ 1879 in Erinnerung an »jene« Zeit (eben »jene Zeit«

---

[50] Hermann Hesse, Der Steppenwolf. München 1963, S. 66.

Goethischer aufgeklärter Humanität) in ihrer tränenseligen Sprache einen ihrer »Möge«-Wünsche angebracht: »Möge Goethes reine, edle ›Iphigenie‹ auch im neu beginnenden Jahrhundert über deutsche Kunst und Literatur ihre Segnungen ergießen« (der Wunsch kam immerhin von einem Altliberalen, dem Herausgeber und Begründer der Zeitschrift, Robert Keil![51]) –, doch die wahre Situation der Zeit traf Julius Langbehn besser, wenn er beanstandete, daß sich Goethe hier den »Mantel eines fremden Stils« übergeworfen habe; die ›Iphigenie‹ sei zudem ein »Greisenprodukt«; die Heldin gebärde sich griechisch – »sie würde besser tun, sich deutsch zu gebärden«[52].

Der Gedanke der Kalokagathie (der Harmonie von Seele und Leib, des erwünschten Zusammenklangs einer schönen Seele mit einem schönen Körper), von der Klassik aus der Aufklärung übernommen und weiterentwickelt, erfuhr schon bald im 19. Jahrhundert eine zu stark aufs Körperhafte bezogene Auslegung. Verhängnisvoll unterstützt wurde eine solche Fehlinterpretation durch die Weltanschauung der Turnerbewegung, die sich um das lateinische Wort »Mens sana in corpore sano!« kristallisierte und über Schule, Turnverein, Korporation und Festvortrag tief ins Bewußtsein vor allem der akademischen Jugend drang. Dabei handelte es sich um eine besonders bösartige Fälschung; denn Juvenal, von dem das Wort stammt, hatte nie den Unsinn behaupten wollen, daß in einem gesunden Körper eine gesunde Seele wohne oder umgekehrt. Man solle – meinte er –, wenn ein Kind geboren werde, zu den Göttern beten: »Orandum est ut sit mens sana in corpore sano!«[53] Im Hinblick auf die spätere Wirklichkeit des 19. und 20. Jahrhunderts (besonders des Nationalsozialismus) wäre es angebracht gewesen, dieses »Orandum-est-ut-sit« besonders stark herauszustellen: man möge darum flehen, daß *trotz* eines gesunden Körpers ein gesunder Geist und eine gesunde Seele sich einstellten!

Ein schöner Körper wurde als Beweis für »moralische Sauberkeit« empfunden, alabasterne oder marmorne Weiße als seelische Reinheit interpretiert. Angesichts wohlscheinender Proportionalität verstummte die Frage nach Beseelung und

[51] Die Gartenlaube, Jahrgang 1879, S. 252.
[52] (Julius Langbehn), Rembrandt als Erzieher – von einem Deutschen. Leipzig 1891, S. 30.
[53] D. Iunius Juvenalis, Saturae. Hrsg. von Ulrich Knoche. München 1950, S. 114.

Durchgeistigung. Das »farbige Geschwätz« der mythologisch posierenden Kunst des Fin de siècle (blühende Wiesen mit blumenstreuender Flora, nackte Frauen an Quellen, durch Haine schreitende Halbgötter, Nymphen und Najaden hinter Büschen, in den Astgabeln die Faune) griff zwar vom Titel her noch Themen auf, die »Seelisches« anrührten – auch Gefährdung und Problematik bedeuteten. Doch Stucks Bild ›Die Sünde‹ etwa – um von letzterem ein Beispiel zu geben – war nicht wirklich eine Auseinandersetzung mit der Sünde und ihrer »Schwerkraft«, sondern nur ästhetisch-erotische Attraktion: reizvoll – Boudoir- bzw. Schlafzimmerkunst. Stuck wollte eben »Schönes schaffen zum Schmucke des Lebens«. Die ästhetische Pose griff dabei vom Bild auf den Maler über; er selbst wollte »schön« sein wie die Kunst, die er schuf. So haben Stuck und Lenbach einen besonderen Ritus des Malens entwickelt, der Räucherkerzen und Gehrock einschloß und sich in einem Atelier vollzog, das den Plüschwohnstil maßgebend beeinflußte (besonders berühmt Hans Makarts Wiener Atelier). Der prunkvolle Dekor umfaßte Samt, Seide, Waffen, Geschmeide, Brokat, Spitzen, Perserteppiche, Gobelins; der Schönheitswert solcher Utensilien war um so höher, je gehäufter sie in Erscheinung traten und je weniger man sie für irgend etwas praktisch gebrauchen konnte. Wer den »Festsaal« oder »Dom« der Kunst betrat, am »Altar der Kunst« niederkniete – für den konnte auch eine »schwarze Messe« zelebriert werden; wer die »Schönheit angeschaut mit Augen«, der war ihr »auf immerdar verfallen«; was von einem ästhetischen Schmelz überzogen war, erschien schön – auch das Niedrige oder Gemeine. Die »dekorative Kunst« dieser Zeit, die Nietzsche anprangerte, war somit eine zumindest potentiell höchst unmoralische Kunst, da sie den Schein zum Sein erhob, durch den Schein das eigentliche Sein (etwa der Sünde) ins Gegenteil verfälschte, »kunstvolle« Fassaden schuf, hinter denen sich die Kräfte der Barbarei formieren konnten. Der an der bildenden Kunst ablesbare Vorgang der Perversion des Schönheitsbegriffes findet seine Entsprechung in der Literatur und Musik. Lyrik, Epik, Dramen wurden nach dem »Goldenen Schnitt« konstruiert; Stimmung, Handlung, Sprache sollten Manifestationen des Edlen, Erhabenen sein, freilich nicht des wirklich Edlen und Erhabenen: sie waren große Gebärde, die sich edel und erhaben gab.

Die Verherrlichung des Leibes und der wohlproportionierten

Nacktheit fand ihr Gegenstück in der Ablehnung des »häßlichen« Körpers sowie des »Häßlichen« in der Kunst schlechthin. »Häßlich« war alles, was der Vorstellung von polierter Glattheit, seichter Problemlosigkeit und oberflächlich-optimistischer Lebenshaltung nicht entsprach. Für das kleinbürgerliche Bewußtsein war Kunst Teil der Wohnkultur, eine Schmücke-dein-Heim-Kunst: Bilder über Kanapee und Ehebett – Ikonen bürgerlicher Ruhe und Lust. Jede Gefährdung dieses ästhetischen Kuhglücks durch Maler oder Dichter, die die »andere« Seite des Lebens darstellten oder in ihre Darstellung einbezogen, wurde als geradezu persönliche Beleidigung empfunden und mit geifernder Leidenschaft bekämpft. »Ich meine, man wird den Mut haben müssen..., kaltblütig von der öffentlichen Verbreitung in jeder Form alles auszuschließen, was sich der Maske der Kunst bedient«, forderte Claß, der Vorsitzende der Alldeutschen, 1912. »Reine« Kunst wolle man und nicht Bilder, die »kranken Neigungen frönten«. Claß hielt den Kaiser auch in diesem Punkt für zu schwach, zu wenig konservativ[54]. Doch abgesehen davon, daß Wilhelm II. persönlich wie mit seinem Hofstaat in Fragen des schlechten Geschmacks allen voranging, hatte er des öfteren programmatisch jede »Rinnsteinkunst« kategorisch abgelehnt. Er liebte Richard Wagner, er las die Romane von Ebers leidenschaftlich gern, verachtete die Lyrik, soweit sie nicht patriotischer Art war, und die meiste andere Literatur, die er für unnütz und unsittlich hielt. Er schuf den Entwurf zu dem Bild ›Völker Europas, wahret Euere heiligsten Güter‹ (mit Königsburgen, Speerjungfrauen, Schlachtengott und Schlachtenkreuz sowie einem gefiederten Siegfried), komponierte den ›Sang an Ägir‹ und dirigierte die Eulenburgschen Rosenlieder. Hinter dem Schild staatlicher Begünstigung fanden sich zum ästhetischen Konservatismus all diejenigen zusammen, die oberflächliches Glück und zufriedene Alltäglichkeit, bäuerische und spießerliche Gesundheit, mythologische »Reinheit und Sauberkeit«, alles in allem: wilhelminische Saturiertheit mit »zierlichem Pinsel« nachzumalen verstanden. – Vom Stil her gesehen kam nur Naturalismus (photographischer Realismus) in Frage, was auch weltanschaulich begründet werden konnte: »Echte germanische Kunst ist naturalistisch; wo sie es nicht ist, ist sie durch äußere Einflüsse aus ihrem eigenen, ge-

[54] D. Frymann (Claß), Das Kaiserbuch. Berlin 1935 (1912), S. 86.

raden, in den Rassenanlagen deutlich vorgezeichneten Wege hinausgedrängt worden.«[55]

Das »leere Pathos« ist das charakteristische Merkmal der »offiziellen« Sprache des 19. und 20. Jahrhunderts. Die Ursprünge dieser Pathetik sind leicht zurückzuverfolgen; sie zeigt eine strukturelle Übereinstimmung mit Redefiguren der epigonalen Romantik und Klassik. Vor allem fühlte sich die politische »Hochsprache« Schiller »verpflichtet«, während sie in Wirklichkeit die Schillersche Sprache pervertierte und mißbrauchte. »Wie das Auge des Volkes das festliche Gepränge liebt, mit dem mächtige Herrscher sich umgeben, so liebt seine Seele den Glanz und die Pracht der Schillerschen Sprache, die Majestät seines Ausdrucks, das von Gold und Purpur strahlende Gewand der Herrschaft im Reiche des Geistes.«[56]

Schiller, dieser luzide Denker und Dichter, der für eine breitere Öffentlichkeit erst wieder durch die Festrede von Thomas Mann zu dessen 150. Geburtstag aus dem nationalen Gitterkäfig befreit und in seiner echten Menschlichkeit nahegebracht wurde, hatte im 19. Jahrhundert das Schicksal erlitten, zum Idol des nationalen Bürgertums erkürt zu werden: er war zum »Moraltrompeter« und zum Vorkämpfer nationaler Einheit geworden. Die ›Glocke‹ fürs Jungmädchenzimmer, der ›Tell‹ für die Freilichtbühne, der Dichter selbst in der Gestalt eines Burschenschaftlers – das waren Teilaspekte dieser Fehldeutung. Der arme, tapfere Mann, der seinem von ständigen Zweifeln und leidvollem Pessimismus heimgesuchten Geist ein Werk der Humanität abgerungen hatte, der in dem Vorwort zu den ›Horen‹ gesagt hatte, daß es ein »armseliges kleinliches Ideal« sei, für *eine* Nation zu schreiben (einem philosophischen Geist erschiene diese Grenze als durchaus unerträglich), wurde auf das Piedestal der nationalen Beweihräucherung gestellt – ein nationaler Schiller, der – wie es im Lesebuch hieß – jedes »jugendliche frische Gemüt« ergreife und erhebe, »der wie kein anderer prophetenhaft alles Gemeine aus der Brust des heranwachsenden Jünglings wegtilgend mit heiligem Feuer zu verzehren, und

[55] Houston Stewart Chamberlain, Die Grundlagen des 19. Jahrhunderts (1899). München 1944, S. 1180.
[56] Gabriel Rießer, Zu Schillers 100. Geburtstag. Hamburg, 1. Nov. 1859. Zit. nach Johannes Hohlfeld, Dokumente der Deutschen Politik und Geschichte von 1848 bis zur Gegenwart. Band 1. Berlin, München 1959, S. 87.

die Flamme eines höheren Lebens darin zu entzünden vermag«[57].

Im Verlauf des 19. Jahrhunderts hat sich das Schillersche Pathos zunehmend verselbständigt; es war nun nicht mehr Gewand des Gedankens, Erhöhung des Gedachten, Gesehenen, Erlebten, Erfühlten, sondern – sich selbst überlassen – unverbindlicher, willkürlicher Wortrausch; Gestalt und Gehalt standen nicht mehr in echter, unauswechselbarer Verbindung. Das Klischee dominierte, der Mensch bewegte sich im Gehäuse der Worte: sinnlos und im Kreise sich drehend; ein Wort gab das andere, eine Phrase die andere. – Die Reden des Schillerjahres 1859 – der hundertste Geburtstag des Dichters wurde als »Siegesfest des deutschen Geistes« gefeiert – markieren die erste Etappe dieser Entwicklung:

»Welchen ausländischen Mann heute sein Weg durch Deutschland an einem oder dem anderen Ende geführt hätte, seinem Blick wären in allen oder fast allen Städten festliche Züge heiterer und geschmückter Menschen begegnet, denen unter vorangetragenen Fahnen auch ein prächtiges Lied von der Glocke erscholl, selbst dramatisch dargestellt wurde. Der frohernste Gesang, die gewaltige Fassung, hätte ihm jeder Mund berichtet, sei von unserer größten Dichter einem, dessen vor hundert Jahren erfolgte Geburt an diesem Tage eingeläutet und begangen werde... Ach, könnte doch auch an hehren Festen alles fortgeläutet werden, was der Einheit unseres Volkes sich entgegenstemmt, deren es bedarf und die es begehrt.«

Jacob Grimm unterstützte in seiner Festrede über Schiller, den »auf seiner Höhe Thronenden«, den Plan, überall Schillerdenkmäler zu bauen, wobei er sich im Zeichen eines rigorosen Literar-Darwinismus dafür aussprach, das Geld, das man hungernden Dichtern und Dichterwitwen (»Schillerstiftung des deutschen Volkes«) zuteil werden lassen wollte, lieber für die Denkmäler zu verwenden: »An mehr als an einem Platz, zu Marbach und anderswo, würden von Künstlers Hand geschaffene Bildsäulen Schillers aufzurichten sein und dann einem dauernden Freudenfeuer gleich leuchten im Lande; laßt uns den Kostenaufwand dafür und für die Salbe der Weihe nicht abgefordert werden zur Niederlage in den allverschlingenden immer

[57] Zit. nach Peter-Martin Roeder, Zur Geschichte und Kritik des Lesebuchs der höheren Schule. Weinheim 1961, S. 81.

hungrigen Armensäckel.«[58] Nun begann »des deutschen Lebens tiefster Bronnen« wieder voll zu fließen; nachdem ein ganzes Volk »fromm den Kranz aus hundertjährigen Zweigen« für seinen »Liebling« geflochten hatte, war er »wiedererstanden«.

Die interessanteste Festrede hielt Gabriel Rießer – interessant auch deshalb, weil Rießer Jude war; sie dokumentiert auf eine eindringliche Weise, wie echt-deutsch – selbst im Sprachlich-Negativen – der jüdische Intellektuelle empfand, das heißt, wie vollständig integriert er war (auf der gleichen Linie lag, wenn man sich in Nürnberg 1878 für die Sedanfeier den Rabbiner als Festredner aussuchte). Rießer war freilich ein gegen Obrigkeits- und Polizeistaat kämpfender liberaler Geist – seine Rede ist somit ein Beispiel dafür, daß man zu dieser Zeit demokratisch denken, fühlen und handeln konnte, auch wenn man nicht mehr die logisch klare, menschlich bescheidene Sprache der Aufklärung und Klassik, sondern die hochtrabende und schwülstige eines engstirnigen Kleinbürgertums sprach. Dieser Bruch hatte sich bereits bei Uhland gezeigt, der 1849 in der Paulskirche seine extrem-revolutionären Forderungen in einer völlig konservativ-traditionellen, epigonal romantischen Sprache vorgebracht hatte: »Das wäre dem natürlichen Wachstum der neu entstehenden deutschen Eiche nicht gemäß, wenn wir ihrem Gipfel ein Brutnest erblicher Reichsadler aufpflanzen wollten.«[59] Eine solche, für die politische Anthropologie der Deutschen bedeutsame schizophrene Haltung ist in erster Linie auf die deutsche Freiheitsbewegung zurückzuführen, deren Vertreter die Forderungen nach Freiheit *und* Einheit politisch wie sprachlich nie recht zu vereinen wußten. Vom Inhalt her gesehen schienen die Forderungen der »revolutionären« Jugend nach 1813 wirklich revolutionär zu sein, das heißt den Anspruch auf die bürgerlichen Freiheitsrechte in den Vordergrund zu rücken; eine Sprachanalyse zeigt jedoch, daß diese Bestrebungen bereits in den Anfängen von konservativ-reaktionären Gedanken überwuchert waren. Rießers Schillerrede begann mit den Worten: »Lassen Sie den Widerhall tausendstimmigen Jubels, der in den eben verhallten Klängen an Ihr Ohr gedrungen, in Ihrer Seele fortbrausen; die edle Tonschöpfung, der Verherrlichung des Andenkens eines großen Menschen gewidmet, hat

[58] Zit. nach K. M. Michel, Rinnen muß der Schweiß oder Wie wir Schillers 200. Geburtstag feierten. In: Frankfurter Hefte, 12/1960, S. 888 ff.
[59] Zit. nach Hohlfeld, Dokumente, Band 1, S. 40.

nie einen würdigeren Gegenstand gefunden, hat nie eine höhere, allgemeinere Feststimmung verkündet als in diesem Augenblick.«[60]

Die Rede umfaßt ungefähr 5000 Worte, darunter etwa 150 Steigerungsformen, (grammatikalische) Superlative oder Komparative; das heißt, jedes 33. Wort ist ein Superlativ oder Komparativ. Unberücksichtigt in dieser Zahl sind die vielen inhaltlichen Superlative wie etwa: mächtiges Rauschen, hohes Tönen, gewaltiger Genius und dergleichen. Um deutlich genug aufzuzeigen, daß Schiller edel, erhaben, mächtig, herrlich und unerreicht sei, werden die entsprechenden Worte zu rhetorischen Gipfeln aufgetürmt; allein das Wort »hoh« beziehungsweise »hoch« taucht 60mal auf; ähnlich »edel«. Für Rießer und seine enthusiastisch-andächtigen Zuhörer war in Schiller die »höchste und edelste Bildung erschienen«, die »reine Entwicklung des Natürlichen, die schönste Blüte, die süßeste Frucht; in ihm lebten die zartesten und tiefsten Empfindungen, das reinste Geistige, die höchsten Mächte und die ursprünglichsten und kindlichsten Gefühle« (und dies alles in einem Satz!).

Metaphorik, Syntax und Topik der national-bürgerlichen (dem Geiste nach: kleinbürgerlichen) politischen wie kulturellen Rede des 19. und 20. Jahrhunderts sind damit bereits illustriert: ein Schwulst der Bilder, die Betäubung des Logos durch mythifizierendes Geraune, eine Zerstörung der Begriffskerne, so daß leere Worthülsen allein verbleiben, eine Fülle falscher, schiefer oder unnötiger Genitive, um hochtrabende Feierlichkeit bemühte Inversionen, eine Häufung synonymer Worte. Von den Tagen der Befreiungskriege bis herauf zu Hitler lassen sich – abgesehen von der zunehmenden Häufigkeit der Erscheinungen – kaum wesentliche Unterschiede, immerhin einige Variationen innerhalb des offiziellen Sprach»guts« feststellen.

»Alles Romantische«, heißt es einmal bei Carl Schmitt, »steht im Dienst anderer unromantischer Energien, und die Erhabenheit über Definition und Entscheidung verwandelt sich in ein dienstbares Begleiten fremder Kraft und fremder Entscheidung.«[61] Damit war zwar nicht die Romantik selbst charakterisiert, wohl aber das Ergebnis ihrer Umdeutung: sie wurde »dienstbar« gemacht; einzelne ihrer Elemente, die man aus dem Zusammenhang riß, begleiteten »fremde Kraft«. Das apolitische

[60] Ebenda, S. 85 ff.
[61] Carl Schmitt, Politische Romantik. München, Leipzig 1925, S. 228.

Verhalten etwa, die Flucht vor der Wirklichkeit, der Traum von einer innerlich reinen und schönen Welt, wurde mit dem Begriff »romantisch« überdeckt und so der Weg frei für die »Umwerter«, die eine solche Kultur ohne Engagement als Fassade verwenden konnten, hinter der sie ihre höchst aktive und verhängnisvolle Politik betrieben. Während sie die Schlagworte »Politik verdirbt den Charakter«, »Wahre Kultur ist innerliche Kultur« propagierten, zeichneten sie sich selbst durch absolute Charakterlosigkeit und den Mangel an jeder Kultur aus. Man kann die Wesenszüge der Romantik, die Hinneigung zum Märchen, zum Unbewußten, Imaginären, Unheimlichen, Geheimnisvollen, Kindertümlichen und Naturhaften, das Fernweh und die Sehnsucht, nur richtig verstehen, wenn man sie unter dem Gesichtspunkt der »Paradoxie« und »Universalität« sieht (Zentralbegriffe romantischer Ästhetik): als einen Versuch, Widersprüchliches zu vereinen, den ganzen Kosmos der menschlichen Seele und der irdischen wie überirdischen Wirklichkeit zu erfassen und zu umfassen – Gefühl und Geist, Herz und Intellekt, Sentimentalität und Ironie, Tag und Nacht, Realität und Surrealität, Frömmigkeit und Nihilismus, nationale Literatur und Weltliteratur; indem man Einzelzüge isolierte, zerstörte man das Gleichgewicht dieses dialektischen Weltbildes vollständig; Gefühl, Subjektivismus, Irrationalismus wurden überlastig.

An solchem Ideologisierungsprozeß hat die deutsche Germanistik einen wesentlichen Anteil: ihr »Sündenfall« beginnt nicht erst mit dem Dritten Reich. Ein Wort Thomas Manns kann zur Charakterisierung herangezogen werden, auch wenn sich dieses vor allem auf die Zeit des Nationalsozialismus, Inbegriff und Höhepunkt epigonaler Romantik, bezieht: man könne von einer »Philologen-Ideologie« sprechen, einer »Germanistenromantik und Nordgläubigkeit aus akademisch-professoraler Sphäre, die in einem Idiom von mystischem Biedersinn und verstiegener Abgeschmacktheit mit Vokabeln wie rassisch, völkisch, bündisch, heldisch auf die Deutschen ... einredet und der Bewegung ein Ingrediens von verschwärmter Bildungsbarbarei hinzufügt«[62]. Auf Grund von Tradition und Herkunft, nicht aus innerem Bedürfnis und besonderer Geistigkeit oder künstlerischer Aufgeschlossenheit, ergriffen im 19. und 20. Jahrhundert viele den Beruf des Universitätsprofessors oder Gymna-

---

[62] Zit. nach Kurt Sontheimer, Thomas Mann und die Deutschen. München 1961, S. 92.

siallehrers. Umgang mit Sprache und Dichtung hätte ein sehr waches geistiges Bewußtsein und die Verfügbarkeit intellektueller Maßstäbe erfordert; da solche kritische Urteilsfähigkeit häufig nicht vorhanden war, stürzte man sich statt dessen in die Unverbindlichkeit des Geraunes, was keiner besonderen Denkleistung bedurfte, sondern lediglich der Aufeinandertürmung hochtönender Worte, die auf Grund der »Bildungstradition« zuhanden waren.

Schwerpunkte der Trivialromantik waren Mondschein- und Waldeinsamkeitspoesie, »Nachtigallenwahnsinn« (Heinrich Heine), die in der ursprünglichen Romantik, auch bei Eichendorff, in Kontrast gesehen werden müssen zur Erkenntnis von der Dämonie des Weltwesens und der nihilistischen Gefährdung des Menschen. Wanderfahrtfreude, Wald- und Gipfelerlebnis wurden als Alternative zu Technisierung und Verstädterung begriffen und als wirklichkeitsfremde und wirklichkeitsferne Haltung (etwa in der Jugendbewegung) zum Idol erhoben. Eine provinzielle Heimatdichtung, die nichts vom Geist des Realismus, eines Keller oder Gotthelf, dafür um so mehr von der Muffigkeit der Plüschära an sich hatte, zelebrierte mythische Gottesdienste für Früchte, Erde und Vieh, verherrlichte die stolzen, trutzigen, blondhaarigen, all- und altdeutschen Mannen und Maiden, die sich rasseveredelnd kopulierten – in einer Sprache, die von urigen Vergleichen und Metaphern strotzte, der jedoch allenthalben die kitschige Kleinbürgerstimmung der Jahrhundertwende aus den grammatikalischen und syntaktischen Blößen schaute.

Wo man Lieder sang, da »ließ man sich gerne nieder« – denn das Lied war Ausdruck von Innerlichkeit; in ihm schwang die deutsche Seele mit. Wenn die Stürmer und Dränger und die Romantiker den Volksgesang als die eigentliche Perle der Poesie ausgaben und folkloristische Naivität künstlich und kunstvoll imitierten, so war dies zwar eine Verfälschung des »einfachen Lebens«, doch ohne politisch weltanschauliche Absicht. Wen Gott in den nachfolgenden Jahrzehnten in die weite Welt schickte, damit er sein Lied singe, der ritt zugleich gegen Frankreich oder halste und küßte sein Mägdelein, weil sie just am deutschen Rhein wohnte oder sich aus anderen Gründen als echt deutsches Mädel erwies. In der epigonalen Romantik – anhebend mit den Freiheitskriegen – wurde dem Lied eine ideologische Bedeutung (die der Deutschheit) unterlegt. Eine breite Schlammflut des Kitsches brachte heran, was dann eineinhalb

Jahrhunderte lang das Herz des deutschen Bildungsphilisters erfreute: die Sentimentalität seiner Haustrost-Anthologien und »lyrischen Andachten«, der hohle Vaterlandskult und Chauvinismus seiner Kommersbücher, die verbogene Gefühlswelt seiner Gesangvereinsbücher und schulischen Liederfibeln. Es war ein unerschöpfliches Arsenal für altdeutsche Recken, frohdeutsche blondzopfige Mädel, silberfließende Wiesenbächlein, Altheidelberger Kaschemmenseligkeit, stopffreudige und mondsüchtige Idylle, rheinbewußte Franzosenwut und preußischkühne Morgenrot- und Morgenrittbegeisterung. All das brach hervor aus den Zirkeln und Bünden, Kneipabenden und Fahnenweihfesten, aus den Liedertafeln und Schulstuben. Es wurde schließlich ausgerichtet und eingerichtet nach der NS-Doktrin. Bezeichnenderweise wurde die Debatte zum Ermächtigungsgesetz durch eine Rezitation Görings eingeleitet, der mit brutal grölender Stimme das Eckart-Gedicht ›Deutschland erwache‹ rezitierte. Das Hohe Haus stand dabei auf. So fielen politischer und lyrischer Tiefstand zusammen – aber dem kleinbürgerlichen Bewußtsein vieler Parlamentarier mag zumindest das Gedicht ganz in Ordnung erschienen sein.

»Es ruft die Heil'ge Sprache unserer Ahnen: / Ihr Sänger vor! und schützt das deutsche Wort!«[63] – der junge Dichter, der diese Forderung dann in erbärmlich schlechte Gedichte umsetzte, war persönlich ein sehr integerer, tapferer und sympathischer Mann. Von Theodor Körner schreibt einer seiner Editoren, daß »das schönste Blatt in Körners Ruhmeskranz sein Tod geflochten hätte«, mit dem er besiegelte, was er für »sein Vaterland geschrieben hatte«. Doch war dies nicht dichterische Vollendung, sondern dichterische Tragik: Körner, der sich sicher weiterentwickelt hätte, wenn er weiter hätte leben dürfen, war nun festgelegt auf eine postpubertäre Lyrik von Wein, Liebe, Schwert und deutscher Eiche – was man aus patriotischen und nicht ästhetischen Gründen verehrte. Mag sein, daß ihn bereits in seiner Jugend Zweifel beschlichen haben, »ob er, der erst am Anfang seiner Laufbahn Stehende, von den strengen Richtern der ästhetischen Kritik werde des Heldenmahles am Tische der Unsterblichkeit gewertet werden«; seinen Verehrern, Herausgebern und Interpreten kamen diese Zweifel nicht: sein Heldentod wog alle künstlerischen Mängel und Unfähigkeiten auf.

---

[63] Körners sämtliche Werke in vier Bänden. Band 1. Hrsg. von H. Fischer. Stuttgart o.J., S. 38.

So kann sein Beispiel für viele Dichter des 19. und 20. Jahrhunderts stehen. Die Oberflächlichkeit der Biedermeier-Epigonen war anderer Art. An die Stelle von Leier und Schwert trat nun der Stickrahmen und die Laute. Der Mond zog nicht mehr romantisch groß-gelb und erhaben über die silberglänzende Welt, sondern blinzelte in die Jasminlaube. Der Postillion rief in der lauen Sommernacht nicht Fernweh und Sehnsucht hervor – durch »Trompetenblasen« bekam man nun im Zeitalter kleinbürgerlicher Parvenüs das adelige Töchterlein[64]. Wo man hinhörte, zwitscherten Vögelein, blühten Vergißmeinnicht, Veilchen und junge, stets rechtzeitig errötende Mädchen.

Die repräsentative Lyrik der Wilhelminischen Zeit war eine Dichtung der »Sekurität«, mit sozialen wie politischen Verdrängungskomplexen behaftet – »machtgeschützte Innerlichkeit« (Thomas Mann). Man knüpfte einerseits an das nationale Pathos der Freiheitskriegsdichtung, zum anderen an die sentimentale Idyllik der epigonalen Biedermeierlyrik an und schmolz beides zusammen – was an sich nicht neu war, aber in diesem Ausmaß in den Jahrzehnten vorher nicht angetroffen werden konnte. Heiliger Zorn oder erhabener Stolz oder schmachtende Liebe zusammen mit Naturschönheit und Tornisterglück, in zackiger oder einschmiegsamer Melodie dargeboten (›Fern bei Sedan‹, ›Die Wacht am Rhein‹, ›Die Trompete von Vionville‹, ›Die Rosse von Gravelotte‹) – das ist bis heute, der Struktur nach, weder aus dem Bewußtsein der Sängerkreise noch aus den Seiten der Liederbücher verschwunden.

Mythos gegen Logos

Die Vernunft bringt den Kleinbürger aus seiner Spießerruhe; vor der Aufklärung fliehend, sucht er im »Mythos« seinen Halt; aber es ist kein wirklicher Mythos, dem er sich anvertraut: wirres Geraune wird zum Religionsersatz. Im Glauben an das »Hohe« fällt man tief; der Weg führt von der Nationalität zur Bestialität; Brutalität, zunächst rhetorisch propagiert, wird schließlich praktiziert. Der Intellektuelle wird zum Antisymbol; der »böse Westen« gebiert demokratische Dekadenz. Professoren maskieren sich als Helden; Menschentum verket-

---

[64] Joseph Viktor von Scheffel, Der Trompeter von Säckingen. 1854 (bis zum Jahr 1900 zweihundertfünfzig Auflagen).

zert man als Händlertum, Sozialismus als Volksverderbnis. Deutschkonservativ sein heißt reaktionär sein; Führertum erscheint als Etikett für elitäres Rowdytum; man löst sich von den Verpflichtungen der Humanität und entwickelt sich zum Raubtier hinunter. Der Kleinbürger versäumt alle Möglichkeiten, vom falschen Weg abzutreten. Der Logos kapituliert vor dem Mythos der Rasse, des Bluts, der Nation; das Wort »deutsch« vergoldet alles. Der Durchbruch des Instinkts schafft nicht einmal »edle Bestien«. Des Spießers Sehnsuchtstraum – das Dritte Reich – war ein Reich der »niederen Dämonen«.

Als man Kants 200. Geburtstag (1924) feierte, erschien beim damaligen Kultusminister Becker in Berlin eine Abordnung der Schlagenden Verbindungen an der Königsberger Universität, die die Erklärung abgab: wenn beim bevorstehenden Gedenktag der Festredner sich einfallen lassen sollte, auf Kants Ausführungen ›Vom ewigen Frieden‹ einzugehen, so könne man nicht für Ruhe garantieren; man würde Störungen veranlassen. Der »öffentliche Gebrauch der Vernunft«, den Kant forderte, war in Deutschland nie in genügendem Maße zur Maxime erhoben worden. Man fand sozusagen nicht den Anschluß an die eigene Geistesgeschichte; auch das größte demokratische Reformwerk im 19. Jahrhundert, das des Freiherrn vom Stein, blieb in der Theorie stecken. Deutschland war und blieb eine »verspätete Nation« ; die »glückliche Zeit der Aufklärung« blieb hier ohne »offizielle« Resonanz. Statt dessen, so Goethe, wurde »Leidenschaft, Trunkenheit, Wahnsinn« als »Gefühl« gegen die Ratio ausgespielt; als ob eine recht verstandene Aufklärung (Klassik und Romantik hatten die der Trivialaufklärung gegenüber notwendigen Korrekturen bereits getroffen) den Wert und die Bedeutung des Irrationalen und des Gefühls negiert hätte. Die Aufklärung wollte freilich, daß die Gefühle des Menschen sich nicht »loslösen«, daß Geist und Gefühl gegenseitig gebunden blieben, daß in den Bereichen der Öffentlichkeit, des Staates wie der Gesellschaft der Mensch als Zoon politicon ein denkendes und durch Vernunft bestimmtes Wesen zu sein habe; hier war rigoros die Emotion auszuschalten. Gerade in diesem Bereich jedoch wurde der Logos durch den Mythos verdrängt – »einem Lebensmythos, der einen neuen Menschentyp schuf« (Alfred Rosenberg), kein echter Mythos, sondern eine mit solchem Namen etikettierte Seelenverwirrung, deren einziges zuverlässiges Kriterium darin zu sehen war, daß Unlogik und Antirationalismus vorherrschten.

»Sie wird kommen, sie wird gewiß kommen, die Zeit der Vollendung... da der Mensch das Gute tun wird, weil es das Gute ist« – sie kam nicht, und auch Lessing, der wie Schiller zutiefst davon überzeugt war, daß man den Menschen zur Erkenntnis, zur Einsicht, zur Verständigkeit erziehen könne, verfiel mit der Aufklärung der Ablehnung und Verhöhnung. Die Stimme der Rationalisten galt dem 19. und 20. Jahrhundert wenig: War doch seit der epigonalen Romantik etwa eines Arndt das deutsche Wesen auf »Gemüt« festgelegt und der Verstand als ein negativer Gegenpol mißachtet worden. »Intellektuell« wurde zum Mode-Schimpfwort der Antirationalisten, mit dem sie den Versuch des Menschen, mündig zu werden, verspotteten. Den Höhepunkt der antirationalen Bewegung brachte die Zeit der Weimarer Republik: Die aus allerlei vertrackten Privatmythen und -zirkeln heraussickernden trüben Wasser verbanden sich zu einem mächtigen Strom; der Geist sei »Widersacher der Seele«, so formulierte Ludwig Klages seine Lehre[65].

Es rieche, meinte ein linksgerichteter Schriftsteller im »Mittelalter 1932«, nach »Dumpfheit und Dummheit«; »es empfiehlt sich, Voltaire zu lesen. Es empfiehlt sich noch mehr, Voltaire zu leben!«[66] Das war freilich ein naiver Wunsch; Frankreich als Therapeutikum zu verschreiben war aus zweierlei Gründen, die letztlich auf einen Grund hinausliefen, nicht möglich: Frankreich war der deutsche Erzfeind seit »uralten Zeiten«, besonders seit Napoleons Invasion (wobei der französische Chauvinismus dem deutschen voll ebenbürtig war), und außerdem waren die Franzosen »ihrem Wesen nach auf den Verstand angewiesen, voll verblendeter Eitelkeit und dummköpfiger Spitzfindigkeit«[67]; sie besaßen nicht die Tiefe des deutschen Gemütes; dem welschen Nachbarn fehlten beispielsweise »Sitte, Zucht und Achtung, besonders vor der Ehe«[68]; in Frankreich waren »ehrbare Gefühle zwischen Mann und Frau un-

[65] Ludwig Klages, Der Geist als Widersacher der Seele. 3 Bände. Leipzig 1929 ff.

[66] L. Bauer in der von Leopold Schwarzschild herausgegebenen politisch-kulturellen Wochenschrift ›Das Tagebuch‹, 2. 1. 1932. Zit. nach Kurt Sontheimer, Antidemokratisches Denken in der Weimarer Republik. München 1962, 5. Aufl. 1992, S. 44.

[67] Ernst Moritz Arndt. Zit. nach E. Weymar, Das Selbstverständnis der Deutschen. Ein Bericht über den Geist des Geschichtsunterrichts der höheren Schulen im 19. Jahrhundert. Stuttgart 1961, S. 45.

[68] A. Funke (Hrsg.), Goethes Hermann und Dorothea. Schöninghs Ausgabe deutscher Klassiker. Paderborn 1907, S. 137.

möglich«[69]. Deutsch waren Spekulation, Tiefe, Innerlichkeit, Ernst, Ehrfurcht, Häuslichkeit, Idealismus, Beständigkeit; französisch waren exakte Wissenschaft, Oberflächlichkeit, Äußerlichkeit, Leichtfertigkeit, Frivolität, Massengesellschaft, Geselligkeit, Materialismus, Wankelmut; die deutsche Sprache sei edel, die französische ein »leichtes, fremdes Geschwätz«, ein »kleines Geschnatter und Geschnarr«. Deutsch war das Führertum, französisch die parlamentarische Demokratie. »In Paris«, heißt es in Langbehns ›Rembrandtdeutschen‹, »ist das gute Blut verdorrt. Kein Wunder also, daß es einen Zola nach der Hauptstadt des Keltoromanentums zieht, nach dieser Stadt der Demimonde und der Demokratie; hier gesellt sich dem sittlichen der politische Krankheitsfall hinzu.«[70] Den Franzosen solle man die Ideen von 1789 neidlos überlassen. Sie wären »Fleisch von ihrem Fleisch und Bein von ihrem Bein. Wir haben auch einen herrlichen Ersatz für sie: In den Ideen der Freiheitskriege!«[71] Die Aufklärung sei Sache des Westens gewesen, meinte Moeller van den Bruck; gegen die giftigen Dünste, die aus Frankreich herüberkämen, müßte man auch nach dem Kriege eine geistige Westfront halten[72].

In Heinrich Heine hatte man die Kombination all der Übel, die man in Widerspiegelung der eigenen Beschränktheit bekämpfen wollte – das »linksintellektuelle Antisymbol«[73]; dieser Dichter war universalistisch; er war ironisch; er hatte zwar Gefühl, aber auch Geist; er war liberal, gegen den Spießer eingestellt; er lebte in Frankreich. Solche Typen, die man gern dem skeptischen und ironischen Mephisto gleichsetzte, mußten der deutschen enthusiastischen »Faustseele« stets als Fremde = Welsche erscheinen. Der Haß auf Heine war besonders tiefgreifend, weil dieser eben nicht nur ein »ganz Fremder« war, sondern mit seiner Gemütsinnigkeit und häufig kitschanfälligen Sentimentalität durchaus zum kleinbürgerlichen Herzen sprach; auch war er keineswegs überzeugter Demokrat,

[69] Cosima Wagner, geb. Liszt (Tochter einer Französin, in Frankreich aufgewachsen). Zit. nach Hans Kohn, Wege und Irrwege. Vom Geist des deutschen Bürgertums. Düsseldorf 1962, S. 220; dort auch über Richard Wagners Frankreichhaß.
[70] (Langbehn), Rembrandt als Erzieher, S. 325.
[71] A. Wahl, Die Ideen von 1789 in ihren Wirkungen auf Deutschland. In: Zeitwende, 1/1925, S. 113ff.
[72] Arthur Moeller van den Bruck, Das Dritte Reich. Hrsg. von H. Schwarz. Hamburg 1932, S. 87.
[73] P. Arnsberg, Heinrich Heine als linksintellektuelles Antisymbol. In: Tribüne, 6/1963, S. 643ff.

was ihn zusätzlich sympathisch machte; man war jedoch sein Feind, weil er diese Gefühlsinnigkeit und Sentimentalität nicht verabsolutierte, sich nicht dem Meer der Gefühle überantwortete, statt dessen Ernüchterung zum Prinzip machte und zudem ein streitbarer Verfechter aufklärerischer Humanität war. »In Heine kämpft ein auffälliger Zwiespalt. Es ist, als ob ein Stück germanischen Geistes in ihm sich zuweilen zu idealeren Höhen aufschwingen wollte – bis ihn plötzlich der Jude an den Beinen wieder in den Sumpf herniederzieht, worin er sich dann mit Behagen wälzt und alles Ideale verhöhnt.«[74]

Für die vielen Editoren und Interpreten »edler Gedichte«, die sich von der Kunst »mit unsichtbaren zarten Fingern in ein Zaubergewebe einspinnen ließen«, denen die Lektüre eines Gedichtes zur »häuslichen Feierstunde wurde« oder die Gedichte mit »brünstiger Hingabe erlebten« (manchmal hatte die Lyrik freilich einen »so empfindlichen Elfenleib, daß sie unsere Liebkosung nicht zu jeder Stunde erwidert«), für all diese Leute, denen Lyrik wie »einer fern hängenden Glocke Ton war« (»der sich vollsaugt auf seinem weiten Wege mit dem Gesange und dem Duft der Natur, und wir wissen kaum, von wannen er kommt, und ob eine bronzene Glocke spricht oder der Mund der Welt, der die Süßigkeiten und Gewalt der Verse auskostet«), mußten die Heineschen Gedichte »verpuffen« und mit ihrer Entfremdung und Desillusionierung im besten Fall als »zierliche französische Scherze« erscheinen[75]. – Der Ruhm eines Heine, meinte Heinrich von Treitschke, »war nur möglich in einem Geschlechte, das über seinen fremdbrüderlichen Träumen den uralten Gegensatz arischer und semitischer Empfindung leichtsinnig vergessen hatte«[76]. Lyrik, so Adolf Bartels in seiner ›Geschichte der deutschen Literatur‹, einem der übelsten und dümmsten Machwerke der völkischen antisemitischen Bewegung, sei mehr als jegliche Gattung der Ausdruck des Volkscharakters und der Volksseele; so könne der Jude Heine unmöglich der größte deutsche Lyriker nach oder mit Goethe sein.

Als man im 19. Jahrhundert, dieser denkmalwütigen Zeit,

<hr />

[74] Th. Fritsch, Antisemitenkatechismus. Eine Zusammenstellung des wichtigsten Materials zum Verständnis der Judenfrage. Leipzig 1892 (23. vermehrte Auflage), S. 28.
[75] Zitate aus einer weitverbreiteten »Haustrost«-Anthologie: F. Gregori, Lyrische Andachten – Buchschmuck von Fidus. Leipzig o. J., S. 1 ff.
[76] Zit. nach Kohn, Wege und Irrwege, S. 113.

auch Heine ein Standbild errichten wollte (1892), nahm keine deutsche Stadtverwaltung das angebotene Denkmal an; auch Düsseldorf, Heines Vaterstadt, weigerte sich (später stellte man im »judenverseuchten« Frankfurt eine freilich recht unspezifische Erinnerungsplastik auf). Der Denkmalskrieg[77], der Jahrzehnte geführt wurde, zeigte auf der einen Seite die Ohnmacht der Heinefreunde und auf der andern die Macht seiner spießbürgerlichen Feinde, die sich »ihre heiligsten Gefühle nicht von jüdischen Fremdlingen mit Füßen treten lassen wollten«. Ein Heine-Denkmal galt als eine »Herausforderung des christlichen und monarchischen«, später »nationalen und völkischen Deutschland«; tauchten Pläne hierfür auf, mobilisierte man die »deutschgesinnte Öffentlichkeit«. Als man Heines Grab auf dem Montmartre 1926 schmücken wollte, sprach der ›Stürmer‹ von der »Judensau auf dem Montmartre«: »Die deutsche Republik ersetzt die Auslagen für die Erhaltung eines Grabes, in welchem ein Lümmel ersten Ranges verfault ist.« – So gibt die Auseinandersetzung um Heine einen aufschlußreichen Einblick in die Seele des Spießers, der alles Geist-reiche, vor allem, wenn es »welsch« war, mit geradezu tollwütigem Haß anfiel.

Die Nationalversammlung in der Paulskirche 1848 wurde als »Professorenparlament« bezeichnet: der Liberalismus war vor allem in den gebildeten Schichten lebendig – vor allem dort soziologisch und wirtschaftlich möglich (Honoratioren-Demokratie). Doch zeigte sich bereits eine gefährliche Überalterung: die nachwachsende junge Generation, unter dem Einfluß der Burschenschaften und Turnerbewegung, stand abseits; sie stellte die Einheit Deutschlands vor seine Freiheit. Die Gedanken des Freiherrn vom Stein, der den »toten Dienstmechanismus« und den »Sklavensinn« durch Bürgerbewußtsein ersetzt sehen wollte, wirkten zwar noch nach; einer dünnen, wenn auch einigermaßen einflußreichen Schicht von Akademikern war Kants Lehre vom Rechtsstaat, Hegels Philosophie vom Staat als der Verwirklichung der sittlichen Idee und Humboldts Ausführungen über die Grenzen der Wirksamkeit des Staaates noch gut im Bewußtsein; aber nach dem Scheitern der Bemühungen von 1848 schlossen viele dieser Bürgerlichen einen Kompromiß mit der Macht. Der Nationalliberalismus entfernte sich von der »schalen Aufklärung«. Preußen, als »Vorkämpfer nationaler

[77] Darüber ausführlich bei Arnsberg, Heinrich Heine.

Einheit«, wurde auch in seinem innenpolitischen Konservativismus zum Leitbild; schließlich kapitulierte die »letzte Bastion«, der »Altliberalismus«, vor der »Notwendigkeit der Bismarckschen Realpolitik«. »Ich suche die preußische Ehre darin«, so hatte Bismarck in einer Rede vor dem Preußischen Landtag ausgeführt, »daß Preußen vor allem sich von jeder schmachvollen Verbindung mit der Demokratie entfernt halte«. In der Rede vor der Budgetkommission des Preußischen Landtages am 30. Dezember 1862 führte er aus: »Nicht auf Preußens Liberalismus sieht Deutschland, sondern auf seine Macht... Preußen muß seine Kraft zusammenfassen und zusammenhalten auf den günstigen Augenblick, der schon einige Male verpaßt ist... Nicht durch Reden und Majoritätsbeschlüsse werden die großen Fragen der Zeit entschieden..., sondern durch Blut und Eisen.«[78]

Die Verfassung des Norddeutschen Bundes (und die fast nahezu mit ihr identische des zweiten Reiches) hat ein amerikanischer Historiker treffend mit den Worten charakterisiert, daß es sich dabei um »Karl den Großen mit amerikanischen Einrichtungen« handle – wobei die »amerikanischen Einrichtungen« nur das modisch geschneiderte äußere Gewand darstellten. Die Parlamentarier waren auch nicht willens, für eine Erweiterung ihrer Rechte intensiv zu wirken. Während 1848 noch ein demokratisch stolzer Ton vorgeherrscht hatte, zeigte schon die Eröffnungsadresse des norddeutschen Reichstages die Bereitschaft, sich dem herrschaftlichen Willen unterzuordnen. »Allerdurchlauchtigster Großmächtiger König! Allergnädigster König und Herr!... In tiefster Ehrfurcht verharren wir Eurer Königlichen Majestät Alleruntertänigste treugehorsamste – der Reichstag des Norddeutschen Bundes.«[79]

Das war nicht die Sprache eines zum Mitregieren entschlossenen Volkes. – Als am 18. Januar 1871 im Spiegelsaal von Versailles die Kaiserproklamation vollzogen wurde, machte die Feier deutlich, aus welchem Geiste heraus es zu dieser Reichsgründung gekommen war und unter welchem Geist das neue Reich stehen sollte[80]. Der König schritt zunächst die Ehrenwache eines Grenadierregiments ab und ließ dessen Fahne, die

[78] Bismarcks Programmrede in der Budgetkommission des Hauses der Abgeordneten vom 30. Dezember 1862. Zit. nach Hohlfeld, Dokumente, Band 1, S. 125.
[79] Adresse des Reichstages des Norddeutschen Bundes vom 24. September 1867. Zit. nach ebenda, S. 241 f.
[80] Hierzu G. A. Rein, Die Reichsgründung von Versailles. München 1958, S. 47 ff.

beim ersten Gefecht des Krieges zerfetzt worden war, in den Saal tragen. Dort war ein Altar errichtet. Ein Soldatenchor sang den 66. Psalm. Hofprediger Rogge, ein Schwager von Kriegsminister Roon, hielt die Festpredigt: eine Strafpredigt auf Ludwig XIV. Man sang ›Nun danket alle Gott‹ und ›Heil Dir im Siegerkranz‹; lediglich Militär war vertreten – das deutsche Volk symbolisch durch die einfachen Soldaten, die man aus den verschiedenen Landsmannschaften zur Feier abkommandiert hatte. Der gleiche Eduard Simson, der 23 Jahre vorher, am 3. April 1848, im Rittersaal des Berliner Schlosses Friedrich Wilhelm IV. die Krone als Vertreter freier, demokratisch gewählter Volksvertreter angeboten hatte (was dieser ablehnte, da sie mit dem »Ludergeruch der Revolution« behaftet sei), war – eine Ironie des Schicksals! – nach Versailles als Führer einer bürgerlichen »Kaiserdeputation« gekommen, nationaler Claqueur nun auch er; als Bürgerlicher blieb er jedoch im Vorzimmer. Im Armeebefehl zum 18. Januar 1871 wurden als die Tugenden des preußischen Menschen, auf die es nun erst recht im gesamtdeutschen Staat ankäme, erwähnt: Ehre, Kameradschaft, Tapferkeit, Gehorsam. Das »bürgerliche« Wort »Freiheit« fehlte.

Die Weltanschauung des Liberalismus war getragen von der Überzeugung, daß der Mensch ein selbständig denkendes, verantwortlich handelndes und damit mündiges Wesen sei oder dahingehend erzogen werden könne. Eine demokratische Verfassung, welche die unveräußerlichen Rechte des Staatsbürgers, die parlamentarische Kontrolle der Regierung und die Gewaltenteilung festlegte, sollte diese Idee in die Wirklichkeit umsetzen helfen. Der deutsche Liberalismus hat jedoch bald mit seinem konstitutionell-monarchistischen und später national-liberalen Flügel den demokratisch-parlamentarischen Gedanken zugunsten eines ständisch orientierten Konservatismus verwässert. Man mag es dabei als symbolisch empfinden, daß das Gebäude des deutschen Reichstages aus den französischen Kontributionen von 1871 erbaut worden war. Georg Lukács hat davon gesprochen, daß es im Zweiten Reich überhaupt nur noch »absterbende letzte Mohikaner der deutschen Demokratie« gegeben hätte – und vorher waren die demokratischen »Übungsmöglichkeiten« (sieht man von 1848 ab) noch trister gewesen. – Wilhelm II. hat sein Leben lang Parlamentarismus und Demokratie verachtet. Von den Abgeordneten meinte er: »Je eher solche Halunken an die Luft gesetzt werden, um so besser! Der deutsche Parlamentarier und Politiker wird eben mit der Zeit ein Schwein!«[81] Die protestantische Kirche verstärkte die Allianz von »Bethlehem und Potsdam«; ihre Affinität zur Demokratie war sowieso unter Berufung auf das lutherische Obrigkeitsdenken – zumindest bis 1945 – nie recht stark gewesen.

Der Aristokratismus eines Nietzsche und seine antidemokratische Haltung sind insofern verständlich, als er seine Abneigung aus der Erkenntnis bezog, daß das Kleinbürgertum einen raschen Kulturzerfall und den Einbruch eines barbarischen Zeitalters bewirke. Er sah den Augenblick nahe, da sich der verderbten kleinbürgerlichen Massen der »schreckliche Vereinfacher« (dies ein Wort von Burckhardt) bemächtigte, der sie aus ihrem »demokratischen Pferch« ins Nationalzuchthaus hinüberführe. Die westliche Demokratie werde Deutschland sein Bestes und Schwerstes, nämlich seine Problematik, nehmen, meinte der »unpolitische« Thomas Mann; es werde »langweilig, klar, dumm und undeutsch«[82]. Dem war der antidemokratische Aristokratismus und Ästhetizismus eines Stefan George verwandt: die stumpfe Masse werde Kunst und Kultur, die Schöpfungen weniger singulärer Menschen seien, zerstören; die banale »Mitte« dürfe nicht zur Regierung kommen. Daß der Große den Kleinen fresse, und der Größte wiederum den Großen, wodurch sich »in der Natur« die soziale Frage einfach löse – so Joseph Viktor von Scheffel im ›Trompeter von Säckingen‹ –, resümiert, leicht ironisch gebrochen, die Auffassung des Sozialdarwinismus in der 2. Hälfte des 19. Jahrhunderts. Der sozialistischen »Humanitätsduselei« trat die »harte Einsicht« in die Notwendigkeit der Auslese und Ausmerze entgegen. Die Einebnung der Unterschiede zwischen Mensch und Tier, die Darwins Entwicklungslehre im biologischen Bereich vornahm, wurde in Deutschland vor allem von Ernst Haeckel insofern verfälscht, als er die Sonderstellung des menschlichen Geistes in diese biologische Herleitung mit einbezog und damit den Kampfgesang des atheistischen Biologismus gegen Kirche und Christentum anstimmte. Zunächst wurden freilich noch moralische Kategorien mit den naturwissenschaftlichen Feststellungen verbunden; die Selektion empfand man als ein Mittel der Natur,

[81] Im Telegramm an Bethmann Hollweg, September 1913, als Reaktion auf Überlegungen des Reichstages, angesichts der riesigen Heeresvorlage die Besteuerung der Bundesfürsten ins Auge zu fassen. W. Schüssler, Kaiser Wilhelm II. Schicksal und Schuld. Göttingen, Berlin, Frankfurt, Zürich 1962, S. 43.

[82] Kurt Sontheimer, Thomas Mann und die Deutschen. München 1961, S. 32.

in den Stärksten die sittlichen Besten als Sieger im Lebenskampf hervorgehen zu lassen: das Spiel der Natur erschien als eine List der Moral (Hegel und Darwin vereint). Als sich eine solche Theorie vom naturwissenschaftlichen Standpunkt aus als unhaltbar erwies, »pervertierte« man sie erneut: die aus dem Kampf ums Dasein hervorgehenden Stärkeren waren nun auf Grund ihrer biologischen Kraft die Besten; die Prinzipien der Moral opferte man dem Glauben an die erbbiologische Gesundheit. Die Rassenanthropologen, die meist einer soliden wissenschaftlichen Grundlage entbehrten, führten solche Gedankengänge noch weiter, indem sie eine volksbiologische Wertskala schufen, in der die germanischen Völker an der Spitze standen.

Die durch die Industrialisierung hervorgerufenen sozialen Probleme wurden von der Mehrheit des Besitzbürgertums dadurch »bewältigt«, daß man die Tatsache der Notlage als Schuld, biologische Schuld, begriff, als von der Natur gewollte Verelendung; hier hatten sich eben die Menschen der Auslese nicht gewachsen gezeigt; das derart Schlechte aber konnte ruhig untergehen. Die durch Tradition und Herkunft gesicherten Kreise verdrängten damit ihr schlechtes Gewissen; als Sozialdarwinisten waren sie Antisozialisten und Antimarxisten. Was Marx demgegenüber so »gefährlich« machte, war die Radikalhumanität seines Denkens. Die Brutalisierung des politischen Lebens durch den Sozialdarwinismus stand in bewußtem oder unbewußtem Gegensatz zum Staats- und Gesellschaftsbegriff der Aufklärung und Klassik. Das Walten des Logos war nun von der Herrschaft des Bios abgelöst worden. Die Staatsauffassung des Sozialdarwinismus führte den Menschen aus seinem sittlichen wieder in seinen »sinnlichen« Zustand zurück; die »gesellschaftsbestimmende Macht der klassischen, christlichen und aufklärerisch-humanitären Sozialethik wird abgebaut – ein Prozeß, der sich in den letzten hundert Jahren mit zunehmender Rasanz vollzogen hat«[83]. Die Bedeutung des Sozialdarwinismus bei der Zerstörung des Humanitätsbegriffes darf freilich nicht überschätzt werden; er war nur eine Teilkomponente des »Aufstandes« des Instinktes und Triebes in dieser Zeit. Waren Restbestände der Humanität vorhanden, die bei der Linderung der sozialen Not in Erscheinung traten, so erschienen sie jedoch als Subsidium, das man an sich »minderwertigen« Menschen

[83] H. G. Zmarzlik, Der Sozialdarwinismus in Deutschland. In: Vierteljahrshefte für Zeitgeschichte, Heft 3/1963, S. 271.

zukommen ließ; der Kampf von Marx gegen den Patronatssozialismus und für die klassenlose Gesellschaft traf den Nerv des Übels; der Patronatssozialismus ließ eine demokratische Ordnung nicht zu. Im Ringen um soziale Gleichstellung wurden vor allem die Sozialdemokraten zur Avantgarde der Demokratie; im Kampf gegen die Sozialdemokraten formierten sich dementsprechend die antidemokratischen Kräfte – im Zweiten wie im Dritten Reich. In der Jugend müsse die Überzeugung geschaffen werden, daß die Lehren der Sozialdemokratie nicht nur den göttlichen Geboten und der christlichen Sittenlehre widersprächen, sondern in Wirklichkeit unausführbar und in ihren Konsequenzen dem einzelnen und dem Ganzen gleich verderblich seien – verkündete Wilhelm II. auf der Schulkonferenz von 1890.

Die Sozialdemokratie als Macht der Tiefe halte den Arbeiter von einem ordentlichen Leben ab; er verkomme in den Städten. »Es ist zu befürchten, daß der erwachsene Arbeiter seine freie Zeit im Wirtshaus zubringt, daß er mehr als bisher an agitatorischen Versammlungen teilnimmt«, daß die »heranwachsenden Kinder, insbesondere die halbwüchsigen Burschen und Mädchen, sich außerhalb des Hauses herumtrieben und sittlich verwahrlosten und verwilderten«[84]. Der Deutsche sei konservativ – meinte Richard Wagner; zumindest fehlte es dem Deutschen im 19. und 20. Jahrhundert an Möglichkeiten, eine andere Haltung als die des Konservativismus zu praktizieren. Weder der Liberalismus noch der Sozialismus hatten Aussichten, an die Macht zu kommen; so hielt man es mit der etablierten Ordnung: das Verhalten des Kleinbürgers zeigte ein großes Maß an Servilität und Untertanengesinnung, da er dadurch hoffte, nach oben »durchzubrechen«. Der politische und gesellschaftliche Stil der kleinen Residenzstädte (wer Hoflieferant war, stand in der Hierarchie des Handels weit oben, wer Hofpoet, Hofmaler, Hofprediger war, gehörte zur Blüte des Geistes) steigerte sich nach der Reichsgründung ins Gesamtdeutsche; vor allem Wilhelm II. sorgte dafür, daß bei den »Stützen der Gesellschaft« und ihren Helfern, vornehmlich bei der Beamtenschaft, Speichelleckerei, provinzielle Engstirnigkeit und ausgeprägte Willensschwäche vorherrschten. An der Gestalt des Hofpredigers und Prinzenerziehers Johannes Kessler (unter Wilhelm II.)

---

[84] Ausarbeitungen Kaiser Wilhelms II. zur Arbeiterfrage, 22. 1. 1890. Zit. nach Hohlfeld, Dokumente, Band 1, S. 452.

kann eine solche Haltung illustriert werden: Er steigt aus einfachen Verhältnissen auf, repräsentiert mit seinem extremen Nationalismus den offiziellen deutschen Protestantismus, mit seiner Servilität einen Großteil der kleinbürgerlichen Akademikerschicht; er verfügt über eine reichlich oberflächliche Bildung, die mit der üblichen Phraseologie arbeitet; sein Geschichtsbild (»kaiser- und vaterlandstreu«) ist durch ein »Männer machen Geschichte« geprägt; als Student sitzt er »zu Füßen des großen Treitschke«. Als Prinzenerzieher bewundert er die tiefe religiöse Veranlagung der Hohenzollern; seine Predigten veröffentlicht er unter den Titeln: ›Durch Gott zum Sieg‹, ›Furchtlos und treu‹, ›Kreuz und Schwert‹. – Architektonisch und »auch sonst« ist ihm die Garnisonskirche zu Potsdam »liebstes Gotteshaus« (»Die strahlende Sonne und der zur Sonne fliegende Adler mit der Devise ›nec soli cedit‹ an Kanzel und Orgel...«). Als Feldprediger philosophiert er nicht, sondern »greift zu« (»Wie grauenvoll war doch der Krieg! Aber auch herzerhebend waren diese tragischen Stätten«). Die Wartburg erscheint ihm als Stätte, da »deutsche Natur, deutsche Sage, deutsche Dichtung, deutsche Geschichte und deutsche Religion wie in einem Brennpunkt sich sammelt«; er hat keinen Humor, erlabt sich aber am »treffenden Witz« seines Kaisers. Luther ist ihm Vorbild, weil dieser der Deutscheste der Deutschen, der Frömmste der Frommen gewesen sei und »Christentum und Humor bei diesem christlichen Streiter einen Herzensbund eingegangen sind«. Kessler ist ein Mann des »pulsierenden Lebens«, der in »rastloser Tätigkeit das wahrhaft Erhabene verehrt«, und trotz eines ›Ich schwöre mir ewig Jugend‹ (Titel seiner Autobiographie) das »Walten der ewigen ehernen Naturgesetze spürt« – das heißt alt wird[85].

Die Romantik hatte das christliche Mittelalter ästhetisch wiederentdeckt, die epigonale Romantik entdeckte es ideologisch; sie entwickelte eine Vorliebe für den christlichen Ritter. Man träumte sich zurück in die Welt eines glücklich-christlichen Volksorganismus, obwohl gerade das Volk im Mittelalter keine oder nur eine sehr geringe Rolle gespielt hatte. Die Aufklärung verfiel im besonderen der Ächtung, denn sie hatte den geschichtlichen Irrationalismus, dem man nun huldigte, als selbstverschuldete Unmündigkeit des Menschen abgelehnt. – Adam

---

[85] J. Kessler, Ich schwöre mir ewige Jugend. (Neuauflage) München 1962, S. 9, 114, 153, 208, 210, 224, 250, 253, 273, 276.

Heinrich Müller sprach 1809 in seinen Vorlesungen zur Staats-kunst davon, daß die Idee der Freiheit der kriegerische Geist sei, der den Staat bis in seine letzten Nerven durchdringe – »das ist das Eisen, welches in jedem seiner Blutstropfen fließen soll«. Der Staat sei »der Tempel der Gerechtigkeit und eine Burg zugleich«. Die Definition von Freiheit und Gerechtigkeit wur-de durch die Metapher, die Reflexion durch den Mythos er-setzt; irrationale geheimnisvolle Kräfte durchdrängen den Staat; man war eingefügt in die Kette der Geschlechter: »Der Staat ist die erhabene Gemeinschaft einer langen Reihe von vergange-nen, jetzt lebenden und noch kommenden Geschlechtern.«[86] »Kreuz und Schwert« galten als die rettenden Kräfte, die der Konservative zum Heile von Nation und Volk beschwor. Die Obrigkeit habe Ansehen und Gewalt von Gott – Thron und Altar befanden sich in völliger Harmonie miteinander, der Herrscher war Herrscher von Gottes Gnaden und nach Gottes Rechten. Friedrich Wilhelm IV. rief vor dem ersten Vereinigten Landtag 1847 aus:

»Es drängt mich zu der feierlichen Erklärung: daß es keiner Macht der Erde je gelingen soll, mich zu bewegen, das natür-liche, gerade bei uns durch seine innere Wahrheit so mächtig machende Verhältnis zwischen Fürst und Volk in ein konven-tionelles zu wandeln, und daß ich es nun und nimmermehr zugeben werde, daß sich zwischen unsern Herr Gott im Him-mel und dieses Land ein beschriebenes Blatt, gleichsam als eine zweite Vorsehung, eindränge, um uns mit seinen Paragraphen zu regieren und durch sie die alte, heilige Treue zu ersetzen.«[87]

Eine breite Flut pangermanischer Literatur überschwemmte gegen Ende des 19. Jahrhunderts das kleinbürgerliche Bewußt-sein. Die Argumente sind wenig differenziert; sie hämmern den Mythos der Auserwähltheit mit meist stereotypen Phrasen ih-rem Leserpublikum ein. Für Houston Stewart Chamberlain, den Schwiegersohn Wagners (der von der Rassenlehre des Fran-zosen Gobineau beeinflußt war), herrschte die »einfache und klare Erkenntnis« vor, »daß unsere gesamte heutige Civilisation und Kultur das Werk einer bestimmten Menschenart ist: des Germanen«. Die Juden als besonders minderwertige Rasse könnten Christus nicht hervorgebracht haben; Chamberlain ist

[86] A. H. Müller. Zit. nach P. Kluckhohn, Das Ideengut der deutschen Romantik. Tübingen 1953, S. 85.
[87] Zit. nach H. Goertz, Preußens Gloria, 66 Jahre deutscher Politik – 1848 bis 1914 – in zeitgenössischer Satire und Karikatur. München 1962, S. 13.

zwar nicht bereit, das christliche »Kulturgut« aufzugeben; aber er macht aus Christus einen blonden Menschen mit blauen Augen, einen aus dem arischen Galiläa stammenden nordischen Lichtbringer. – Der Germane sei der mystischen Erlebnisse fähig, der Jude nicht. Der Arier, der Germane, sei zwar »lustig, lebenstoll, ehrgeizig, leichtsinnig«, er trinke und er spiele, er jage und rauche; plötzlich aber besinne er sich: das große Rätsel des Daseins nehme ihn ganz gefangen, nicht jedoch als ein rein rationalistisches Problem, sondern als ein unmittelbares, zwingendes Lebensbedürfnis. »Nicht verstehen, sondern sein: das ist, wohin es ihn drängt... Und damit er diesen Einklang finde, singt er selber hinaus, versucht es in allen Tönen, übt sich in allen Weisen; dann lauscht er andächtig. Nicht unbeantwortet bleibt sein Ruf: geheimnisvolle Stimmen vernimmt er; die ganze Natur belebt sich, überall regt sich in ihr das Menschenverwandte. Anbetend sinkt er auf die Knie, wähnt nicht, daß er weise sei, glaubt nicht, den Ursprung und den Endzweck der Welt zu kennen, ahnt aber eine höhere Bestimmung, entdeckt in sich den Keim zu unermeßlichen Geschicken, ›den Samen der Unsterblichkeit‹.«[88]

›Germanenbibel‹ nannte Wilhelm Schwaner seine Schrift, die ähnliche Vorstellungen mit stark antichristlichem Affekt zusammenfaßte. – Der Alldeutsche Verband förderte den Germanenkult, der angesichts der vielen Lehrer, die diesem Verband angehörten, in den Schulen besondere Verbreitung fand. (»Unsere deutsche Kultur bedeutet den idealen Kern menschlicher Denkart, und jeder Schritt, welcher für das Deutschtum errungen wird, gehört demnach der Menschheit als solcher und der Zukunft unseres Geschlechts.«[89]) – Jede positive Eigenschaft wurde als Attribut des Germanentums in Anspruch genommen – die Anatomie wie die Moral, die Form des Schädels wie die Schönheit des Busens. Verübte ein »großer Völkischer« (wie Moeller van den Bruck) Selbstmord, so war selbst dies noch »germanisch«: »ein germanischer Tod«[90]. Für die politische An-

---

[88] Houston Stewart Chamberlain, Die Grundlagen des 19. Jahrhunderts. Volksausgabe. München 1909, S. 8, 863f., 259.

[89] Zit. nach A. Kruck, Geschichte des Alldeutschen Verbandes, 1890 bis 1939. Wiesbaden 1954, S. 5.

[90] »Er sollte nicht mehr genesen. Sein Gemüt verdunkelte sich. Als ihn die Dämonen erniedrigen wollten, starb er 1925 einen germanischen Tod.« (H. Schwarz im Nachwort zu seiner Ausgabe von Das Dritte Reich von Moeller van den Bruck. Hamburg 1932, S. 248).

thropologie von besonderer Wichtigkeit sind die vielen kleinen Traktätchen – »Afterliteratur, die Millionen Leser fand. Sie tilgte nicht nur wie in gelasseneren Zeiten das Leserbedürfnis nach Süße und Süßigkeit, nach Grauen und Grausamkeit, nach Sentiments und billigem Glanz; sie stillte und erweckte zugleich Triebe des Hasses und Machtwillens, und sie kanalisierte die irrationalen Kräfte der Unzufriedenen und schuf damit die Strombetten für spätere Furchtbarkeiten.«[91] Traktätchen dieser Art entstanden in allen Landstrichen, mit geringen regionalen Unterschieden; für ihre Abfassung waren häufig der Professor einer Universität, der Lehrer einer höheren oder Volksschule, ein lokaler Redakteur oder ein religiöser Sektierer, die »jahrelang ihre Privatstudien« getrieben hatten und sich durch eine krause Phantasie auszeichneten, verantwortlich.

Der Blutmythos ist das Pendant zum Germanenmythos: was den Germanen oder Arier vor allem auszeichnet, ist die besondere Art seines Blutes. Seit Beginn des 19. Jahrhunderts wird eine Blutmystik zelebriert, die teilweise christliche Elemente säkularisiert, teilweise folkloristischen, in allen primitiven Völkern vorhandenen Blutaberglauben ideologisch aufwertet und politisch fruchtbar macht. Der patriotische Blut- und Wundenkult des 18. Jahrhunderts war süßlich, von sentimental-erotischen Gefühlen durchdrungen. Bei Klopstock floß der Jünglinge Blut fürs Vaterland, für Allvater Wotan; das Blut »sprudelte und rauschte tief im Tal«. Der blutige Wortrausch setzte sich im Irrationalismus und im Sturm und Drang fort. »Der Jüngling glüht ins Feld, und gibt aus seiner Seite / sein bestes Herzens Blut Dir [dem Vaterland] jauchzend dar« (Herder). Bei den Dichtern der Freiheitskriege kam es zum wahren Blutgestammel; vor allem der schöne blaue Rhein sollte gefärbt werden von der »Tyrannen Rosse Blut, der Tyrannen Knechte Blut, der Tyrannen Blut, der Tyrannen Blut! der Tyrannen Blut!« (L. v. Stolberg)[92] Der Kampf, bei dem das Blut in Strömen fließt, galt als die eigentliche Bewährungsprobe des deutschen Charakters; er war ein Bad, dem der deutsche Mensch (wie Siegfried dem Drachenblut) neugeboren entstieg. Diese Blutideologie prägte auch die Weltanschauung der Korporationen; in der Mensur

[91] B. E. Werner, Literatur und Theater in den zwanziger Jahren. In: Die Zeit ohne Eigenschaften. Eine Bilanz der zwanziger Jahre. Hrsg. von L. Reinisch. Stuttgart 1962, S. 68.

[92] Georg Kaiser, Pietismus und Patriotismus im literarischen Deutschland. Ein Beitrag zum Problem der Säkularisation. Wiesbaden 1961, S. 124 ff.

hatte sich die »Wahrheit des Blutes« zu erweisen. Dann ist »jene heilige heldenhafte Erregung vorhanden, die wir an den Vätern der Vorzeit bewundern, die jeder durchmachen muß, der in Erfüllung des getanen Schwurs und in deutscher Gefolgstreue für die gewählten Farben ritterlich sein Blut vergießt, das nun einmal ein besonderer Saft ist. Alles, was zur Wesenheit unseres Volkes gehört, kommt hier wieder aus dem Urgrund der Persönlichkeit leuchtend hervor, und wer die Prüfung bestanden hat, ist ein deutscher Mann geworden.«[93] Vom sauberen, guten arischen Blut meinte Langbehn, daß es aristokratisches Blut sei; es »ist von allem menschlichen ›Blut‹ dasjenige, welches am meisten sittliches ›Gold‹ in sich hat«[94]. Im Zweiten Reich und bei den Rechtskreisen in der Weimarer Republik begann der »Bronnen unseres Blutes immer lauter zu reden«. »Das Blut in seiner Unverfälschtheit ist wahrer Mittler zwischen Geist und Tat. In ihm lebt der tiefste Sinn unserer Mythen, unserer Sagen und Märchen. In ihm sprechen die deutschen Wälder und Ströme.«[95] Der »große Strom des Blutes floß in großer Melodie dahin«[96], und selbst ein Mann wie Walther Rathenau schwamm darin mit.

Die Zivilisationsfeindschaft eines Rousseau und der Antirationalisten war besonders in Deutschland auf fruchtbaren Boden gefallen, da sie die Möglichkeit bot, die eigene Rückständigkeit und Provinzialität ideologisch zu kaschieren. Während andere Nationen mit ausgeprägtem Rationalismus auf den Schock der Industrialisierung gelassener reagierten, die Probleme mit Hilfe von Vernunft und Verstand, Planung und Realismus angingen, regierte die deutsche Seele, benachteiligt auch durch Restauration und Reaktion (der Absolutismus als typische Regierungsform der Agrarländer unterband jede Aufwärtsentwicklung), mit Verdrängung und Flucht. – Was die Junker und Großgrundbesitzer betraf, so mußten diese vor einer Vergrößerung des Handels und vor der Technisierung zurückschrecken – ihre eigenen wirtschaftlichen Interessen gingen auf Abschließung vom Westen und aktive Bodenpolitik im Osten. Der geistigen entsprach eine handelspolitische Unmün-

[93] Aus den Erinnerungen des Professors Konrad Biesalski. Deutsche Corpszeitung, Februarnummer 1961 (sic!), S. 17.

[94] (Langbehn), Rembrandt als Erzieher, S. 328.

[95] R. Pechel in: Die neue Front. Hrsg. von Moeller van den Bruck u. a. Berlin 1922, S. 72 ff.

[96] F. G. Jünger, Aufmarsch des Nationalismus. Leipzig 1926, S. XIX.

digkeit des Bürgers, die den Fortbestand einer patriarchalischen Gesellschaftsordnung zudem förderte. – Als man im Wilhelminischen Zeitalter nach dem erfolgreichen Krieg von 1871 in die »Gründerjahre« sich stürzte, war die seelische Disposition hierfür nicht vorhanden. In einer Zeit der Dampfmaschinen und Elektrizitätswerke, der Großstädte und des einsetzenden Welthandels flüchtete der Kleinbürger in die Welt des Papiermythos, erfreute sich an Siegfried, Brünhild und Kriemhild, träumte unter Eichen von der Altvordern Herrlichkeit. Ein Teil der antibürgerlichen Jugend huldigte einer verstiegenen antitechnischen Wald- und Wanderromantik (in der Jugendbewegung). Die Sozialisten, die die Probleme der Industrialisierung vor allem kannten, wurden verunglimpft und von politischer wie gesellschaftlicher Einflußnahme ausgeschlossen. Die »Lebensphilosophie« übernahm Elemente des Rousseauismus, steigerte sie und verband sie mit völkischem Aristokratismus: die geist- und gesichtslose Masse der städtischen Untermenschen, die in ihren Brutherden verdumpfe, wäre von den Ursprüngen des Lebens völlig entfernt[97]. Wie die Norne den Schicksalsfaden, so spannen etwa ein Schuler oder Klages das Garn ihrer Geist-Technik-Zivilisations-Feindschaft.

Der Kleinbürger war mehr an Herzinnigkeit gewöhnt; er wollte nicht »kalte« Gemälde der Natur, sondern buntfreudig hingekleckste »Wärme«. Bei der »Verbauerung«, die wünschenswert sei, sei der »holländische Stil« der richtige; übrigens wäre auch Brünhild, die »kriegerische Maid«, »in der deutschen Sage halb Walküre, halb Holländerin«. Wärme wollte man haben – regionale Stallwärme: »Die irrende Seele der Deutschen, welche sich künstlerisch jetzt in allen Erd- und Himmelsgegenden umhertreibt, muß sich wieder an den heimatlichen Boden binden; der holsteinische Maler soll holsteinisch, der thüringische thüringisch, der baierische baierisch malen.«[98] Die »verbauerte« völkische Literatur hatte weder mit der ländlichen Idylle von Aufklärung, Sturm und Drang, Romantik, Klassik, Biedermeier, Realismus etwas zu tun, die, der Schillerschen Definition entsprechend, tiefgründig war und aus der Ungeborgenheit erwuchs, noch mit der Heimatliteratur, die aus lokaler

[97] »Ein blondes wundervolles Volk erwächst im Norden. In überquellender Fruchtbarkeit sendet es Welle auf Welle in die südliche Welt...« Zit. nach H. Graf Kessler, Walther Rathenau. Mit einem Kommentar von H. Fürstenberg. Wiesbaden o.J., S. 410.
[98] (Langbehn), Rembrandt als Erzieher, S. 19, 205.

Naturverbundenheit hervorging und mit Humor und Schärfe die ländliche Umwelt zu schildern wußte.

Gustav Freytags ›Ahnen‹ markieren den Beginn der fatalen Entwicklung. Er war zwar noch frei von der späteren penetrant völkischen Art; aber sein unglückseliger Germanismus und die ihm zu eigene stilistische Unfähigkeit ließen ein Werk entstehen, das mit seiner Gespreiztheit ein Heer von dritt- und viertrangigen Dichtern inspirierte. Der Kleinbürger erlebte im Spiegel der ›Ahnen‹ (*seiner* Ahnen) den Inbegriff einer Welt, in der er sich glücklich fühlte oder nach der er sich sehnte: mit einem Huhn im Topf, einem Schützen- oder Fahnenweihfest und der Romantik des Stammbaums, den man fein säuberlich nach Dienstschluß auf Büttenpapier mit dem Seufzer des »Bin-eigentlich-zu-etwas-Besserem-berufen« aufzeichnete.

»Meine Heimat« – brünstig erklang der Sehnsuchtsruf der Heimat- und Bauernliteraten über die »unendliche Heide« und durch die erhabene Stille des Walddoms, hallte von Bergeszakken im Alpenglühen bis an das große weite Meer. Die Gestalten, die beim heiligen Morgengebet das Korn in die von den Ahnen ererbte Scholle senkten, waren stolz und trutzig; rauhes reines Blut brauste in ihren Adern; der Maiden Augen blitzten, und ihre Gestalten strafften sich vor Stolz – vor allem, wenn der herb Geliebte aus dem welschen Tand-Land zu Käthe und Kate zurückfand. Alle schritten mehr oder weniger hinter dem Pflug, nicht zu vergessen der Ahnen lange Kette.

Die Aufklärung war weltbürgerlich gesinnt. Als Moser 1761 den Terminus »Nationalgeist« einführte, mußte er sich an französische Wortschöpfungen anlehnen. Patriot war für Wieland ein Mann, der sich mit »warmem Eifer zum gemeinsamen Nutzen der Menschheit verwendet«. Kants Gedanken vom ewigen Frieden appellierten an das Gewissen der Welt. – Nationalismus ist bei Herder, dem die Stimmen der Völker zum gemeinsamen Konzert der Menschheit zusammenklangen, ein negativer Begriff. Kein Volk sei ein von Gott auserwähltes Volk, die Wahrheit müsse von allen gesucht, der Garten des gemeinsamen Besten von allen gebaut werden. »Am großen Schleier der Minerva sollen alle Völker, jedes auf seiner Stelle, ohne Beeinträchtigung, ohne stolze Zwietracht wirken.«[99] – Schiller und Goethe sahen in der Nation nur einen unvollkommenen Teil des Menschheitsganzen; Goethe prägte das Wort »Weltliteratur«.

[99] Vgl. Kaiser, Pietismus, S. 215 f.

In der Pädagogik waren die Prinzipien weltbürgerlicher Erziehung lange Zeit wirksam, ehe sie vom Sendungsglauben verdrängt wurden. Der Universalismus der ursprünglichen Romantik ließ die Enge und Engstirnigkeit des Nationalismus nicht zu.

Für Adam Müller jedoch war der ewige Friede schon ein nationales Unglück: nichts vermöchte mehr ein Volk zusammenzuschließen als ein echter Krieg. Der Tag, an dem eine Weltmonarchie entstünde, meinte »Turnvater Jahn«, sei der letzte Tag der Menschheit. Während die Aufklärung die nationale Zerrissenheit im tätigen Wirken für die gesamte Welt überwand, die Stufe der nationalen Einheit zugunsten der Einheit der gesamten Welt »übersprang«, träumte der Irrationalist von dieser nationalen Einheit – sein Nationbegriff war dabei spiritualistischer Art, die Phantasie ersetzte ihm, was er in der Wirklichkeit entbehrte. Der Rationalist orientierte sich an der Fortschrittsidee, der Irrationalist an der Eschatologie eines kommenden Reiches. Sein Patriotismus war religiös oder religiös verbrämt. – Der Pietismus wirkte weiter, war etwa sehr stark bei Arndt, der ständig Religion und Nationalismus miteinander vermengte. »Vaterland und Freiheit sind ein erhabener Traum, eine überschwengliche Idee, die über die Erde hinausfliegt, ein heiliger unbegreiflicher Wahn, den das Menschenherz nicht ergründet, weil er über den irdischen Menschen ist.«[100] Wie die »Brüder« Christus, umfaßte man jetzt die Helden des Vaterlandes mit »strömendem Begehren«; im heiligen Schauer, im Wehen und Wallen erwuchs die Nation: »Auf Adlerschwingen fleugt / von Sieg zu Sieg! Es schwebt des Danks Gewölk' / euch nach, entzündet auf des Vaterlands / Altar und jedes Deutschen Opferherd.« (Christian von Stolberg)[101]

Der Pietismus und Irrationalismus mit seiner großen, überschüssigen (überproduzierten) Seelenenergie suchte nach Fixierungspunkten, an denen diese Seelenmasse sich formieren und Gestalt gewinnen konnte. So wie man die Freundschaft, die Natur, den Eislauf, den Wein, die Liebe pries, so auch das Vaterland; die Begeisterungsfähigkeit suchte ziemlich wahllos ihre rhetorischen Objekte. Die Niederwerfung Deutschlands durch Napoleon und der nachfolgende »Aufbruch der Nation« verhalfen der Seelenenergie zu einem Ventil des Hasses und der

[100] Ebenda, S. 48 f.
[101] Ebenda, S. 64.

Freude, aus dem sie sich mit großem Getöse entlud. Der Sieg über Frankreich gab den vagen, teils metaphysischen, teils volksmystischen nationalen Spekulationen eine reale Bestätigung. Schon damals kam es zu der von Nietzsche für die Zeit nach 1871 vorausgesehenen Exstirpation des deutschen Geistes zugunsten des deutschen Reiches (Reichsgedankens). Das Wort hatte Taten geschaffen, die nationale Erbauungspredigt den nationalen Bau; aber nun vergewaltigte die Tat das Wort: der nationale Bau ließ Denker und Dichter nicht mehr frei; im Kreise sich bewegend, verbrachten sie wie ihre kleinbürgerlichen Claqueure Jahrzehnte im Gehäuse nationalistischer Phraseologie – ohne Blick auf die Gedankengebäude, die man nebenan aufrichtete. Dem Nationalgefühl von 1813, das mit dem Bekenntnis zur inneren Freiheit und der Forderung nach innerer Freiheit verbunden war, ist Größe nicht abzusprechen. Es war jedoch ein Verhängnis, daß zu seinen geistigen Urhebern und Fürsprechern Männer gehörten, die in ihrem rhetorischen Drauflos- und Dreinschlagen keine Besinnung und Vernunft mehr kannten und mit nationalistischen Zentnerworten alles niederwalzten, was an weltbürgerlicher Sittlichkeit und vor allem auch an sprachlicher Lauterkeit in Klassik und Romantik geschaffen worden war. Die Verbindung von Philosophie und Krieg, Leier und Schwert war zwar dem geistigen Habitus eines Arndt oder Jahn, nicht aber der geistig-seelischen Weise eines Friedrich Schlegel oder Novalis angemessen. Johann Gottlieb Fichte befand sich an der »Grenzlinie«[102]. Seine Gedanken über Gesellschaft, Staat und Erziehung zeigen aufklärerische und liberale Züge, mit seinen ›Reden an die deutsche Nation‹ setzte er jedoch einen bedeutsamen Markstein für die Fehlentwicklung des deutschen Geistes. »Mut und Freude« wollte er den Zerschlagenen bringen, »Freude verkündigen in die tiefe Trauer« – es war die Botschaft von der »deutschen Sendung«[103]. – Während Jean Paul, geradezu in Vorahnung eines Jahrhunderts der falschen Expansionen, seiner Zeit in der Vorrede zum ›Quintus Fixlein‹ den Rat gegeben hatte, zu Hause zu bleiben (»Die nötigste Predigt, die man unserem Jahrhundert halten kann, ist die, zu Hause zu bleiben«), Grillparzer den »Innern stillen Frieden« forderte, Stifter seiner Leserschaft die Berechtigung des

[102] Vgl. W. Gembruch, Fichtes Gedanken über Gesellschaft, Staat und Erziehung. In: Gesellschaft, Staat und Erziehung, 4/1962, S. 265 ff.
[103] Fichtes Reden an die deutsche Nation. Eingeleitet von R. Eucken. Leipzig 1909.

»Sanften Gesetzes« nahezubringen suchte, glaubte Fichte, ein Jahrhundert deutscher Geltung einleiten zu können, denn Charakter haben und deutsch sein sei ohne Zweifel gleichbedeutend.

Die Nation wäre »Träger und Unterpfand der irdischen Ewigkeit«. – Fichte mag es in dieser nationalistisch-chauvinistischen Einseitigkeit nicht gemeint haben, auch ging ihm die Rede »oft durch«; abgesehen von einer kleinen Schar begeisterter Adepten und schwärmerischer Jünglinge (die freilich in den Turngemeinden, patriotischen Geheimbünden und Burschenschaften einen größeren Einfluß ausübten[104]) blieb vielen seine dunkel raunende Sprache unverständlich. Seine Interpreten und Nachfolger, die ihn vor allem auch popularisierten, haben es »so« gemeint: es war eine Nachfolge, die über die ›Gartenlaube‹, die Preußianer und konservativen Historiker, die Alldeutschen, die Nationalisten des Jahres 1914, die Völkischen in der Weimarer Republik bis zu den Nationalsozialisten führte. Die jeweilige Gegenwart dachte – wie Heinrich von Treitschke es für seine Zeit formulierte – »mit Recht zuerst an den Redner, welcher diesem unterjochten Volke die heldenhaften Worte zurief: ›Charakter haben und deutsch sein ist ohne Zweifel gleichbedeutend!‹«[105]

Der Nationalismus fand seine »höchste Krönung« im Wort »deutsch«, das als Adjektiv *die* Eigenschaft bedeutete und als Substantiv *das* Haupt-Wort schlechthin darstellte. Was »deutsch« war, blieb unübertroffen, was unübertroffen war, nannte man »deutsch«. Der Irrationalismus, der Sturm und Drang und die Romantik hatten die deutsche Sprache, das deutsche Volkslied, die deutsche Gotik, den deutschen Wald, das deutsche Märchen in ihrer Eigenbedeutung entdeckt; sie waren sich jedoch – sieht man von einigen Exzessen ab – der Vielfalt und Vielstimmigkeit der Völker bewußt geblieben. Die deutsche Nationalliteratur galt nur als ein Zweig des großen »Weltenbaums« der Dichtung. Ab 1813 wurde in zunehmendem Maße die kosmopolitisch-gesinnte deutsche Dichtung für die »nationalen Belange« in Anspruch genommen beziehungsweise uminterpretiert. Deutsch war der Tell (denn alle Schweizer waren deutsch), deutsch war aber auch die Jungfrau von Orleans,

104 Vgl. G. Ritter, Das deutsche Problem. München 1962, S. 60.
105 Heinrich von Treitschke, Fichte und die nationale Idee. Leipzig 1862. Zit. nach der Heinrich-von-Treitschke-Auswahl. Hrsg. von Freiherrn von Freytag-Loringhoven. Leipzig 1917, S. 174, vgl. auch S. 162.

die Maria Stuart; deutsch waren vor allem Hermann und Dorothea, deutsch war Faust. Da der »Deutsche geboren wurde, um in der Welt der Seele zu leben« (»es gibt kein zivilisiertes Volk, welches sittlicher als das seinige«[106]), mußte die Jugend an die deutsche Lektüre in deutschem Sinne herangeführt werden, damit sie erkannte, daß ihre Dichterheroen deutschen Geistes gewesen waren.

Dem deutschen »Kunstsonntag« (»Wir sind das tüchtigste Volk auf allen Gebieten des Wissens und der schönen Künste!«[107]) entsprach der deutsche »Werkeltag«. Mit »deutschem Handschlag« begrüßte schon der »alte Kämpfer« Jahn seine Mitstreiter[108]. Den »deutschen, deutschen Rhein« sollten die Franzosen nimmer haben; dort stand die »deutsche Wacht«. War der »deutsche Mai« gekommen, so schlugen die »deutschen Bäume« aus; von den »deutschen Eichen« träumten bereits die Lieddichter der Befreiungskriege (»Wollt nimmer von uns weichen, / uns immer nahe sein, / treu wie die deutschen Eichen, / wie Mond und Sonnenschein.«[109]) »Welche Nation kann solche Berggipfel aufweisen?« meinte Wilhelm Raabe 1860 angesichts des »deutschen Kyffhäuser«[110]. Dem Volksdichter Ganghofer glänzte eine »deutsche Sonne«[111]. Ein »deutsches Pfingsten« wünschte die ›Gartenlaube‹ ihren Lesern.

Die Weihnacht war als Weihenacht deutsch; die Glocken läuteten deutsch; deutsch war die Kirche (Luther, die Potsdamer Garnisonkirche, der Choral von Leuthen), deutsch war Christus; deutsch war Gott; – »Sprechen wir ruhig aus: in uns Deutschen lebt heute der tiefste religiöse Geist der Menschheit«[112]. Arndt hatte auf die Frage nach des Deutschen Vaterland geantwortet: »Wo Eide schwört der Druck der Hand, / wo Treue hell vom Auge blitzt / und Liebe warm im Herzen

[106] K. Harms, Schleswig-Holsteinigscher Gnomon – Allgemeines Lesebuch. Kiel 1854.

[107] F. Bley, Die Weltstellung des Deutschtums, o.O. 1897, S. 20.

[108] Vgl. die Briefe Friedrich Ludwig Jahns. Hrsg. von W. Meyer. Leipzig 1913.

[109] M. v. Schenkendorf, Wenn alle untreu werden. Später als »Treuelied« der SS verwendet. Vgl. auch H. J. Gamm, Der braune Kult. Hamburg 1962, S. 82.

[110] Zit. nach H. Schwerte, Faust und das Faustische. Ein Kapitel deutscher Ideologie. Stuttgart 1962, S. 102.

[111] Ludwig Ganghofer, Die stählerne Mauer. Reise zur deutschen Front. Zwei Teile. Berlin, Wien 1915, S. 88.

[112] E. Bölsche, Was muß der neue deutsche Mensch von Naturwissenschaft und Religion fordern? Berlin-Charlottenburg o.J., S. 47.

sitzt – / das soll es sein! / Das, wackrer Deutscher, nenne dein.«

Für Nietzsche, zu dessen Paradoxie es gehörte, das gefördert zu haben, was er ablehnte, hieß »gut deutsch sein« »sich entdeutschen«. »Der also, welcher den Deutschen wohlwill, mag für seinen Teil zusehen, wie er immer mehr aus dem, was deutsch ist, hinauswachse. Die Wendung zum Undeutschen ist deshalb immer das Kennzeichen der Tüchtigen unseres Volkes gewesen.«[113] Doch solche und ähnliche Versuche, das Volk vom Wahn des Nationalismus zu heilen, waren vergeblich. Mäßigung, Vernunft und Einsicht wurden hinweggespült – ›Deutschland, Deutschland über alles‹. Das »schlichte innige Lied« des Hoffmann von Fallersleben besang zwar die Nation *und* die Freiheit (»Einigkeit und Recht und Freiheit sind des Glückes Unterpfand, / blüh im Glanze dieses Glückes, blühe deutsches Vaterland«); es bot sich jedoch vom Sprachlichen und Musikalischen her zur Pervertierung an: die Klischees der Worte und Bilder, die rhetorische Banalität der Satzfügung und des Reimes, die Primitivität der Melodie entsprachen genau der kleinbürgerlichen »Kunstsinnigkeit«. Sieht man davon ab, daß die meisten Nationalhymnen zur Triviallyrik gehören, so war gerade diese Nationalhymne ein besonderes Unglück für Deutschland, weil sie mit ihrem liberalen und humanitären Inhalt auf der einen Seite und ihrem nationalen, auch nationalistisch interpretierbaren Inhalt auf der anderen den Zustand politischer Ambivalenz erlaubte, wo eindeutige geistige Entscheidungen angebracht gewesen wären; je nach Absicht konnte man die erste oder die dritte Strophe hervorheben (oder weglassen) beziehungsweise den Nationalismus der ersten Strophe mit dem Humanismus der dritten abschirmen.

Verdrängung und Komplex

Der Kleinbürger ist asozial: ihm ist der Mitmensch Menschenmaterial, manipulierbarer, verwertbarer Gegenstand. Der Spießer verdrängt in sich die Menschlichkeit; sein Intimbereich offenbart die heillose innere Leere: die Geliebte ist als Mädel Geschlechtstier, die deutsche Frau Gebärmaschine; über der

---

[113] Friedrich Nietzsche, Menschliches, Allzumenschliches. Zit. nach Selbstkritik der Völker. Hessische Landeszentrale für Heimatdienst, März 1959, S. 4.

Familie thront der Mann als Patriarch. Minderwertigkeitsgefühle schlagen in bramarbasierende Biermystik um; die Romantik der Horde entlastet von gesellschaftlicher und politischer Verantwortung. Die Triebe werden nicht absorbiert, geschweige denn sublimiert; sie wuchern im »Verbotenen«. Im »Orient« findet der Sadismus seinen ersten Fixierungspunkt; im Antisemitismus »befreit« er sich: Wollust der Grausamkeit, legitimiert als nationaler Ehrendienst. Das deutsche Idyll wird bodenlos: Der Grund der Schwermut fällt weg; nicht mehr das Erlebnis innerer und äußerer existentieller Gefährdung läßt die Sehnsucht nach Geborgenheit aufkommen; Schrebergartendasein wird Selbstzweck: Kuhglück ist die erste Spießerpflicht. Die Heimeligkeit wird unheimlich. Die kleinbürgerliche Seele ist von den Primärtugenden der Humanität leergefegt. Die Kirchen sind im »Milieu« erstarrt: Religiosität wird Teil einer »Schmücke-dein-Heim-Kultur«.

Die Leitbilder von Aufklärung, Sturm und Drang, Klassik, Romantik, von Realismus, Naturalismus, Expressionismus – das heißt der literarischen und kulturellen Strömungen von einundeinhalb Jahrhunderten, soweit sie nicht vom offiziellen Geist bestimmt und geprägt waren – kündeten von der Würde des Menschen: der Mensch sollte frei sein von Vorurteilen, von staatlicher und kirchlicher Gängelung, er sollte angemessene Möglichkeiten der Bildung und geistigen Selbstverwirklichung haben. Die Sehnsucht nach innerem Frieden und äußerem Glück, das Bewußtsein von personaler Individualität und von der Notwendigkeit einer die Individualität einschränkenden Gesellschaftsordnung, das Bemühen um soziale Emanzipation und kosmopolitische Gesinnung waren die Eigenschaften der humanitären Gesinnung, um die man rang. Vor allem die »Klassiker« – Lessing mit seinem ›Nathan‹, Schiller mit ›Kabale und Liebe‹, dem ›Wilhelm Tell‹, der ›Maria Stuart‹, seinen philosophischen Schriften und seiner Gedankenlyrik, Goethe mit dem ›Faust‹, der ›Iphigenie‹, ›Wilhelm Meisters Lehr- und Wanderjahren‹ – schienen eine Epoche der Humanität anzukündigen. Doch das Streben nach unbestechlichem Urteil, nach öffentlichem und privatem Gebrauch der Vernunft, nach Verwirklichung der Menschlichkeit in einer der Vervollkommnung des einzelnen wie echtem Gemeinsinne dienenden Tätigkeit, nach Mitleid und Mitgefühl kehrte sich ins Gegenteil. Die Stimme der Menschlichkeit – der Barbar hörte sie nicht; »Zwischen uns sei Wahrheit!« wurde nicht zur Maxime des »offiziellen«

Denkens, Sprechens und Handelns. Die Verdrängung des Humanen spiegelt sich in den Idolen, die seit Beginn des 19. Jahrhunderts in zunehmendem Maße die Verspießerung des deutschen Bewußtseins förderten beziehungsweise erst bewirkten. Am Typ der Frau, des Mannes und an den Beziehungen der Geschlechter zueinander lassen sich die Aspekte dieser Verdrängung und der daraus erwachsenden Komplexe mit ihren geistigen und seelischen Perversionen ablesen. Die von Aufklärung, Sturm und Drang, Romantik und Klassik eingeleitete Emanzipation der Frau wird rückgängig gemacht, ihre Entwertung und Entpersönlichung zu einem Element der deutschen Ideologie. »Mädel« ist Stichwort für diesen Vorgang.

Das Wort bedeutete seit der Zeit des Rokoko vor allem einen »Gegenstand« des sexuellen Interesses junger Männer. Neben den derart »versachlicht«-entmenschlichten Trieb trat als Verbrämung des schlechten Gewissens eine süßliche, sentimentale Idyllik: das Mädel war zwar keck, burschikos, ziemlich freizügig und so gut zu »gebrauchen«, aber auch rührend naiv, verängstigt, bekümmert. Der Reiz des sexuellen Abenteuers wurde dadurch erhöht: die Verführung der Unschuld galt als erotische Pikanterie. Die gesellschaftlich engagierten Dichter des Sturm und Drang haben mit ihren Werken – getragen von humanitärem Interesse – das Mädel aus seiner geistig verkümmerten, verdumpft häuslichen Welt in den Raum der Bildung und geistigen Mündigkeit überführen wollen; manche Dramen sind Versuche, die Möglichkeiten einer sozialen Emanzipation beziehungsweise die Gründe für den Mangel an Emanzipation aufzuzeigen. Die Romantik und Klassik sind auf diesem Wege fortgeschritten und haben in Dichtung und Wirklichkeit die geistig souveräne Frauengestalt zum Ideal erhoben. Helena und Iphigenie sind Gipfelpunkte solcher Entwicklung. Im deutschen Bewußtsein verblieb jedoch das Bild des Gretchens. Goethe war zu der Naivität eines solchen Wesens durchaus hingezogen, zugleich aber war diese Gestalt ein Protest gegen die geistige Verkümmerung der Frau, die – in Unbildung und »sauberer Häuslichkeit« festgehalten – zum leicht verführbaren Objekt gewissenloser Kavaliere wurde: Prototyp des Mädels, das den Mächten der »Sitte und Moral«, in Wirklichkeit den gesellschaftlichen Tabus, ohnmächtig ausgeliefert ist. Davon ist im späteren, ideologisierten Leitbild des Gretchens nichts mehr zu spüren: Es ist ein »sauberes Mädchen« in einem »sauberen

Stübchen« mit einem »schneeweißen Bettchen«, vor dem Faust »heiliger Wonnegraus« erfaßt. »Gretchens Seele«, meinte Heinrich Düntzer, »erschließt sich dem geliebten Manne in aller Herzensgüte, Reinheit und Unschuld, ihre Liebe ist gleichsam der Duft aller ihrer Tugenden.«[114] Sie war nun nicht mehr Objekt des Mitleids, aus dem sich die Impulse für eine gesellschaftliche Umwandlung hätten ergeben können, sondern Objekt »reiner Verehrung«: ein Jahrhundert der sorgsamen Gattinnen, treuen Mütter, frommen und keuschen Töchter (wie sie zum Grundsatzprogramm der meisten Zeitschriften gehörten) brach an, ein Jahrhundert der Keuschheitsideologie, die nicht die Reinheit als solche hoch schätzte, sondern die Reinheit des »Mädels«, die der Mann »genoß«. Dementsprechend war die Ehe Patriarchat: Gretchen nun unter der Haube. Über Dichtungen, in denen die Ebenbürtigkeit der Frau, der Partnerschaftsgedanke, das geistige Miteinander oder auch Gegeneinander (auf gleicher Ebene) dargestellt wurden, ging man hinweg; die ›Wahlverwandtschaften‹, der ›Wilhelm Meister‹ oder die ›Iphigenie‹ konnten so nie zu Hausbüchern der deutschen Seele werden. Dort, wo die Dinge nicht so ganz »eindeutig« lagen, bemühte man sich eifrig um Uminterpretation: besonders die ›Glocke‹ hat dieses Schicksal erlitten und ›Hermann und Dorothea‹.

Die Mädelgenerationen fielen in die nervigen, festen Arme ihrer Geliebten, die sie an die breite, hochgewölbte Brust ihrer kräftigen Mannesgestalt »unbändig« drückten[115]. Als holdselige Geschöpfe, deren Reize man mit glühenden Blicken verschlang, als Mädel mit dem Liliensammet der Wangen, den Schwanenhänden, dem Lilienbusen, dem lockigen Haar mit den flatternden Bändern, der freudetrunkenen Seele mit dem Gott der Träume darinnen, waren sie in stummem Entzücken IHM ganz hingegeben; und er genoß dies.

Das Mädchen- und Frauenbild des Biedermeier stand bereits an der Grenze zwischen verinnerlichter Idyllik wie Wahrhaftigkeit und kitschiger Süße wie betulicher Verstiegenheit. »Edles, deutsches, frommes Gesicht, tiefblaue Augen mit unbeschreib-

---

[114] Heinrich Düntzer, Erläuterungen zu den deutschen Klassikern. Faust 1. Teil. Jena 1859, S. 113.
[115] Nachfolgend beschrieben mit dem Wortschatz des Karl Gottlieb Samuel Heun (H. Clauren), 1771–1854. Vgl. Walther Killy, Deutscher Kitsch. Göttingen 1961, S. 36 f., und W. Nutz, Der Trivialroman – seine Formen und Hersteller. Köln, Opladen 1962.

lichem Liebreiz der Brauen, besonders aber ist die Stirne kindlich frommgütig und doch so geistig« – so beschreibt Lenau sein
Idol. Heine charakterisierte den biedermeierlichen Frauentyp
mit den Worten: »Du bist wie eine Blume / so hold und schön
und rein.« Die Werbung traf das Mädchen beschämt und ver-
schämt an. »Ich habe eine innige Sehnsucht, es immer wieder
von Dir zu hören, daß Du mich liebst – liebst im ganzen Um-
fange des Wortes –, denn ich kann es immer noch nicht fassen,
Du Herrlicher und ich Armselige«, schrieb die Braut Schleier-
machers an den Verlobten. »Mein Herz ist voll, zum brechen
voll!« vertraute Sally von Kügelgen ihrem Tagebuch an; »die
Zeit, die ich sonst an dieses Buch wandte, möchte ich lieber mit
gefalteten Händen dasitzen und Gott danken, der mich schuf
und so glücklich macht. Seit Mittwoch bin ich Braut. Was ich
jetzt denke, ist nur ER. Die Uhr ist vier morgens. Schlaflos habe
ich mich gewälzt und vor Glück keine Ruhe gefunden. Es verspricht ein schöner Tag zu werden – schon ist die Sonne glührot
über den Bäumen hervor, und weißer Tau lagert auf der jungen,
duftenden Wiese. Auf dem Baum vor meinem Fenster sitzt seit
einer Stunde ein kleiner Fink und jubelt, und aus dem Walde
wird ihm hundertfach geantwortet.«[116] Nachtigallen singen,
Rosen springen auf – in »Hall und Widerhall« – wenn die Liebe
das Mädel ergreift: »Sie war dich sonst ein wildes Blut; / nun
geht sie tief in Sinnen, / trägt in der Hand den Sommerhut / und
duldet still der Sonne Glut / und weiß nicht, was beginnen.«
(Theodor Storm)

Bei der Eheschließung wanden die Freundinnen der Braut
den »Jungfernkranz«; ein Stück Leben ging zu Ende, ein neues,
das wichtigste, begann. – All das war nicht ohne Poesie, oft
Zeugnis unverfälschter romantischer Verklärung; die Ehen waren glücklich oder nicht glücklich, je nachdem, ob die gefühls-
innigen Worte wahre Gefühle wiedergaben oder nur die Metaphern des Briefstellers – und ob sie nach der Heirat noch beachtet wurden. Die Realität (die gerade Schiller in seiner ›Glocke‹
ansprach) blieb in dieser Vorstellungswelt ausgeklammert; als
dann die Wirklichkeit des Lebens begann, zeigten diese sphärischen Naturen oft viel Tapferkeit.

Das politische Verhängnis setzte ein, als die wirklichkeits-

[116] Vgl. E. Kalkschmidt, Biedermeiers Glück und Ende, o.O. o.J., S. 149. Zu
Kleists ›Käthchen von Heilbronn‹ Ferdinand Lion, Romantik als deutsches Schicksal.
Stuttgart (Neudruck) 1963, S. 83.

fremde Idealisierung der Frau als Fassade beibehalten, dem nationalen Leitbildkatalog eingefügt wurde und der Mädelkult schließlich politische Brutalität mit abdecken half. Zwar hatte schon zu allen Zeiten eine unausgegorene, nicht oder noch nicht bewältigte Pubertät die Dichter und Sänger ästhetisch unerträgliche Liebeslieder leiern lassen; politisch gefährlich wurde dieser schlechte Geschmack, als er das Bild der deutschen Frau nach seinen Vorstellungen prägen wollte. Die literarischen Jugendsünden Goethes mit seinem Mädelgeflüster waren etwas anderes als die Lieder Theodor Körners; wenn dieser seine »süße Braut« andichtete, so war dies – zumindest nach dem Urteil seiner späteren Interpreten – der Gesang eines vaterländischen Helden und Götterjünglings an sein deutsches Mädel. Wenn Adelbert von Chamisso sein poetisches Liebesleben ausbreitete – »Ich werd ihm dienen, ihm leben / ihm angehören ganz, / hin selber mich geben und finden / verklärt mich in seinem Glanz; / du Ring an meinem Finger? / mein goldenes Ringelein, / ich drücke dich fromm an die Lippen, / dich fromm an das Herze mein« –, so war diese lyrische Emanation gewissermaßen ästhetische Privatsache; als diese Strophen jedoch über die ›Gartenlaube‹ ins gesamtdeutsche Gemüt eingingen, ließen sie das Herz des deutschen Mannes ideologisch höher schlagen: So denkt und fühlt ein deutsches Mädel, eine deutsche Frau – sagte sich der Untertan-Spießer; er forderte bedingungslose Hingabe von seiner Anverlobten[117]. Die ›Gartenlaube‹ war überhaupt an der Entwürdigung und Verdummung der deutschen Frau maßgeblich beteiligt. Als Familienzeitschrift für das deutsche Haus und die deutsche Familie schob sie auf scheinbar unpolitische Weise (durch die Hintertür des Gemüts) Schritt um Schritt soziale und ethische Fehlvorstellungen ins deutsche Bewußtsein. Ihre Star-Autorin Eugenie Marlitt war zwar ein liberales Fräulein, das ihr rheumatisches Leiden mit Romanschöpfungen kompensierte (was die politische Anthropologie nicht kümmern müßte); sie nahm den Standpunkt des armen Mädels gegenüber den bösen und häufig aristokratischen Verführern und Lebemännern tapfer ein. Die Lösungen, die die Marlitt anbot, waren freilich vom liberalen Standpunkt aus gesehen bedenkliche Kompromisse: das gute arme Mädel fand den guten reichen Aristokraten, oder der böse reiche Aristokrat wurde im letzten Augenblick durch reine Mädelliebe geläutert; das verwaiste

[117] Vgl. Heinrich Mann, Der Untertan. Leipzig, Wien 1918.

Schloß hatte wieder eine Herrin; die Diener und das Landvolk atmeten auf. Es gab viel Freude auf den Endseiten der Romane, aber auch manches Leid. Als der Reporter der ›Gartenlaube‹ die Autorin eines Tages besuchte und ihr die Hand drückte, »die schöpferische, kunstbegabte Hand, die eine Goldelse gemalt, eine Felicitas gemeißelt und eine Gisela erzogen hatte«, da »drückt er einer Schriftstellerin die Hand, die in ihren Dichtungen einen so unerschrockenen Kampf aufgenommen hatte mit der buntfarbig gleißenden Heuchelei, mit der Jämmerlichkeit einer herzlosen Religiosität, die nur in äußerem Formelkram und einschläfernder Selbstbeweihräucherung sich bläht, und mit den längst verrotteten, längst verurteilten Ansprüchen eines Standes, der sich umsonst gegen die freiheitlichen Forderungen der Gegenwart stemmt«[118].

Der Deutsche hätte da besser Büchner, Keller, Gotthelf, Stifter, Fontane, Hauptmann oder Marx, Lassalle gelesen; die Marlitt jedoch entsprach dem kleinbürgerlichen Bewußtsein, weil sie den liberalen Inhalt ihrer Romane in einem Stil eben der buntfarbigen Heuchelei, der sprachlichen Jämmerlichkeit, des äußeren Formelkrams und einschläfernder Seelenbeweihräucherung vortrug. »Mädel und Schätzel und dergleichen stand jetzt poesiefertig dem allgemeinen Gebrauch zur Verfügung, und als Museion solchen Treibens darf man vielleicht die ›altdeutsche Bierstube‹ um 1900 ansprechen.«[119]

Die ›Gartenlaube‹ hat freilich gelegentlich die später besonders vom Nationalsozialismus schamlos ausgenutzte Verdummung (»idealistische Hingabefreudigkeit«) der deutschen Frau auch einzudämmen versucht. In den ›Ärztlichen Winken für Jungfrauen und junge Frauen. Über die weibliche Schönheit und ihre Pflege‹, eine besonders beliebte ständige Rubrik[120], wurde »Denken, richtiges (logisches) Denken, also Verstand«, der »leider den allermeisten Frauen (infolge falscher Erziehung)« fehle, als wesentliche Verschönerung gerade der häßlichen Gesichter empfohlen: »... könnte Frauen zu Engeln machen, weil sie dann das, was um sie herum vorgeht, ordentlich begreifen und beurteilen können und nicht mit ihrem ganz verkehrten Glauben, Meinen und Fühlen sich und anderen das Leben verhunzen würden.«

[118] Die Gartenlaube, Jahrgang 1869, S. 828.
[119] Dolf Sternberger, Gerhard Storz, Werner E. Süskind, Aus dem Wörterbuch des Unmenschen. Hamburg 1957, S. 71.
[120] Nachfolgend Die Gartenlaube, Jahrgang 1866, S. 267, 358.

Die Augen, die meist schüchtern niedergeschlagen oder schmachtend seien, sollten offen, ausdrucksvoll und sinnig sein; das Stumpfnäschen sei nicht zu empfehlen: »Die Nase, gewissermaßen der Ausläufer des Gehirns, ist es, durch welche der Charakter des menschlichen Antlitzes am entschiedensten bezeichnet wird.« In den Briefen Bismarcks an seine Braut hat dieser vor den »nebligen Phrasen« gewarnt, die nicht selten Böses bewirkten, wenn sie bei Frauen und Mädchen, die das Leben nur durch die Brille der Dichter geschaut haben, als Maßstab in die Wirklichkeit übertragen würden. Implizite war damit Kritik an der Mädchenerziehung geübt; sie lag – auf Grund des deutschen patriarchalischen Gesellschaftsgefüges – besonders im argen. Den Mädchen sollte »Gemütsbildung« vermittelt werden: Sticken, Stricken, Kochen, Gedichtrezitation und etwas Erbauungstheologie. Der »feste Platz« der Frau war die Familie. Am Herde und im stillen Heim waltete die deutsche Hausfrau und Mutter. Die Wünsche des Mannes waren das ungeschriebene Gesetz. »Ein Mädchen übt schon Böses, wenn sie den bösen Schein nicht vermeidet. In der ganzen Natur gibt es keine so zarte Pflanze wie die Unschuld. Der Staub auf den Flügeln eines Schmetterlings ist minder vergänglich als der gute Ruf eines Mädchens.«

Vor allem die erstarrten Kirchen des 19. Jahrhunderts konnten mit den »Reinheitsermahnungen« verängstigte Seelen fest an sich binden und damit die geistige Emanzipation der Familien verhindern. Den Lehrplan einer höheren Töchterschule beschrieben die ›Fliegenden Blätter‹, ein an sich völlig spießbürgerlich-stumpfes, sich sonst jeder Zeitkritik und Ironie enthaltendes Blatt, als ein Institut, in dem man in Deutsch das Verfassen von Liebesbriefen und Heiratsinseraten lerne; »Geographie: ... Kenntnis der schönsten Routen für Hochzeitsreisen ... die berühmtesten Badeorte Europas ... Küchengeographie: ... München: Bier, Pommern: Gänsebrüste, Straßburg: Gänseleber, Frankfurt und Regensburg: Würste ... Physik: Blitzableiter für häusliche Gewitter. Der Ton im Umgange mit jungen Männern ... Zoologie: Marder, Zobel und andere Tiere mit wertvollen Pelzen ... Schöne Künste: Modellieren, Kuchenteig und Leberknödel ...«[121]

Eine Freundin der Musik solle die Zukünftige sein – hieß es in den Klischee-Heiratsanzeigen; Sehnsucht nach Goethe und

---

[121] Die Fliegenden Blätter, Jahrgang 1893, S. 89.

Schiller und Rückert empfinden, dem Schönen aufgetan sein, Bismarck verehren, aus ebenbürtiger Familie stammen, die entsprechenden »Sachen« besitzen; Hellblondine bevorzugt, in der Kochkunst perfekt, am Familienglück interessiert, zu legitimer Wollust verwertbar, deutsche Gesinnung[122]. Die Literatur der Jahrhundertwende und der nachfolgenden Jahrzehnte hat die Fassadenwelt und Puppenwelt der Plüschära entlarvt; Sigmund Freuds Schriften zeigen die Anatomie dieser Gesellschaft mit ihren verborgenen Trieben und gekappten Lüsten. Die Kruste der Zivilisation hielt der verdrängten Triebgewalt, die keine Sublimierung erfuhr, kaum mehr stand. Dort, wo sie durchbrach, maskierte sie sich jedoch sofort wieder. Die Romantik des »süßen Mädels« war teilweise zu »eng«, um den »großen Lebensrausch«, die »große Begierde« einfangen zu können; die Sinnenglut auf Plüsch fand Ventile im Ästhetizismus, im Exotismus, im Kult des Übermenschen. – Parnaß wird Montmartre, der Spießer kokettiert mit der Halb- und Lebewelt; Pläsier im Schein roter Laternen; aber danach zieht es ihn wieder ins »Allerheiligste«, ins eheliche Schlafzimmer, zum Eheglück zurück. Der Venus von Milo im Butzenscheibenschimmer (Kopien der Statue waren ein beliebtes Repräsentationsstück der bürgerlichen Wohnungseinrichtung) entsprach im literar-soziologisch maßgebenden Schrifttum und in der »offiziellen« bildenden Kunst ein eigentümlich vertrackter Stil: eine Mischung von kleinbürgerlicher Muffigkeit und renaissancehaftem Schönheitsrausch – Gretchen und Lukrezia Borgia, Scheffel und Boccaccio zusammengemischt. »Das Weib«, so philosophierte Richard Wagner, »bekommt volle Individualität erst im Moment der Hingebung; es ist das Wellenmädchen, das seelenlos durch die Wogen seines Elementes dahinrauscht, bis es durch die Liebe eines Mannes erst die Seele empfängt«[123]. Hinter dem Tristanwahn verbarg sich rohe Sexualität, so wie in Wagners Biographie Seelenharmonie zum Alibi für Ehebruch wurde. Was für Wagner der Mythos germanischer Gottheiten, war für Bölsche die Mystik der Zelle. Wie jener die ekstatischen Paarungen seiner Götter und Helden bedichtet, so dieser das Liebesspiel der Ichthyosaurier, die Liebe der Mammute, die Urgeschichte des Wurms, die Liebesphilosophie des Bandwurms, den Tri-

---

[122] Hierzu Karl Kraus, Beethoven und Goethe – Vorbilder und Lebensführer. In: Auswahl aus dem Werk. München 1957, S. 38 ff.
[123] Zit. nach Ludwig Marcuse, Das denkwürdige Leben des Richard Wagner. München 1963, S. 124.

stanrausch der Insekten. Das sprudelt, orgelt und »orgastelt«
dahin – man weiß nicht, handelt es sich beim »Opfertod einer
Mutter« um eine völkische Heldin oder einen Einzeller, beim
»neuen Lied« um das Ineinanderwallen rassegleicher Menschen
oder um das Liebesmärchen der Bienen (nicht des Kopfband-
wurms, denn diesem »ist die hohe Liebe verschlossen, ohne du
und du«[124]).

Das Idol des Mädels war der Held. »Ich bin ein schwaches
Maidli und Ihr ein starker Mann... Sie schlang ihre Linke um
mich und drückte mit ihrer Rechten das eiserne Kreuz an ihre
Lippen, wie eine Gläubige, im Drange der Gefahr, ihr Amu-
lett.«[125] In heroischen Illusionen wurde die Jugend erzogen.
Jahrzehntelang hämmerten patriotische Erzieher, Dichter und
Denker ihr Stakkato von Vaterland, Nation, Heldentod, heili-
gem Krieg ins Bewußtsein des »Jünglings«[126]. Das Vaterland
war für Klopstocks Rhetorik »mehr als Mutter und Weib und
Braut«; über die Klopstock nahestehende »Heldenjugend«
spöttelte schon der zwanzigjährige Goethe: »Die Glut, die im
Mut aus den Augen blitzt, der goldne Huf mit Blut bespritzt,
der Helm mit dem Federbusch, der Speer, ein paar Dutzend
ungeheure Hyperbeln – das ist zusammen nicht auszustehen.«
Der vaterländische Jüngling suchte entweder sehnsüchtig den
Tod auf dem heiligen Schlachtfeld, oder aber er kehrte siegreich
zur enthusiastisch wartenden Braut zurück: »Hermann! Hermann! so hat dich / niemals Thusnelda geliebt.« (Klopstock) –
Die Jugend der Freiheitskriege, die sich am »Gesundbrunnen
des Krieges« erlabte, wollte Mann für Mann »mit Blut das Eisen
röten, / mit Henkerblut, Franzosenblut – / o süßer Tag der
Rache! / Das klinge allen Deutschen gut; / das ist die große
Sache.«[127] »Wir verjüngen uns in der Jugend, die uns lieben und
hassen lehrt«, verkündete Turnvater Jahn; »unser irdisches
Höchste ist Volk und Vaterland, alles Hehre und Heilige erscheint in diesem Namen«[128]. – Die Jugend von 1813 »lachte

[124] Wilhelm Bölsche, Das Liebesleben in der Natur. Eine Entwicklungsgeschichte
der Liebe. Leipzig 1901, S. 13, 243.
[125] H. Clauren, Mimili. Berlin o.J. Zit. nach Walther Killy, Deutscher Kitsch,
S. 117.
[126] Vgl. Georg Kaiser, Pietismus; vor allem Kapitel 5–9; u.a. S. 83, 125, 135 (dort
Zitate).
[127] Ernst Moritz Arndt, Der Gott, der Eisen wachsen ließ. 5. Strophe (immer
wieder in den Lesebüchern abgedruckt).
[128] Zit. nach E. Schuppe, Der Burschenschaftler Wolfgang Menzel. Eine Quelle
zum Verständnis des Nationalsozialismus. Frankfurt 1952.

und scherzte nicht«; sie bestand – zumindest in der Meinung der späteren Interpreten – aus spartanischen Jünglingen, »die einherschritten in trutziger Haltung, abgehärteten Leibes, in altdeutscher Tracht, hochpathetische Worte voll sittlichen Zornes und vaterländischer Begeisterung redend«[129]. – Die Turnerschaften, Burschenschaften und studentischen Corps haben vor allem nach 1848 dem heldischen Nationalismus zum Durchbruch verholfen.

Die Reichsgründung von 1871 stählte das »neue Geschlecht« im Bewußtsein, daß das Schwert behaupten müsse, was das Schwert gewonnen habe. »Mannwerdung« sei der Krieg, meinte Treitschke; und fielen die Jünglinge auch, so »sagten die Väter und die Brüder: viel Trauer, viel Ehre«. »Solchem Hause gehörte dann ein Blatt im schwellenden Kranze des deutschen Ruhmes.«[130] Christentum und Kriegertum seien nun vom Deutschtum nicht mehr zu trennen, verkündete Julius Langbehn; Dokumente, die mit Blut geschrieben seien, würden sich erwiesenermaßen jahrhundertelang frisch halten. – Bald pathetisch (»Blut und Eisen«), bald folkloristisch (»immer feste druff«) wurde das Leitbild des jugendlich strammen Offiziers propagiert, der über die schlappe Haltung des Zivilisten unendlich erhaben war, forsches Auftreten und sittliche Reinheit, eiserne Nerven und strahlende Schönheit in sich vereinte. Für die Alldeutschen war der Krieg der beste Erzieher der Jugend, ein »sorgsamer Erneuerer und Erhalter, der große Arzt und Gärtner, der die Menschheit auf ihrem Wege zur Höherentwicklung begleitete... Wehe dem Volke, das längere Zeit hindurch seiner heilenden und hegenden Hand entraten muß«[131]. Von seiner Gründung bis in die Tage des Nationalsozialismus (mit der Krönung des Ersten Weltkriegs und der Enttäuschung der Weimarer Republik) stimmte der Verband unentwegt sein Morgenrot- und Morgenritt-Bardiet an – einer trutz- und wehrhaften Jugend zum Frommen, in vielen Broschüren und Schriften verbreitet. Die Jugend sollte zu den Quellen der Begeisterung, das heißt zu kriegsfreudigem Patriotismus, zurückfinden. Die Frau (deren »politische Bestrebungen als nicht berechtigt und nützlich angesehen werden können«) hatte als Mutter ihre Kinder zu zukünftigen Helden zu erziehen: »Die Stärke der Frau ist

---

[129] Treitschke, Fichte und die nationale Idee, S. 170.
[130] Heinrich von Treitschke, Deutsche Kämpfe. Leipzig 1935, S. 390.
[131] Zit. nach A. Kruck, Geschichte des Alldeutschen Verbandes, S. 69.

der Instinkt – die deutsche Frau wird, wenn sie ihres Volkstums bewußt ist und stolz auf seine Geschichte, seine Größe, seine Taten, aus ihrem Instinkt den Kindern nach Stimmung und Gefühl ihr Vaterland so wert machen, daß sie, zum Denken erwacht, nichts anderes können, als es lieben.«[132]

Als der Erste Weltkrieg ausbrach, standen die Herzen der Dichter und Jünglinge, wie weiland 1813, sofort in hellsten Flammen. »Nun sangen sie wie im Wettstreit den Krieg, frohlockend mit tief aufquellendem Jauchzen.«[133] Die Blüte der deutschen Jugend »zeigte sich als Meister im Draufgehen und im Sterben ... Morgenrot, Morgenrot ... Kein sel'ger Tod ist in der Welt, als wer vorm Feind erschlagen ...«[134] Das Gebet des Helden galt dem guten Büchsenlicht: »Kam'rad, die Hand am Schwerte / bete – sonst nicht / Herr, gib uns Kraft und Härte: / und Büchsenlicht.«[135] – Aus den Klopstockschen papieren-romantischen Jünglingen, denen die Kampfesfreude die Wangen rötete, vom Gebet der Schlachtjungfrauen gesegnet, waren im Grabenkampf des Ersten Weltkriegs – so Ernst Jünger – »Stahlnaturen« geworden: »scharfäugig und verwittert, Landsknechte auch der Liebe ... Männer, wie sie bisher die Welt nie gesehen hatte ... Es war eine ganz neue Rasse, verkörperte Energie und mit höchster Wucht geladen. Geschmeidige, hagere, sehnige Körper, markante Gesichter, Augen in tausend Schrecken unterm Helm versteinert. Sie waren Überwinder, Stahlnaturen, eingestellt auf den Kampf in seiner gräßlichsten Form.«[136] Für Jünger hatte das Feuer der Materialschlachten die Krume des Mutterbodens wieder aufgesprengt und durch Ströme von Blut befruchtet; ein neues Verhältnis zum »Elementaren« sei so geschaffen worden[137].

Die Erziehung des deutschen Jünglings zum Helden vollzog sich im Zeichen bestimmter Leitbilder aus Geschichte und Lite-

[132] D. Frymann, Wenn ich der Kaiser wär'. Politische Wahrheiten und Notwendigkeiten. o.O. 1913, S. 118f. (Pseudonym für H. Claß, den Vorsitzenden des Alldeutschen Verbandes.)

[133] Thomas Mann, Friedrich und die Große Koalition. Berlin 1915, S. 11.

[134] Werner Beumelburg, Sperrfeuer um Deutschland. Oldenburg o.J.

[135] Walter Flex. Zit. nach Soldatengeist. Eine Deutung aus Bekenntnissen der Front. Berlin 1942, S. 43.

[136] Ernst Jünger, Der Kampf als inneres Erlebnis. Berlin 1929, S. 47.

[137] Über das Verhältnis Ernst Jüngers zum Krieg ausführlich bei H. P. Schwarz, Der konservative Anarchist. Politik und Zeitkritik Ernst Jüngers. Freiburg 1962, u.a. S. 67ff., 123ff. (»Jüngers Krieg ist so etwas wie eine gigantische Titanenmensur«), 260ff.

ratur. Spartaner sollte man sein, sterben, »wie das Gesetz es befahl«; oder, den alten Römern gleich, auf dem Schild oder mit dem Schild aus der Schlacht zurückkehren. Beliebte Gehalte des Lateinunterrichts und des durch die Altphilologie beherrschten Geschichts- und Deutschunterrichts waren die Verherrlichungen patriotischen Bauerntums (»Die Tochter des Landmannes schmückt den Altar«), chauvinistischer Mori-Tat (»Es ist süß und ehrenvoll, fürs Vaterland zu sterben«), »ehrwürdigen Patriarchentums« (»Wenn euch, o Jünglinge, die Greise sich nähern, erhebet euch von den Sitzen«[138]). Die Darstellungen der griechischen Götterwelt, die in der Malkunst schon zu Beginn des 19. Jahrhunderts zu gigantischen Kitschpanoramen ausarteten, waren Vorstufen der späteren Schlachtenmalerei, die dann im Sinne journalistischer Geschichtsreportage und »lebendiger Bilder« das deutsche Heldentum farbenprächtig vorzeichnete. Über das schulische Anschauungsmaterial von Wandtafeln, Geschichtsbuch- und Lesebuchillustrationen prägten sich solche Bilder tief im Bewußtsein der jungen Menschen ein. Die Sedan-Kunst fand schließlich ihre höchste Vollendung in der Blubo-Malerei der Nationalsozialisten.

Wer als Akademiker heldisch-nationales Menschentum anstrebe, gehöre – so hieß es – in die studentischen Korporationen. – Gegen Ende des 18. Jahrhunderts vereinigten sich in den Corps vor allem Adelige und solche Studenten, die dem exklusiven Feudalstil nacheiferten. Im Gegensatz hierzu entwarf Friedrich Ludwig Jahn den Plan einer »Deutschen Burschenschaft«, die in den Befreiungskriegen rasch feste Form (etwa in der Lützowschen Freischar) annahm. Die aus dem Krieg heimkehrenden »Burschenschaftler« waren national und demokratisch gesonnen; auf dem Wartburgfest am 18. Oktober 1817 verbrannten sie einen preußischen Korporalstock, einen künstlichen Zopf sowie einen Ulanenschnürleib. Teilweise gingen nun die feudalen Corps in den demokratischen Burschenschaften auf. Eine studentische »Progreßbewegung« forderte die Auflösung des Korporationswesens und die Bildung allgemeiner Studentenschaften. Der Studententag von Eisenach 1848 war Höhepunkt dieser fortschrittlichen Entwicklung. Der Grundsatz eines einigen demokratischen Deutschland wurde proklamiert; eine Reform des Universitätswesens sollte dieser

---

[138] Eine Untersuchung über den Geist des Lateinunterrichts steht noch aus. Ein paar Anregungen hierzu vermittelt E. Shnell, Neun Tage Latein. Göttingen 1956.

allgemein erhofften Demokratisierung dienen. Doch mit der Revolution von 1848 brach auch dieser Versuch zusammen. Man hat später dem Aufbruch von 1813 die demokratische Komponente weginterpretiert. Ferdinand Hodlers Bilder etwa spiegeln diese Verfälschung: »Es ist das Bild in Jena; Studenten ziehen in den Befreiungskrieg von 1813, und es gibt das Bild in Hannover: Der Schwur auf die neue Lehre! Meines Kennens gibt es keine anderen Bilder, die so unheimlich offenbarend dem Wesen unserer Wiedergeburt, Erneuerung und Reinigung durch die Umwälzung von 1933 verwandt sind wie diese. Dem deutschen Wunder entspricht das Künstlerische. Im Bilde von Hannover sieht man einen Führer in äußerster Anstrengung des Geistes und Körpers eine Reihe von Volksgenossen mitreißen zu einem Schwur: alle Hände sind emporgereckt, alle Muskeln des Körpers angespannt. Jeder fühlt, daß er einem Neuen sich verpflichtet, jeder ist unbedingt mit Herz und Hirn, mit Haut und Haar dabei.«[139]

Doch war für eine solche nationalistische, elitäre Interpretation in vielem der originale Geist der Burschenschaften mitverantwortlich – auch schon in seinen Anfängen. So wie man das Nationaldenkmal zur Leipziger Völkerschlacht als einen gotischen Dom plante – die Vorhalle mit Darstellungen aus der deutschen Sage und Geschichte geschmückt und den großen Verstorbenen des Vaterlandes gewidmet –, so waren auch die Vorstellungen von Demokratie, denen man anhing, anachronistisch: idealistisch-utopische Ideen von Volksgemeinschaft und Volkseinheit. Der Mangel an Selbstverwaltungspraxis in Deutschland förderte noch die Übersteigerung; eine rationale Gesellschaftsvorstellung, die einen menschengerechten Pluralismus (ein Miteinander, aber auch Konfliktsituationen) bedeutet, wurde als wesensfremd empfunden.

Zudem »versengte« die nationale Siedehitze einen Teil der demokratischen Schößlinge – wenn auch demokratische Reformen zumindest bis 1848 zum burschenschaftlichen Programm gehörten. Die Sprache vor allem entlarvte: »Liebe Freunde, lasset nicht ungenützt verrauschen und vorübergehen diese Feierstunde mit ihrer Rührung und schönen Stimmung« – solcher Wartburgreden erinnerte man sich jahrzehntelang mit Stolz und Rührung; »eine deutsche Burschenschaft werdet und seid!

[139] Hermann Burte. Zit. nach J. Wulf, Die bildenden Künste im Dritten Reich. Gütersloh 1963, S. 168.

Meint auch nicht, ihr wäret Boden, Wurzel und Stamm der Eiche deutscher Einheit, das seit ihr nicht, ihr seid nur ihre hoffnungsgrünen Zweige. Nicht auf euch ausschließlich beruht Deutschlands Sein und Dauer und Ehre... Immer strebe zum Ganzen, und kannst du selber kein Ganzes werden, als dienendes Glied schließ' an ein Ganzes Dich an.«[140]

Obwohl man die Utensilien der Reaktion wie des absolutistischen Patriarchalismus verbrannt hatte und revolutionäre Forderungen erhob, sprach man im Stil verstaubter Verblasenheit, im jugendlich aufgemöbelten »Landesvaterstil«; die dialektisch klare, wahrhafte Sprache von Aufklärung und Klassik war ohne Einfluß geblieben. Das Raunen Fichtes, vor allem aber seiner Nachfahren, wirkte sich verhängnisvoll aus. Heine nannte das Wartburgfest eine Kundgebung des engstirnigen, nationalistischen, religiösen und rassischen Hasses, einen »obskuren Rabengesang«. – Der Wahn des Rassenhasses und Rassenstolzes begann um sich zu greifen; Antisemitismus stellte sich ein. Den Burschenschaftler Wolfgang Menzel hat man mit Recht als Antizipation des Nationalsozialismus bezeichnet: Nationalismus, Chauvinismus, Franzosenhaß, Antiintellektualismus, Germanismus und Antisemitismus waren hier bereits zu einer »geschlossenen« deutschen Ideologie vereint[141]. Die Deutschen seien »die immer noch kraftvollste Rasse auf unserem ganzen Planeten«; aus Frankreich drängten »Unsittlichkeit und Irreligiosität ein«; die niedere Rasse habe die Sklavin der höheren zu sein, »wenn die Menschheit irgendwie fortkommen solle«. – »Gott schenke uns den scharfen und zähen Krieg, dessen wir... dringend bedürfen, wenn unsere weinige Gärung nicht in eine faulige und in Folge davon in Versumpfung umschlagen soll. Dann wird man sehen, welcher Dinge namentlich unsere deutsche Nation noch fähig ist.«[142]

Nach 1848 siegte in den Korporationen die Restauration auf der ganzen Linie. Die ehemals verdrängten Corps bildeten einen Dachverband zur Abwehr von Reformbestrebungen (ab 1855 »Hoher Kösener Senioren Convents-Verband«). Die Burschenschaften zerfielen in konservative Gruppen, die sich kaum von den Corps unterschieden, in radikaldemokratische Verbin-

---

[140] L. Bechstein, Wollen und Werden. Teil 1: Berthold, der Student. Halle 1850. Zit. nach Walther Killy, Zeichen der Zeit. Ein deutsches Lesebuch. Band 3. Frankfurt 1959, S. 169.
[141] E. Schuppe, Der Burschenschaftler Wolfgang Menzel. Frankfurt 1952.
[142] Wolfgang Menzel, Denkwürdigkeiten. Bielefeld 1877, S. 301 ff.

dungen, die bald völlig verschwanden, und nationalliberale Teile, die sich der liberalen parlamentarischen Opposition anschlossen und später mit dieser der Machtpolitik des neudeutschen Kaiserreichs sich anpaßten. Duell und Mensur wurden zum eigentlichen Mittelpunkt einer pervertierten Ehrauffassung, die eine stiernackige Rauflust kaschieren und akademisieren sollte. Der Aufstieg des Zweiten Reiches brachte den Höhepunkt des Neo-Feudalismus, einer »Talmi-Tradition, deren Kitsch und innere Verlogenheit nur die Epoche widerspiegeln, aus der sie stammt«[143]. »Verdrängungsneigung« und »Sublimierungsunfähigkeit« – mit diesen beiden, nicht nur individualpsychoanalytisch, sondern vor allem sozialpsychologisch und sozialpathologisch zu verstehenden Begriffen kann das vorherrschende Verhältnis des deutschen Menschen im 19. Jahrhundert zu seiner Triebdynamik beschrieben werden. Der Patriarchalismus der mittelalterlichen Gesellschaftsform blieb in Deutschland fast unverändert bis in die Gegenwart mit besonderer Hartnäckigkeit erhalten. Das absolutistische Herrschertum wurde der Gesellschaft als Leitbild so lange aufoktroyiert, bis sie schließlich sich mit ihm freiwillig identifizierte. Das derart institutionalisierte Vater-Imago verstärkte die paternistische Seelenkomponente, die sich auf diese Weise zur Dominante entwickelte.

Aus der Ichbezogenheit des deutschen Mannes, die in den Freiheitskriegen einen besonderen Gipfel erreichte, ergab sich als polares Ebenbürtigkeitsideal und als Projektion des erhöhten männlichen Ich die Frau als Über-Ich: die in sich alle Werte vereinende Jungfrau (was durch eine das Mittelalter stilisierende Historiographie – edle Minne, edle frouwe – abgestützt und scheinbar objektiviert wurde). Damit verknüpft war eine Art Ödipuskomplex: der Mann empfand die Frau durch den Mann (Vater) – also durch seinesgleichen – in ihrer Reinheit zerstört, geschändet; da der Mann jedoch auf Grund seines Narzißmus über alle moralischen Zweifel erhaben war, mußte die Frau – trotz ihrer Engelhaftigkeit – an der Zerstörung ihrer »Reinheit« (einem Zentralbegriff der deutschen Ideologie) selbst schuld sein. So interpretierte man in sie das Böse um so mehr hinein, je stärker man sie vorher idealisiert hatte. Das Gefühl der »bösen Frau« (als Typ) widersprach aber der gesellschaftlichen Norm –

[143] L. E. Finke, Gestatte mir Hochachtungsschluck. Bundesdeutschlands korporierte Elite. Hamburg 1963, S. 53.

verfiel der Verdrängung, die sich ihre Auslässe dort suchte, wo die Entwürdigung der Frau nicht unter Tabus stand. Die »entwürdigte« Frau zog dabei den Mann mit ihrer hemmungslosen Geschlechtlichkeit besonders an; demnach ergab sich eine als Abscheu drapierte Attraktion durch die Dirne, die Hexe, die Dämonin, die Heroine. Obwohl diese Typen Sonderfälle der Existenz waren (als reale Erscheinungsformen), spiegelten sie als psychologische Fixierungspunkte die durchschnittliche Bewußtseinshaltung des Mannes, mit der er der Frau als Kollektivwesen gegenübertrat.

Der Barock hatte den starken Dualismus von Triebverachtung und Triebverherrlichung in Form eines metaphysischen Spannungsbogens noch zusammenzuhalten, zu tragen, zu ertragen vermocht (der Trieb war Zugeständnis ans Menschliche und Allzumenschliche, die Triebüberwindung ein wichtiger Schritt auf dem Weg zu Gott); beide balancierten sich sub specie aeternitatis aus, wenn auch im leidenschaftlichen Hin und Her seelischer Zerrissenheit. Die Emanzipation des Triebes im Rokoko, wobei das Seelen-Pendel aus seinen Angeln gehoben wurde und im hemmungslosen Genuß »zur Ruhe« kam, war eine ungewöhnliche Lösung, nur feudalem, gewissenlosem Kalküldenken möglich. Das allgemeine Gewissen blieb erhalten, doch konnte es angesichts der demoralisierenden Aristokratie und des beginnenden religiösen Zerfalls keine regenerierende Rolle mehr spielen. Die Moral der Aufklärung war die eigentliche Gegenposition; sie bot neue Prinzipien sittlicher Ordnung; setzte an die Stelle christlicher Gebote, die meist unreflektiert und aus Angst vor Strafe (nicht nur metaphysischer, sondern – auf Grund des engen Bündnisses von Thron und Altar – vor allem physischer Strafe) akzeptiert worden waren, die Sittlichkeit des autonomen, auf die Vernunft hin angelegten Menschen. Die Normen der Aufklärung waren rigoristisch – das Handeln gegen die »Neigung« galt bei Kant als Prüfstein des moralischen Handelns überhaupt. Aber da metaphysische Ängste dem Eudämoniestreben des Menschen wesentlich stärkere Widerstände hatten entgegensetzen können als der Appell an die Vernunft und die Verkündigung humanitärer Maximen es zu fördern vermochten, zumal die Aufklärung von den herrschenden Mächten rasch verdrängt wurde, war der moralische Neuansatz ohne größere Auswirkung. – Die Verbindung von Moral und Glücksgefühl, Sittlichkeit und Sinnlichkeit versuchte die Klassik; die Philosophie Schillers, die Existenz Goethes sprengte jedoch den gesellschaftlichen Moralkodex; im Rahmen des späteren spießbürgerlichen Kunst- und Philosophieverständnisses waren nur ein fehlinterpretierter Goethe und ein fehlinterpretierter Schiller möglich. So galten Moral und Glücksgefühl, Sittlichkeit und Sinnlichkeit weiterhin als widersprüchliche Seinsweisen. Die metaphysische Begründung dieses Dualismus wurde nur noch mit Vorbehalt akzeptiert; die rigoristische der Aufklärung (aus der Erkenntnis von der Triebgewalt des Menschen gespeist, die es rational zu »bewältigen« galt) war ohne ausgeprägte Vernunft-Erhellung nicht nachvollziehbar. Die Überwindung des Dualismus durch die Übernahme des Kalokagathiebegriffs der Klassik hätte ein Bekenntnis zur Sinnlichkeit und zugleich große Sublimierungsfähigkeit vorausgesetzt. Die fortschreitende Technik und Industrialisierung brachte mit der dadurch bewirkten Arbeitserleichterung Triebenergieaufstauung bei den von dieser Entwicklung besonders profitierenden führenden Schichten, die nach Enthemmung drängte. Die derart verstärkte Triebgewalt, zu deren Sublimierung die äußeren und inneren Bedingungen fehlten (Unterentwicklung der Erziehung, Zurückdrängung des autonomen, »vernünftigen« Menschen auf die Position subalterner Untertanengesinnung!), wurde als »tierisch« empfunden und als solche, da die religiösen Verbotstafeln immer noch (wenn auch schwankend) standen und die gesellschaftlichen Tabus (wenn auch in Fassadenform) sich weitererhielten, verdrängt.

Diese komplexen Vorgänge zeitigten sozialpathologische Neurosen, führten zur Orientierungslosigkeit. Als man die tierische Natur des Menschen legitimierte (etwa im Sozialdarwinismus oder im Nationalsozialismus) und gegen die dekadente Kultur ausspielte, war für die kleinbürgerliche Mentalität die »Befreiung« gekommen: Das Raubtier hatte die letzten Gitterstäbe zerbrochen. – Zwischen diesen beiden Punkten – dem der Verdrängung bzw. Kaschierung und dem der »Befreiung« von Triebgewalt – liegen aufschlußreiche Zwischenformen; die brüchig gewordene Seelenstruktur läßt bald hier, bald dort Einblick in das untergründige Werden und Wachsen der Bestialität zu. Der »Orientkomplex« gibt dabei besonderen Aufschluß. Sehnsucht nach dem Orient scheint im 19. Jahrhundert zunächst lediglich eine harmlose modische Marotte zu sein. Vorwiegend in den sechziger und siebziger Jahren waren Kairo, Ägypten, Nubien, Kleinasien die Ziele reisender deutscher Maler; man berauschte sich an orientalischer Pracht, pittoresker

Exotik, vor allem an den Geheimnissen des Harems (an ägyptischen Sklavinnen, türkischen Sängerinnen und Tänzerinnen), an »legitimer« Nudität: im Orient nämlich schienen gewisse sexuelle Freizügigkeiten, welche die eigene Kultur mit ihrer Prüderie streng verpönte, »selbstverständlich«, also zur Kultur gehörend; wer sich daran erfreute, fiel somit nicht »aus der Kultur«, sondern mußte sich nur in eine andere Kultur einleben. Die Exotik des Orients schloß den Sadismus mit ein; das Romantische wurde dabei brutalisiert, das Zynische romantisiert. »Wie viele Sklavenmärkte zu Kairo und anderswo, gemalte, beschriebene und bloß gedachte, riefen – Genreszenen, die sie waren – mit den angstvollen Glutaugen bräunlicher Sklavinnen nach begierigem Mitleid, mit den rohen und zynischen Mienen der Händler und Käufer nach dem sprungbereiten Abscheu der Betrachter. Denn hier sind süßes Leiden und kalte Grausamkeit, sind sinnliches Mitleid und humane Empörung unzertrennlich... Der Betrachter hegt eine verborgene Lust an der Peitsche und dem kalten Blick des Sklavenhändlers... Er bedarf der Grausamkeit, um mitleiden zu können... Tugend und Laster sind im Genre unauflöslich aneinander gefesselt.«[144]

Unauflöslich? Die Tugend tritt immer mehr in den Hintergrund, wird nur noch zum Vorwand, um das Laster genießen zu können. Schon der Philhellenismus in den zwanziger Jahren des 19. Jahrhunderts zeigte Züge solcher »Einseitigkeit«; er war insofern Pendant (in freilich wesentlich kleinerem Ausmaße) zum Nationalismus des Jahres 1813, als hier wie dort hinter der »guten Sache« »nebenbei« überschüssige Aggressionsaffekte abreagiert werden konnten. Der liberale Philhellenist nahm die abschreckende Art der griechisch-orientalischen Kriegführung häufig sehr gelassen hin; die Griechen, die den Türken die Köpfe abschlugen und sie dem Kommandanten schickten, der ihnen dann als Rückgabe Brotlaibe in den Korb legte, waren Genrebilder aus einer anderen Welt der Kultur, die sich mit dem Bildungsideal des Humanisten offensichtlich durchaus zusammenbringen ließen. Hielten die Türken Sklaven und Skalvinnen: Christen und Christinnen, Griechen und Griechinnen, so war dies entsetzlich; hielten die Griechen Sklaven und Sklavinnen: Mohammedaner und Mohammedanerinnen, Türken und Türkinnen, so war das weniger schändlich. Ob schändlich oder

[144] Dolf Sternberger, Panorama oder Ansichten vom 19. Jahrhundert. Hamburg 1955, S. 69 f.; vgl. auch S. 51 ff., 69 f., 88, 92.

nicht schändlich – es war so oder so »interessant«; Sklavinnen erregten eben grundsätzlich die Einbildungskraft des Spießers.

Was man in Zeitschriften, Büchern, Gemälden darbot, waren (wie schon erwähnt) Genrebilder: Bilder aus dem alltäglichen Leben; das gerade machte sie für den Kleinbürger so reizvoll; was hier als das Übliche, Normale erschien, hatte ihm sein schlechtes Gewissen bislang als ungewöhnlich, unnormal und abnormal suggeriert. – Die Sklavinnen, die er – hin und her gerissen zwischen Tabuisierung und Emanzipation des Fleisches – begierig, aber meist mit »schrägem Blick« besah, waren meist so bekleidet, daß sie »ihre Blöße kaum bedecken konnten« (wie der hierbei verwendete Wortschatz stereotyp vermerkte). Sie hatten ständig allerlei Mißhandlungen zu erleiden, die wollüstig miterlebt wurden. »Eine Schande des 19. Jahrhunderts« überschreibt etwa die ›Gartenlaube‹ einen Bericht aus der holländischen Kolonie Surinam in Südamerika (die typischen Phänomene des »Orientkomplexes«, als anthropologischer Begriff verstanden, erscheinen selbstverständlich auch in jeweils anderem lokalen Bezug). Ein Gefängnis wird beschrieben, in das routinemäßig die Sklaven und Sklavinnen von ihren Besitzern zur Züchtigung eingeliefert werden. »Der Sklave oder die Sklavin wird sofort gezwungen, die Kleider abzulegen und behält einen einfachen Schurz, um die Lenden zu bedecken... Lydia wird entkleidet; wohl versucht sie ihren wogenden Busen mit den Händen zu bedecken, aber diese werden durch rohe Henkersknechte weggerissen, fest zusammengebunden, und bei den Händen wird sie am Marterpfahl emporgezogen. Über ihre Wangen fluten die Tränen... Ja, es ist kaum glaublich, es gibt in Surinam Damen, die sich nicht scheuen, die zerrissenen Schenkel ihrer Sklaven zu untersuchen, um zu erforschen, ob die Tiefe der Wunde auch zum bezahlten Gulden in Verbindung stehe. Damen, die die blutigen Glieder mit spanischem Pfeffer einreiben.«[145] Grausamkeit und Sinnlichkeit, Gewalt und Wollust (praktiziert mit der »Freiheit der Wüste«), verbunden mit Idyllik und Gemütlichkeit (gelesen in der ›Gartenlaube‹), machten die besondere Form des bürgerlich-deutschen Sadismus im 19. Jahrhundert aus; die Sklavin als Mädel, das Mädel als Sklavin: so flossen die Idole »glühender« Sinnlichkeit ineinander.

Auch in anderer Form wurde der »Orient« in die altdeutsche

---

[145] Die Gartenlaube, Jahrgang 1856. Zit. nach Facsimile Querschnitt durch die Gartenlaube. Hrsg. von H. Klüter. Bern, Stuttgart, Wien 1963, S. 37 ff.

Gemütlichkeit hereingenommen und der Heimeligkeit verbunden: Orientteppiche, Orientstoffe und orientalischer Schmuck zierten die bürgerliche Wohnung – »hier ist das Lokal der Üppigkeit und aller Träume«, wilde Phantasmagorien durchgaukeln die »solide« Plüschwelt. Hans Makarts »Plüschstil«-Bilder fixierten die Sexualgefühle der Epoche. Er überträgt den französischen Exotismus, Sensualismus und Sadismus etwa eines Delacroix ins deutsche »Orientalisch«-Sensualistische. ›Der Tod des Sardanapal‹ von Delacroix war von besonderem Einfluß.

Die Abbildung des ›Genusses‹, mit dem der asiatisch-assyrische König die Abschlachtung seiner Lieblingspferde und Lieblingsfrauen betrachtet, die anatomische Akkuratesse, mit der die alabasternen Brüste und Leiber von eifrigen Bediensteten aufgeschlitzt werden, war ästhetisierter Sadismus. Makart milderte solche Motive, wodurch er das »Herz« (das so beruhigte Gewissen) des Spießers nur um so mehr gewann. – Über Makarts »moderne Amoretten« – ein Fries für das eigene Atelier – schrieb der Kunsthistoriker Pecht 1888: »Das ganze in seiner Mischung von halb nackten mit modern kostümierten Figuren, die sich von einem mit Bäumen und Gesträuchen durchschnittenen Goldgrund abheben, wirkt in seinem tollen Durcheinander voll bezaubernder Schönheit so berauschend, daß seine Ausstellung einen förmlichen Aufruhr in dem sonst so phlegmatischen München veranlaßte, wie er seinesgleichen nur im Auftreten von Dante und Vergil von Delacroix im Pariser Salon gehabt haben kann.«[146]

Makarts ›Pest von Florenz‹ war mit »blühender Frauenschönheit« ausgestattet; die Mischung von Tod und Sexus – die ›Sieben Todsünden‹ hieß das Bild zunächst – entsprach der Freudenhaus- und Haremssehnsucht des Spießers, dessen Sexualkraft ansonsten nur verdeckt sich ausleben konnte: Hier waren Prostitution (als Unzucht und Entblößung) »in Ordnung«. Auch der ›Einzug Karl des Fünften in Antwerpen‹ wimmelte von Alabasterfrauen, die sich »schamlos« ihrer Nacktheit freuten und damit alle Betrachter erfreuten. Bei Makart und seinen Mitstreitern befanden sich die Frauen meist im Zustand der beginnenden oder abgeschlossenen Entkleidung, Strip-tease für das Bürgertum des 19. Jahrhunderts. So war es durchaus be-

[146] W. Pecht, Geschichte der Münchner Kunst im 19. Jahrhundert. München 1888, S. 316.

zeichnend, daß man später im Dritten Reich Makart (angesichts der nationalsozialistischen Blubo-Nackedei-Malerei) »für immer einen Ehrenplatz in der deutschen Kunst« anwies (Göring zum 100. Geburtstag des Malers in Salzburg) und ihm ins nationale Kulturpantheon verhalf, das in Wirklichkeit ein dekorationswütiges Panoptikum vorwiegend der Kitsch-Sexualität war.

Der Jude genoß beim Spießer die »Sympathie« des Sündenbocks: Die jüdische Minderheit war in Deutschland so groß, daß man sie zum allgemeinen Abladeplatz der Ressentiments und der Kompensation von Minderwertigkeitsgefühlen machen konnte, zum anderen so klein und abgekapselt, daß ihre Diskriminierung keine besondere Schädigung der sozialen Ökonomie des Volkes bedeutete. Die jahrhundertelange Ghettoexistenz hatte die Judenschaft zudem derart dem allgemeinen Bewußtsein entfremdet, daß man die Unwissenheit über das Judentum exploitieren, das heißt das Vakuum der Unkenntnis mit Schauer- und Greuelmärchen auffüllen konnte. Der Versuch der Juden, im Zuge der durch die Aufklärung eingeleiteten Emanzipation Anschluß nach »oben« zu gewinnen, förderte in ihren Reihen die Parvenü-Mentalität, nicht weil der Jude rassenmäßig Parvenü war, sondern weil der Parvenütyp in aufstrebenden Schichten häufiger erscheint. Der Antisemit aber konnte daraus erneut »Gründe« für seinen Haß beziehen. Das Wort »Antisemitismus« war erst 1879 durch Wilhelm Marr geprägt worden: Etikette für die Bündelung der antijüdischen Motive und Argumente der vorauslaufenden Jahrzehnte, zudem »Verwissenschaftlichung« des Vorurteils: »Er hat damit einer sich aufgeklärt und wissenschaftsgläubig gebärdenden Zeit nur eine entsprechend vordergründige Rationalisierung der ideologisch und emotional, ja letztlich in einem bestimmten Sinne religiös begründeten und als solche vielfach manipulierten Ablehnung der Juden gegeben.«[147]

Der Antisemitismus als das Gerücht über die Juden gab dem zu kurz gekommenen und triebbeschränkten Kleinbürger nicht nur die Möglichkeit, den schon erwähnten Sexualsadismus, sondern auch seinen allgemeinen Antihumanitätsaffekt zu enthemmen; der Jude war Objekt des rhetorischen und wirklichen Dreinschlagens. Im Dunkel wirrer Mythen und rassischer Hin-

[147] D. Goldschmidt, Zur Soziologie des Antisemitismus. Schriften der Akademie für politische Bildung. Reihe A, Heft 3. Tutzing 1960, S. 1.

tertreppenromantik wurde das Fundament eines bestialischen Antisemitismus gelegt, auf den der Nationalsozialismus dann seinen festesten weltanschaulichen Pfeiler stützen konnte. Alle Niederträchtigkeit, deren Menschen fähig seien, so H. St. Chamberlain, wären im Völkchen der Juden verdichtet; die Fratze des Lasters und der Bosheit glotze schamlos aus jedem Judengesicht dem Germanen ins Antlitz[148]. Man erkenne, meinte Th. Fritsch, schon am verhältnismäßig tiefliegenden Oberlid das »Sinnlich-Brütende oder Lauernde« der jüdischen Seele, besonders der jüdischen Ärzte. Juden könnten keine richtigen Soldaten sein, da ihnen der »heldenhafte Gliederbau« fehle; sie hätten zudem Plattfüße und feige Hasenherzen; sie seien keiner Gefühle und keiner Herzenswärme fähig, seien zynische Zersetzer und degenerierte Intellektuelle. In ihren Kaufhäusern böten sie nur minderwertige Ware an. – Da der Jude kein Germane sei, weder blond noch blauäugig, »des Langschädels entbehrend«, habe er auch keine Moral: »Unsere deutschen Begriffe von Treue, Bescheidenheit, Hingebung, Aufopferung für eine Sache sind dem Juden unverständlich und fordern seinen Spott heraus. Ihm erscheint nur das als Tugend, was persönlichen Vorteil oder Genuß einbringt.« Zehn Gebote der Selbsthilfe verkündete Fritsch – denn der Deutsche sollte wissen, daß er mit all seinen Mitdeutschen »ohne Unterschied des Glaubens oder der politischen Meinung einen gemeinsamen unversöhnlichen Widersacher hat: Er heißt Jude!«[149]

»Liebe plus Humanität!« wurde schon sehr früh im 19. Jahrhundert als eine »alle Lebensgebote und Lebensformen eines Volkes und Staates zersetzende Lehre« empfunden, gegen die sich die »Natur« empöre; es empörte sich die »Natur« des Spießers, der neidvoll alle ihm geistig oder materiell Überlegenen (soweit sie nicht mit der staatlichen Autorität verknüpft waren) mit geiferndem Haß anfiel und an allen ihm Unterlegenen sein Mütchen kühlte; die Juden vereinten häufig beide Haßziele in sich: sie waren wirtschaftlich oder intellektuell »droben«, gesellschaftlich aber »drunten«. Argumente, die gegen die Diskriminierung der jüdischen Minderheit vom humanitären, liberalen, demokratischen oder sozialistischen Standpunkt aus vorgebracht wurden, verketzerte man auf doppelte Weise: einmal galten sie als »unnatürlich«, dem Wesen des Menschen als Hirn-

---

[148] Chamberlain, Die Grundlagen des 19. Jahrhunderts.
[149] Th. Fritsch, Antisemiten-Katechismus, S. 21, 346.

tier widersprechend (eine These, die der Sozialdarwinismus »naturwissenschaftlich« abstützte), zum anderen gab man sie als »Ausgeburt der Humanitätspropaganda« der Juden aus, die sich vor der ihnen zukommenden Ausmerze zu schützen suchten, indem sie die »Lüge vom Gewissen« erfanden.

Die vor allem im Antisemitismus zutage tretende Verdummung des deutschen Volkes war institutionalisiert; die herrschenden Schichten hingen nicht wie etwa in England einem Gentleman-Ideal oder wie in Frankreich einem Citoyen-Ideal an; mit ihrer onkelhaften Jovialität oder bärbeißigen Monokelforschheit, mit ihrer Strohhut- und Sommerhandschuhgrazie, ihrer Ledersesselvornehmheit, ihren Plüschinterieurs und ihrer Plüschmentalität waren sie keine moralische Elite, sondern statt dessen Antihumanitätsfanatiker und Bildungsantisemiten. »Ob im Gerichtssaal der Juristen, im Auditorium der Professoren, im Schulzimmer der Lehrer, im Kasino der Offiziere oder in den Synoden der Pfarrer, so gut wie überall wurde das Humane als ›Schlappheit‹ deklariert und als undeutsch diffamiert. Die Phrase vom Volke der Dichter und Denker diente ebenso wie ein angepredigtes, aber nur selten wirklich gelebtes Christentum dazu, das Gewissen zu beruhigen und sich in einer großen Vergangenheit zu sonnen, an der man in seiner eigenen Existenz nur noch insofern Anteil hatte, als die Jugend in der Schule Bibelsprüche oder Gedichte deutscher Klassiker auswendig lernen mußte. Wie konnten Juden in einem solchen geistigen und menschlichen Klima anerkannt werden?«[150]

Der Mythos vom jüdischen Satanas (Teil der deutschen Ideologie, Teil der deutschen Ersatzreligion) wurde planmäßig von der »geistigen Schicht« erzeugt; er war keine »wilde Frucht«, kein Produkt der Gosse, wenn auch auf Gossenniveau. Er war dem Kalküldenken weltanschaulicher Sadisten entsprungen; indem diese ihre individuelle Bosheit zur allgemeinen Norm erhoben, befreiten sie sich aus der unmoralischen Vereinzelung. Der Mitläufer-Antisemitismus war in der Ausführung häufig brutaler, in der Konzeption jedoch naiver als der Rassenhaß der »Weichensteller«. Fichte war ein idealistischer Professor, der die Jünglinge, die zu seinen Füßen saßen, mit seinem Ideengut zum Wahren und Hehren zu entflammen

---

[150] K. L. Ehrlich, Judenfeindschaft in Deutschland. In: K. Thieme (Hrsg.), Judenfeindschaft. Darstellungen und Analysen. Frankfurt am Main 1963, S. 240.

wußte; aber Bürgerrechte wollte er den Juden nicht geben. »Um uns vor ihnen zu schützen, dazu sehe ich wieder kein anderes Mittel, als ihnen ihr gelobtes Land zu erobern und sie alle dahin zu schicken.«[151]

Der ehrbare, treuherzige Jahn, den Heine freilich einen »idealischen Flegel« nannte, fürchtete, daß die jüdischen Unholde den deutschen Volkstumswald abholzen würden. Wenn sich auch ein Edelauge in den Wildling einsetzen, ein Edelreis auf den Wildstamm aufpfropfen ließ – der Jude war nicht zu veredeln; hier empörte sich die (deutsche) Natur. »Polen, Franzosen, Pfaffen, Junker und Juden sind Deutschlands Unglück.«[152] Christan Friedrich Rühs war nach 1810 Geschichtsprofessor an der neugegründeten Berliner Universität und später offizieller Historiker des preußischen Staates; zur Erkennung des »hebräischen Feindes« schlug er vor, daß die Juden einen gelben Flekken auf ihrer Kleidung tragen sollten[153].

Gegen Unterdrückung und für Freiheit kämpften die Burschenschaften, und es kam vor, daß Teile von ihnen auch die Freiheit der Juden, zum Beispiel 1819 in Heidelberg, mit der blanken Waffe gegen den Volksmob verteidigten; aber die germanophilen Burschenschaften setzten sich mit ihrem Rassenhaß durch, organisierten Femebünde, riefen zum »Judenkampf« auf – mit Wolfgang Menzel an der Spitze. Der Schlachtruf solcher »Brüder in Christo« war: »Nun auf zur Rache! Unser Kampfgeschrei sei Hepp! Hepp! Hepp!! Aller Juden Tod und Verderben, Ihr müßt fliehen oder sterben.«[154] Die ›Gartenlaube‹ war für »warme Herzen«; aber ging's um Juden, war die Herzinnigkeit wie weggeblasen. »Die ganze Weltgeschichte kennt kein zweites Beispiel, daß ein heimatloses Volk, eine physisch wie psychisch entschieden degenerierte

[151] Johann Gottlieb Fichte, Sämtliche Werke. Band 6. Berlin 1845, S. 150.
[152] Friedrich Ludwig Jahn, Deutsches Volkstum, o. O. 1806. Vgl. E. Sterling, Er ist wie du. Aus der Frühgeschichte des Antisemitismus in Deutschland 1815–1850. München 1956, S. 164.
[153] Kohn, Wege und Irrwege, S. 98.
[154] Flugblatt 1819. Vgl. H. Pross, Vor und nach Hitler. Zur deutschen Sozialpathologie. Freiburg 1962, S. 253. Vgl. auch Sterling, Er ist wie du, S. 189.
Der Antisemitismus griff in den Burschenschaften wie überhaupt in den studentischen Korporationen, vor allem in der zweiten Häfte des 19. Jahrhunderts, rasch um sich. Schon um 1900 war man stolz, »judenfrei« zu sein; der Höhepunkt des korporierten Antisemitismus lag nach 1918. 1920 lehnten die Burschenschaften »Juden und Judenstämmlinge« grundsätzlich ab; wer eine Mischehe einging, sollte ausgeschlossen werden.

Rasse bloß durch List und Schlauheit, durch Wucher und Schacher über den Erdkreis gebietet.«[155]

Wilhelm Busch war ein geistreicher, witziger Dichter und Zeichner, der die Schwächen des Philistertums erkannte, zudem ein Pessimist und Humanist; die Menschenliebe verließ ihn aber, wenn's um den Juden ging: »Und der Jud' mit krummer Ferse, / krummer Nas' und krummer Hos' / schlängelt sich zur hohen Börse / tiefverderbt und seelenlos.«[156]

Die ›Fliegenden Blätter‹ taten niemandem weh; ihr biederer Witz hielt sich aus allen Zeitfragen heraus. Schärfer oder scharf wurden sie, wenn es galt, den Juden eins auszuwischen. Die Juden waren schmutzig, feig, eitel, schmierig, unsportlich, nicht so fesch wie der Herr Leutnant (freilich auch nicht so dumm, was sie besonders mißliebig machte).

Richard Wagner wollte ins Weltgeheimnis eindringen, Bühnenweihspiele schaffen, der deutschen Musik- wie allgemeinen Kultur eine neue Tiefendimension erschließen; bei der Beurteilung von Juden war ihm jede Oberflächlichkeit und geistige Gemeinheit recht: der jüdische Musiker sei durch eine grundsätzliche Unfähigkeit gekennzeichnet; die Kunst der Juden lasse gleichgültig und bleibe stets trivial; Herz und Seele könne eben ein jüdischer Künstler nicht ansprechen[157]. Die jüdische Rasse hielt Wagner für den »geborenen Feind der reinen Menschheit und alles Edlen in ihr«; »daß namentlich wir Deutschen an ihnen zugrunde gehen werden, ist gewiß, und vielleicht bin ich der letzte Deutsche, der sich gegen den bereits alles beherrschenden... Judaismus aufrechtzuerhalten wußte«[158]. Der »hochgelehrte« Houston Stewart Chamberlain (der Schwiegersohn Wagners) verachtete die Juden vor allem , weil sie eine Mischrasse, eine Rasse mit unreinem Blut seien: »... ein Ba-

---

[155] O. Glagau, Der Börsen- und Gründungsschwindel. 1876. Zuerst gedruckt in der ›Gartenlaube‹. Zit. nach H. Pross, Die Zerstörung der deutschen Politik. Dokumente 1871–1933. Frankfurt 1959, S. 253.

[156] Wilhelm Busch, Die fromme Helene. In: Sämtliche Werke, Band 3. München 1943, S. 355. – An solche Verse konnte später Julius Streicher mit seinen Judenbüchern für Kinder anknüpfen (»Trau keinem Fuchs auf grüner Heid', / und keinem Jud bei seinem Eid.«).

[157] Richard Wagner, Das Judentum und die Musik. 1859. Vgl. auch Kohn, Wege und Irrwege, S. 218 ff. Ferner Ludwig Marcuse, Das denkwürdige Leben des Richard Wagner. München 1963, S. 274 ff. (Sein Antisemitismus hinderte Wagner nicht daran, jüdische Förderer und Bewunderer – wie Joseph Rubinstein, Angelo Neumann, Hermann Levi – zu akzeptieren und auszunützen.)

[158] Zit. nach E. G. Reichmann, Die Flucht in den Haß. Die Ursachen der deutschen Judenkatastrophe. Frankfurt am Main 1956, S. 191.

stardhund ist nicht selten sehr klug, jedoch niemals zuverlässig, sittlich ist er stets ein Lump.«[159]

Heinrich von Treitschke war ein nationalstolzer, seriöser Historiker mit profunden Kenntnissen und trefflichen Einsichten. Seine Schrift ›Ein Wort über unser Judentum‹ war nicht so plump wie die antisemitischen Traktätchen dieser Zeit, deren Schmutz und Roheit er »durchaus nicht billigte«; sein Schmutz war feinkörniger: »Bis in die Kreise der höchsten Bildung hinauf, unter Männern, die jeden Gedanken kirchlicher Unduldsamkeit oder nationalen Hochmuts mit Abscheu von sich weisen würden, ertönt es heute wie aus einem Munde: die Juden sind unser Unglück.«[160]

Heinrich Claß, der spätere Vorsitzende des Alldeutschen Verbandes, empfand es als »unschätzbares Glück«, als Student den »leidenschaftlichen Treitschke« gehört zu haben. Aussprüche wie das »perfide Albion« oder »Die Juden sind unser Unglück« blieben ihm zeitlebens »so etwas wie ein Evangelium«. »Mir war Treitschke der Meister, der mein Leben bestimmte.«[161] Claß und der Alldeutsche Verband wollten Deutschland zur Weltgeltung verhelfen, Deutschlands Name sollte angesehen in aller Welt sein; das ließ sich durchaus mit einer antisemitischen Hetze vereinen, die mit ihren Forderungen die nationalsozialistische Judengesetzgebung in fast allen Einzelheiten vorwegnahm.

Paul Bötticher, der sich Paul de Lagarde nannte, war als fleißiger Professor (Orientalist) und als christlicher Vorkämpfer für eine evangelische Nationalkirche bekannt. In seinen ›Deutschen Schriften‹ reagierte er sich verdrängte atavistische Haßgefühle in Form eines besonders bösartigen Antisemitismus ab: »Die Juden sind als Juden in jedem europäischen Staate Fremde, und als Fremde nichts anderes als Träger der Verwesung.« Viele Deutsche seien zu feige, das jüdische Ungeziefer zu zertreten. »Mit Trichinen und Bazillen wird nicht verhandelt, Trichinen und Bazillen werden auch nicht ›erzogen‹, sie werden so rasch und gründlich wie möglich unschädlich gemacht.«[162]

[159] Chamberlain, Die Grundlagen des 19. Jahrhunderts, S. 312.
[160] Heinrich von Treitschke, Ein Wort über unser Judentum. Preußische Jahrbücher 1879, S. 575.
[161] Vgl. A. Kruck, Geschichte des Alldeutschen Verbandes, S. 19.
[162] Paul de Lagarde, Deutsche Schriften. Göttingen 1886 und Juden und Indogermanen. Göttingen 1888, S. 339.

Karl Eugen Dühring war Nationalökonom und vor allem Philosoph; die »Liebe zur Weisheit« stand seinem wüsten Antisemitismus nicht im Wege; unter dem Einfluß von Arthur Graf Gobineau[163] vertrat er einen rassisch-biologischen Standpunkt. ›Der Ersatz der Religion durch Vollkommeneres und die Ausscheidung alles Judentums durch den modernen Völkergeist‹ hieß eine seiner Schriften. Gegen die Juden gebe es nur eine einzige Politik: die der Einschränkung, Einpferchung und Abkapselung[164].

Deutschnationalen Pfarrern und religiös orientierten nationalen und nationalistischen Publizisten und Politikern »ekelte vor dem verjudeten Neudeutschtum«[165]. Der Restaurationstheologe Adolf Stöcker gründete in Berlin die kleinbürgerliche Bewegung der Christlich-Sozialen Partei, die mit antisemitischen Parolen die christlich erzogenen Massen anzuziehen suchte. Die »Blutvergiftung« des deutschen Volkskörpers durch das Judentum sollte geheilt werden. Das Unbehagen an der wirtschaftlich kapitalistischen Situation dieser Zeit schob er den Juden in die Schuhe.

In Österreich gab Georg Ritter von Schönerer seit 1890 »unverfälschte deutsche Worte« in gleichnamiger Zeitschrift gegen die Juden von sich – ein deutschnationaler christlicher Streiter von »echtem Schrot und Korn«! »Was der Jude glaubt, ist einerlei – / in der Rasse liegt die Schweinerei.«[166] – 1897 wurde Karl Lueger Bürgermeister von Wien; er war zugleich der Führer der Christlich-sozialen Partei Österreichs, die 1907 die stärkste Fraktion des österreichischen Abgeordnetenhauses wurde. Lueger hielt »höheres« Niveau als Schönerer – er war so noch einflußreicher und gefährlicher; seinen antisemitischen Grundsätzen blieben weite Teile des österreichischen Katholizismus und Klerus bis in die Tage des Anschlusses treu: »Nur der christliche Antisemitismus ist vernünftig und wirksam; er entspricht jeder Anforderung wahrer Bildung und Humanität und geht naturgemäß aus den Lehren und der Praxis des Christentums seit 1800 Jahren hervor... Der christliche Antisemitismus urteilt nach

[163] Arthur Graf Gobineau, Die Ungleichheit der Menschenrassen. 1856.
[164] Karl Eugen Dühring, Die Judenfrage als Frage der Rassenschädlichkeit. 1886.
[165] Z. B. K. Frantz, Literarisch-politische Aufsätze. München 1876.
[166] Zit. nach E. V. v. Rudolf, Georg Ritter von Schönerer, der Vater des politischen Antisemitismus, o.O. 1936, S. 61.

der Gesinnungsbestätigung, nicht nach Stammbaum oder Blutqualität.«[167]

Die deutschen Konservativen, die um »bleibende Werte« bemüht waren, das »Unveräußerliche« zu bewahren suchten (und wie ihre Schlagworte auch hießen), gingen ein Bündnis mit den Antisemiten ein, um ihre Politik volkstümlicher zu machen. Auf die Affinität von Konservativismus und Antisemitismus hat unter anderem Theodor W. Adorno hingewiesen. Zudem gehörten die Juden, um Emanzipation bemüht, meist der politischen Linken an, nicht weil die Juden linksliberal aus Rassenanlage waren (wie man ihnen natürlich sofort von »rechts« unterschob), sondern weil die Linke mit ihren Forderungen auf Demokratisierung und Rechtsstaatlichkeit der Diskriminierung von Minderheiten Einhalt gebieten wollte. – »Lieber zehn Ahlwardts als einen Freisinnigen«, hieß das Motto der Konservativen; wenn es gegen den Liberalismus ging, nahm man politische Unmoral mit in Kauf.

Der Antisemitismus war der ideologische und damit rational nicht zu erschütternde Unterbau einer Weltanschauung, welche der Brutalität und Borniertheit des Spießers entsprach, ganz gleich, ob dieser dem Kaiser- oder Königshaus, dem Adel, der Geistlichkeit, der Beamten-, Professoren-, Lehrer-, Angestelltenschaft, dem Handwerkertum oder der Kaufmannschaft angehörte (die Arbeiter, selbst ständig diskriminiert und diffamiert, waren der antisemitischen Hetze gegenüber wesentlich immuner). In einer Reichstagsrede 1893 hatte Reichskanzler Graf von Caprivi vor dem Antisemitismus eindringlich gewarnt: »Die Bewegung, die in Deutschland eingeleitet ist und die aus verschiedenen Motiven hervorgeht, überschreitet vielfach schon, wie mir scheint, die Grenzen, die mit dem Staatswohl vereinbar sind. Es werden Geister wachgerufen, von denen man nicht weiß, ob man imstande sein wird, sie zu bannen. Welche Garantien haben denn die Männer, die die Geister wachrufen, dafür, daß der Strom, von dem sie nun vorwärtsgetrieben werden, nicht schließlich mit anderen Strömen zusammenfließt, die sich gegen den Besitz und die staatliche Ordnung richten... Ich glaube zu erkennen, daß die Geschichte manche Beispiele zeigt, wo Bewegungen, die an-

[167] Zit. nach R. Kralik, Karl Lueger und der christliche Sozialismus. Band 1. Wien 1923, S. 198.

fänglich zweifellos das Beste wollten, dann weitergingen und nachher nicht mehr aufzuhalten waren.«[168]

Das waren einsichtsvolle Worte, deren Richtigkeit durch die Entwicklung der nachfolgenden Jahrzehnte voll bestätigt wurde. Zugleich jedoch spiegelten sie in einem gewissen Sinne den Geist wider, den sie zu bekämpfen suchten: Die Antisemitenbewegung hat nämlich nie (auch am Anfang nicht) »das Beste« gewollt, sie konnte es gar nicht, weil sie antihuman bis in die Wurzeln war; ihre besondere Gefährlichkeit bestand nicht darin, daß sie sich *eines Tages* gegen Besitz und Staatsordnung würde wenden können, sondern daß sie sich stets und zu jeder Zeit gegen die Menschenordnung und die Würde des Menschen wandte. Doch solche Einsichten waren vom offiziellen Kulturbürgertum, zu dem auch Caprivi gehörte, nicht mehr zu erwarten.

Das 19. Jahrhundert brachte für das Bürgertum einen zunehmenden religiösen Substanzverlust. Gottvertrauen wurde zur rhetorischen Floskel. Dieser Mangel an Religiosität hatte nichts zu tun mit dem seit der Romantik immer stärker in Erscheinung tretenden verzweiflungsvollen Atheismus und Nihilismus, er erwuchs vielmehr aus der inneren Gleichgültigkeit allen tiefergreifenden Lebensfragen gegenüber. Dem leisteten die Kirchen im 19. Jahrhundert Vorschub, da sie gleichermaßen in Saturiertheit und Indifferenz (etwa der sozialen Not gegenüber) erstarrten. Im Gegensatz zu den antibürgerlichen Ketzern des 19. Jahrhunderts, die im Aufstand gegen die alte Kirche als die großen Homines religiosi der neuen Kirche sich erwiesen, fühlte sich der Kleinbürger in der allgemeinen Seichtheit wohl.

Religiosität und Patriotismus wurden in der Zeit der Befreiungskriege, im Zweiten Reich, in den antidemokratischen Kreisen der Weimarer Republik und im Dritten Reich miteinander verbunden. Vor allem der Religionsunterricht mit seiner pädagogisch-didaktisch zentralen Stellung in der Schule des 19. Jahrhunderts wurde zu »einem Werkzeug der autoritären Politik des preußischen Staates«[169]. – Der nationale Sendungsglaube konnte überhaupt nur diesen ungeheuerlichen Einfluß gewinnen, weil er sich von vornherein religiös verbrämt zeigte bzw. die Kirche ihm zum Aufschwung verhalf. Auch der

[168] Zit. nach Hohlfeld, Dokumente, Band 2, S. 35.
[169] Weymar, Das Selbstverständnis der Deutschen, S. 105.

Chauvinismus wuchs gleichsam unter dem Protektorat der Religion auf. Mit dem Nationalchristentum verbanden sich rassische Züge: Der Deutsche war Arier; als Arier der beste Patriot; und als arischer Patriot der beste Christ; oder umgekehrt: Der beste Christ war patriotischer Arier; der Arier war vornehmlich Deutscher. Da der Deutsche – meinte Langbehn – »seiner innersten Natur nach Kind ist, ist er seiner innersten Natur nach Christ; Ariertum ist Kindertum und ist Christentum; diese drei Lebensfaktoren decken sich«[170]. Echte Religiosität, »diese tief deutsche Eigenschaft«, sei dem deutschen Wesen in »hohem und bis jetzt unübertroffenem Grade eigen«. »Dies aber ist das Wesen des deutschen Geistes« – rhapsodierte Richard Wagner –, »daß er von innen baut; der ewige Gott lebt in ihm wahrhaftig, ehe er sich auch den Tempel seiner Ehre baut«[171]. Die Deutschen seien »ein Volk der Gesinnung, der Gemütlich- und Herzlichkeit«, meinte der Schulmann Seibert: damit aber so recht »eigentlich ein Religionsvolk, das eigentlich theologische Volk der modernen Menschheit«[172].

Die Bibel wurde zur Arierbibel, das Kreuz eine Art Hakenkreuz; die Grenzen zwischen Heidentum und Christentum verwischten sich immer mehr; das Heidentum wurde als Christentum und das Christentum als ein verschwommenes Heidentum ausgegeben. Der deutsche Christ hatte einen nordischen Gott (eine Art Verbindung von Christus, Wotan, Thor): einen Hammergott, der für den Krieg, für den deutschen Krieg, eintrat und auf deutscher Seite mitkämpfte. Die Napoleonischen Kriege erschienen als ein von Gott veranstaltetes Purgatorium, das die Deutschen in den Befreiungskriegen wieder zu kriegerischem Sinn erweckt hatte. – Als Bismarck die Emser Depesche so zurechtgestutzt hatte, daß ihr provokatorischer Charakter den Krieg mit Frankreich als höchst wahrscheinlich erscheinen ließ, da jubilierten die beim Reichskanzler in dieser Stunde anwesenden Roon und Moltke: »... erzeugte bei den beiden Generalen einen Umschlag in freudige Stimmung, dessen Lebhaftigkeit mich überraschte. Sie hatten plötzlich die Lust zu essen und zu trinken wiedergefunden und sprachen in heiterer Laune. Roon

[170] (Langbehn), Rembrandt als Erzieher, S. 311.
[171] H. Mayer, Richard Wagner in Selbstzeugnissen und Bilddokumenten. Hamburg 1959, S. 138.
[172] C. G. Seibert, Deutsche Abende. Barmen 1857. Zit. nach Weymar, Das Selbstverständnis der Deutschen, S. 136.

sagte: ›Der alte Gott lebt noch und wird uns nicht in Schande verkommen lassen.‹«[173]

Der deutsche Gott kämpfte für den deutschen Raum, für Deutschlands Weltgeltung; er war bei Leipzig und Königgrätz, bei Sedan und Langemarck dabei; er war dabei im nationalen Lesebuch, in der nationalen Predigt, in der nationalen Festrede und auf dem Koppelschloß der Soldaten. Man öffnete der christlich-deutschen Kultur den Weg, indem man keine Gefangenen machte: »Pardon wird nicht gegeben.« (Wilhelm II.) Friedrich Naumann bekannte stolz von sich, daß er gleichzeitig Christ, Darwinist und Flottenschwärmer sei. Das deutsche Kriegsgebet blieb sich gleich: als heiße Schlachtenbeschwörung stieg es 1813, 1870, 1914 und auch noch 1939 zum deutschen Himmel oder zur deutschen Vorsehung empor: »Wir treten zum Beten und alle, Vorgesetzte und Untergebene, finden auch hier zu einem Bekenntnis sich zusammen: ›Gott mit uns‹! – dazu läuten vom Turm ... die Abendglocken und tragen die stillen Gebete hinauf zu dem Herrn der Welten, der wieder einmal die Reiche der Erde zu wägen anschickt.«[174]

Carl Amery hat das Versagen des deutschen Katholizismus – und seine Argumentation gilt im wesentlichen auch für den deutschen Protestantismus – auf die Vorherrschaft des »Milieus« zurückgeführt, auf die Herrschaft eines kleinbürgerlichen »Tugend«systems, das seit dem 19. Jahrhundert die Kirche in eine innere Erstarrung versetzte. Die christlichen Primärtugenden (wie Gläubigkeit, Demut, Caritas, asketische Kraftanstrengung) seien von Sekundärtugenden wie Arbeitsamkeit, Sauberkeit, Pünktlichkeit, Zuverlässigkeit, Mißtrauen gegenüber allem Modernen, Gehorsam vor der Obrigkeit überlagert worden. Diese aber waren »Tugenden«, die keine Ziele in sich enthielten, sondern auf bestimmte Ziele zugeordnet werden mußten[175].

Die säkularisierte Religiosität war eine »Schmücke-dein-Heim-Religiosität«, die jede Durchschnittlichkeit, wenn sie nur »sauber« oder bieder war, höher achtete als das Außergewöhnliche (auch wenn es sittlich weit höher stand), die sich befriedigt

[173] Bismarcks Gedanken und Erinnerungen. Zit. nach Hohlfeld, Dokumente, Band 2, S. 255.

[174] F. Heuler, In den Gluten des Weltbrandes. Berichte und Erzählungen aus dem großen heiligen Kriege um Deutschlands Ehr' und Österreichs Recht. o.O. 1914, S. 47.

[175] Carl Amery, Die Kapitulation oder Deutscher Katholizismus heute. Reinbek bei Hamburg 1963, u.a. S. 23, 32.

und »erfüllt« fühlte, wenn der »äußere Rahmen« unverändert erhalten blieb. So hat das Milieuchristentum des Katholizismus wie des Protestantismus erst dann empfindlich reagiert und Widerstand geleistet, als die Nationalsozialisten das Milieu selbst bedrängten.

Die Erstarrung der Kirchen im 19. Jahrhundert, ihr moralisches Versagen gegenüber den totalitären Mächten im 20. Jahrhundert hat sich an den Kirchen selbst bitter gerächt. Es bedurfte schwerster Erschütterungen und schwersten Leides, ehe den Kräften der inneren Erneuerung der Durchbruch zu den christlichen Primärtugenden wieder gelang.

1. Karl Gutzkow: Haus- und Gartenlust

In: Aus der Knabenzeit. Zit. nach Georg Hermann, Das Biedermeier im Spiegel seiner Zeit. Berlin, Leipzig, Wien, Stuttgart 1913, S. 47 f.

Welch ein Reiz liegt in der traulichen Geselligkeit eines gebildeten Hauses! Kein Patschuli oder Moschus und doch ein eigner Duft, keine strahlenden Lüster und doch ein heller Glanz! Die Ordnung und die Pflege verbreiten überall eine Wärme und Behaglichkeit, die neben den äußeren Sinnen auch das Gemüt ergreift. Die kleinen Arbeitstische der Frauen am Fenster, die Nähkörbchen mit den kleinen Zwirnrollen, mit den blauen englischen Nadelpapieren, den buntlackierten Sternchen zum Aufwickeln der Seide, die Fingerhüte, die Scheren, das aufgeschlagene Nähkissen des Tischchens, nebenan das Piano mit den Noten, Hyazinthen in Treibgläsern am Fenster, ein Vogel in schönem Messingbauer, ein Teppich im Zimmer, der jedes Auftreten abmildert, an den Wänden die Kupferstiche, die Beseitigung alles nur vorübergehend Notwendigen auf entfernte Räume, die Begegnungen der Familie unter sich voll Maß und Ehrerbietung, kein Schreien, kein Rennen und Laufen, die Besuche mit Sammlung empfangen, abends der runde, von der Lampe erhellte Tisch, das siedende Teewasser, die Ordnung des Gebens und Nehmens, das Bedürfnis der geistigen Mitteilung ... im Zusammenklang aller dieser Akkorde liegt eine Harmonie, ein sittliches Etwas, das jeden Menschen ergreift, bildet und veredelt.

Die Gartenlust wurde wie von Bienen genossen. Aber bei der Freude am Laufen und Rennen in den symmetrischen Wegen, unter hohen Rosenbüschen, Stachelbeer- und Himbeerhecken hin durfte auch die wirkliche Pflege der Blumen und Beete nicht fehlen. Man pflanzte und säete, man führte die Gießkanne, wenn die Sonne sich senkte, man half ernten und arbeitete nach bestimmten, von dem mathematischen Herrn Cleanth gestellten Aufgaben. Da war ein Salatbeet von Unkraut auszujäten, da waren Stöcke für die Nelken zu schneiden und aufzustecken, da waren die zerstreuten Blätter der abgeglühten Zentifolien zu sammeln, eine Arbeit, die dadurch belohnt wurde, daß man diese Rosenblätter den Apothekern korbweise verkaufen durfte. Lange Weinspaliere wurden nach den neuen Keechtschen Grundsätzen gezogen. Ein Gärtner führte die Oberaufsicht, mußte aber den jungen Freunden immer etwas von seiner leichteren Arbeit zuweisen, denn Herr Cleanth duldete keine gedankenlosen Spiele. Wie frucht- und blumenreich war dieser Garten! Wie malerische Sträuße von weißen und roten Lilien, von Rosen und Nelken, von Holunder und Maiblumen in erster Frühlingszeit wurden zusammengestellt! Und dies Leben mit den Fröschen in einem kleinen Bewässerungstümpel, mit den Maikäfern, die je nach der Farbe der Halsschilde und der Fühlfäden in mehr Gattungen eingeteilt wurden, als Buffon klassifiziert hat, mit den Goldkäfern, die so träg und duftberauscht in der Mittagssonnenhitze auf Blumenkelchen in allen Regenbogenfarben schillerten!

2. Gustav Freytag: Vom ehrlichen Geschäft

In: Soll und Haben (1855). Gesammelte Werke. Zweite Serie. Band 1. Leipzig, Berlin o. J., S. 278–284.

Anton war jetzt der pflichtgetreueste Korrespondent seines Kontors. Gegen die ritterlichen Künste seines Freundes verhielt er sich kühl. Nur selten vermochte ihm Fink des Sonntags sein Begleiter zu Pferde oder am Pistolenstand zu werden. Dagegen benutzte Anton Finks Bücherschrank mehr als dieser selbst. Es war ihm nach langem Bemühen gelungen, in die Mysterien der englischen Aussprache einzudringen, und eifrig suchte er die Gelegenheit, sein Sprachtalent an Fink zu üben. Da aber dieser den Übelstand hatte, ein sehr unregelmäßiger und gewissenloser Lehrer zu sein, gab Anton seine Zunge in die Zucht eines gebildeten Engländers ...

So suchte er einige Tage darauf nach dem Schluß des Kontors das Haus Ehrenthals auf, entschlossen, sich durch den Eindruck, den der Sohn auf ihn mache, bestimmen zu lassen.

Er trat an die weißlackierte Türe, zog den dicken Porzellangriff und wurde durch eine struppige Köchin ohne weitläufige Anmeldung in die Stube des jungen Ehrenthal geführt. Es war ein langes schmales Zimmer mit alten Möbeln und schmucklosen Büchergerüsten, auf welchen eine Menge großer und kleiner

Bücher unordentlich durcheinander lag. Bernhard saß tief über seine Arbeit gebeugt am Schreibtisch und sah erst auf, als Anton bereits im Zimmer stand. Eilig knöpfte er den Hausrock über seinem Hemd zusammen und trat dem Fremden mit der Unsicherheit entgegen, welche Herren mit kurzem Gesicht bei der Begrüßung Eintretender eigen ist. Neugierig sah Anton auf den Sohn des Händlers. Es waren feine Züge und ein zarter Körper, kastanienbraunes krauses Haar und zwei graue Augen von freundlichem Ausdruck. Bernhard nötigte seinen Gast auf ein kleines Sofa. Anton erwähnte den Zweck seines Besuches, und Bernhard antwortete schüchtern, daß er sich in allem nach den Wünschen seines Besuches richten wolle. Und als Anton nach dem Preise der Stunden frug, erstaunte er, daß der Sohn Ehrenthals mit einiger Verlegenheit sagte: »Ich weiß es wirklich in diesem Augenblick nicht, wenn Sie aber darauf bestehen, auch den Lehrer zu bezahlen, so will ich mich sogleich danach erkundigen.« Darauf konnte sich Anton nicht enthalten zu fragen: »Sind Sie nicht im Geschäft Ihres Herrn Vaters?«

»Ach nein«, erwiderte Bernhard, diesen Übelstand entschuldigend, »ich habe studiert, und da einem jungen Mann von meiner Konfession die Anstellung im Staate nicht leicht wird und ich in meiner Familie leben kann, so beschäftige ich mich mit diesen Büchern.« Dabei warf er einen Blick voll Liebe auf sein Büchergerüst, stand auf und trat in ihre Nähe, als wollte er sie seinem Gast vorstellen. Anton las einige goldene Titel und sagte mit einer Verbeugung: »Das ist für mich zu gelehrt.« Es waren Ausgaben orientalischer Werke.

Bernhard lächelte: »Durch das Hebräische bin ich zu den andern asiatischen Sprachen gekommen. Es ist viel fremdartige Schönheit in dem Leben dieser Sprachen und in den Gedichten der alten Zeit. Ich habe auch Handschriften, wenn es Sie interessiert diese zu sehen.«

Er schloß einen Schub auf und holte ein Bündel seltsam aussehender Manuskripte heraus. Mit glänzenden Augen öffnete er das oberste, im Einband von grünem Seidenstoff, der mit Goldfaden fremdartig durchwirkt war; er ließ Anton die Schrift betrachten und war vergnügt, als dieser erklärte, er könne nicht einmal angeben, welcher Sprache die Schriftzüge angehörten.

»Es ist arabisch, aber freilich ist gerade diese Handschrift sehr schwer zu lesen. – Und hier ist mein Lieblingsdichter, der Perser Firdusi, ich habe aber nur ein kleines Bruchstück seines Gedichtes in der Handschrift.«

Anton sagte ihm: »Es muß viel Gelehrsamkeit dazu gehören, das alles zu verstehen.«

»Nur etwas Geduld«, antwortete Bernhard bescheiden; »wer ein Herz hat für das Schöne, der findet es bald überall heraus, auch unter dem fremdartigen Kleide, welches die Sänger aus dem Morgenlande tragen. Ich arbeite an einer Übersetzung persischer Gedichte; wenn Sie später einmal Muße haben und Sie so etwas nicht langweilt, möchte ich Sie um Erlaubnis bitten, Ihnen eine kurze Probe vorzulesen.«

Anton hatte die Höflichkeit, sogleich darum zu bitten, der junge Ehrenthal griff nach einem Papier auf seinem Schreibtisch und las schnell und etwas ungelenk ein kleines Liebesgedicht vor. Es war eins von den zahlreichen Gedichten, in denen ein weiser Trinker seine Geliebte mit allerlei hübschen Dingen vergleicht, mit Tieren, Pflanzen, der Sonne und andern Weltkörpern, und daneben einem zelotischen Pfaffen Nasenstüber gibt. Dem ehrlichen Anton imponierte die verschlungene Form und der zugespitzte Ausdruck sehr, aber es war ihm doch komisch, als der Vorleser ausrief: »Nicht war, das ist schön? Der Gedanke meine ich; denn die Schönheit der Sprache im deutschen wiederzugeben bin ich zu schwach.« Bei diesen Worten sah er begeistert vor sich, wie ein Mann, der alle Tage fünf bis sechs Flaschen Schiraswein trinkt und alle Abende seine Suleika küßt.

»Muß man denn aber trinken, um recht lieben zu können?« sprach Anton, »das ist bei uns doch auch ohne Wein möglich.«

»Bei uns«, erwiderte Bernhard, »ist das Leben sehr nüchtern«, dabei legte er das Blatt ernsthaft auf den Tisch.

»Ich denke, es ist nicht so«, erwiderte Anton eifrig; »ich kenne noch wenig vom Leben, aber ich sehe doch, auch wir haben Sonnenschein und Rosen, die Freude am Dasein, große Leidenschaften und merkwürdige Schicksale, welche von den Dichtern besungen werden.«

»Unsere Gegenwart«, erwiderte Bernhard weise, »ist zu kalt und einförmig.« »Ich habe das schon einige Male in Büchern gelesen, aber ich kann nicht verstehen, warum, und ich glaube es auch gar nicht. Ich meine, wer mit unserem Leben unzufrieden ist, der wird es mit dem Leben in Teheran oder in Kalkutta noch mehr sein, wenn er längere Zeit dort lebt. Es muß dort viel einförmiger und langweiliger sein als bei uns. Ich lese das auch aus Reisebeschreibungen heraus. Was den Reisenden reizt, ist das Neue, wenn das Fremde alltäglich geworden ist, sieht es gewiß anders aus.«

»Wie arm an großen Eindrücken unser zivilisiertes Treiben ist«, entgegnete Bernhard, »das müssen Sie selbst in Ihrem Geschäft manchmal empfinden, es ist so prosaisch, was Sie tun müssen.«

»Da widerspreche ich«, erwiderte Anton eifrig, »ich weiß mir gar nichts, was so interessant ist, als das Geschäft. Wir leben mitten unter einem bunten Gewebe von zahllosen Fäden, die sich von einem Menschen zu dem andern, über Land und Meer, aus einem Weltteil in den andern spinnen. Sie hängen sich an jeden einzelnen und verbinden ihn mit der ganzen Welt. Alles, was wir am Leibe tragen, und alles, was uns umgibt, führt uns die merkwürdigsten Begebenheiten aller fremden Länder und jede menschliche Tätigkeit vor die Augen; dadurch wird alles anziehend. Und da ich das Gefühl habe, daß auch ich mit helfe, und so wenig ich auch vermag, doch dazu beitrage, daß jeder Mensch mit jedem andern Menschen in fortwährender Verbindung erhalten wird, so kann ich wohl vergnügt über meine Tätigkeit sein. Wenn ich einen Sack mit Kaffee auf die Wage setze, so knüpfe ich einen unsichtbaren Faden zwischen der Kolonistentochter in Brasilien, welche die Bohnen abgepflückt hat, und dem jungen Bauernburschen, der sie zum Frühstück trinkt, und wenn ich einen Zimtstengel in die Hand nehme, so sehe ich auf der einen Seite den Malaien kauern, der ihn zubereitet und einpackt, und auf der andern Seite ein altes Mütterchen aus unserer Vorstadt, das ihn über den Reisbrei reibt.«

»Sie haben eine lebhafte Einbildungskraft und sind glücklich, weil Sie Ihre Arbeit als nützlich empfinden. Aber was der höchste Stoff für die Poesie ist, ein Leben reich an mächtigen Gefühlen und Taten, das ist bei uns doch sehr selten zu finden. Da muß man wie der englische Dichter aus den zivilisierten Ländern hinaus unter Seeräuber gehen.«

»Nein«, versetzte Anton hartnäckig, »der Kaufmann bei uns erlebt ebenso viel Großes, Empfindungen und Taten, als irgendein Reiter unter Arabern oder Indern. – Je ausgebreiteter sein Geschäft ist, desto mehr Menschen hat er, deren Glück oder Unglück er mit fühlen muß, und desto öfter ist er selbst in der Lage, sich zu freuen oder Schmerzen zu empfinden. – Neulich hat hier ein großes Haus Bankerott gemacht.«

»Ich weiß es«, sagte Bernhard, »es war ein trauriger Fall.«

»Wenn Sie die Gewitterschwüle empfunden hätten, welche auf dem Geschäft lag, bevor es fiel, die furchtbare Verzweiflung des Mannes, den Schmerz der Familie, die Hochherzigkeit seiner Frau, welche ihr eigenes Vermögen bis zum letzten Taler in die Masse warf, um die Ehre ihres Mannes zu retten, Sie würden nicht sagen, daß unser Geschäft arm an Leidenschaften und großen Gefühlen ist.«

»Sie sind mit ganzer Seele Kaufmann«, sagte Bernhard freundlich, »ich möchte Sie beneiden um die reine Freude, die Sie über Ihre Arbeit haben.«

»Ja«, entgegnete Anton. »Auch der Kaufmann hat trübe Erfahrungen in Menge zu machen. Der kleine Ärger fehlt ihm nicht, und vieles Schlechte muß er erleben, aber der ganze Handel ist doch so sehr auf die Redlichkeit anderer und auf die Güte der menschlichen Natur berechnet, daß ich bei meinem Eintritt in diese Tätigkeit erstaunt war. Wer ein ehrliches Geschäft hat, kann von unserm Leben nicht schlecht denken, er wird immer Gelegenheit haben, schönes und Großartiges darin zu finden.«

3. Theodor Fontane: Empfang bei Treibels

In: Frau Jenny Treibel (1892). Gesammelte Werke. Dritter Band. Berlin 1915, S. 308 ff.

Die Treibelsche Villa lag auf einem großen Grundstücke, das, in bedeutender Tiefe, von der Köpnicker Straße bis an die Spree reichte. Früher hatten hier in unmittelbarer Nähe des Flusses nur Fabrikgebäude gestanden, in denen alljährlich ungezählte Zentner von Blutlaugensalz und später, als sich die Fabrik erweiterte, kaum geringere Quantitäten von Berlinerblau hergestellt worden waren. Als aber nach dem siebziger Kriege die Milliarden ins Land kamen und die Gründeranschauungen selbst die nüchternsten Köpfe zu beherrschen anfingen, fand auch Kommerzienrat Treibel sein bis dahin in der alten Jakobstraße gelegenes Wohnhaus, trotzdem es von Gontard, ja nach einigen sogar von Knobelsdorff herrühren sollte, nicht mehr zeit- und standesgemäß, und baute sich auf seinem Fabrikgrundstück eine modische Villa mit kleinem Vorder- und parkartigem Hintergarten. Diese Villa war ein Hochparterrebau mit aufgesetztem ersten Stock, welcher letztere jedoch, um seiner niedrigen Fenster willen, eher den Eindruck eines Mezzanin als einer Beletage machte. Hier wohnte Treibel seit sechzehn Jahren und begriff nicht, daß er es, einem noch dazu bloß gemutmaßten friedericianischen Baumeister zuliebe, so lange Zeit hindurch in der unvornehmen und aller frischen Luft entbehrenden alten Jakobstraße ausgehalten habe; Gefühle, die von seiner Frau Jenny mindestens geteilt wurden. Die Nähe der Fabrik, wenn der Wind ungünstig stand, hatte freilich auch allerlei Mißliches im Geleite; Nordwind aber, der den Qualm herantrieb, war notorisch selten, und man brauchte ja die Gesellschaften nicht gerade bei Nordwind zu geben. Außerdem ließ Treibel die Fabrikschornsteine mit jedem Jahre höher hinaufführen und beseitigte damit den anfänglichen Übelstand immer mehr.

Das Diner war zu sechs Uhr festgesetzt; aber bereits eine Stunde vorher sah man Husersche Wagen mit runden und viereckigen Körben vor dem Gittereingange halten. Die Kommerzienrätin, schon in voller Toilette, beobachtete von dem Fenster ihres Boudoirs aus all diese Vorbereitungen und nahm auch heute wieder, und zwar nicht ohne eine gewisse Berechtigung, Anstoß daran. »Daß Treibel es auch versäumen mußte, für einen Nebeneingang Sorge zu tragen! Wenn er damals nur ein vier Fuß breites Terrain von dem Nachbargrundstück zukaufte, so hätten wir einen Eingang für derart Leute gehabt. Jetzt marschiert jeder Küchenjunge durch den Vorgarten, gerade auf unser Haus zu, wie wenn er mitgeladen wäre. Das sieht lächerlich aus und auch anspruchsvoll, als ob die ganze Köpnicker Straße wissen solle: Treibels geben heut ein Diner. Außerdem ist es unklug, dem Neid der Menschen und dem sozialdemokratischen Gefühl so ganz nutzlos neue Nahrung zu geben.«

Sie sagte sich das ganz ernsthaft, gehörte jedoch zu den Glücklichen, die sich nur weniges andauernd zu Herzen nehmen, und so kehrte sie denn vom Fenster zu ihrem Toilettentisch zurück, um noch einiges zu ordnen und den Spiegel zu befragen, ob sie sich neben ihrer Hamburger Schwiegertochter auch werde behaupten können. Helene war freilich nur halb so alt, ja kaum das; aber die Kommerzienrätin wußte recht gut, daß Jahre nichts bedeuten und daß Konversation und Augenausdruck und namentlich die »Welt der Formen«, im einen und im andern Sinne, ja im »andern« Sinne noch mehr, den Ausschlag zu geben pflegen. Und hierin war die schon stark an der Grenze des Embonpoint angelangte Kommerzienrätin ihrer Schwiegertochter unbedingt überlegen.

4. Karl Marx und Friedrich Engels: Bourgeois und Proletarier

In: Manifest der kommunistischen Partei (1848). Zit. nach Johannes Hohlfeld, Dokumente der Deutschen Politik und Geschichte von 1848 bis zur Gegenwart. Band 1. Berlin, München o. J., S. 9, 14.

Die Geschichte aller bisherigen Gesellschaft ist die Geschichte von Klassenkämpfen.

Freier und Sklave, Patrizier und Plebejer, Baron und Leibeigener, Zunftbürger und Gesell, kurz, Unterdrücker und Unterdrückter standen in stetem Gegensatz zueinander, führten einen ununterbrochenen, bald versteckten, bald offenen Kampf, einen Kampf, der jedesmal mit einer revolutionären Umgestaltung der ganzen Gesellschaft endete, oder mit dem gemeinsamen Untergang der kämpfenden Klassen ...

Alle bisherige Gesellschaft beruhte, wie wir gesehen haben, auf dem Gegensatz unterdrückender und unterdrückter Klassen. Um aber eine Klasse unterdrücken zu können, müssen ihr Bedingungen gesichert sein, innerhalb derer sie wenigstens ihre knechtische Existenz fristen kann. Der Leibeigene hat sich zum Mitglied der Kommune in der Leibeigenschaft herangearbeitet, wie der Kleinbürger zum Bourgeois unter dem Joch des feudalistischen Absolutismus. Der moderne Arbeiter dagegen, statt sich mit dem Fortschritt der Industrie zu heben, rückt immer tiefer unter die Bedingungen seiner eigenen Klasse herab. Der Arbeiter wird zum Pauper, und der Pauperismus entwickelt sich noch rascher als Bevölkerung und Reichtum. Es tritt hiermit offen hervor, daß die Bourgeoisie unfähig ist, noch länger die herrschende Klasse der Gesellschaft zu bleiben und die Lebensbedingungen ihrer Klasse der Gesellschaft als regelndes Gesetz aufzuzwingen. Sie ist unfähig zu herrschen, weil sie unfähig ist, ihrem Sklaven die Existenz selbst innerhalb seiner Sklaverei zu sichern, weil sie gezwungen ist, ihn in eine Lage herabsinken zu lassen, wo sie ihn ernähren muß, statt von ihm ernährt zu werden. Die Gesellschaft kann nicht mehr unter ihr leben, d. h. ihr Leben ist nicht mehr verträglich mit der Gesellschaft.

Die wesentlichste Bedingung für die Existenz und für die Herrschaft der Bourgeoisklasse ist die Anhäufung des Reichtums in den Händen von Privaten, die Bildung und Vermehrung des Kapitals; die Bedingung des Kapitals ist die Lohnarbeit. Die Lohnarbeit beruht ausschließlich auf der Konkurrenz

der Arbeiter unter sich. Der Fortschritt der Industrie, dessen
willenloser und widerstandsloser Träger die Bourgeoisie ist,
setzt an die Stelle der Isolierung der Arbeiter durch die Konkurrenz ihre revolutionäre Vereinigung durch die Assoziation.
Mit der Entwicklung der großen Industrie wird also unter den
Füßen der Bourgeoisie die Grundlage selbst weggezogen, worauf sie produziert, und die Produkte sich aneignet. Sie produziert vor allem ihre eigenen Totengräber. Ihr Untergang und
der Sieg des Proletariats sind gleich unvermeidlich.

5. Berthold Auerbach: Vom gebildeten Deutschen

In: Der gebildete Bürger. Auch für den denkenden Mittelstand (1843).
Karlsruhe 1843, S. 81–91 (gekürzt).

Wir Deutschen sind die gebildetste Nation der Erde, ein Deutscher war der Erfinder der Presse, und von allen gebildeten
Nationen sind wir die Einzige, der die Preßfreiheit mangelt; alle
unsere berühmte Schulbildung bleibt eine unfertige, ja fast un-
würdige, so lange wir nicht den wahren Gebrauch davon machen, uns nicht offen und frei über unsere Bürger- und Men-
schen-Interessen verständigen dürfen.

Wir Deutschen sind die gleichmäßig gebildetste Nation; wie
bei uns das äußerliche Vermögen noch nicht, wie z.B. in England, so ungleichmäßig verteilt ist, daß die Einen im Übermu-
the prassen, während Andere im buchstäblichen Sinne des
Worts verhungern, so ist auch der geistige Besitz bei uns nicht
so auf Einen Ort zusammengedrängt; überall, in allen verborgenen Enden und Ecken des Vaterlandes, leben rechtschaffene,
einsichtige, hochgebildete Männer, die wohl mitwirken könnten und möchten für das Gemeinwohl, aber es fehlt ihnen der
Sammelpunkt und der öffentliche Sprechsaal in der freien Presse. Die Bevormundung des öffentlichen Sprechens hindert nicht
nur das freie äußerliche Entfalten des Geistes, sondern auch die
freie innere Entwicklung, sie greift, wenn sie lange dauert, in die
Seele hinein. Schüchternheit, Zaghaftigkeit und Furcht tödten
oft die besten Gedanken, bevor sie zu wahrem Leben erwachen;
der Muth und die Kraft des Geistes wird unter äußerlicher
Fessel nicht nur niedergehalten, sondern auch, wie wir das leider schon oft erfahren, erdrückt. Wir Deutschen sind die gebil-

detste Nation der Erde, wenn *wir* nicht mündig, nicht reif für das freie öffentliche Wort sind, ist es kein Volk der Erde ... Öffentliche Verhandlung der Vaterlandsinteressen, öffentliche Handhabung der Gesetze, sind die nothwendigen Bedingungen eines dem Zeitgeiste entsprechenden Staats- und Bürgerlebens. Die Öffentlichkeit und die aus ihr hervorgehende öffentliche Meinung ist die Obrigkeit aller Obrigkeiten, ohne Öffentlichkeit bietet selbst die beste und reinste Staatsverfassung keine Bürgschaft und Gewähr ihrer gesetzmäßigen Anwendung ...

Wesen, Mittel und Zweck der Bildung ist hiermit in der allgemeinen Grundlage festgestellt, der seiner selbst bewußte Mann mag hierin bei weiterem Nachdenken sichere Stützpunkte finden. Aus unserer eigenen Bildung geht aber auch nothwendig die Anderer hervor, mit denen Liebe und Pflicht uns verbindet, und hier sind Schulunterricht und Erziehung die beiden Grundelemente. Nichts vermag Selbstbildung zu ersetzen, aber Schule und Erziehung sind bedeutsame Hilfsmittel derselben; unsere Schulen und Lehrmethoden, die rücksichtlich des Wissens zu einem hohen Grade von Vollkommenheit gediehen sind, müssen die Entwicklung des allgemein Menschlichen stets mehr in ihr Bereich ziehen, in der Erziehung müssen wir darauf bedacht sein, die Seele des Kindes zur Selbstbeobachtung, Selbstbestimmung und Selbstbildung hinzulenken. Ein Kind, in dessen Seele frühe das Streben nach Vollkommenheit geweckt wurde, wird im späteren selbständigen Leben die Mittel zu derselben um so leichter und sicherer ergreifen, und sie um so entschiedener verwenden; während ein in der Jugend verwahrloster Geist mit unendlichen Hindernissen seiner Selbstvervollkommnung zu kämpfen hat, und gelingt es ihm auch, sie zu überwinden, so ist doch in vielen Fällen der früher erlittene Verlust fast nie wieder ganz zu ersetzen. Es ist ein schöner Zug der menschlichen Natur, daß wir an unseren Nachkömmlingen das hereinzubringen suchen, was bei uns verabsäumt wurde oder uns verloren ging. Richten wir daher unsere volle Aufmerksamkeit darauf, in unseren Kindern Herz und Sinn für ihr eigenes höheres Dasein frühzeitig zu öffnen, damit sie ein starkes, bewußtes und freies Geschlecht werden.

Wir haben zwar nicht nöthig, mißmutig oder feig alles Bessere nur von dem Schooße der Zukunft zu erwarten, greifen wir frisch und rüstig zu, so wird auch uns noch mancher Siegeskranz; kein Geschlecht darf alles Heil von einem andern erwarten, ihm selber ward ja eigene Kraft und Würde, aber auch von

Geschlecht zu Geschlecht erben sich die hohen Güter der Menschheit fort, die treu gewahrt und immer reicher entfaltet werden müssen.

6. Wilhelm Heinrich Riehl: Der Bürger von guter Art und der soziale Philister

In: Die bürgerliche Gesellschaft (1851). Zit. nach der von Peter Steinbach herausgegebenen und eingeleiteten Ausgabe. Frankfurt am Main, Berlin, Wien 1976, S. 153 ff., 168.

Der Bürgerstand ist seit alten Tagen der oberste Träger der berechtigten sozialen Bewegung gewesen, der sozialen Reform. Er ist darum – namentlich in seiner modernen Erscheinung – das Gegenteil des Bauern. Das Bürgertum strebt dem Allgemeinen, das Bauerntum dem Besonderen zu. Die Besonderungen sind aber in der Gesellschaft das alte Vorhandene, die Allgemeinheit wird erst geschaffen. Dem Bauern sieht man's gleich am Rock und an der Nase an, aus welchem Winkel des Landes er stammt, das Bürgertum hat eine gleichmäßige äußere Physiognomie der »gebildeten Gesellschaft« bereits über ganz Europa ausgebreitet. Aber indem es die schroffen Unterschiede der historischen Gesellschaft zu überbrücken trachtet, will es dieselben doch andererseits nicht auflösen und von Grund aus zerstören, wie der vierte Stand.

Das Bürgertum ist unstreitig in unseren Tagen im Besitze der überwiegenden materiellen und moralischen Macht. Unsere ganze Zeit trägt einen bürgerlichen Charakter. Die politische Mündigsprechung des Bürgertums durch die erste französische Revolution hat die Pforten der Gegenwart erschlossen. Man nannte darum in jener Krise jedes Glied der Gesellschaft bedeutungsvoll »Bürger«. Seitdem drückt das Bürgertum den Universalismus des modernen gesellschaftlichen Lebens am entschiedensten aus. Viele nehmen Bürgertum und moderne Gesellschaft für gleichbedeutend. Sie betrachten den Bürgerstand als die Regel, die anderen Stände nur noch als Ausnahmen, als Trümmer der alten Gesellschaft, die noch so beiläufig an der modernen hängengeblieben sind. Wir selber folgen einem auf diese Gedanken zurückgehenden Sprachgebrauch, der in unserer vorwiegend bürgerlichen Zeit mindestens das Recht des

Charakteristischen hat, indem wir von einer »bürgerlichen Gesellschaft« reden im Gegensatz zu einer »politischen«, ohne darum die anderen Stände von der Gesellschaft ausschließen oder ihnen ein gleiches Recht der Existenz mit dem Bürgerstand abstreiten zu wollen. Hundertfältig klingt das Bewußtsein der Universalität des Bürgertums bereits aus dem Sprachgebrauch hervor. Man nennt den obersten Gemeindebeamten des Dorfes heutzutage vielfach schon Bürgermeister, obgleich er doch lediglich über Bauern Meister ist. Die frühere Zeit, welche unseren Universalismus des Bürgertums noch nicht kannte, schied dagegen bei Stadt und Land strenge zwischen dem Bürgermeister und dem Schultheißen. Man spricht von bürgerlicher Ehre, bürgerlichem Tod, wo man doch weit allgemeiner von gesellschaftlicher Ehre, gesellschaftlichem und politischem Tode sprechen sollte. Statt von Staatsgenossen zu reden, nimmt der Sprachgebrauch den bedeutsamsten Teil für das Ganze und redet von Staatsbürgern.

Wie die Aristokratie im Mittelalter der Mikrokosmos der Gesellschaft war, so ist es das Bürgertum in der Gegenwart. Das moderne Bürgertum ließe sich weit bequemer als irgendein anderer Stand wiederum gliedern in ein aristokratisches, ein spezifisch bürgerliches, ein bäuerliches und ein proletarisches Bürgertum. Wichtiger aber erscheint, daß bei allen Ständen der universalistische, ausbreitende Geist des Bürgertums jetzt ebenso entschieden seine Spuren zeigt, wie im Mittelalter der körperschaftlich abschließende Geist der Aristokratie sich bei allen anderen Ständen im kleinen wiederholt hat. Und wie damals die Aristokratie überall in ihrem engen Kreise jene Reformen vorbildete, welche später Reformen für die ganze Gesellschaft geworden sind, so geschah das gleiche namentlich seit dem sechzehnten Jahrhundert im Schoße des Bürgertums.

Wo unsere sozialen Kämpfe jetzt zu blutigem Entscheid führen, da geschieht dies fast immer auf den Straßen der Städte, nicht in Dörfern und Feldern, nicht mehr vor ritterlichen Burgen. Die Stadt ist weit mehr als irgendwann zuvor der Ausgangs- und Mittelpunkt aller großen sozialen und politischen Lebensregungen geworden. Das Städteleben des Mittelalters stand origineller da in dem Bildungsprozeß der damaligen Zustände, das moderne Städteleben wirkt aber weit massenhafter entscheidend, ja fast ausschließlich entscheidend auf den Gang der modernen Gesittung. Der große Gegensatz von Mächten des sozialen Beharrens und der sozialen Bewegung stellt sich zugleich dar als ein Gegensatz von Land und Stadt, dort die großen und kleinen Gutsbesitzer, hier die wohlhabenden und die verhungernden Leute des bürgerlichen Erwerbes. Der Bauer und der Adel bürgt uns dafür, daß das Gute des früheren Ständewesens nicht ganz verloren gehe, der Bürger und der Proletarier, daß das Erstarrte und Abgestorbene daran nicht künstlich wieder ins Leben zurückgeführt werde ...

Eine eigentümliche soziale Krankheitsform ist in dem modernen Bürgerstande zum Ausbruch und zu wahrhaft epidemischer Verbreitung gekommen. Es ist der Stumpfsinn gegen jegliches soziale Interesse, die gewissenlose Gleichgültigkeit gegen alles öffentliche Leben überhaupt. Ein großer Teil des modernen Bürgerstandes ist förmlich ausgeschieden aus der Gesellschaft, der einzelne zieht sich in die vier Wände seines Privatlebens zurück. Die Schicksale des Staates und der Gesellschaft wecken nur noch insoweit seine Teilnahme, als ihm ein persönlicher Vorteil dabei ins Auge springt, als sie ihm Stoff zur Unterhaltung oder wohl gar Anlaß zu gelegentlicher Prahlerei bieten. Man faßt diese ganze große Sippe unter den Namen der *Philister* zusammen.

Der politische Philister fällt keinem einzelnen Stand besonders zu, er stellt sich dar als eine Entartung des Staatsbürgers, nicht des Gesellschaftsbürgers: der soziale Philister dagegen gehört wesentlich dem Bürgerstande an. Wenn das gesunde Bürgertum gerade durch die in ihm stets flüssigen Gegensätze des Sondergeistes und Einigungstriebes, eines aristokratischen und demokratischen Prinzips, erst recht sein orginelles Gepräge erhält und zur Macht der sozialen Bewegung wird, dann heben sich diese Gegensätze im Philister zur Indifferenz auf, und er vertritt uns die soziale Stagnation. Auch im Philistertum freilich ist Leben und Bewegung, aber es ist jenes schauerliche Leben, welches in dem verwesenden Leichnam gärt und wühlt.

Der Philister erkennt wohl auch gleich uns in dem Bürgerstande den »Mittelstand«, aber nicht, weil er in ihm den bewegenden Mittelstand gefunden, darin alle Radien des gesellschaftlichen Lebens zusammenlaufen, sondern weil *sein* Bürgertum der Ausbund sozialer Mittelschlächtigkeit ist, ein nichtsnutziges, lauwarmes *triste-milieu.*

Nicht der ökonomisch zerrüttete Bürger wird am leichtesten zum Philister; das Philistertum setzt eher ein gewisses Wohlbefinden, und sei es auch nur ein ganz erbärmliches, kleinliches, voraus; es ist ein ins Kraut geschossenes Bürgertum, von seiner

Idee abgefallen, aber äußerlich um so üppiger fortvegetierend: »Zum Teufel ist der Spiritus, / Das Phlegma ist geblieben.«

Hier zeigt sich sogleich ein merkwürdiger Gegensatz zwischen Bauerntum, Aristokratie und Bürgertum. Der in der Selbstgenügsamkeit seines äußerlichen Standesbewußtseins entartete Baron verjunkert, der Bauer verhärtet zu einem knorrigen Stockbauern, d. h. beide bleiben in dem Extrem ständischer Abgeschlossenheit stecken. Der zum Philister verkrüppelte Bürger dagegen verliert alles ständische Gemeinbewußtsein, und die völlige soziale Gleichgültigkeit ist es gerade, die ihn zumeist charakterisiert. Dem verjunkerten Edelmann würde nicht der Philister, sondern der *Spießbürger* entsprechen, welcher sich als der in ständischer Einseitigkeit eingeschrumpfte Bürger darstellt. Und dies ist wiederum ein bemerkenswerter Unterschied der alten und neuen Zeit, daß vordem der Spießbürger vorherrschend der entartete Bürger gewesen ist, während jetzt der Philister den Spießbürger großenteils verdrängt hat. Der sozialistisch-kommunistische Proletarier und der Philister arbeiten gleicherweise an der Auflösung der gegliederten Gesellschaft: der eine, indem er angreifend verfährt, der andere, indem er stumpf und teilnahmslos diese Angriffe geschehen läßt; jener demonstriert uns die geschichtliche Gesellschaft theoretisch weg, dieser steckt wie der Vogel Strauß den Kopf in die Ecke, und glaubt dann, es gebe keine historische Gesellschaft mehr.

Der Philister ist ein betrogener Bürger, der Gefoppte und Geprellte aller Parteien, ohne daß er selber dies merkt. Ein soziales Glaubensbekenntnis besitzt er so wenig als ein politisches. Er hält es immer mit derjenigen Partei, welche das für den Augenblick bequemste Bekenntnis formuliert hat. Darum verfälscht er allen Maßstab für die wirkliche Bedeutung der Parteien. Seit der Philister eine förmliche soziale Gruppe bildet, ist der Begriff der »öffentlichen Meinung« ein leerer Schall geworden. Denn wo der Philister den Ansatz zur Bildung einer Mehrheit wahrnimmt, da tritt er sofort gedankenlos hinzu und erweckt, da er sich überall den Massen nachdrängt, vorweg den Verdacht, daß die Stimme der Masse die Stimme der Unvernunft sei. So hat der Philister auch in künstlerischen und literarischen Dingen den Gedanken eines urteilenden und richtenden »Publikums« zu einem gefährlichen Wahnbild werden lassen. Es brauchen nur ein paar vorwitzige Burschen recht lauten Beifall zu spenden, gleich läuft ein ganzes Rudel von Philistern als hundertfältiges Echo hintendrein.

7. Julius Fröbel: Der deutsche Geist vor dem Spiegel

In: Kleine politische Schriften (1866). Zit. nach Harry Pross (Hrsg.), Die Zerstörung der deutschen Politik. Dokumente 1871–1933. Frankfurt am Main 1959, S. 11 f.

Welches Volk hat wie das deutsche das Beiwort immer im Munde, welches seinen eigenen Charakter bezeichnet? »Deutsche Kraft«, »deutsche Treue«, »deutsche Liebe«, »deutscher Ernst«, »deutscher Gesang«, »deutscher Wein«, »deutsche Tiefe«, »deutsche Gründlichkeit«, »deutscher Fleiß«, »deutsche Frauen«, »deutsche Jungfrauen«, »deutsche Männer«, – welches Volk braucht solche Bezeichnungen außer das deutsche? Aber noch mehr, auf Zeitschriften und Büchern, die in Deutschland in deutscher Sprache mit deutschen Lettern gedruckt werden, erscheint nicht selten noch das »deutsch« besonders in den Titel aufgenommen, und man kennt eine »deutsche Vierteljahresschrift«, »deutsche Monatshefte«, »deutsche Jahrbücher«, eine »deutsche« Zeitung usw. Der Deutsche verlangt von sich ganz extra, daß er deutsch sein soll, als ob ihm freistände, aus der Haut zu fahren, – grade wie er von seinen Männern extra verlangt »männlich«, von seinen Weibern »weiblich«, von seinen Kindern »kindlich«, von seinen Jungfrauen »jungfräulich« zu sein. Der deutsche Geist steht gewissermaßen immer vor dem Spiegel und betrachtet sich selbst, und hat er sich hundertmal besehen und von seinen Vollkommenheiten überzeugt, so treibt ihn ein geheimer Zweifel, in welchem das innerste Geheimnis der Eitelkeit beruht, abermals davor. – Was ist dies alles anders als die Selbstquälerei eines Hypochonders, dem es an Bewegung fehlt, und dem nur durch Bewegung zu helfen ist?

8. Friedrich Nietzsche: Die Exstirpation des deutschen Geistes

In: Unzeitgemäße Betrachtungen (1873 ff.). Werke I. Hrsg. von Karl Schlechta. Frankfurt am Main, Berlin, Wien 1979, S. 137 ff.

Die öffentliche Meinung in Deutschland scheint es fast zu verbieten, von den schlimmen und gefährlichen Folgen des Krieges, zumal eines siegreich beendeten Krieges zu reden: um so williger werden aber diejenigen Schriftsteller angehört, welche keine wichtigere Meinung als jene öffentliche kennen und deshalb wetteifernd beflissen sind, den Krieg zu preisen und den mächtigen Phänomenen seiner Einwirkung auf Sittlichkeit, Kultur und Kunst jubilierend nachzugehen. Trotzdem sei es gesagt: ein großer Sieg ist eine große Gefahr. Die menschliche Natur erträgt ihn schwerer als eine Niederlage; ja es scheint selbst leichter zu sein, einen solchen Sieg zu erringen, als ihn so zu ertragen, daß daraus keine schwere Niederlage entsteht. Von allen schlimmen Folgen aber, die der letzte mit Frankreich geführte Krieg hinter sich dreinzieht, ist vielleicht die schlimmste ein weitverbreiteter, ja allgemeiner Irrtum: der Irrtum der öffentlichen Meinung und aller öffentlich Meinenden, daß auch die deutsche Kultur in jenem Kampfe gesiegt habe und deshalb jetzt mit den Kränzen geschmückt werden müsse, die so außerordentlichen Begebnissen und Erfolgen gemäß seien. Dieser Wahn ist höchst verderblich: nicht etwa weil er ein Wahn ist – denn es gibt die heilsamsten und segensreichsten Irrtümer – sondern weil er imstande ist, unseren Sieg in eine völlige Niederlage zu verwandeln: *in die Niederlage, ja Exstirpation des deutschen Geistes zugunsten des »deutschen Reiches«.*

Einmal bliebe immer, selbst angenommen, daß zwei Kulturen miteinander gekämpft hätten, der Maßstab für den Wert der siegenden ein sehr relativer und würde unter Verhältnissen durchaus nicht zu einem Siegesjubel oder zu einer Selbstglorifikation berechtigen. Denn es käme darauf an, zu wissen, was jene unterjochte Kultur wert gewesen wäre: vielleicht sehr wenig: in welchem Falle auch der Sieg, selbst bei pomphaftestem Waffenerfolge, für die siegende Kultur keine Aufforderung zum Triumphe enthielte. Andererseits kann, in unserem Falle, von einem Siege der deutschen Kultur aus den einfachsten Gründen nicht die Rede sein: weil die französische Kultur fortbesteht wie vorher, und wir von ihr abhängen wie vorher. Nicht einmal an dem Waffenerfolge hat sie mitgeholfen. Strenge Kriegszucht, natürliche Tapferkeit und Ausdauer, Überlegenheit der Führer, Einheit und Gehorsam unter den Geführten, kurz Elemente, die nichts mit der Kultur zu tun haben, verhalfen uns zum Siege über Gegner, denen die wichtigsten dieser Elemente fehlten: nur darüber kann man sich wundern, daß das, was sich jetzt in Deutschland »Kultur« nennt, so wenig hemmend zwischen diese militärischen Erfordernisse zu einem großen Erfolge getreten ist, vielleicht nur, weil dieses Kultur sich nennende Etwas es für sich vorteilhafter erachtete, sich diesmal dienstfertig zu erweisen. Läßt man es heranwachsen und fortwuchern, verwöhnt man es durch den schmeichelnden Wahn, daß es siegreich gewesen sei, so hat es die Kraft, den deutschen Geist, wie ich sagte, zu exstirpieren – und wer weiß, ob dann noch etwas mit dem übrig bleibenden deutschen Körper anzufangen ist!

Sollte es möglich sein, jene gleichmütige und zähe Tapferkeit, welche der Deutsche dem pathetischen und plötzlichen Ungestüm des Franzosen entgegenstellte, gegen den inneren Feind, gegen jene höchst zweideutige und jedenfalls unnationale »Gebildetheit« wachzurufen, die jetzt in Deutschland, mit gefährlichem Mißverstande, Kultur genannt wird: so ist nicht alle Hoffnung auf eine wirkliche echte deutsche Bildung, den Gegensatz jener Gebildetheit, verloren: denn an den einsichtigsten und kühnsten Führern und Feldherrn hat es den Deutschen nie gemangelt – nur daß diesen oftmals die Deutschen fehlten. Aber ob es möglich ist, der deutschen Tapferkeit jene neue Richtung zu geben, wird mir immer zweifelhafter und, nach dem Kriege, täglich unwahrscheinlicher; denn ich sehe, wie jedermann überzeugt ist, daß es eines Kampfes und einer solchen Tapferkeit gar nicht mehr bedürfe, daß vielmehr das meiste so schön wie möglich geordnet und jedenfalls alles, was not tut, längst gefunden und getan sei, kurz daß die beste Saat der Kultur überall teils ausgesät sei, teils in frischem Grün und hier und da sogar in üppiger Blüte stehe. Auf diesem Gebiete gibt es nicht nur Zufriedenheit; hier gibt es Glück und Taumel. Ich empfinde diesen Taumel und dieses Glück in dem unvergleichlich zuversichtlichen Benehmen der deutschen Zeitungsschreiber und Roman-, Tragödien-, Lied- und Historienfabrikanten: denn dies ist doch ersichtlich eine zusammengehörige Gesellschaft, die sich verschworen zu haben scheint, sich der Muße- und Verdauungsstunden des modernen Menschen, das heißt seiner »Kulturmomente« zu bemächtigen und ihn in diesen durch bedrucktes Papier zu betäuben. An dieser Gesellschaft ist jetzt, seit dem Kriege, alles Glück, Würde und Selbstbewußtsein: sie fühlt sich, nach solchen »Erfolgen der deutschen Kultur«, nicht nur bestätigt und sanktioniert, sondern beinahe sakrosankt, spricht deshalb feierlicher, liebt die Anrede an das deutsche Volk, gibt nach Klassiker-Art gesammelte Werke heraus und proklamiert auch wirklich in den ihr zu Diensten stehenden Weltblättern einzelne aus ihrer Mitte als die neuen deutschen Klassiker und Musterschriftsteller. Man sollte vielleicht erwarten, daß die Gefahren eines derartigen *Mißbrauchs des Erfolges* von dem besonneneren und belehrteren Teile der deutschen Gebildeten erkannt, oder daß mindestens das Peinliche des gegebenen Schauspieles gefühlt werden müßte: denn was kann peinlicher sein, als zu sehen, daß der Mißgestaltete gespreizt wie ein Hahn vor dem Spiegel steht und mit seinem Bilde bewundernde Blicke austauscht. Aber die gelehrten Stände lassen gern geschehn, was geschieht, und haben selbst genug mit sich zu tun, als daß sie die Sorge für den deutschen Geist noch auf sich nehmen könnten. Dazu sind ihre Mitglieder mit dem höchsten Grade von Sicherheit überzeugt, daß ihre eigene Bildung die reifste und schönste Frucht der Zeit, ja aller Zeiten sei, und verstehn eine Sorge um die allgemeine deutsche Bildung deshalb gar nicht, weil sie bei sich selbst und den zahllosen Ihresgleichen über alle Sorgen dieser Art weit hinaus sind. Dem sorgsameren Betrachter, zumal wenn er Ausländer ist, kann es übrigens nicht entgehen, daß zwischen dem, was jetzt der deutsche Gelehrte seine Bildung nennt, und jener triumphierenden Bildung der neuen deutschen Klassiker ein Gegensatz nur in Hinsicht auf das Quantum des Wissens besteht: überall wo nicht das Wissen, sondern das Können, wo nicht die Kunde, sondern die Kunst in Frage kommt, also überall, wo das Leben von der Art der Bildung Zeugnis ablegen soll, gibt es jetzt nur *eine* deutsche Bildung – und diese sollte über Frankreich gesiegt haben?

9. Werner Sombart: Bürgerliche Tugenden

In: Der Bourgeois (1913). München 1913. Duncker & Humblot. S. 236–239.

Was ist aus ihnen geworden, die wir als so wesentliche Bestandteile beim Aufbau des kapitalistischen Geistes erkannt hatten? Haben Fleiß, Sparsamkeit, Ehrbarkeit, Industry, frugality, honesty noch heute irgendwelche Bedeutung für die Gesinnungsbildung des kapitalistischen Unternehmers? Die Frage ist nicht ohne weiteres zu bejahen, aber ebensowenig auch zu verneinen. Weil nämlich die Stellung, die heute diese »Tugenden« im Ganzen des wirtschaftlichen Gefüges einnehmen, eine grundsätzlich andere ist, als sie in der frühkapitalistischen Epoche war. Jene Begriffe haben freilich aufgehört, wesentliche und notwendige Tugenden des kapitalistischen Unternehmers zu sein; aber darum haben sie keineswegs ihre Bedeutung für die Gestaltung der Wirtschaftsführung verloren. Sie sind nur aus der Sphäre persönlicher Willensbetätigung herausgetreten und sind zu Sachbestandteilen des Geschäftsmechanismus geworden. Sie haben aufgehört, Eigenschaften lebendiger Menschen zu sein und sind statt dessen zu objektiven Prinzipien der Wirtschaftsführung geworden.

Das klingt sonderbar und bedarf einer Erklärung. Was ich meine, will ich für jede einzelne der genannten Tugenden im besonderen ausführen.

Zu der Zeit, als tüchtige und pflichttreue Geschäftsleute dem jungen Nachwuchs den *Fleiß* als oberste Tugend eines erfolgreichen Unternehmers priesen, da mußten sie bemüht sein, in das Triebleben ihrer Schüler gleichsam ein festes Fundament von Pflichten hineinzubauen, mußten sie bei jedem einzelnen eine persönliche Willensrichtung durch Ermahnung hervorzurufen versuchen. Und wenn die Ermahnung gefruchtet hatte, so arbeitete nun der fleißige Geschäftsmann in starker Selbstüberwindung sein Pensum ab. Der moderne Wirtschaftsmensch kommt zu seinem Rasen auf ganz andere Wege: Er wird in den Strudel des wirtschaftlichen Betriebes hereingezogen und wird mit ihm fortgerissen. Er übt nicht mehr eine Tugend, sondern steht in einem Zwangsverhältnis. Das Tempo des Betriebes entscheidet über sein eigenes Tempo. Er kann ebensowenig faul sein wie der Arbeiter an einer Maschine, während es der Mann mit dem Werkzeug in seiner Hand hat, ob er fleißig sein will oder nicht.

Noch deutlicher tritt die Objektivierung der »Tugend« *Sparsamkeit* zutage; weil sich hier die private Wirtschaftsführung des Unternehmers von der Wirtschaftsführung seines Geschäftes völlig trennt. Diese untersteht heute dem Sparsamkeitsprinzip mehr denn je. »Verschwendung ist auch im kleinsten zu bekämpfen, ist nicht kleinlich, denn sie ist eine fressende Krankheit, die sich nicht lokalisieren läßt. Es gibt große Unternehmungen, deren Existenz davon abhängt, ob die mit Erde gefüllten Kippwagen rein entleert werden oder ob eine Schaufel voll Sand darin zurückbleibt«. Bekannt ist die knickerige Sparsamkeit, die Rockefeller in der Geschäftsführung der Standard Oil Company zur Anwendung bringt: die Metalltropfen, die beim Löten von den Kannen fallen, werden aufgefangen und wieder verwertet; der Kehricht auf den Höfen wird, ehe er fortgeschafft wird, genau untersucht, die kleinen Kisten, in de-

nen das Zinn aus Europa kommt, verkauft man an Blumen-
händler in der Stadt, oder man benutzt sie zur Feuerung. Aber
an diesem Sparfanatismus hat die Privatwirtschaft der Unternehmer selbst nicht teil. Weder auf den Schlössern Walter Ra-
thenaus (dem der obige Ausspruch entnommen war), noch auf
denen Rockefellers wird der Besucher Benjamin Franklinischen
Geist verspüren und »frugality«, »Genügsamkeit« und »Mäßig-
keit« richten nicht mehr die »Tafeln« unserer Unternehmer her.
Selbst wenn die Männer noch nach alt-bürgerlichem Stile wei-
terleben: die Frauen und Söhne und Töchter sorgen dafür, daß
der Luxus und das Wohlleben und die Prachtentfaltung zu Be-
standteilen bourgeoiser Lebensführung werden. Freilich: der
Stil der Wirtschaftsführung wird auch beim reichen Bourgeois
heute noch der »bürgerliche« sein, wie ihn Alberti begründet
hat: laßt nie die Ausgaben größer wie die Einnahmen sein, hatte
er seinen Schülern als letzte Weisheit mit auf den Weg gegeben.
Und rechnet! In beidem folgt jeder echte Bourgeois jenem großen Lehrer. Und das wird ihn und seine Wirtschaft immer vom
Seigneur und der seinigen unterscheiden, in der man das Geld
verachtet.

Endlich die kaufmännische *Solidität«*. Wer möchte zweifeln,
daß »solide« Geschäftsführung auch heute noch und heute vielleicht mehr denn je einen unentbehrlichen Bestandteil der Praxis jedes großen Unternehmers ausmache. Aber wiederum ist
das Gebaren des Unternehmers als Menschen von dem Gebaren
des Geschäfts völlig getrennt. Die Maximen der »Solidität« sind
heute ein Komplex von Grundsätzen, die nicht mehr das persönliche Verhalten eines Wirtschaftssubjekts, sondern die Ab-
wicklung geschäftlicher Beziehungen regeln sollen. Ein »soli-
der« Kaufmann *kann* persönlich durchaus moralisch minder-
wertig sein, die Kennzeichnung als »solide« bezieht sich lediglich auf die von ihm getrennt gedachte Geschäftsführung. Diese
ist gleichsam losgelöst von dem persönlichen Gebaren des Ge-
schäftsleiters und unterliegt ganz besonderen Gesetzen. Ein
Geschäft ist solide, sagen wir: es hat *als solches* den Ruf der
Solidität, vielleicht seit Generationen. Wir kennen ihre Inhaber
gar nicht; es ist vielleicht ein Gesellschaftsunternehmen, vielleicht eine ganz und gar unpersönliche Aktiengesellschaft mit
wechselnden Direktoren an der Spitze, deren persönliche Moralität man nicht nachprüfen kann und nicht nachzuprüfen
braucht. Der Ruf der »Firma« bürgt für *deren* Charakter.

10. Thomas Mann: Bürgerlichkeit

In: Betrachtungen eines Unpolitischen (1918). Gesammelte Werke in drei-
zehn Bänden. Band 12: Reden und Aufsätze 4. Frankfurt am Main 1960,
1974. S. Fischer Verlag. S. 127–130.

Es ist mir zu tun um die Wiederherstellung des Begriffs »Bürger« selbst in seiner Reinheit und Würde, nachdem er von einem Literatentum, das in übersetzter Begriffswelt lebt und
webt, aufs schmählichste verderbt worden. In Wahrheit ist das
Wort »Bürger« als Lieblingsschimpfwort unserer Literaten-
schaft, mit Wagner zu reden, »in Deutschland ein durchaus
übersetztes Wesen«. Es ist die mechanisch-literarische Übersetzung des französischen bourgeois, wie die Pariser bohème, das
romantische Zigeunertum von 1830, ihn sah und meinte: des
großen Amusischen, Engherzigen und auf Nützlichkeit Be-
dachten, welcher gerade gut genug dazu war, durch den Anblick seiner kümmerlich gravitätischen Sattheit der Sammet-
flausherrlichkeit des artistischen Libertins immer neue Lust an
sich selber einzuflößen. Die deutsche Romantik besaß kein allgemein akzeptiertes Wort, das dem französischen »bohémien«
entsprochen hätte. Und was das Wort »bourgeois« betrifft, so
ist es freilich durch das kapitalistische Zeitalter internationalisiert worden, aber es mit »Bürger« zu übersetzen, ist ein Litera-
tenunfug. Die deutsche Romantik sprach vom »Philister«; aber
Bürger und Philister: das ist nicht nur ein Unterschied, es ist ein
Gegensatz. Denn der Philister ist der wesentlich unromantische
Mensch; zur deutschen Bürgerlichkeit aber gehört unverbrüch-
lich ein romantisches Element: der Bürger ist romantischer In-
dividualist, denn er ist das geistige Produkt einer überpoliti-
schen oder doch vorpolitischen Epoche, einer Humanitätsepo-
che, in der, wie Turgenjew in seiner »Faust«-Kritik sagt, »die
Gesellschaft in Atome zerfiel und bis zur eigenen Negation
ging, in der jeder Bürger sich in einen *Menschen* verwandelte«.
Man nenne also – und man tut es ja heute – den Bürger in seiner
geistigen Reinkultur einen Atomisten: diesen Begriff des atomi-
stischen Bildungsindividualismus mit dem des Philistertums
sich decken zu lassen, wird immer schwerfallen. Der Philister
ist Spießbürger, *Staatsbürger* und nichts als das, nichts darüber
hinaus; wie denn Schopenhauer, der den Staat für eine bloße
Schutzanstalt gegen die eingeborene Ungerechtigkeit des Menschengeschlechtes erklärt, auf »die Philosophaster« (nämlich

Hegel) schimpft, »welche, in pompösen Redensarten, den Staat als den höchsten Zweck und die Blüte des menschlichen Daseins darstellen und *damit eine Apotheose der Philisterei liefern*«. Der deutsche Bürger ist heute Staatsbürger, Reichsbürger, und der Krieg arbeitet mit Macht an der Vollendung seiner politischen Erziehung. Aber nie wird er Staatsphilister, Reichsphilister sein, nie glauben lernen, daß der Staat Zweck und Sinn des menschlichen Daseins sei, daß die Bestimmung des Menschen im Staat aufgehe, *und daß Politik menschlicher mache.* Die Tatsache, von der wir ausgingen: daß die Mischung von Artistik und Bürgerlichkeit in Deutschland eine legitime geistige Lebensform ist, lehrt klar und deutlich, daß von einem irgend notwendig-wesentlichen Gegensatz hier schlechterdings nicht die Rede sein kann, und daß die Vornehmtuerei des Künstlers und Geistigen gegen den »Bürger« bloße Unart und in Deutschland etwas durchaus Übersetztes ist. Der Artist, der Zigeuner und Libertiner vergesse doch nicht oder bemerke endlich, daß ein gutes Stück seiner selbst im deutschen Bürger steckt: denn Artistik, Zigeunertum und Libertinage ist der überpolitische Teil des Menschlichen, jener Teil, der im Staatlich-Gesellschaftlichen nicht aufgeht, – der atomistisch-individualistische Teil, der für den deutschen Bürger beinahe das Menschliche selbst ist. Was man »Liberalismus« nennt, möchte nur die politische Form und Erstarrung dieser seiner menschlichen Libertinage sein; und wenn Liberalismus nichts Gutes ist, unter der Hand zu einem anderen Namen für Charakterlosigkeit wurde, so beweist das nichts anderes, als daß die Politik eben alles verdirbt. Auf jeden Fall hat der Dünkel, mit dem kosmopolitische Literaten seit zehn Jahren bei uns vom »Bürger« reden, nicht gestern erst begonnen, mich ungeduldig zu machen: um so ungeduldiger, als ich ihm ehemals wohl gar Waffen geliefert habe. Man ist am Ende das Letzte nicht, wenn man ein deutscher Bürger ist. Deutsche Bürgerlichkeit, das war immer deutsche Menschlichkeit, Freiheit und Bildung. Der deutsche Bürger, das war eigentlich der deutsche Mensch, und zu seiner Mitte strebte von oben und unten alles, was zur Freiheit und Geistlichkeit strebte ...

»Aber aus welchen Träumen redest du! Von welchem Jahre bist du, wann und wo lebtest du! Beiläufig bemerkst du, das Wort Bourgeois sei durch die kapitalistische Epoche internationalisiert worden; aber du weißt ja genau, daß die Sache selbst, daß der Bourgeois selbst internationalisiert worden, daß er in

Deutschland zu Hause ist, wie irgendwo! Hast du geschlafen? Hast du die Entwicklung, nein, die unvermittelte und wie durch den Stab der Circe bewirkte Verwandlung des deutschen Bürgers, seine Entmenschlichung und Entseelung, seine *Verhärtung* zum kapitalistisch-imperialistischen Bourgeois verschlafen? Der *harte* Bürger: das ist der Bourgeois. Es gibt den geistigen Bürger nicht mehr. Du sprichst von Zeiten, die vergangen sind, von 1850 allenfalls, aber nicht von 1900. Dazwischen war Bismarck, dazwischen war der Triumph der ›Realpolitik‹, die Härtung und Verhärtung Deutschlands zum ›Reich‹; die Verwissenschaftlichung der Industrie und die Industrialisierung der Wissenschaft; die Regelung, Erkältung, Verfeindseligung des unmöglich gewordenen patriarchalisch-menschlichen Verhältnisses von Brotherr und Arbeitnehmer durch das soziale Gesetz; Emanzipation und Ausbeutung; Macht, Macht, Macht! Was ist heute Wissenschaft? Enges und hartes Spezialistentum zum Zwecke des Nutzens, der Ausbeutung und Herrschaft. Was ist Bildung? Vielleicht Menschentum? Weite und Güte? Nein, nichts als ein Mittel zum Verdienen und zur Herrschaft. Was Philosophie? Vielleicht noch immer kein Mittel, zu verdienen, aber hart beschränktes Spezialistentum ebenfalls, im Stil und Geiste der Zeit. Sieh ihn dir an, deinen ›deutschen Bürger‹ von heute, diesen imperialistischen Grubenbesitzer, der nicht zögern würde, fünfhunderttausend Menschen und das Doppelte zu opfern, um Briey zu annektieren und Herr der Welt zu sein! Nochmals, du hast geschlafen, du schläfst noch immer, du redest im Traum.«

Literaturbericht

Die Literatur zum Problemkreis »Bildungsbürgertum und Nationalismus« ist insofern unübersehbar, als nicht nur der Gesamtbereich, sondern auch dessen einzelne Sektoren eine ungemein große Themenvielfalt aufweisen. Die nachfolgenden Literaturhinweise können somit nur exemplarisch die Schwerpunkte der Darstellung belegen bzw. ergänzen und zur vertiefenden Lektüre anregen. Eine große Zahl der hier (wie in der Darstellung) erwähnten Werke enthalten ihrerseits höchst umfangreiche Literaturverzeichnisse, sei es allgemeiner oder spezieller Art. Die Wechselbeziehungen zwischen dem auf Bildung und Kultur transzendierenden Bürgertum und der die deutsche Geschichte des 19. und 20. Jahrhunderts dominant bestimmenden nationalen Idee sind zudem im Rahmen einer die Gesamtheit von Kultur umfassenden Geistesgeschichte zu sehen; die Literaturangaben behalten solche universellen Aspekte insofern im Auge, als sie gleichermaßen auf Werke derartiger Thematik (natürlich auch bei diesem Bezug nur exemplarisch) verweisen.

Wo liegt die deutsche Nation? Im ersten Band des sechsbändigen Werkes ›Die Deutschen und ihre Nation‹ zitiert Horst Möller Friedrich Carl von Moser mit seiner Schrift ›Von dem deutschen Nationalgeist‹ (1766) als Zeugnis des in den sechziger Jahren des 18. Jahrhunderts sich ausprägenden Reichspatriotismus. »Wir sind *Ein Volk*, von Einem Nahmen und Sprache, unter Einem gemeinsamen Oberhaupt, unter Einerley unsere Verfassung, Recht und Pflichten bestimmenden Gesezen, zu Einem gemeinschaftlichen grossen Interesse der Freyheit verbunden, auf Einer mehr als hundertjährigen Nationalversammlung zu diesem wichtigen Zweck vereinigt, an innerer Macht und Stärke das erste Reich in Europa, dessen Königscronen auf Deutschen Häuptern glänzen, und so, wie wir sind, sind wir schon Jahrhunderte hindurch ein Räthsel politischer Verfassung, ein Raub der Nachbarn, ein Gegenstand ihrer Spöttereyen, ausgezeichnet in der Geschichte der Welt, uneinig unter uns selbst, kraftlos durch unsere Trennungen, stark genug, uns selbst zu schaden, ohnmächtig, uns zu retten, unempfindlich gegen die Ehre unsers Namens, gleichgültig gegen die Würde der Geseze, eifersüchtig gegen unser Oberhaupt, mißtrauisch unter einander, unzusammenhangend in Grundsäzen, gewaltthätig in deren Ausführung, ein grosses und gleichwohl verachtetes, ein in der Möglichkeit glückliches, in der That selbst aber sehr bedauernswürdiges Volk.«[1]

Die nationale Misere bedeutete jedoch auch eine Konzentration auf den geistigen Raum der Nation, den man in der Aufklärung als Teil der europäischen, ja der Welt-Kultur begriff. Gerade weil die Deutschen po-

---

[1] Horst Möller, Fürstenstaat oder Bürgernation. Deutschland 1763–1815. Berlin 1989, S. 48.

litisch keine Nation darstellten, sei es ihnen aufgegeben, als Kulturnation wesentliche Beiträge zum Universalhumanismus zu leisten.

Möller schildert die geschichtliche Entwicklung vom österreichisch-preußischen Dualismus, über 1789, einem Jahr, das die »Todesstunde der alten Welt« und die »Morgenröte der Menschheit« brachte, bis zum Napoleonischen Empire und dem Ende des alten Reiches – mit einem Epilog »1815: Der Wiener Kongreß und die Neuordnung des europäischen Staatensystems«. Die Aufklärung in Frankreich wie Deutschland befördern den Wandel von der höfischen zur bürgerlichen Kultur. Im geistigen Klima solchen Umbruchs gedeiht die bürgerliche Bildung und – im Kontrast zum dualistisch zwischen Weltlichkeit und Transzendenz zerrissenen Barock – die ihr zugrunde liegende, materielles und ideelles Wachstum schätzende, gelassen-vernünftige Weltanschauung. Die aufgeklärte Position ist jedoch als Folge der in den Freiheitskriegen und der politischen Romantik sich vollziehenden mythischen Überhöhung des Nationalbegriffs gefährdet (ein Gegensatz, der die Aporien des Bildungsbürgertums charakterisiert, wobei 1848 einen Höhepunkt auch des kulturellen Liberalismus und 1871 die Niederlage weltoffener Gesittung und Gesinnung bedeutet).

In der ›Neueren deutschen Geschichte in sechs Bänden‹ widmet sich Michael Stürmer unter den umfassenden Aspekten »Industriewirtschaft unter dem Adlerhelm« und »Machtstaat in der Mitte« dem Deutschland von 1866–1918[2]. Die vielfältigen Phänomene dieser Epoche werden mit dem Titel ›Das ruhelose Reich‹ treffend erfaßt; es ist vor allem eine von Wilhelm II. ausgehende Ruhelosigkeit gewesen, die aus dessen unbewältigten inneren und äußeren Widersprüchen erwuchs, und die Ungleichzeitigkeit des Gleichzeitigen signalisierte.

Die Agrargesellschaft mit ihren Denk- und Empfindungsmustern wirkte weiter, zugleich vollzog sich der Übergang zur modernen Massengesellschaft. Die ständischen Grenzen versprachen Halt inmitten der Irrungen und Wirrungen; kleinbürgerliche Frustrationsaggressivität jedoch speiste die ideologisch rassistischen Bewegungen, die Humanität als Schwäche erachteten. Verlorenheit begünstigte Verführung, Verrechnung stärkte die Sehnsucht nach der Versicherung, Verzweiflung bewirkte Verdrängung.

Das Bildungsbürgertum, für das die Ideale von Aufklärung und Klassik meist nur noch als Fassade dienten – ein wesentliches Element der Spießer-Ideologie –, überantwortete sich epigonaler Romantik, die sich vor allem deshalb als deutsches Verhängnis erwies, weil sie dem Nationalmythos kritiklos Vorschub leistete. Während auf der einen Seite bedenkenloser Fortschrittsglaube die Realität des Tages bestimmte, genoß man das Romantische, weil es von dieser Welt »entrückte«. Vom Flachland, mit seinem rücksichtslosen Pragmatismus, hätte man sich gerne auf den Zauberberg des Erlösungswahns zurückgezogen; man wäre (zumindest im Fühlen) lieber verfließender Träumer denn erfolgreicher Homo faber gewesen. Aber Regression konnte das Realitätsprinzip, das den Menschen so tückisch be-

[2] Michael Stürmer, Das ruhelose Reich. Deutschland 1866–1918. Berlin 1983.

drängte, nicht kompensieren. Und so gerieten denn die alte wie die junge Kultur, die Saturierten wie die Ruhelosen, die Stabilen wie die Nervösen in den Sog eines Krieges, der angesichts des modernen Fortschrittsoptimismus unzeitgemäß war, aber in den Laboratorien der Modernität mit hoher Perfektion vorbereitet worden war. Tradition war lediglich Beschwichtigung; die Gegenbilder der Kunst hielten der Wirklichkeit nicht stand.

Das Zweite Reich behandelt Thomas Nipperdey in zwei Bänden seiner Trilogie ›Deutsche Geschichte 1800–1918‹[3]. Die »Totalität der Lebenswelten« – Bevölkerungsentwicklung, Verhältnis der Geschlechter und Generationen, tägliches Leben, Landwirtschaft, Industrie, Handwerk, Volkswirtschaft, Sozialverfassung, Kirche und Religion, Bildungswesen, Wissenschaften, Die schönen Künste, Presse – wird in phänomenologischer Fülle beschrieben, Geschichte in ihrer ganzen Komplexität wiederentdeckt. Insgesamt stellt sich dem Verfasser die Welt von gestern als eine »leuchtende Kultur« dar – freilich mit Schattenlinien[4].

Der Typus des unpolitischen Deutschen, mit seinem kulturell kleinbürgerlichen Mentalitätsmuster, wird von Nipperdey in seiner fatalen Bedeutsamkeit relativiert. »Man kann auf der Suche nach dem ›Normalbürger‹ sich den Trivialisierungen der Kultur, des Vulgäridealismus und der Vulgärromantik speziell zuwenden und daraus einen Typus konstruieren: aus Karl May, Ganghofer, Gartenlaube und Marlitt, Goldschnittlyrik, Festgesängen und Schulbuchrhetorik, Plüsch und Kitsch der Wohnungseinrichtungen, Sentimentalität und Brutalität im Mitmenschlichen, Unterdrückung und Aggression, Vorurteil und Intoleranz, Ressentiment und Heuchelei, Fanatismus und Feigheit, Pathos und Mittelmaß, Engstirnigkeit und Provinzialismus, viktorianischer Sexualmoral und geheimer, ja sadistischer Lust, aus hypertropher Männlichkeit und Stammtischpatriotismus, aus verkommenem Innerlichkeitsgerede und vulgärem Intellektuellenhaß; und man kann diesen Typus dann mit dem Wort, in dem Intellektuelle alles, was sie nicht leiden können, vereinen, mit dem Wort ›Spießer‹ belegen und als ›deutsch‹ deklarieren. Gewiß werden in den Trivialisierungen und Vulgarisierungen der Kultur – da wo sie nur oder fast nur noch Fassade und Prätention ist – die Schatten, von denen wir reden, die Schatten des Normalpolitischen wie des Unpolitischen dunkler. Aber fast alles spricht dafür, daß dergleichen anderswo auch nicht anders war, Gemeingut der upper oder der lower middle class. Dolf Sternberger hat in seinem genialischen ›Panorama oder Ansichten vom 19. Jahrhundert‹ schon vor 50 Jahren vieles davon gezeigt.«[5]

Die »Bildungsbürger« werden von Nipperdey weniger als Träger eines

[3] Thomas Nipperdey, Deutsche Geschichte 1866–1918. Band 1: Bürgerwelt und starker Staat. 5. Aufl. München 1991; Band 2/1: Arbeitswelt und Bürgergeist. 2. Aufl. München 1991; Band 2/2: Machtstaat vor der Demokratie. München 1992.

[4] Ebenda, S. 812ff. Vgl. auch Kurt Sontheimer, Antidemokratisches Denken in der Weimarer Republik. München 1962, 5. Aufl. 1992.

[5] Ebenda, S. 822f. Vgl. auch Dolf Sternberger, Panorama oder Ansichten vom 19. Jahrhundert. Hamburg 1955 und Gerechtigkeit für das neunzehnte Jahrhundert. Zehn historische Studien. Frankfurt am Main 1975.

bestimmten Mentalitätsmusters denn als soziologisch fixierbare Schicht
begriffen; gemeint seien zunächst Leute, »die ein akademisches Studium
absolviert und mit Prüfungen den Erwerb von ›Bildungspatenten‹ abgeschlossen haben, auf Grund dieser Tatsache ihren Beruf ausüben und ihr
Einkommen beziehen... Die Bildungsbürger genießen soziales Ansehen,
sie gehören zu den höheren Schichten, sie sind in der Nähe der kulturellen, sozialen, ja auch politischen Macht angesiedelt.« In einem eigenen
Bändchen hat Nipperdey die Moderne als Kind des Bürgertums ausgegeben und dabei das Klischee vom »spießigen, gegen alles Neue verstockten
Bürger« zurechtzurücken versucht. Die Bürger hätten die Kunst für ihr
Leben gebraucht; sie wollten modern sein, voll Stolz und voll Angst; sie
hätten den Aufbruch ins 20. Jahrhundert ermöglicht[6].

Sicherlich ist es richtig, daß die bürgerlichen Revolutionen des 18. und
19. Jahrhunderts, vor allem aber auch der säkularisierte Glaube des Bürgertums an die Bedeutung der Kunst und der ästhetischen Erziehung des
Menschen, den Künstlern Autonomie verschafft, sie z.B. aus feudalen
Banden befreit hat. Es erfolgte die Verbürgerlichung der Künste im
19. Jahrhundert; Musik, Theater, Malerei, Literatur erhielten gesellschaftliche Funktionen. Doch läßt sich die Entstehung der bildungsbürgerlichen Moderne nicht aus der hermetisch abgeriegelten Welt bloß bürgerlicher Kunst erklären. »Es gab eben, und das kann man nicht vertuschen,
in der bürgerlichen Epoche Künstler, die mit ihrer Kunst ganz entschieden gegen das Philiströse, Hohle und Falsche der bürgerlichen Klasse
und ihrer Repräsentationsformen, wozu gerade die Kunst zählt, an-
kämpften.«[7]

Hauptangriffsziel dieser modernen (kritischen) Kunst war bildungsbür-
gerliches Spießertum und dessen Banalität des Bösen. In seiner Monogra-
phie ›Die Kleinbürger. Begriff, Ideologie, Politik‹ überführt Berthold
Franke den Kleinbürger »aus seiner bislang primär soziologischen Heimat in die politikwissenschaftliche Diskussion«[8]. Kulturphysiognomisch
ablesbares Verhalten wird dabei genauso berücksichtigt wie gesellschaftliche Zugehörigkeit. Innerhalb eines derartigen Koordinatensystems kann
eine Definition wie die von Theodor Geiger ein hilfreiches »psychogram-
matisches« Erfassungsraster abgeben:

»Ein Spießer ist ein Mensch, der sich in der Enge des ihm gegebenen
Rahmens wohl fühlt, sich in einem festgefügten Gehäuse konventioneller
Lebensformen, Anschauungen und Wertmaßstäbe sicher weiß und selbstgerecht darin beharrt. Wir kennen alle den Spießbürger – wir müssen offen zuzugeben lernen, daß es auch den Spießproletarier gibt; die Kritiker
der proletarischen Bewegung aber müssen lernen, daß der Spießproletarier noch lange kein Bürger ist, und mehr: daß der Spießer – mag er ei-

[6] Thomas Nipperdey, Wie das Bürgertum die Moderne erfand. Berlin 1988.
[7] Dieter David Scholz, Trauer um eine untergegangene Klasse. In: Frankfurter
Rundschau, 8. 5. 1989.
[8] Berthold Franke, Der Kleinbürger. Begriff, Ideologie, Politik. Frankfurt am Main,
New York 1988, S. 13.

nem als Typus sympathisch sein oder nicht – eine Größe ist, mit der wir überall zu rechnen haben.«[9]

In der von Reinhart Koselleck und M. Rainer Lepsius herausgegebenen ›Schriftenreihe des Arbeitskreises für moderne Sozialgeschichte: Industrielle Welt‹[10] handeln vier Bände vom Bildungsbürgertum des 19. Jahrhunderts.

Bildungsbürgertum, fragt Jürgen Kocka, ist das eine gesellschaftliche Formation oder ein Historikerkonstrukt?[11] Eine Hypothese besage, daß seit dem 18. Jahrhundert, vor allem seit dessen zweiter Hälfte, eine von den Zeitgenossen als solche wahrgenommene soziale Gruppierung oder Formation in Erscheinung getreten sei, die sich aus verschiedenen Berufen (akademisch qualifizierten Beamten, Pfarrern, Ärzten, Richtern, Anwälten, Journalisten, später auch Naturwissenschaftlern und Ingenieuren etc.) zusammensetzte und deren Angehörige sich sowohl nach Einkommen wie nach Klassenlage (Selbständige, Beamte, Angestellte) unterschieden. Trotz vielfältiger interner Differenzierung hätten die Angehörigen dieser sozialen Formation etwas sie prägendes Verbindendes und zugleich von anderen abgrenzendes Gemeinsames: anerkannte Bildung.

Wenn man den von Ulrich Engelhardt[12] aufgearbeiteten, ungemein vielfältigen begriffsgeschichtlichen Befund unter der Fragestellung betrachte, ob das Bildungsbürgertum sich als eine durch Binnenverflechtung und Außenabgrenzung gekennzeichnete soziale Formation oder mehr als ein Konstrukt nachträglich interpretierender Historiker erweise, so zeige sich, meint Kocka, daß in Ausdrücken wie »gebildete Stände«, »Gebildete« und dergleichen seit der zweiten Hälfte des 18. Jahrhunderts viele der Konnotationen des späteren Bildungsbürger-Begriffs mitschwängen.

Auch eine retrospektive Kategorisierung wichtiger Phänomene des 19. Jahrhunderts unter dem Begriff »Bildungsbürgertum« ist von erhellender Bedeutung. Im Gegensatz zu den vehement mit der Revolution in Frankreich durchbrechenden Autonomiebestrebungen des »dritten Standes« waren die gebildeten Stände im 18. und frühen 19. Jahrhundert in Deutschland auf den Staat als Gestalter und Bewahrer der gesellschaftlichen Ordnung fixiert, freilich darum bemüht, den Obrigkeitsstaat zu überwinden.

Im Laufe des 19. Jahrhunderts verstärkte sich die liberale Komponente.

---

[9] Zit. ebenda, S. 17.

[10] Schriftenreihe des Arbeitskreises für moderne Sozialgeschichte. Hrsg. von Reinhart Koselleck und M. Rainer Lepsius. Bildungsbürgertum im 19. Jahrhundert. Teil I: Bildungssystem und Professionalisierung in internationalen Vergleichen. Teil II: Bildungsgüter und Bildungswissen. Teil III: Lebensführung und ständische Vergesellschaftung. Teil IV: Politischer Einfluß und gesellschaftliche Formen.

[11] Jürgen Kocka (Hrsg.), Bildungsbürgertum im 19. Jahrhundert. Teil IV: Politischer Einfluß und gesellschaftliche Formation. Stuttgart 1989, S. 9ff. Vgl. auch Jürgen Kocka (Hrsg.), Bürger und Bürgerlichkeit im 19. Jahrhundert. Göttingen 1987, und Bürgertum im 19. Jahrhundert. 3 Bände. München 1988.

[12] Ulrich Engelhardt, »Bildungsbürgertum«. Begriffs- und Dogmengeschichte eines Etiketts. Stuttgart 1986.

Liberalismus, so Paul Achatius Pfizer 1840 in seinem Grundsatzartikel »Liberal« im ›Rotteck-Welckerschen Staats-Lexikon‹, sei die Zeitströmung, die mit Naturgewalt »verlebte Formen und verjährte Fesseln« breche[13]. Nach Hans H. Gerth waren vor allem zwei Sozialgruppen in der ersten Hälfte des 19. Jahrhunderts fähig, den in England und Frankreich vorgebildeten liberalen Denkstil aufzunehmen: das kapitalistische gewerbliche Unternehmertum und die Intelligenz, d. h. die akademisch Gebildeten, die Studierten, das Bildungsbürgertum[14]. Das wirtschaftlich gutsituierte Bildungsbürgertum konnte in der ersten Hälfte des 19. Jahrhunderts vor allem deshalb innerhalb des Liberalismus eine zentrale Position erringen, weil es besser als alle anderen Sozialgruppen in der Lage war, die rechtlichen, politischen, sozialen und kulturellen Gleichheitsansprüche der Zeit auf die Idee des Nationalstaats zu beziehen, ohne jedoch mit der überkommenen politischen und gesellschaftlichen Ordnung entschieden zu brechen. Bildungsbürger, so Max Weber, waren im spezifischen Maße dazu prädestiniert, die »nationale Idee« zu propagieren. Erfüllt vom »idealen Pathos des Machtprestiges«, das sie ideell privilegierte, gehörten sie zu den »verläßlichsten Trägern einer Status-Idee als der Idee eines unbedingte Hingabe fordernden imperialistischen Machtgebildes«[15].

Mit den fünf Bänden ›Epochen deutscher Kultur von 1870 bis zur Gegenwart‹ (Gründerzeit, Naturalismus, Impressionismus, Stilkunst um 1900, Expressionismus) haben Richard Hamann und Jost Hermand eine umfassende Darstellung der kulturgeschichtlichen Entwicklung dieser Zeit gegeben[16]. Die rasche materielle Expansion nach dem gewonnenen Krieg gegen Frankreich fördert »eine Kunst von Emporkömmlingen, die sich weniger für die persönliche Vertiefung im Kunstwerk mit gemütbewegender Intimität interessieren, als für die Renommage mit durch Geld erworbener Fürstlichkeit«.

Der Naturalismus vollzieht eine Abrechnung mit der Gründerzeit; hinter der Fassade von Prunk und Glanz wird die soziale Misere deutlich. »Das Aktuelle sollte wieder im Mittelpunkt stehen, die großen Zeitprobleme, denen die offizielle Kunst bisher mit genialischer Verachtung aus dem Wege gegangen war, um die Erhabenheit ihrer Ziele nicht mit der Prosa des alltäglichen Lebens zu vermengen. Darum wurde alles, was den Anschein des ›Klassischen‹ hatte, selbst Größen wie Goethe und Schiller, mit einer Hemdsärmeligkeit angerempelt, die ohnegleichen ist. Die Hauptzielscheibe dieser Kritik waren natürlich die siebziger Jahre, die ›Gründerzeit‹, deren

[13] Zit. nach Dieter Langewiesche, Bildungsbürgertum und Liberalismus im 19. Jahrhundert. In: Kocka, Bildungsbürgertum, Teil IV, S. 95 ff.
[14] Hans H. Gerth, Bürgerliche Intelligenz um 1800. Zur Soziologie des deutschen Frühliberalismus. Göttingen 1976, S. 27 ff.
[15] Max Weber, Wirtschaft und Gesellschaft. Band 2. Tübingen 1956 (Kapitel VIII, § 5).
[16] Richard Hamann, Jost Hermand, Epochen deutscher Kultur von 1870 bis zur Gegenwart. Band 1–5 (Gründerzeit, Naturalismus, Impressionismus, Stilkunst um 1900, Expressionismus). Frankfurt am Main 1977.

idealistisches Epigonentum als Rückfall in einen abgelebten und völlig entleerten Klassizismus verurteilt wurde. Man spürte, bewußt oder unbewußt,
daß hier Formen des absolutistischen Herrscherkultes, Stilmittel des ›ancien
régime‹, wiedererstanden waren, deren neureiche Monumentalität nicht
über den restaurativen Grundzug dieser Kunst hinwegtäuschen konnte.
Der Kult der Wilhelminiden in großen Freskenzyklen, die imitierte Fürstlichkeit der Mietshäuser, der gesellschaftlich exklusive Charakter von Bay-
reuth: all das befriedigte nur ein Publikum, das darin ein Äquivalent seines
Reichtums erblickte, ohne sich in lange Erörterungen über den künstlerischen Gehalt dieser Dinge einzulassen, ließ jedoch die literarisch angeregte
und nach neuen Ausdrucksformen suchende Jugend unbefriedigt.«[17] Gegenüber dem Impressionismus, dessen »persönliche Note« und subjektivi-
stische Weltanschauung als zu unverbindlich empfunden wird, begreift
»Stilkunst« sich als »fortschrittliche Reaktion«: Volk statt Masse, Rasse
statt Völkerchaos, Idealismus statt Materialismus, Kultur statt Zivilisation,
Religio statt Liberatio.

Das Bildungsbürgertum, das gegen sich selbst revoltiert – der spießbürgerlichen Saturiertheit die Vision des neuen Menschen entgegensetzt, zer-
rissen von apokalyptischer Angst wie visionärer Hoffnung –, findet im
Expressionismus besondere Ausprägung: Himmelsstürmer, denen die Sterne das nächste Ziel waren. Äquilibristen, die querdachten und in die beob-
achtende Gelassenheit abhoben. Und dann die vielen, die von der »schwarzen Vision« heimgesucht wurden. Mit ihr, dieser Weltendzeitstimmung, die
den Zerfall von Struktur und Existenz, Wesen und Sinn, Leib und Seele,
Sprache und Geist, Bindung und Ordnung, Form und Tradition, Gesellschaft und Staat beschwört, geht die Geschichte des deutschen Geistes in
der Wilhelminischen Epoche zu Ende. Die Leistung des Optimismus, die
den Expressionismus auszeichnet, hat ihr Pendant in aufwühlender, oft
genug selbstzerstörerischer Trauerarbeit. »Menschheitswerdung« und
»Menschheitsdämmerung« sind die beiden Pole, zwischen denen die Dichter dieser aufgewühlten Zeit sich hin- und hergerissen fühlen. »Ich habe den
neuen Menschen gesehen« und »Unsere Stimmung konnte die Wüste wek-
ken – der Mensch ertaubte vor ihr« sind beides für den Expressionismus
bezeichnende Worte Georg Kaisers[18].

Im revolutionären Aufbäumen gegen die Agonie des Bildungsbürgertums sind dessen frühe idealistische, durch »Sturm und Drang« und
die demokratischen Freiheitsbewegungen mitgeprägten Bestände »aufgehoben«. Die Masse des Bildungsbürgertums begnügte sich jedoch mit
den Hülsen der ihrer Essenz beraubten Bildungsgüter. Gegenüber Ori-
ginalität, Spontaneität, Wahrhaftigkeit dominierten Routine, Klischee
und Kulturlüge. In den von Koselleck-Lepsius herausgegebenen Bänden zum Bildungsbürgertum wird auch der Wandel des Verhältnisses
zu den Bildungsgütern aufgezeigt. Die Rezeptionsgeschichte der deutschen Klassik z.B. zeigt, daß ihre herausragendsten Vertreter, z.B.

[17] Ebenda, Bd. 2, S. 14.
[18] Georg Kaiser, Die Bürger von Calais. Bamberg o.J., S. 108f.

Goethe und Schiller, den Ausstellungsstücken eines Wachsfigurenkabinetts glichen; deren Kanonisierung zum literarischen und weltanschaulichen Über-Ich der Deutschen bedeutete zugleich die Ausgrenzung vieler konkurrierender und rivalisierender Strömungen und Bewegungen. Das Bürgertum verwendete Bildung als Machtinstrument im Kampf gegen Weltanschauungen und Minderheiten. Der Vor-Schein der Idee, der den Weg der Gesellschaft zur spirituellen Autonomie und Emanzipation erhellen sollte, erwies sich als Fata Morgana geflügelter Worte, die lediglich Rhetorik verhieß. Der Zitatenschatz des deutschen Volkes ähnelte einem Mausoleum mit eingesargten Dichtern und Denkern. »Der Erfolg des ›Büchmann‹ als eines Inventars des ›Citatenvermögens‹ unserer gedankenreichen, begabten Nation‹ ist demnach nur ein, aber besonders sinnfälliges Beispiel für jenen Grundzug des 19. Jahrhunderts, der seit Georg Büchner und Franz Grillparzer auch die deutsche Literatur geprägt hat: die Klage um den Zerfall universalistischer Wert- und Weltdeutungssysteme, die Erkenntnis von der fortschreitenden Spezialisierung des Wissens und damit von dem in Funken zerstiebenden Zusammenhang einer personal und sozial ganzheitlich gedachten Bildung.«[19]

Die Bildungsgüter waren vor Reflexion tabuisiert, dafür expansivem Feiern preisgegeben; die kulturellen Gedenktage wurden meist nationalpolitisch mißbraucht. Ob Dürer, Luther, Schiller oder Beethoven – man sah in ihnen weniger die bedeutenden Künstler, viel mehr die großen Deutschen, die Deutschesten der Deutschen, die Führer auf dem Weg zu einer einheitlichen Nation etc. »Das gleiche gilt für die weitverzweigte Feiertätigkeit, die sich an germanisch-mittelalterlichen Monumenten oder Gedenktagen entzündete und in Proklamationen nationaler Größe kulminierte. Als diese Feiertätigkeit in der Reichsgründung von 1871 endlich ihr Ziel erreichte, wurde sie nicht etwa schwächer, sondern nahm im Zuge der Legitimierung der Hohenzollerndynastie und des Zweiten Reiches, der Vorbereitung und Verteidigung deutscher Weltgeltung und Weltmission eher noch zu, ja erlebte im sogenannten ›Dritten Reich‹, das als Selbstbeweihräucherung deutschen Wesens und deutscher Größe über die Bühne ging, erst ihre groteske Bekrönung.«[20]

Die im 19. Jahrhundert, vor allem in seiner zweiten Hälfte entstandenen Denkmäler bzw. nationalen Monumente – etwa das Brandenburger Tor, die Walhalla, die Befreiungshalle, die Bavaria, das Hermannsdenkmal, das Niederwalddenkmal, das Deutsche Eck, das Völkerschlachtdenkmal, die Bismarckdenkmäler – oder die für die Stabilisierung der nationalen Identität herangezogenen historischen Orte (wie etwa die Wartburg), wurden zu Wallfahrtsstätten der Nation, in denen staatlich verordnete Vaterlandsliebe zu praktizieren war; ihre Symbolik und Emblematik bediente sich mit Pa-

---

[19] Wolfgang Frühwald, Büchmann und die Folgen. Zur sozialen Funktion des Bildungszitats in der deutschen Literatur des 19. Jahrhunderts. In: Koselleck, Bildungsbürgertum, Teil IV, S. 204 f.
[20] Reinhold Grimm, Jost Hermand (Hrsg.), Deutsche Feiern. Wiesbaden 1977, S. 7.

thos aus dem Fundus einer vermeintlich gemeinsamen Geschichte und Mythologie[21].

Ernst von Bandel meinte über das von ihm initiierte Hermannsdenkmal auf der Grotenburg (Teutoburger Wald) – die Bauarbeiten zogen sich, vorwiegend wegen Geldmangel, über mehr als dreißig Jahre dahin –, daß es weniger um die Person Hermanns, als um die uns Deutschen allen verständliche Schwerterhebung ginge, an die sich die Idee deutschen Bewußtseins, deutscher Kraft und Herrlichkeit, deutscher Einigkeit wie in Haupt und Gliedern, so in den verschiedenen deutschen Stämmen knüpfe[22].

Die auf Mythologisierung des Nationalbegriffs zielende deutsche Geschichtsbesessenheit beschreibt Peter Paret in seinem Buch ›Kunst als Geschichte. Kultur und Politik von Menzel bis Fontane‹. Aufgrund der Analyse von zeitgenössischen Werken der bildenden Kunst und Literatur – etwa Adolph von Menzels Illustrationen zur ›Geschichte Friedrichs des Großen‹, Theodor Fontanes ›Preußenliedern‹, Anton von Werners ›Kaiserproklamation in Versailles‹ – kommt der Autor zu der Feststellung: »Der Liberalismus in seinen verschiedenen Spielarten blieb zwar noch ein Faktor im Deutschen Reich, aber das Aufkommen von Massenbewegungen der Linken und der Mitte sowie von Interessengruppen der gemäßigten und extremen Rechten verurteilte ihn mehr und mehr zur politischen Bedeutungslosigkeit.«[23]

»Kultur als Fassade« war das eine Element der den Niedergang des Bildungsbürgertums bestimmenden negativen Trias; die beiden anderen Elemente hießen »Mythos gegen Logos«, »Verdrängung und Komplex«. Der Mythos von der Nation, mit zunehmendem Absolutheitsanspruch, ruinierte das im Kern offene, tolerante Bildungsbürgertum; die Doktrin von der nationalen Sendung ging dabei der Gründung eines deutschen Staates 1871 und dem Aufstieg Deutschlands in die Reihen der europäischen Großmächte lange voraus. Doch war es keineswegs so, daß der Gedanke einer deutschen Identität von Anfang an in Opposition zu einer universellen weltbürgerlichen Wertorientierung stand; er transzendierte auf allgemeingültige europäische Ideale.

»Trotz mancherlei Widersprüche erhoben die Ideologen der Gründerzeit auf das sog. ›Vermächtnis der Klassiker‹ Anspruch: Die als ›Advokaten der Nation‹ auftretenden Geschichtswissenschaftler, Literaturhistoriker, Philosophen und Dichter wußten die ›kulturelle Identität‹ der Deutschen solange umzudeuten, so häufig zu ›bearbeiten‹, bis diese Identität den Anforderungen der neuen ökonomischen Infrastruktur sowie den gegebenen politischen Zielsetzung entsprach. Deutscher zu sein hieß in diesem Deutschland, nicht mehr sich um die Menschheit im Ganzen zu kümmern, sondern die Jugend auf den Schutz des neugebildeten Status quo vorzubereiten, damit die nun

---

[21] Hans-Jürgen Koch (Hrsg.), Wallfahrtsstätten der Nation. Zwischen Brandenburg und Bayern. Frankfurt am Main 1986. Vgl. auch Ulrike Krenzlin, Johann Gottfried Schadow, Die Quadriga. Vom preußischen Symbol zum Denkmal der Nation. Frankfurt am Main 1991.

[22] Koch, Wallfahrtsstätten, S. 64.

[23] Peter Paret, Kunst als Geschichte. Kultur und Politik von Menzel bis Fontane. München 1990, S. 229.

vom Staat mit neuem Bedeutungsinhalt versehene deutsche Kulturidentität erhalten blieb.«[24]

Arno J. Mayer stellt in den Mittelpunkt seines Buches ›Adelsmacht und Bürgertum‹ die These, daß nicht nur die deutsche, sondern auch die europäischen Gesellschaften bis zum Ersten Weltkrieg noch durch und durch vorindustriell und vorbürgerlich geprägt gewesen seien. Die Historiker hätten sich zu lange fast ausschließlich mit dem Fortschritt in Wissenschaft und Technologie, mit dem weltweiten Vordringen des Industriebürgertums, mit der Liberalisierung der Gesellschaft, der Demokratisierung des politischen Lebens und der Herkunft des kulturellen Modernismus beschäftigt. Mehr Aufmerksamkeit aber müsse den Kräften gelten, die dem Niedergang der alten Ordnung entgegenwirkten. Äußere Anpassung und fortschrittliche Attitüden dürften nicht darüber hinwegtäuschen, daß die Prämoderne den Inbegriff der damals in Europa herrschenden Gesellschaften und politischen Ordnungsmuster ausmache[25].

Eine zunächst peripher anmutende gesellschaftliche Erscheinung macht deutlich, wie stark feudale Strukturen das Kulturbewußtsein bestimmten: der Zweikampf nämlich – sei es in Form der Bestimmungsmensur oder in Form des Duells. Statt einer »Dynamik der Verfeinerung« charakterisiert eine »Dynamik der Vergröberung« die Zeit nach 1871, steht also in Zusammenhang mit der Zunahme des Nationalismus nach der Gründung des Zweiten Reiches und dem Sieg über Frankreich. »In der Gestalt des Duells hielt sich bis in die Zeit der heutigen Großelterngenerationen der Kriegerkanon, der es dem physisch Stärkeren oder im Gebrauch der Gewaltmittel Geschickteren möglich macht, dem weniger Starken, weniger Waffentüchtigen seinen Willen aufzuzwingen und die höchsten Ehren heimzutragen.«[26]

Ute Frevert hat in ihrem Buch ›Ehrenmänner. Das Duell in der bürgerlichen Gesellschaft‹ deutlich gemacht, daß der Zweikampf, zumindest bis zum Ersten Weltkrieg (teilweise auch darüber hinaus), eine erstaunliche Lebenskraft besaß[27]. Tausende von Männern, berühmte und weniger berühmte, forderten einander heraus und duellierten sich – signifikant für den gleichermaßen archaischen wie anachronistischen Ehrbegriff, der hinter solchen, das feudale Mentalitätsmuster spiegelnden Händeln stand. Die Gesellschaften jedoch – so Max Weber –, die rasche technisch-ökonomische Umwälzungen erlebten, organisierten ihre Sozialbeziehungen nach sachlichen Interessen und Marktgesichtspunkten und rückten dementsprechend die »Klassenlage« in den Vordergrund; eine Gliederung nach Ehre finde hier keinen sozialen Nährboden mehr vor. Solche soziologische Einsicht

[24] Otto W. Johnston, Der deutsche Nationalmythos. Ursprung eines politischen Programms. Stuttgart 1990, S. 9.

[25] Arno J. Mayer, Adelsmacht und Bürgertum. Die Krise der europäischen Gesellschaft 1848–1914. München 1984 und 1988.

[26] Norbert Elias, Studien über die Deutschen. Machtkämpfe und Habitusentwicklung im 19. und 20. Jahrhundert. Frankfurt am Main 1990, S. 69.

[27] Ute Frevert, Ehrenmänner. Das Duell in der bürgerlichen Gesellschaft. München 1991.

hinderte freilich Weber selbst nicht, sich persönlich als Duellanhänger zu bekennen, er ließ auch keine Gelegenheit aus, seine Ehrauffassung in die Praxis umzusetzen.

Im Duell tritt eine verquaste und »heruntergewirtschaftete« Romantik zutage. Ferdinand Lion deutet Romantik in ihrer Komplexität als deutsches Schicksal; sie habe das gesamte Leben nicht nur der Gebildeten, sondern aller Klassen durchdrungen. »Tief sickerte sie ein, modelte den deutschen Charakter um, wurde zu einem schicksalsträchtigen Ereignis wie vorher nur die Reformation und übte stärksten Einfluß auf die deutsche Politik aus.«[28] Ihre Elemente – die Nacht, Gebirge und Wald, Schwermut und Sehnsucht, die romantischen Götter, das Mittelalter, das Unbewußte und das höchste Bewußtsein, das Ich und das Wir, Wollust und Tod – zeitigten ambivalente Wirkungen. Die Romantik, oft eine Verführung zum allzu Gefahrvollen am Rande der Abgründe, »wird zu einem Palladium, zu einem Schutz gegen Irrwege, die man begehen könnte, und zu einem Mittel, um auch in der größten Not sein eigenes Selbst nicht zu verlieren«.

Bürgerliche Romantik scheint in schönster Form noch einmal in den Kindheitsbildern auf, mit denen Walter Benjamin seine Jugend beschwört: »O braungebackne Siegessäule mit Wunderzucker aus den Kindertagen«. Die Texte sind getragen »vom Schmerz ums Unwiederbringliche, das, einmal verloren, zur Allegorie des eigenen Untergangs gerinnt... Mit panischem Schrecken wird das bürgerliche Ingenium an der zerfallenen Aura der eigenen biographischen Vergangenheit, seiner selbst inne: als Schein«[29].

Die »Urgeschichte der Moderne«, um die sich Benjamin in den letzten fünfzehn Jahren seines Lebens mühte – findet mit dem Aufstieg des Nationalsozialismus als »Reich der niederen Dämonen« keinen heimatlichen Bezugspunkt mehr. Mit der Kindheit ist auch die bürgerliche Geborgenheit zerfallen; die Spießer-Ideologie hat Abgründe aufgerissen, die – nach Auschwitz – nicht mehr zu schließen sind. Benjamin hat die Katastrophe vorausgeahnt und erlitten. Die Zerstörung des Bildungsbürgertums durch den bürgerlichen Nationalismus, also die Zerstörung des Bildungsbürgertums durch sich selbst, verstärkte den Geschichtspessimismus. In seiner wohl letzten Arbeit, ›Über den Begriff der Geschichte‹, ehe er sich 1940 auf der Flucht vor den Nationalsozialisten in Spanien das Leben nahm, entwarf Walter Benjamin, anknüpfend an ein Bild von Paul Klee, ›Angelus Novus‹, ein Bild vom Engel der Geschichte. Er scheint im Begriff, sich von etwas zu entfernen, worauf er starrt. Seine Augen sind aufgerissen, sein Mund steht offen und seine Flügel sind ausgespannt.

»Er hat das Antlitz der Vergangenheit zugewendet. Wo eine Kette von Begebenheiten vor *uns* erscheint, da sieht *er* eine einzige Katastrophe, die unablässig Trümmer auf Trümmer häuft und sie ihm vor die Füße schleudert. Er möchte wohl verweilen, die Toten wecken und das Zerschlagene

[28] Ferdinand Lion, Romantik als deutsches Schicksal. Stuttgart 1963, S. 9.
[29] Walter Benjamin, Berliner Kindheit um Neunzehnhundert. Frankfurt am Main 1962. Nachwort, S. 169.

zusammenfügen. Aber ein Sturm weht vom Paradiese her, der sich in seinen Flügeln verfangen hat und so stark ist, daß der Engel sie nicht mehr schließen kann. Dieser Sturm treibt ihn unaufhaltsam in die Zukunft, der er den Rücken kehrt, während der Trümmerhaufen vor ihm zum Himmel wächst. Das, was wir Fortschritt nennen, ist *dieser* Sturm.«[30]

Neben den im Literaturbericht kommentierten Werken sei noch auf folgende, für den Problemkreis Bürgertum-Nationalismus wichtige Titel verwiesen:

Alice Berend, Die gute alte Zeit. Bürger und Spießbürger im 19. Jahrhundert. Hamburg 1962.

Adolf Bernt, Deutschlands Bürgerhäuser. Tübingen 1968.

Günter Böhmer, Die Welt des Biedermeier. München 1968.

Helmut Börsch-Supan, Die deutsche Malerei von Anton Graff bis Hans von Marées. 1760–1870. München 1988.

Klaus-Michael Bogdal, »Schaurige Bilder«. Der Arbeiter im Blick des Bürgers. Frankfurt am Main 1978.

Janos Frecot, Johann Friedrich Geist, Diethart Kerbs, FIDUS. 1868–1948. Zur ästhetischen Praxis bürgerlicher Fluchtbewegungen. München 1972.

Peter Gay, Die zarte Leidenschaft. Liebe im bürgerlichen Zeitalter. München 1987.

Hans Heigert, Deutschlands falsche Träume oder: Die verführte Nation. Hamburg 1967.

Hans G. Helms, Die Ideologie der anonymen Gesellschaft. Max Stirners ›Einziger‹ und der Fortschritt des demokratischen Selbstbewußtseins vom Vormärz bis zur Bundesrepublik. Köln 1966.

Deborah Hertz, Die jüdischen Salons im alten Berlin. Frankfurt am Main 1991.

Hubert Ivo, Hans Thiel (Hrsg.), Schiller in Deutschland. 1781–1970. Frankfurt am Main, Berlin, München 1972.

Harold James, Deutsche Identität. 1770–1990. Frankfurt am Main, New York 1991.

Willi Jasper, Keinem Vaterland geboren. Ludwig Börne. Eine Biographie. Hamburg 1989.

Eugen Kalkschmidt, Biedermeiers Glück und Ende. München 1957.

Walther Killy (Hrsg.), Zeichen der Zeit. Ein deutsches Lesebuch. Band 1–4. Frankfurt am Main, Hamburg 1962, 1960, 1959, 1958.

Walther Killy (Hrsg.), Deutscher Kitsch. Göttingen 1961.

Volker Klotz, Bürgerliches Lachtheater. Komödie, Posse, Schwank, Operette. München 1980.

Ursula E. Koch, Der Teufel in Berlin. Von der Märzrevolution bis zu Bismarcks Entlassung. Illustrierte politische Witzblätter einer Metropole 1848–1890. Köln 1991.

---

[30] Walter Benjamin, Über den Begriff der Geschichte. Gesammelte Schriften I,2. Hrsg. von Rolf Tiedemann und Hermann Schweppenhäuser. Werkausgabe Band 2. Frankfurt am Main 1980, S. 697 f.

Georg Kotowski u. a. (Hrsg.), Das Wilhelminische Deutschland. Stimmen der Zeitgenossen. Frankfurt am Main, Hamburg 1965.

Wolfgang R. Krabbe, Die deutsche Stadt im 19. und 20. Jahrhundert. Göttingen 1989.

Wilhelm von Kügelgen, Bürgerleben. Die Briefe an den Bruder Gerhard. 1840–1867. München 1990.

Wolfgang Leppmann, Goethe und die Deutschen. Vom Nachruhm eines Dichters. Stuttgart 1962.

Wolfgang J. Mommsen, Der autoritäre Nationalstaat. Verfassung, Gesellschaft und Kultur im deutschen Kaiserreich. Frankfurt am Main 1990.

George L. Mosse, Rassismus. Ein Krankheitssymptom in der europäischen Geschichte des 19. und 20. Jahrhunderts. Königstein/Ts. 1978.

George L. Mosse, Nationalismus und Sexualität. Bürgerliche Moral und sexuelle Normen. München 1985.

Hans Heinrich Muchow, Sexualreife und Sozialstruktur der Jugend. Hamburg 1959.

Hans Heinrich Muchow, Morphologie der Kulturpubertät. Hamburg 1962.

Roland Nitsche, Der häßliche Bürger. Leistungen, Versagen, Zukunft. Wien 1969.

Werner Pöls (Hrsg.), Deutsche Sozialgeschichte. Dokumente und Skizzen. Band 1. 1815–1870. München 1973.

Harry Pross (Hrsg.), Dokumente zur deutschen Politik. 1806–1870. 1872–1933. 2 Bände. Frankfurt am Main 1963, 1959.

Harry Pross, Jugend. Eros. Politik. Die Geschichte der deutschen Jugendverbände. Bern, München, Wien 1964.

Wolfgang Reinhard (Hrsg.), Imperialistische Kontinuität und nationale Ungeduld im 19. Jahrhundert. Frankfurt am Main 1991.

Gerhard A. Ritter, Jürgen Kocka (Hrsg.), Deutsche Sozialgeschichte. Dokumente und Skizzen. Band 2. 1870–1914. München 1977.

Heinz Schlaffer, Der Bürger als Held. Sozialgeschichtliche Auflösungen literarischer Widersprüche. Frankfurt am Main 1973.

Daniel Paul Schreber, Denkwürdigkeiten eines Nervenkranken. Autobiographische Dokumente und Materialien. Wiesbaden 1972.

Regina Schulte, Tugendhaftigkeit und Prostitution in der bürgerlichen Welt. Frankfurt am Main 1971.

Fritz Stern, Gold und Eisen. Bismarck und sein Bankier Bleichröder. Frankfurt am Main, Berlin, Wien 1977.

Zeittafel

Die folgende Zusammenstellung (erarbeitet unter Verwendung von Werner Steins ›Kulturfahrplan‹, München, Berlin, Wien 1976) bietet kein systematisches Datengerüst. In Collage-Technik werden lediglich einige »Punkte« angeführt (vorwiegend aus dem deutschen Bereich), die geeignet sind, die Gleichzeitigkeit/Ungleichzeitigkeit der Entwicklung auf verschiedenen Ebenen zu verdeutlichen.

1806   Napoleon besiegt Preußen in der Schlacht bei Jena und Auerstedt; Kaiser Franz II. legt die Kaiserkrone nieder: Ende des »Heiligen Römischen Reiches Deutscher Nation«. Achim von Arnim und Clemens Brentano beginnen die Veröffentlichung einer Sammlung von Volksliedern (›Des Knaben Wunderhorn‹). Georg Wilhelm Friedrich Hegel beendet die ›Phänomenologie des Geistes‹; Philipp Otto Runge malt seine Eltern. Deutschland hat 29 Millionen Einwohner.

1814   Nach Beendigung des deutschen Befreiungskrieges gegen Napoleon mit dem entscheidenden Sieg Preußens, Österreichs und Rußlands in der Völkerschlacht bei Leipzig 1813 versucht der Wiener Kongreß eine politische Neuordnung Europas. Adelbert von Chamisso veröffentlicht ›Peter Schlemihls wundersame Geschichte‹; Johann Wolfgang von Goethe schließt Freundschaft mit Marianne von Willemer; Johann Gottlieb Fichte stirbt. In England fährt die erste Lokomotive von George Stephenson, in London wird die Straßengasbeleuchtung eingeführt.

1817   Die deutschen Burschenschaften feiern auf der Wartburg; sie fordern unter den Farben Schwarz-Rot-Gold die Einheit Deutschlands; ein Jahr später wird die »Allgemeine deutsche Burschenschaft« gegründet.

1819   Der Student K. L. Sand ermordet den deutschen Dichter August von Kotzebue. Im Gefolge der Karlsbader Beschlüsse werden die studentischen Burschenschaften als demagogische Bewegung verfolgt; Schließung der Turnplätze, Verhaftung ihres Begründers, des »Turnvaters« Friedrich Ludwig Jahn. Arthur Schopenhauer veröffentlicht ›Die Welt als Wille und Vorstellung‹. In England wird der zwölfstündige Arbeitstag eingeführt und ein (praktisch unwirksames) Arbeitsverbot für Kinder unter 9 Jahren erlassen.

1821   Napoleon stirbt. Hegel veröffentlicht ›Grundlinien der Philosophie des Rechts‹; Aufführung der Oper ›Der Freischütz‹ von Carl Maria von Weber. Gründung der »Gothaer Feuerversicherungsanstalt«.

1823   Beethovens 9. Symphonie mit Schlußchor ›An die Freude‹ uraufgeführt.

1826   Joseph Freiherr von Eichendorffs ›Aus dem Leben eines Taugenichts‹ erscheint. Der Pädagoge Johann Heinrich Pestalozzi schreibt seine Autobiographie ›Lebensschicksale‹. Gasbeleuchtung in Berlin (»Unter den Linden«). Joseph Meyer gründet das »Bibliographische Institut«.

1827 Goethe prägt den Begriff »Weltliteratur«; Heinrich Heines ›Buch der Lieder‹ und ›Reisebilder 2 und 3‹ erscheinen; Franz Schuberts Liederzyklus ›Die Winterreise‹ vollendet. Ernst Wilhelm Arnoldi gründet die erste deutsche Lebensversicherungsbank in Gotha.

1830 Juli-Revolution in Paris; Louis Philipp »Bürgerkönig« von Frankreich; es brechen an die »Goldenen Tage der Bourgeoisie«. In der Männermode wird der »Vatermörder« eingeführt. Optische Telegraphenlinie Berlin-Koblenz; in London fahren 26 Straßen-Dampfwagen.

1831 Adelbert von Chamissos ›Frauenliebe und -leben‹ erscheint; Eugène Delacroix malt ›Die Freiheit führt das Volk‹. In Europa grassiert eine Cholera-Pandemie, der u. a. Karl von Clausewitz (preußischer Heerführer), Gneisenau (preußischer Heerführer und Reformer) und Hegel zum Opfer fallen.

1833 Friedrich List veröffentlicht ›Über ein sächsisches Eisenbahnsystem als Grundlage eines allgemeinen deutschen Eisenbahnsystems‹; der deutsche Zollverein wird gegründet.

1834 Franz Grillparzers ›Der Traum ein Leben‹ erscheint; Leopold von Ranke beginnt die Arbeit an seinem Werk ›Die römischen Päpste‹.

1835 Erste deutsche Eisenbahn zwischen Nürnberg und Fürth. Die liberalen Bücher des »Jungen Deutschland« (Ludwig Börne, Karl Gutzkow, Heinrich Heine, Heinrich Laube) werden verboten. David Friedrich Strauß veröffentlicht ›Das Leben Jesu, kritisch bearbeitet‹ mit einer scharfen Bibelkritik. Ludwig Richter malt die ›Überfahrt am Schreckenstein‹.

1837 Mit dem Regierungsantritt der Königin Victoria beginnt in Großbritannien das »Viktorianische Zeitalter«, eine Hoch-Zeit des Bürgertums. Samuel Morse erfindet den Schreibtelegraph. August Borsig gründet eine Eisengießerei und Maschinenbauanstalt in Berlin, wo vor allem Lokomotiven produziert werden.

1839 Carl Spitzweg malt ›Der arme Poet‹; Robert Schumann komponiert die ›Nachtstücke‹. In Preußen wird die Kinderarbeit eingeschränkt. Eröffnung der ersten deutschen Eisenbahnfernstrecke zwischen Dresden und Leipzig.

1842 Karl Baedeker gibt das ›Handbuch für Reisende durch Deutschland und das österreichische Kaiserreich‹ heraus. Annette von Droste-Hülshoffs ›Die Judenbuche‹ erscheint.

1844 Aufstand der Weber in Schlesien. Karl Marx lernt in Paris Friedrich Engels kennen. Heine veröffentlicht ›Deutschland, ein Wintermärchen‹, Adalbert Stifter ›Die Studien‹. In München wird das Witzblatt ›Fliegende Blätter‹ gegründet. Erste Telegraphenlinie zwischen Baltimore und Washington.

1845 Engels veröffentlicht ›Die Lage der arbeitenden Klasse in England‹.
Adolf von Menzel malt ›Das Balkonzimmer‹. Richard Wagner vollendet den ›Tannhäuser‹. Alexander von Humboldt veröffentlicht
sein umfassendes Weltbild (›Kosmos‹). England steht an der Spitze
der Kohleförderung mit 34 Millionen Tonnen (vor Frankreich, das
zwei Jahre später 5 Millionen Tonnen erreicht).

1848 Februarrevolution in Paris, Märzrevolution in Deutschland und
Österreich mit dem Ziel demokratischer Verfassungen. Aufhebung
der Karlsbader Beschlüsse; Fürst Metternich flieht nach Großbri-
tannien. Deutsche Nationalversammlung in der Paulskirche. Das
›Kommunistische Manifest‹ von Marx und Engels erscheint. Jacob
Grimm veröffentlicht ›Geschichte der deutschen Sprache‹. Cholera-
Epidemie in Deutschland. Kampf um den 12 stündigen Arbeitstag.

1849 König Friedrich Wilhelm IV. lehnt deutsche Kaiserkrone ab; die
restaurativen Kräfte setzen sich durch. Erster evangelischer Kir-
chentag in Wittenberg. Telegraph Berlin-Frankfurt (Main); die ersten deutschen Briefmarken werden in Bayern eingeführt.

1851 Erste Weltausstellung in London. Berufsfeuerwehr in Berlin. Giuseppe Verdi vollendet die Oper ›Rigoletto‹.

1852 Jacob und Wilhelm Grimm beginnen ein ›Deutsches Wörterbuch‹;
Christian Friedrich Hebbels ›Agnes Bernauer‹ uraufgeführt. Frau-
enmode: Reifröcke aus leichten Stoffen, Dekolleté, große flache
Hüte mit Samtbändern.

1856 Gottfried Kellers ›Die Leute von Seldwyla‹, Eduard Mörikes ›Mozart auf der Reise nach Prag‹ und Wilhelm Raabes ›Chronik der
Sperlingsgasse‹ veröffentlicht. Ab 1840 erscheint das große Konver-
sations-Lexikon von Meyer (in 52 Bänden abgeschlossen). In Berlin
wird der VDI (»Verein deutscher Ingenieure«) gegründet.

1857 Adalbert Stifters ›Nachsommer‹ und Charles Baudelaires ›Die Blumen des Bösen‹ erscheinen. Intensive Versuche beginnen, das Mat-
terhorn zu besteigen (erst 1865 nach 18 Versuchen erfolgreich). Paul
Julius Freiherr von Reuter gründet in England ein Pressebüro. Erste
Weltwirtschaftskrise.

1859 Italienischer Befreiungskrieg (führende Rolle: Giuseppe Garibaldi);
Österreich verliert die Lombardei im Kampf gegen Frankreich und
Italien. Gründung des Deutschen Nationalvereins, der einen libera-
len deutschen Staat unter preußischer Führung anstrebt. Richard
Wagner vollendet ›Tristan und Isolde‹ (Uraufführung 1865).
Grundsteinlegung für ein neues Berliner Börsengebäude.

1860 Jacob Burckhardts ›Die Kultur der Renaissance in Italien‹ erscheint.
Giuseppe Fiorelli macht umfangreiche Ausgrabungen in Pompeji
und Herkulaneum. Erstes deutsches Turnfest in Coburg. Der Industrielle Alfred Krupp stellt Geschützrohre aus Gußstahl her.

1861 Der Arzt Ignaz Philipp Semmelweis veröffentlicht seine Haupt-
schrift über das Kindbettfieber. Reihenfolge der Industriestaaten:
England, Frankreich, USA, Deutschland. Der Arzt Rudolf Virchow

gründet die liberale »Deutsche Fortschrittspartei« in Preußen. Ausbruch des Nordamerikanischen Bürgerkrieges. Aufhebung der Leibeigenschaft in Rußland (45 Millionen Bauern betreffend).

1862 Otto von Bismarck wird preußischer Ministerpräsident und Außenminister. Theodor Fontanes ›Wanderungen durch die Mark Brandenburg‹ erscheint. Ferdinand Lassalle hält seine Rede ›Vom Wesen der Verfassung‹. Anselm Feuerbach malt die erste Version des Gemäldes ›Iphigenie‹. Adam Opel gründet eine Nähmaschinenfabrik in Rüsselsheim (ab 1898 produziert er dort Kraftfahrzeuge). Britischer Dampfer ›Scotia‹ gewinnt das »Blaue Band« für die rascheste Überquerung des Ozeans in 8 Tagen 2 Stunden.

1863 Lassalle gründet den »Allgemeinen deutschen Arbeiterverein« in Leipzig mit dem Ziel des allgemeinen direkten Wahlrechts und der Schaffung von Produktivgenossenschaften. Ernst Haeckel popularisiert die Erkenntnis, daß der Mensch vom Affen abstamme. Eröffnung der Londoner U-Bahn. Die Farbenfabrik Friedrich Bayer & Co. entsteht.

1864 Krieg Preußens und Österreichs gegen Dänemark und Schleswig-Holstein. Georg Büchmann veröffentlicht die Zitatensammlung ›Geflügelte Worte‹. Päpstliche Enzyklika gegen Pantheismus, Naturalismus, Rationalismus, Liberalismus als »hauptsächlichste Irrtümer der Zeit«. Genfer Konvention über humane Behandlung verwundeter und kranker Kriegsgefangener.

1865 Gründung der Badischen Anilin- und Sodafabriken in Ludwigshafen; erste Rohrpostanlage in Berlin; erste deutsche Pferdestraßenbahn in Berlin.

1866 Siegreicher Krieg Preußens gegen Österreich; Bismarck wird ein Jahr später erster Bundeskanzler im Norddeutschen Bund (mit 22 Staaten nördlich des Mains). Inbetriebnahme des Nordatlantik-Kabels.

1867 Karl Marx veröffentlicht in London ›Das Kapital. Buch I‹. Weltausstellung in Berlin. Eröffnung der Brennerbahn; Alfred Nobel entwickelt das Dynamit; Werner von Siemens begründet mit dem »dynamoelektrischen Prinzip« die Elektrotechnik. Gründung des Bayerischen Nationalmuseums in München. Anton Philipp Reclams Universal-Bibliothek eröffnet Taschenbuch-Reihe mit Goethes ›Faust I‹.

1868 Beginn der deutschen Gewerkschaftsbewegung mit dem »Allgemeinen deutschen Arbeiterschaftsverband«, dem die sozialdemokratisch-marxistischen »Gewerkvereine« entgegenstehen; daneben besteht ein unternehmerfreundlicher »Verband der deutschen Gewerkvereine« von Max Hirsch und Franz Duncker.

1869 Gründung der »Sozialdemokratischen Arbeiterpartei« in Eisenach durch August Bebel und Wilhelm Liebknecht mit Anschluß an die marxistisch orientierte »Erste Internationale«. Edouard Manet malt die ›Erschießung Kaiser Maximilians‹ und ›Das Frühstück‹. Richard

Wagner beendet die Oper ›Rheingold‹. Fließband im Schlachthof Chicago; Eisenbahnbau durch die USA von Ost nach West; Fahrrad mit Hinterrad-(Ketten)Antrieb; Vollendung des 1859 begonnenen Suezkanals.

1870 Streit Frankreichs und Preußens um spanische Thronfolge: Bismarck provoziert französische Kriegserklärung; Schlacht bei Sedan. Napoleon III. wird gefangengenommen; Anschluß der süddeutschen Länder an den Norddeutschen Bund. Wilhelm Raabes ›Der Schüdderump‹ erscheint. Heinrich Schliemann gräbt neun Schichten des antiken Troja aus. Gründung der Deutschen Bank. Heinrich von Stephan führt Postkarte ein.

1871 Deutsche Armeen erobern Paris; aufgrund des nachfolgenden Friedensschlusses kommt Elsaß-Lothringen als Reichsland zu Deutschland; Frankreich muß 5 Milliarden Franc Kriegsentschädigung zahlen; Wilhelm I. von Preußen wird in Versailles zum deutschen Kaiser ausgerufen; Bismarck erster Reichskanzler des neugegründeten (zweiten) Deutschen Reiches. Friedrich Nietzsche veröffentlicht ›Die Geburt der Tragödie aus dem Geist der Musik‹, Charles Robert Darwin ›Die Abstammung des Menschen‹. Photographische Trockenplatte entwickelt. Fertigstellung des Mont-Cenis-Tunnels (12 km). Einwohnerzahl in Deutschland: 41 Millionen, davon 4,8 Prozent in Großstädten mit über 100 000 Menschen (um 1900: 16,2 Prozent).

1873 Weltausstellung in Wien. Weltwirtschaftskrise beendet den Boom der »Gründerjahre« in Deutschland.

1878 Nach zwei Attentaten auf den deutschen Kaiser werden auf Initiative Bismarcks die sogenannten »Sozialistengesetze« (gegen die deutschen Sozialdemokraten) verabschiedet, die bis 1890 in Kraft bleiben. Arnold Böcklin malt ›Die Gefilde der Seligen‹, Max Liebermann ›Die Kartoffelernte‹. Erster deutscher Fußballverein in Hannover. Bau des Schlosses Herrenchiemsee für Ludwig II. (beendet 1885).

1880 Vollendung des Kölner Doms (Grundsteinlegung 1248). Aufkommen des Smokings in der Herrenmode. Buffalo Bills Wildwestschau in Europa. Das Welteisenbahnnetz, 1850 noch 38 000 km, erreicht einen Umfang von 371 000 km (1910: 1 Million km).

1883 Friedrich Nietzsche beginnt seinen ›Zarathustra‹. Von Gottfried Keller erscheinen ›Gesammelte Gedichte‹, Detlev von Liliencron veröffentlicht die ›Adjutantenritte‹, Theodor Fontane ›Schach von Wuthenow‹, Marie von Ebner-Eschenbach ihre ›Dorf- und Schloßgeschichten‹. Gottlieb Wilhelm Daimler läßt sich den Automotor patentieren. Das Maschinengewehr wird entwickelt. In Deutschland gibt es 10 000 Großbetriebe mit insgesamt 1,6 Millionen Beschäftigten. Erster Wolkenkratzer in Chicago. Explosion der Vulkaninsel Krakatau.

1884 Beginn der deutschen Kolonialpolitik: Carl Peters erwirbt Deutsch-

Ostafrika; kurz darauf kommt Deutsch-Südwestafrika hinzu. Henrik Ibsens ›Die Wildente‹ wird uraufgeführt. Entdeckung der Erreger von Wundstarrkrampf, Diphtherie, Cholera und Thyphus.

1890　Wilhelm II. entläßt Bismarck. Umbildung der »Sozialistischen Arbeiterpartei« zur »Sozialdemokratischen Partei Deutschlands« unter der Führung von Bebel. Erste internationale Maifeiern. Systematische Anwendung künstlicher Düngemittel steigert den Ernteertrag.

1893　Erste internationale Photoausstellung in Hamburg; Weltausstellung in Chicago. Erster deutscher Skiclub im Schwarzwald.

1895　Von Karl Marx erscheint posthum der letzte Band des ›Kapitals‹. Edvard Munch malt das expressionistische Bild ›Der Schrei‹. Erste Filmvorführungen im Berliner »Wintergarten«. Frauenturnen in der »Deutschen Turnerschaft«.

1898　Emile Zola schreibt den offenen Brief ›J'accuse‹ an den französischen Staatspräsidenten zugunsten des auf Grund antisemitischer Umtriebe verurteilten Hauptmann Dreyfus. Knut Hamsuns ›Victoria‹ und Gerhart Hauptmanns ›Fuhrmann Henschel‹ erscheinen. Entdeckung des Radiums durch Marie und Pierre Curie. Leopold Ullstein (ab 1891 Verleger der ›Berliner Illustrirten Zeitung‹) gründet die ›Berliner Morgenpost‹.

1899　Es erscheinen Max Eyths ›Hinter Pflug und Schraubstock‹ (selbstbiographischer Ingenieurroman), Ludwig Ganghofers ›Das Schweigen im Walde‹, Stefan Georges ›Der Teppich des Lebens‹, Hugo von Hofmannsthals ›Der Tor und der Tod‹ und Rainer Maria Rilkes ›Die Weise von Liebe und Tod des Cornets Christoph Rilke‹. Karl Kraus gründet in Wien die kulturkritische Zeitschrift ›Die Fackel‹; Ludwig Thoma wird Schriftführer des Münchner ›Simplicissimus‹. In Deutschland seit 1890 insgesamt 3750 Streiks mit 405 000 Beteiligten.

1900　Die europäischen Großmächte werfen in China den antieuropäischen Aufstand des »Boxer«-Geheimbundes blutig nieder. Aufgrund des zweiten deutschen Flottengesetzes werden die Seestreitkräfte erweitert. Weltausstellung und Olympiade in Paris. Erste Zeppelinfahrt. In Berlin die erste Autodroschke. Der Deutsche Fußballbund wird gegründet.

1903　Schwere Judenpogrome in Rußland. Sitzverteilung im Deutschen Reichstag: Zentrumspartei 100, Sozialdemokraten 81, Konservative 52, Nationalliberale 50, Deutsche freisinnige Volkspartei 21, Deutsche Reichspartei 20, Polen 16, übrige 60. Auf ihrem zweiten Parteitag in Brüssel und London spalten sich die russischen Sozialisten wegen der von Wladimir Iljitsch Lenin betriebenen zentralistischen Organisation in Bolschewiki (Mehrheit) und Menschewiki (Minderheit). Max Reinhardt inszeniert in Berlin Maxim Gorkis ›Nachtasyl‹ (russische Uraufführung 1902 im Moskauer Künstlertheater). Oskar von Miller gründet in München das »Deutsche Museum von Meisterwerken der Naturwissenschaft und Technik«. Werner Sombart veröffentlicht ›Die Volkswirtschaft im 19. Jahrhundert‹. Gegründet werden: die Gesellschaft für drahtlose Telegraphie (Telefunken), der Zentralverband der deutschen Konsumgenossenschaften, der Verband deutscher Waren- und Kaufhäuser sowie in den USA auf Initiative von Henry Ford die Ford-Automobil-Gesellschaft (mit einem Stammkapital von 100000 Dollar). Der 12-Minuten-Film ›Großer Eisenbahnüberfall‹ eröffnet die Geschichte des amerikanischen Kinos; Gründung des Victor-Hugo-Museums in Paris und des Schiller-Nationalmuseums in Marbach. Erster Motorflug; Schwebebahn zwischen Elberfeld und Barmen eröffnet; ein Kraftwagen durchquert die USA in 65 Tagen; in Norwegen wird die Skibindung entwickelt. VfB Leipzig erstmals deutscher Fußballmeister. Auf der Leipziger Messe, Abteilung neues Spielzeug, erscheint der »Teddy-Bär«.

1905   Gründung des Deutschen Städtetags. Deutsche Truppenlandungen in Tanger (»Marokkokrise«); Sieg Japans im Krieg mit Rußland; aufgrund einer Revolution in Rußland erläßt der Zar ein ›Manifest über die Freiheiten‹ und gibt dem Land eine konstitutionelle Verfassung. Lenins ›Zwei Taktiken in der demokratischen Revolution‹ erscheint. Hermann Hesse veröffentlicht ›Unterm Rad‹, Heinrich Mann ›Professor Unrat‹ und Jacob Burckhardt ›Weltgeschichtliche Betrachtungen‹. Robert Koch erhält den Medizin-Nobelpreis für seine Tuberkuloseforschung; Albert Einstein legt seine Relativitätstheorie vor; in der Geburtshilfe wird der Kaiserschnitt eingeführt. Gründung der Mitteleuropäischen Schlaf- und Speisewagen AG (Mitropa). Rechtliche Befreiung der Kinder von Neger-Hausklaven in Deutsch-Ostafrika.

1909   Peter Behrens legt seinen Entwurf für die AEG-Turbinenfabrik in Berlin vor. Wassily Kandinsky malt ›Landschaft mit Häusern‹, Käthe Kollwitz ›Arbeitslosigkeit‹, Max Liebermann ›Selbstbildnis‹, Franz Marc ›Rehe in der Dämmerung‹, Henri Rousseau ›Urwaldstimmung‹, Emil Nolde ›Abendmahl‹. Alfred Weber schreibt ›Über den Standort der Industrien‹. Henry Ford spezialisiert sich auf das Serienmodell T mit einem Absatz von etwa 19000 Automobilen pro Jahr; Gustav Krupp von Bohlen und Halbach übernimmt Leitung der Kruppwerke in Essen; Gründung der Maybach-Motorenbau GmbH. Gesetz über Kraftfahrzeugverkehr in Deutschland; erste Flugwoche in Berlin; dort auch erstes Sechstagerennen. Erster Skilift im Schwarzwald. In London wird die Dauerwelle entwickelt.

1912   Der britische Luxusliner ›Titanic‹ (Turbinendampfer, 46000 t Wasserverdrängung) versucht, den Geschwindigkeitsrekord für die Atlantiküberquerung zu brechen, und sinkt nach Zusammenstoß mit einem Eisberg; Eröffnung der U-Bahn in Hamburg; erster Fallschirmabsprung von einem Flugzeug. In Deutschland leben ca. 30000 Millionäre. In New York Gründung der F. W. Woolworth-Gesellschaft. Erfindung des synthetischen Kautschuks. Programmschrift ›Blauer Reiter‹ des Münchner Kreises expressionistischer Maler (mit Franz Marc, Wassily Kandinsky, Lyonel Feininger, Paul Klee, August Macke und dem Komponisten Arnold Schönberg). Die farbige Kalksteinbüste der ägyptischen Königin Nofretete wird nach Berlin gebracht und in zahlreichen Gipsnachbildungen verbreitet. Literatur-Nobelpreis an Gerhart Hauptmann. Ernst Barlach veröffentlicht sein Schauspiel ›Der tote Tag‹, Sven Hedin seine Reiseerzählungen ›Von Pol zu Pol‹. Erneuerung des Dreibunds zwischen Deutschland, Österreich und Italien; Scheitern der deutsch-britischen Verhandlungen über Flottenpolitik. Im Deutschen Reichstag sind die Sozialdemokraten mit 110 Sitzen die stärkste Fraktion.

1914   Franz Ferdinand, Erzherzog von Österreich, und seine morganatische Gattin Sophie werden von serbischen Nationalisten beim Besuch in Sarajewo erschossen. Österreich-Ungarn erklärt Serbien den Krieg; Mobilmachung Rußlands; Deutschland erklärt Rußland und Frankreich den Krieg; Deutschland verletzt belgische Neutralität; Belgien und Großbritannien erklären Deutschland den Krieg; es folgen die Kriegserklärungen Österreich-Ungarns an Rußland und Frankreich, Großbritanniens an Österreich-Ungarn sowie Japans an Deutschland. Die Türkei schließt sich nach Kriegsausbruch den »Mittelmächten« (Österreich-Ungarn und Deutschland, später auch Bulgarien) an. Einstimmige Bewilligung der deutschen Kriegskredite im Reichstag, Versagen und Zerfall der Sozialistischen Internationale. Weltkrieg. Ricarda Huch beendet ihre Geschichte des Dreißigjährigen Krieges ›Der große Krieg in Deutschland‹; Georg Kaiser veröffentlicht das Schauspiel ›Die Bürger von Calais‹, Thomas Mann die Erzählung ›Tonio Kröger‹; Marc-Chagall-Ausstellung in Berlin; in Paris stellt Marcel Duchamp handelsübliche Gebrauchsgegenstände als Kunst aus; Walter Gropius baut die Fagus-Werke in Alfeld; Oskar Kokoschka malt ›Die Windsbraut‹, Franz Marc den ›Turm der blauen Pferde‹. In Amerika wird der Jazz populär. Charlie Chaplin macht seinen ersten Film; Aufschwung der Filmindustrie. Physik-Nobelpreis an Max von Laue für Röntgenstrahlen-Interferenzen an Kristallen, Chemie-Nobelpreis an Theodor William Richards (USA) für genaue Bestimmung von Atomgewichten; erste Mondkarte nach photographischen Aufnahmen. Dauerflug über 24 Stunden; Flughöhenrekord mit 8150 m. Walther Rathenau organisiert Rohstoffabteilung im Kriegsministerium. Die Stiftungen des amerikanischen »Stahlkönigs« Andrew Carnegie, der als Laufbursche begann, betragen 157 Millionen Dollar. Eröffnung des Panamakanals.

Deutsche Geschichte der neuesten Zeit
vom 19. Jahrhundert bis zur Gegenwart
Herausgegeben von Martin Broszat, Wolfgang Benz, Hermann
Graml in Verbindung mit dem Institut für Zeitgeschichte

Die »neueste« Geschichte setzt ein mit den nachnapoleonischen Evolutionen und Umbrüchen auf dem Wege zur Entstehung des modernen
deutschen National-, Verfassungs- und Industriestaates. Sie reicht bis
zum Ende der sozial-liberalen Koalition (1982). Die großen Themen der
deutschen Geschichte des 19. und 20. Jahrhunderts werden, auf die Gegenwart hin gestaffelt, in dreißig konzentriert geschriebenen Bänden ab-
gehandelt. Ihre Gestaltung folgt einer einheitlichen Konzeption, die die
verschiedenen Elemente der Geschichtsvermittlung zur Geltung bringen
soll: die erzählerische Vertiefung einzelner Ereignisse, Konflikte, Kon-
stellationen; Gesamtdarstellung und Deutung; Dokumentation mit aus-
gewählten Quellentexten, Statistiken, Zeittafeln; Workshop-Informatio-
nen über die Quellenproblematik, leitende Fragestellungen und Kontro-
versen der historischen Literatur. Erstklassige Autoren machen die
wichtigsten Kapitel dieser deutschen Geschichte auf methodisch neue
Weise lebendig.

262

Personenregister

Carl Friedrich von Weizsäcker im dtv

Foto: Isolde Ohlbaum

Wege in der Gefahr
Eine Studie über Wirtschaft, Gesellschaft und Kriegsverhütung

Dieses Buch »ist geeignet, den Blick für die politischen Realitäten im Atomzeitalter zu schärfen, die sonst gelegentlich an Konturen verlieren... Für Weizsäcker, wie für viele Kulturkritiker der Gegenwart, ist das bloße wissenschaftliche Denken ohnmächtig. Das Ziel eines Bewußtseinswandels ist eine ›von Liebe ermöglichte Vernunft‹.«
(Wehrwissenschaftliche Rundschau)
dtv 1452

Deutlichkeit
Beiträge zu politischen und religiösen Gegenwartsfragen

Was heißt Verteidigung der Freiheit gegen Terrorismus und Repression? Hat das parlamentarische System eine Zukunft? Welche Chancen und Risiken birgt die friedliche Nutzung der Kernenergie? Gehen wir einer asketischen Weltkultur entgegen? Wie läßt sich die Frage nach Gott mit dem naturwissenschaftlichen Denken vereinen? – Vielfältige Fragen, die Weizsäcker klar zu beantworten versucht.
dtv 1687

Wahrnehmung der Neuzeit

Die Wahrnehmung der Neuzeit und ihrer Krise ist Weizsäckers Hauptanliegen in diesem Band mit Aufsätzen und Vorträgen von 1945 bis heute: »Das Ziel ist, die Neuzeit sehen zu lernen, um womöglich besser in ihr handeln zu können.«
dtv 10498

Bewußtseinswandel

Carl Friedrich von Weizsäcker beschäftigt sich in diesen tief durchdachten Aufsätzen mit der zentralen Krise der Menschheit. »Von Weizsäcker tritt auf als ein Prediger, ein Warner vor dem Untergang der Menschheit, einer, der den Quellen der Weisheit ganz nahe sitzt.«
(Kurt Kister in der Süddeutschen Zeitung) dtv 11388

Das Carl Friedrich von Weizsäcker Lesebuch

Ein Querschnitt aus dem Gesamtwerk Carl Friedrich von Weizsäckers, einer der herausragendsten Persönlichkeiten der geistigen Kultur Deutschlands.
dtv 30305

Marion
Gräfin Dönhoff
im dtv

Namen die keiner mehr nennt
Ostpreußen –
Menschen und Geschichte

»Dieses Buch unterscheidet sich
höchst wohltuend von vielen sentimentalen Traktaten über die verlorenen Ostgebiete... Natürlich
spürt man, daß die Gräfin Dönhoff
mit allen Fasern ihres Herzens an
dem Land hängt, in das ihre Vorfahren vor 700 Jahren gekommen
waren... Aber sie weiß auch, daß
diese 700 Jahre deutscher Kultur in
Ostpreußen unwiederbringlich verloren sind – verloren durch deutsche
Schuld.« (Nordd. Rundfunk)
dtv 247 (auch dtv großdruck 25045)

Weit ist der Weg nach Osten
Berichte und Betrachtungen aus
fünf Jahrzehnten
Von der Ära Stalins bis zu der
Gorbatschows, von der starren
Unbeweglichkeit des sowjetischen
Systems bis zu »Glasnost« und
»Perestrojka« hat Gräfin Dönhoff
die Beziehungen der Bundesrepublik zur UdSSR und ihren Satelliten-
staaten mit ihren Kommentaren
begleitet. Sie hat, aus der Beobach-
ter-Position heraus, Veränderungen
wahrgenommen, die eine Reaktion
des Westens, eine Neueinstellung
seiner Politik möglich gemacht
hätten: Stalins Tod etwa oder die
Ereignisse in Ungarn, Jugoslawien,
Polen, der Führungswechsel in
Ost-Berlin und nicht zuletzt der
in Moskau selbst. dtv 30044

Der südafrikanische Teufelskreis
Reportagen und Analysen aus
drei Jahrzehnten
Gibt es einen Ausweg aus dem Teufelskreis, in den Südafrika geraten
ist? Oder kommt es am Kap der einst
guten Hoffnung unvermeidlich zu
einer Katastrophe? Marion Gräfin
Dönhoff versucht in Reportagen
und Analysen von 1960 bis heute
eine Antwort auf diese Fragen zu
geben. Sie charakterisiert die gegenwärtige Situation in Südafrika, setzt
jedoch auch heute noch auf vernünftige Einsicht auf beiden Seiten.
dtv 11110

Christian Graf von Krockow im dtv

Die Reise nach Pommern
Bericht aus einem verschwiegenen Land

Die Reise des Autors, im Sommer 1984 unternommen, läßt noch einmal Geschichte und Leben seiner Heimat Pommern erstehen, die als Pomorze nun seit vierzig Jahren schon Heimat für polnische Menschen geworden ist. Neben den vielfältigen und liebevollen Erinnerungen an Vergangenes ist dies auch ein Beitrag zu Vernunft und Ausgleich für die Zukunft von Deutschen und Polen. dtv 30046

Die Stunde der Frauen
Bericht aus Pommern 1944 bis 1947

Christian Graf von Krockow erzählt die dramatischen Erlebnisse seiner Schwester Libussa Fritz-Krockow in der Zeit des Kriegsendes und der Besetzung Pommerns durch Russen und Polen. Exemplarisch und sehr bewegend wird sichtbar, wie im Kampf ums Überleben die »Stunde der Frauen« schlägt.
dtv 30014
(auch dtv großdruck 25070)

Heimat
Erfahrungen mit einem deutschen Thema

Mit Beispielen aus der Literatur zeigt der Autor, wie tiefempfundene Liebe zur Heimat, vermengt mit den Begriffen Volk und Vaterland, zum Klischee verzerrt wird. Gerade in diesem Sinn ist die Stellungnahme Krockows außerordentlich klärend und wichtig.
dtv 30321

Politik und menschliche Natur
Dämme gegen die Selbstzerstörung

Christian Graf von Krockow hat hier Bilanz unserer politischen Existenz gezogen. Es gilt Abschied zu nehmen von unseren Illusionen, sich mit Skepsis und Nüchternheit gegen Heilsentwürfe jeden Inhalts und Vorzeichens zu wenden und Dämme gegen die Selbstzerstörung aufzurichten in der Verantwortung für das Leben auf unserem bedrohten Planeten. dtv 11151

Deutsche Geschichte der neuesten Zeit
vom 19. Jahrhundert bis zur Gegenwart

Originalausgaben, herausgegeben von Martin Broszat, Wolfgang Benz und Hermann Graml in Verbindung mit dem Institut für Zeitgeschichte, München

Deutsche Geschichte der neuesten Zeit
Peter Burg:
Der Wiener Kongreß
Der Deutsche Bund im europäischen Staatensystem
dtv

Peter Burg:
Der Wiener Kongreß
Der Deutsche Bund im europäischen Staatensystem
dtv 4501

Wolfgang Hardtwig:
Vormärz
Der monarchische Staat und das Bürgertum
dtv 4502

Hagen Schulze:
Der Weg zum Nationalstaat
Soziale Kräfte und nationale Bewegung
dtv 4503

Michael Stürmer:
Die Reichsgründung
Deutscher Nationalstaat und europäisches Gleichgewicht im Zeitalter Bismarcks
dtv 4504

Wilfried Loth:
Das Kaiserreich
Liberalismus, Feudalismus, Militärstaat
dtv 4505 (i. Vorb.)

Richard H. Tilly:
Vom Zollverein zum Industriestaat
Die wirtschaftlich-soziale Entwicklung Deutschlands 1834 bis 1914
dtv 4506

Helga Grebing:
Arbeiterbewegung
Sozialer Protest und kollektive Interessenvertretung bis 1914
dtv 4507

Hermann Glaser:
Bildungsbürgertum und Nationalismus
Politik und Kultur im Wilhelminischen Deutschland
dtv 4508 (i. Vorb.)

Wolfgang J. Mommsen:
Imperialismus
Deutsche Kolonial- und Weltpolitik 1880 – 1914
dtv 4509 (i. Vorb.)

Gunther Mai:
Das Ende des Kaiserreichs
Politik und Kriegführung im Ersten Weltkrieg
dtv 4510

Deutsche Geschichte der neuesten Zeit
Klaus Schönhoven:
Reformismus und Radikalismus
Gespaltene Arbeiterbewegung im Weimarer Sozialstaat
dtv

Klaus Schönhoven:
Reformismus und Radikalismus
Gespaltene Arbeiterbewegung im Weimarer Sozialstaat
dtv 4511

Horst Möller:
Weimar
Die unvollendete Demokratie
dtv 4512

Peter Krüger:
Versailles
Deutsche Außenpolitik zwischen Revisionismus und Friedenssicherung
dtv 4513

Corona Hepp:
Avantgarde
Moderne Kunst, Kulturkritik und Reformbewegungen nach der Jahrhundertwende
dtv 4514

Deutsche Geschichte der neuesten Zeit

vom 19. Jahrhundert bis zur Gegenwart

Deutsche Geschichte
der neuesten Zeit

Ludolf Herbst:
Option für den Westen
Vom Marshallplan bis zum
deutsch-französischen Vertrag

dtv

Deutsche Geschichte
der neuesten Zeit

Martin Broszat:
Die Machtergreifung
Der Aufstieg der NSDAP und die
Zerstörung der Weimarer Republik

dtv